Regine Eckardt
Sprache und Kontext

Regine Eckardt

Sprache und Kontext

Eine Einführung in die Pragmatik

DE GRUYTER

ISBN 978-3-11-049105-0
e-ISBN (PDF) 978-3-11-049106-7
e-ISBN (EPUB) 978-3-11-049145-6

Library of Congress Control Number: 2021938819

Bibliografische Information der Deutschen Nationalbibliothek
Die Deutsche Nationalbibliothek verzeichnet diese Publikation in der Deutschen Nationalbibliografie; detaillierte bibliografische Angaben sind im Internet über http://dnb.dnb.de abrufbar.

© 2021 Walter de Gruyter GmbH, Berlin/Boston
Satz: Integra Software Services Pvt. Ltd.
Druck und Bindung: CPI books GmbH, Leck

www.degruyter.com

Vorwort

Dieses Lehrbuch hat sich aus meinen Lehrveranstaltungen zur Pragmatik über viele Jahre entwickelt. Der Austausch mit Studierenden hat mir gezeigt, dass manche scheinbar einfachen Themen in der Pragmatik einige Tücken bergen. Aber auch, dass viele „sperrige" Theorien ein sehr gutes Übungsfeld bieten und letztlich zugänglicher sind als gedacht. Das hat mich ermutigt, einige reizvolle Themen in der Pragmatik mit einzubinden, die sonst nur am Rand erwähnt werden, beispielsweise die historische Pragmatik und die expressive Bedeutung. Das bringt dieses Lehrbuch nahe an die aktuelle Forschung.

Ich danke meinen Studentinnen und Studenten sowie den Tutoren und Tutorinnen für ihr unerschrockenes und kritisches Feedback über all die Jahre. Sie haben mich immer wieder gezwungen, die Annahmen und die Argumentation zu präzisieren. Auch die illustrierenden Beispiele haben sehr von ihren Rückfragen profitiert. Herzlich danken möchte ich auch Cornelia Dietz und Sarah Zobel, die beide wesentlich zur Verbesserung des Buchs beigetragen haben – durch stete Unterstützung die eine, durch klarsichtige Kommentare in der Endphase die andere. Susanne Trissler hat das Manuskript betreut und professionelle Standards angemahnt; erst durch ihre Redaktion wurde aus meinen Notizen ein richtiges Buch.

Vor allem gilt mein Dank meiner Familie, die sich damit abgefunden hat, dass jede harmlose Bemerkung lange linguistische Debatten anstoßen kann, und dass keine Äußerungen davor gefeit ist, schon am Tag darauf als Anschauungsmaterial vor einer breiten Zuhörerschaft diskutiert zu werden. Die Pragmatik ist eben ein lebensnahes Gebiet.

Konstanz, April 2021

Inhaltsverzeichnis

Vorwort —— V

Liste verwendeter Symbole —— XIII

1   Einleitung —— 1

Teil I: Pragmatik und Semantik

2   **Semantische Grundbegriffe** —— 11
2.1   Wörtliche und gemeinte Bedeutung sind verschieden —— 11
2.2   Wortbedeutung und Satzbedeutung —— 12
2.3   Negation —— 16
2.4   Kompositionalität —— 19
2.5   Skopus —— 22
2.6   Logische Folgerung —— 23
2.7   Zusammenfassung —— 25
    Fingerübungen —— 26

3   **Implikaturen** —— 28
3.1   Ein genauerer Blick auf Gesagtes und Gemeintes —— 28
3.2   Die Grice'schen Konversationsmaximen —— 30
3.3   Die Maximen in Aktion —— 32
3.3.1   Die Qualitätsmaxime in Aktion —— 32
3.3.2   Die Quantitätsmaxime in Aktion —— 35
3.3.3   Die Relevanz-Maxime in Aktion —— 38
3.3.4   Die Maxime der Art und Weise in Aktion —— 39
    Fingerübungen —— 44

4   **Mehr über Implikaturen** —— 47
4.1   Skalare Implikaturen —— 48
4.2   Quantitätsmaxime und Relevanzmaxime —— 49
4.3   Arten von Implikaturen —— 54
4.4   Implikaturen und Spracherwerb —— 57
4.5   Implikaturen und Semantik —— 59
    Fingerübungen —— 68

5 Geteiltes Wissen im Kontext — 70
- 5.1 Common Ground — 70
- 5.2 Präsuppositionen — 72
- 5.3 Wenn eine Präsupposition fehlt — 77
- 5.4 Das Frage-Sprachspiel und Präsuppositionen — 78
- 5.5 Wie man Präsuppositionen unschädlich macht — 81
- 5.6 Zusammenfassung — 83
- Fingerübungen — 84

6 Äußerungskontexte: Sprecher und Adressat — 85
- 6.1 Sprecher und Hörer als Teil der Semantik — 85
- 6.2 Der Äußerungskontext als Fixpunkt — 90
- 6.3 Merkwürdige Botschaften — 92
- 6.4 Eine Fallstudie: *ja* — 94
- Fingerübungen — 99

Teil II: Pragmatik und Handlung

7 Kontext als Aktionsfeld: Das Table-Modell — 103
- 7.1 Fragen auf den Tisch bringen — 103
- 7.2 Die Regeln des Table-Modells — 106
- 7.3 *Ja, nein* und *doch* — 114
- 7.4 Konstituentenfragen — 116
- Fingerübungen — 119

8 Sprechakte: Klassische Sprechakttheorie — 121
- 8.1 Sprechakte und Satzform — 122
- 8.2 Sprechakte können schief gehen — 126
- 8.3 Ebenen des Sprechakts — 129
- 8.4 Klassifikation von Sprechakten — 131
- 8.5 Zusammenfassung — 135
- Fingerübungen — 136

9 Searles Theorie der Sprechakte — 137
- 9.1 Searles Sprechakt-Analysen — 137
- 9.2 Dimensionen der Sprechakte — 143
- 9.3 Indirekte Sprechakte — 146
- Fingerübungen — 152

10	Sprechakte als Vertragsabschlüsse —— 154
10.1	Vertragsabschlüsse —— 154
10.2	Vertragsabschlüsse: Klassische Beispiele —— 156
10.3	Koordinative Sprechakte —— 163
10.4	Mehr koordinative Akte —— 167
10.5	Sprechakte als Vertragsangebote – Zusammenfassung —— 170
	Fingerübungen —— 171

Teil III: Pragmatik und Prosodie

11	Informationsstruktur I: Fragen und Fokus —— 175
11.1	Frage-Antwort-Kongruenz —— 177
11.2	Die Bedeutung von Fragen —— 180
11.3	Fokus und mögliche Fokuseffekte —— 183
11.4	Fokusprojektion —— 184
	Fingerübungen —— 188

12	Informationsstruktur II: Assoziation mit Fokus —— 189
12.1	Von speziellen Alternativen und Alternativ-Typen —— 191
12.2	Assoziation mit Fokus: *nur* —— 192
12.3	Mehr Beispiele für Assoziation mit Fokus —— 197
12.4	Zum Verhältnis von Prosodie und Syntax —— 202
12.5	Zur Formalisierung und Notation —— 206
	Fingerübungen —— 208

13	Textstruktur: Questions under Discussion —— 210
13.1	Steigende und fallende Akzente —— 211
13.2	Fragen und Antwortstrategien —— 213
13.3	Deutsche Syntax im Dienst der Informationsstruktur —— 219
13.4	Hutkontur: Die Sache mit dem Kino —— 223
	Fingerübungen —— 225

Teil IV: Pragmatik und Sprachwandel

14	Pragmatik im Sprachwandel —— 229
14.1	Allgemeines zum Bedeutungswandel —— 230
14.2	Pragmatik im Sprachwandel: eingeladene Inferenzen —— 234
14.3	Die Neo-Grice'schen Maximen —— 239

14.3.1	Die Q-Heuristik: „Was nicht gesagt wurde, ist auch nicht der Fall" —— **240**	
14.3.2	Die I-Heuristik: „Was einfach ausgedrückt wurde, entspricht auch in der Sache dem Normalfall" —— **241**	
14.3.3	Die M-Heuristik: „Was mit unnormalen Worten berichtet wird, ist nicht normal; oder: markierte Botschaften signalisieren markierte Sachverhalte" —— **242**	
14.4	Die Entstehung des englischen Pronominalsystems —— **242**	
14.5	Zusammenfassung —— **250**	
	Fingerübungen —— **251**	

15 Pragmatik und Grammatik: Negativ-polare Elemente —— 252

- 15.1 Was sind negativ-polare Elemente? —— **252**
- 15.2 Ladusaws Theorie der negativ-polaren Elemente —— **256**
- 15.3 Minimizers – die Pragmatik von *(k)ein bisschen* —— **260**
- 15.4 Polare Elemente – Pragmatik oder Syntax? —— **265**
- 15.5 Zusammenfassung —— **268**
  Fingerübungen —— **268**

16 Der Jespersen-Zyklus der Negation —— 270

- 16.1 Der Jespersen-Zyklus im Überblick —— **271**
- 16.2 Negativ-polare Elemente als Verstärker der Negation —— **274**
- 16.3 Jespersen-Zyklus: Von Pragmatik zur syntaktischen Regel —— **278**
- 16.4 Mittelhochdeutsch: Negative Concord als weiterer Faktor —— **279**
- 16.5 Zusammenfassung —— **284**
  Fingerübungen —— **286**

Teil V: Pragmatik und Gesellschaft

17 Sprache und Emotion: Expressive Bedeutung —— 291

- 17.1 Eine neue Bedeutungsdimension —— **294**
- 17.2 Semantische Komposition von propositionaler und expressiver Bedeutung —— **299**
- 17.3 Eine Anwendung: deutsche Modalpartikeln —— **305**
- 17.4 Zusammenfassung —— **307**
  Fingerübungen —— **308**

18	**Höflichkeit** —— 310
18.1	Höflichkeit als pragmatische Strategie —— 310
18.2	Grammatisch codierte Höflichkeit —— 314
18.3	Der Ursprung grammatisch codierter Höflichkeit —— 318
	Fingerübungen —— 320

19	**Herabwürdigende Sprache** —— 322
19.1	Pragmatische Eigenschaften von Pejoration (Slurs) —— 323
19.2	Wörter und Weltanschauungen —— 326
19.3	Innovative Komposita: Ad-hoc-Signalwörter im Deutschen —— 331
19.4	Zusammenfassung —— 336
	Fingerübungen —— 336

Literaturverzeichnis —— 339

Forschungsliteratur —— 339

Wörterbücher und Quellentexte —— 344

Online-Ressourcen —— 345

Register —— 347

Liste verwendeter Symbole

¬ p	nicht-p, d. h. Negation der Proposition p
S → T	aus S folgt logisch T
S ↛ T	aus S folgt nicht logisch T
T ↚ S	aus S folgt nicht logisch T
S ⇔ T	S und T sind logisch äquivalent
A ∩ B	Schnittmenge aus A und B, die Menge, die nur aus den A und B gemeinsamen Elementen besteht.
A ∪ B	Vereinigungsmenge aus A und B, die Menge, die alle Elemente aus A sowohl wie B umfasst.
{ x | x ist rot }	Mengendarstellung durch Beschreibung, hier: die Menge all der Dinge, die rot sind.
A ≠ B	A und B sind nicht gleich
∅	leere Menge
A\B	Menge A minus der Elemente, die auch in B sind
A ⊆ B	Menge A ist Teilmenge von Menge B
a ∈ B	a ist Element von Menge B
⟦ S ⟧	wörtliche Bedeutung des Satzes S
< π • ε >	zweidimensionale Bedeutung: propositionale Bedeutung π und expressive Bedeutung ε
λp. < p • ε >	Operator, der der Proposition p einen expressiven Inhalt ε hinzufügt
/	Steigakzent
\	Fallakzent

1 Einleitung

Sprache ist ein Transportmittel, mit dem wir Gedanken und Informationen an andere weitergeben. Welche Information in welches Wort verpackt wird, kann man etwa in Wörterbüchern nachsehen. Das Wort *Katze* bezieht sich auf eine Art von Haustier, das Wort *kommen* teilt eine Ortsveränderung mit, und der Satz in (1) transportiert die entsprechende Information über ein sich bewegendes pelziges Haustier.

(1) Da kommt eine Katze.

Im Alltag benutzen wir solche Sätze in konkreten Äußerungssituationen. Das führt meistens dazu, dass die Äußerung viel mehr kommuniziert, als was wörtlich gesagt wird. Wenn ich abends in die Küche gehe, wo mein Partner das Abendessen zubereitet, und sage *Da kommt eine Katze*, dann meine ich dabei außerdem ‚es ist eine von unseren beiden Katzen' und bitte ihn ‚hab ein Auge auf den Käse'; außerdem wird er davon ausgehen, das nur eine Katze im Anmarsch ist. Die drei letzten Mitteilungen gehen offenbar über die wörtliche Bedeutung von (1) hinaus. Die Pragmatik untersucht, nach welchen Regeln und Mechanismen dieses Mehr an Bedeutung zustande kommt und in welcher Weise der Kontext dabei eine Rolle spielt. Ich verwende den Begriff ‚Kontext' dabei als einen Oberbegriff für verschiedene Teilaspekte einer Äußerungssituation. Die Pragmatik untersucht, wie diese Teilaspekte die verstandene Mitteilung jeweils beeinflussen. Entsprechend ist das Buch in fünf Teile gegliedert, die sich jeweils mit unterschiedlichen Formen von Kontext befassen: Kontext als Äußerungssituation, Kontext als Handlungsraum, Kontext als Gedankenführung im Text, historischer Kontext und gesellschaftlicher Kontext.

Kontext als Äußerungssituation. Unser Ausgangspunkt sind die Mechanismen der Bedeutungsanreicherung im Äußerungskontext und das Verhältnis zwischen wörtlicher Bedeutung (Semantik) und Mehrbedeutung (Pragmatik). Um diese Abgrenzung besser zu verstehen, müssen wir auch ein paar grundlegende Ideen aus der Semantik einführen, die uns als Leitplanken dienen können. Äußerungskontexte legen nicht nur Sprecher und Adressat fest, sondern auch deren momentane Interessen, Ziele und Hintergedanken beim Äußern und Verstehen.[1] Im Beispiel oben versteht mein Partner etwa sofort, warum die Mitteilung über eine Katze (in dem speziellen Zimmer und zu diesem Zeitpunkt) relevant für sein

---

[1] Die verwendeten Formen im generischen Maskulin umfassen Personen jeden Geschlechts. Bei Referenz auf konkrete Personengruppen benutze ich sinngemäß weibliche und männliche Formen.

Handeln sein kann. Derselbe Satz, geäußert während eines Spaziergangs, hätte einen ganz anderen Mitteilungswert.

Der Äußerungskontext legt nebenbei auch die Bedeutung mancher Wörter fest, so wie etwa *meine Katze*, geäußert von verschiedenen Sprechern, jeweils unterschiedliche Tiere bezeichnet. Der Sprecher ist überdies auch die Person, auf die sich viele subjektive Kommentarwörter beziehen. Wenn ich feststelle: *Der Käse steht gottlob unter einer Käseglocke*, dann teilt das Wort *gottlob* in meiner Äußerung mit, dass ich, die Sprecherin, es gut finde, dass der Käse unzugänglich aufbewahrt ist. Unsere Katze steht zu dem Sachverhalt sicher anders.

Der Äußerungskontext umfasst schließlich auch das von beiden Gesprächspartnern geteilte Wissen. Während wir uns gegenseitig das Neueste aus aller Welt mitteilen, wird das gemeinsame Wissen im Laufe des Gesprächs immer reichhaltiger. Allerdings wird von vielen Äußerungen auch vorausgesetzt, dass beide Partner bereits vorher bestimmte Wissensinhalte teilen. Wenn ich in einer Äußerung von *meiner Katze* spreche, dann setze ich beim Adressaten als bekannt voraus, dass es eine Katze in meinem Haushalt gibt.

Die hier umrissenen Phänomene werden in den ersten Kapiteln zu den semantischen Grundlagen, zu Implikaturen, Präsuppositionen, Common Ground und Indexikalität genauer beleuchtet.

Kontext als Handlungsraum. Aussagesätze wie (1) illustrieren die Funktion von Sprache als Kommunikationsmittel. Dabei wird ausgeblendet, dass sprachliche Äußerungen auch viele andere Funktionen haben. Mit dem Satz *Pass auf, dass die Katze den Käse nicht räubert!* gebe ich dem Adressaten eine Handlungsanweisung. Und auch die Sätze in (2)–(4) sind nicht dazu da, zu informieren.

(2) Ich verspreche hiermit, morgen neues Katzenfutter zu kaufen.

(3) Guten Morgen!

(4) Hiermit ernenne ich Sie zur Vorsitzenden des Katzenschutzvereins.

Äußerungen sind offenbar Teil der Handlungen und Interaktionen, die wir mit anderen Menschen allgemein unternehmen können; mit Äußerungen können **Sprechakte** vollzogen werden. Die Sprachakttheorie versucht, sprachliche Äußerungen sinnvoll in den allgemeinen Raum möglicher Handlungen zu integrieren, und die Schwierigkeit liegt bei der Abgrenzung zu anderen Wissensgebieten. Müsste die Linguistik etwa, um die Wirksamkeit von (4) zu erklären, auch das deutsche Vereinsrecht als Teildisziplin umfassen? Vermutlich nicht – ebenso wenig, wie die Semantik die Biologie als Teildisziplin umfassen muss, wenn es um die Bedeutung von *Katze* geht.

Dieser Teil beginnt daher mit einem beschränkten Ausschnitt sprachlichen Handelns, über das die Linguistik gut Bescheid weiß: dem Fragen und Antworten. Wir lernen das Table-Modell kennen, das die Bedeutung von Fragen und Antworten als Spielzüge der Mitspieler an einem Tisch erfasst. Das Modell kann auch einen Eindruck davon vermitteln, wie man Handlungsräume im Allgemeinen beschreibt.

Die allgemeine Sprechakttheorie baut auf den Arbeiten von zwei Philosophen auf, nämlich John Austin und John Searle. Sie wird in den weiteren Kapiteln vorgestellt und legt wichtige Grundlagen dafür, sprachliches Handeln zu beschreiben und zu analysieren. Die Beobachtung, dass man „mit Wörtern was machen kann", wird uns auch in den nachfolgenden Teilen immer wieder begegnen, so etwa bei der Betrachtung der Sprachgeschichte aus pragmatischer Perspektive, oder bei Phänomenen wie höflichem oder beleidigendem Sprechen. Sprachliches Handeln hinterlässt Spuren im grammatischen System, und es ist Aufgabe der Pragmatik zu erklären, wie diese Spuren zu deuten sind.

Das letzte Kapitel schlägt eine Verbindung zwischen dem Table-Modell für Fragen und Antworten und allgemeinen sprachlichen Handlungen. Fragen und Antworten lassen sich am besten als Interaktion, als Miteinander zweier Spieler verstehen und diese interaktive Sicht wird hier auf weitere Sprechakte angewandt. Damit lassen sich einige Schwachstellen der klassischen Sprechakttheorie besser erklären. Zum Beispiel ist die folgende Äußerung in der klassischen Theorie ein Problemfall.

(5) Ich lade Dich am Samstag zu Kaffee und Kuchen ein.

Ist diese Einladung eher ein Versprechen oder eher ein Befehl? Gilt eine Einladung ohne Zusage? Wer verpflichtet sich wozu, und wer kann die Verpflichtungen aufheben? Diese Punkte sollten sich einfach klären lassen. Weil die klassische Sprechakttheorie aber die monologische Sichtweise der Aussagentheorie geerbt hat, sind ihre Modelle „blind" für die interaktive Natur von Sprechakten. Dieser blinde Fleck wird in Kapitel 10 beleuchtet.

Kontext als Gedankenführung. Teil III kehrt zurück zu einem linguistisch greifbaren Kontextbegriff, dem der thematischen Führung des Gesprächs, oder dem, was man auch den roten Faden nennt. Um diesen roten Faden zu übermitteln, nutzen wir in mündlicher Sprache die Prosodie: Akzente und Betonungen. Und es zeigt sich, dass die Bedeutung der Prosodie tief im grammatischen System des Deutschen verankert ist.

In der Regel sind wir nur schlecht gewappnet dafür, über Betonung und Akzent in Äußerungen nachzudenken. Die Schulgrammatik bietet Ihnen kaum oder keine Begriffe, um darüber zu sprechen, und der Schwerpunkt auf schriftliche Sprache – sei es im Schulunterricht, sei es in der Wissenschaft – hilft der Sache auch nicht weiter. Anhand der grundlegenden Daten über die Betonungsmuster bei Fragen und Antworten, die in Kapitel 11 dargestellt sind, gewinnen Sie erste Sicherheit im Umgang mit Akzent/Prosodie.

Der Zusammenhang zwischen Akzenten (Phonologie) und Fokus (Bedeutung) beschränkt sich natürlich nicht auf Frage-Antwort-Paare. Mit Akzentsetzung lässt sich die Bedeutung von Äußerungen verändern, wie folgende Beispiele illustrieren.

(6) Dummerweise habe ich der Katze ein LECKERLI gegeben.

(7) Glücklicherweise habe ICH der Katze ein Leckerli gegeben.

Die Einschätzungen in (6) und (7) sind entgegengesetzt, aber dennoch können beide Aussagen in derselben Situation zutreffend sein. Das liegt an den unterschiedlichen Akzenten. Mit (6) meint der Sprecher ‚es wäre weniger dumm gewesen, den Katzen nichts zu geben' – weil etwa eine Katze, die ich fürs Den-Teppich-Zerkauen mit einem Leckerli belohne, den Teppich das nächste Mal noch begeisterter ruinieren wird. Mit (7) hingegen ist gemeint ‚es war gut, dass ich – und nicht jemand anderer – das Leckerli gegeben hat'. Das ist beispielsweise gerechtfertigt, wenn der Sprecher solche Leckerlis eher selten und unvorhersagbar vergibt, während der Partner die Leckerlis gezielt zum Training des Tieres nutzt. Ein Trainings-Leckerli, so die Aussage in (7), wäre noch schlechter als ein Zufalls-Leckerli. Diese Art von Assoziation von Fokus mit anderen Wörtern im Satz sind weit verbreitet und die Theorien zur Analyse werden in Kapitel 12 vorgestellt und eingeübt.

Kapitel 13 schließlich verbindet die beiden vorigen in der Theorie der **Question under Discussion**, mit der die gedankliche und prosodische Struktur von Texten erfasst werden kann. Speziell im Deutschen ist hier interessant, dass die Textstruktur sich auch in der Wortstellung im Satz widerspiegelt. Die deutsche Wortstellung wird oft als „frei" bezeichnet, aber wie Sie sicher wissen, heißt das nicht, dass jede Wortstellung an jeder Stelle eines Textes oder Gesprächs gleich geglückt ist. Der Kontext, hier tatsächlich im Sinne des ‚Textes direkt davor' gemeint, bestimmt die Wortstellung im deutschen Satz. Und die steuernden Prinzipien können wir erst dann präzise erfassen, wenn wir über Fokus und Akzent, neue und alte Information und Fokusalternativen Bescheid wissen.

Historischer Kontext. Teil IV beschreibt, wie pragmatische Anreicherung im Laufe der Zeit zu einem Teil der regulären Bedeutung von Wörtern und Konstruktionen werden kann, und wie sich das grammatische System dadurch verändert. Die Formen der pragmatischen Anreicherung sind dieselben, die in den vorangegangenen Kapiteln beschrieben wurden. Insgesamt illustrieren die Fallbeispiele das **Uniformitätsprinzip** der Sprachgeschichte: Der Wandel beruht auf Prozessen, die Sie bereits als Teil der Gegenwartssprache kennen gelernt haben.

Nach einigen Grundbegriffen des Sprachwandels sehen wir uns zunächst an, wie sich Implikaturen zu wörtlicher Bedeutung verfestigen können. Dies lässt sich schon mit recht einfachen Beispielen belegen, etwa wenn sich bei der Konjunktion *weil* die Implikatur „gleichzeitig wie, daher verursacht durch" als neue Bedeutung etabliert. Die Mechanik dieser Beispiele überträgt Stephen Levinson auf einen prominenten Sprachwandel des Englischen, die Entwicklung der Reflexivpronomen *myself, yourself,* usw. parallel zu *I/me, you, he,* usw. Levinsons Überlegungen führen uns zurück zu Kapitel 3, denn er entwickelte dafür eine neue Variante der Grice'schen Maximen. Mithilfe der **Neo-Grice'schen Maximen** lässt sich die Entstehung und die syntaktischen Beschränkungen der Reflexivpronomen im Englischen erklären. Kapitel 14 ist damit das historische Gegenstück zu den Kapiteln 3 und 4 über Implikaturen.

Manchmal kommt es aber auch vor, dass mit dem pragmatischen Wandel auch die grammatischen Eigenschaften von Ausdrücken beeinflusst werden. Eine syntaktische Beschränkung, die in vielen Sprachen beobachtet wird, ist die Verteilung der sogenannten negativ-polaren Elemente. Das sind Ausdrücke wie *mit der Wimper zucken*, deren Verteilung in (8) und (9) illustriert ist.

(8) Diese Katze ist so cool, sie hat nicht mit der Wimper gezuckt, als der Hund gebellt hat.

(9) Diese Katze ist schreckhaft. *Als der Hund gebellt hat, hat sie mit der Wimper gezuckt.

Das zweite Beispiel ist hier als ungrammatisch (*) markiert, wie es viele Grammatiken vorgeben. Vielleicht finden Sie selbst eher, dass (9) unlogisch klingt, so als ob *mit der Wimper zucken* in einem seltsam-wörtlichen Sinn gemeint ist. Allerdings sollten Sie dann auch darüber nachdenken, ob nicht derselbe wörtliche Sinn in (8) zu einer sehr stimmigen Aussage führt? Kapitel 15 stellt dar, wie die Verteilung solcher Ausdrücke anhand ihrer Pragmatik korrekt vorhergesagt werden kann. Hier greifen wir auf Methoden aus Teil III zurück. Alternative syntaktische oder semantische Analysen können vielleicht die Daten vorhersagen, erklären aber nicht, warum sich solche Wendungen im Lauf der Sprachgeschichte etablieren.

Kapitel 16 schließlich betrachtet ein prominentes Beispiel der historischen Sprachwissenschaft, nämlich die Erneuerung von Negationswörtern, die in der Geschichte europäischer Sprachen mehrfach und immer in denselben Stadien beobachtet wurde. Einfach gesagt geht es darum, dass voll funktionstüchtige alte Wörter mit der Bedeutung von *nicht* erst mit mehr Wörtern drumherum „verstärkt" wurden, um dann gänzlich durch eines dieser Wörter drumherum ersetzt zu werden. Zuerst beschrieben von Otto Jespersen, sind die treibenden Kräfte bei diesem zyklischen Wandelprozess bisher nur metaphorisch umrissen, nicht aber analysiert worden. Mit den Werkzeugen der Pragmatik kann detailliert beschrieben werden, wie die kommunikativen Ziele und Strategien der Sprecher den Entwicklungsprozess über die Jahrhunderte vorantreiben.

Gesellschaftlicher Kontext. Der abschließende Teil V betrachtet die Funktion von Sprache in der Etablierung von sozialen Beziehungen und gesellschaftlichen Gruppierungen. Sprachliche Signale können Emotionen und Einstellungen des Sprechers vermitteln – im einfachsten Fall ähnlich, wie wir das auch durch körpersprachliche Signale tun könnten.

(10)   Dieses gottverdammte Katzenvieh hat wieder den Käse geklaut.

Bei einer Äußerung wie (10) teilt der Sprecher neben einem Sachverhalt – die Katze hat den Käse geklaut – außerdem eine aktuelle Emotion über die Katze mit. Wie ist dieses Signal einzuordnen? Sollte es Teil der wörtlichen Mitteilung sein, oder eher Information auf einer anderen kommunikativen Ebene? Christopher Potts gab den Anstoß zur Entwicklung der zweidimensionalen Bedeutungsanalyse, die sachbezogene Aussagen und sprecherbezogene Inhalte parallel errechnet. Es zeigt sich, dass nicht nur akuter Ärger oder Freude so übermittelt werden, sondern dass auch andere kontextbezogene Informationen auf dieser Ebene kommuniziert wird. Im Deutschen sind insbesondere die Partikeln dort zu verorten.

Kapitel 18 widmet sich der **höflichen Sprache** als einem weiteren Fall von sozial gesteuertem Sprechen. Penelope Brown und Stephen Levinson haben argumentiert, dass das höfliche Sprechen auf allgemeinen rationalen Überlegungen von Sprecher/innen fußt: Höfliche Sprache erlaubt es, sein Gesicht wie auch das Gesicht des Angesprochenen zu wahren. Indem wir alle lieber in einer Gesellschaft leben möchten, die von gegenseitiger Wertschätzung geprägt ist, verfolgen wir alle ähnliche Strategien, um Gesichts-bedrohende Akte – wie das Äußern einer Bitte, Kritik oder Aufforderung – möglichst abzumildern, ohne auf den eigentlichen Sprechakt zu verzichten. Anhand der Höflichkeitsformen des Deutschen wird exemplarisch gezeigt, wie solche Strategien sich sprachhistorisch wiederum als Teil der Grammatik verfestigen. Die Wahl von *Du* oder *Sie* ist weniger eine Strategie als vielmehr die richtige oder falsche Wortwahl, sie gründet sich aber auf der von Brown und Levinson beschriebenen Höflichkeit.

Kapitel 19 kehrt zurück zum eher konfrontativen Sprachgebrauch. Wie machen wir uns mit herabwürdigenden Ausdrücken zu Komplizen gesellschaftlicher oder weltanschaulicher Gruppen? Was verbindet in diesen Fällen den individuellem Sprachgebrauch und den Common Ground? Wie hat sich beispielsweise die Funktion von englisch *gay* verändert vom Adjektiv ‚fröhlich' zu einem herabwürdigenden Wort, und heute zu einer selbstbewussten Selbstbezeichnung für Homosexuelle? Warum empfinden es die meisten von uns als Eingriff in die sprachliche Selbstbestimmung, wenn ein bislang unschuldiger Teil unseres Vokabulars plötzlich als nicht mehr politisch korrekt betrachtet wird? Die *dog whistles* (‚Hundepfeifen') sind die subversive Reaktion auf politisch korrekte Sprache: Herabwürdigende Sprache macht sich unangreifbar, wo Sprecher geschickt die Ambiguität zwischen neutraler und belasteter Bedeutung nutzen.

Sprache ist eine produktive Kommunikationsform, und wie oft wird auch hier die weltanschauliche Basis hinter Wörtern besonders deutlich, wenn wir innovative Sprache, neue Bezeichnungen für Personen und Gruppen betrachten. Mit dem Rückgriff auf die Griceschen Maximen wird zum Abschluss demonstriert, wie neue Komposita uns dazu anregen, die Weltanschauung des Sprechers zu rekonstruieren – wenn nicht zu teilen – und wie wir uns gegen solche Vereinnahmungen wehren können.

Zum Schluss noch einige Bemerkungen über mögliche Nutzungen des Buchs. Die Einführung verbindet den verbindlichen Kern meiner Pragmatikvorlesungen der letzten Jahre mit den fortgeschritteneren Themen, die sich jeweils in verschiedenen Kursen ergeben haben. Teil I mit den Kapiteln 1–6 ist grundlegend für das Verständnis der Pragmatik. Er kann auch fürs Selbststudium in fortgeschrittenen Kursen verwendet werden. Es wurde Wert darauf gelegt, dass die Notation im Lehrbuch den Zugang zur Fachliteratur erlaubt. Auch Kapitel 8 und 9 zur klassischen Sprechakttheorie zählen für viele zum Kernthemenbereich der Pragmatik. Die weiteren Abschnitte führen in wichtige Arbeitsbereiche in der Pragmatik ein. Einerseits können sie als Grundlage für fortgeschrittenere Kurse im jeweiligen Gebiet benutzt werden. Andererseits bieten sie Zugang zur aktuellen Forschung und erlauben das Formulieren und Bearbeiten eigener Studienarbeiten, z. B. für den Bachelorabschluss. Mit den ersten sechs Kapiteln und jeweils ein bis zwei Teilen kann ein Semesterprogramm mit 12 Wochen gestaltet werden, das dann noch Raum für Klausurwochen und Einführung bietet.

Die **Fingerübungen** nach jedem Kapitel eignen sich für die wöchentliche Selbstkontrolle, Hausaufgaben und Diskussion im Rahmen von Tutorien. Die vorgestellten Theorien und Notationen werden eingeübt und angewendet. Fortgeschrittene Fragen sind mit Stern (*) markiert; sie sollen zur kritischen Diskussion und kreativen Erweiterung der vorgestellten Theorien einladen.

Teil I: **Pragmatik und Semantik**

2 Semantische Grundbegriffe

2.1 Wörtliche und gemeinte Bedeutung sind verschieden

Die Bedeutung von Wörtern und Sätzen ist ein schwieriges Untersuchungsfeld, weil bei der Nennung des Wortes fast zwangsläufig auch die Bedeutung aufgerufen wird. Anders als im Bereich der Rechtschreibung oder Syntax gibt es wenig Schulwissen oder Alltagsbegriffe, die den Inhalt von Sätzen und Äußerungen thematisieren. Dabei erweist es sich als wesentlich, dass wir Sätze und Äußerungen unterscheiden. Ein Satz ist eine Folge von Wörtern, die nach den Regeln des Deutschen zusammengefügt sind. Derselbe Satz kann in unterschiedlichen Situationen geäußert werden. Nur eine Äußerung hat einen Sprecher, der sich auf geteiltes Wissen berufen kann, Absichten hat, die anliegenden Probleme des Adressaten kennt usw. Während die Satzbedeutung (auch: wörtliche Bedeutung) über alle Äußerungen hinweg konstant bleiben sollte, wird die Äußerungsbedeutung (angereicherte Bedeutung) je nach Kontext bestimmt. Um für das Phänomen *Bedeutung* und seinen Teilen *wörtliche Bedeutung* und *pragmatisch angereicherte Bedeutung* besser gerüstet zu sein, werden wir uns in diesem Kapitel einige einfache Grundlagen der Semantik aneignen.

Wörtliche und pragmatisch angereicherte Bedeutung sind zweierlei, wie man an einfachen Beispielen sehen kann. Stellen Sie sich vor, Ihr Mitbewohner kommt abends nach Hause und äußert:

(1)   Da stehen rote Schuhe im Flur.

Satz (1) teilt wörtlich mit ‚Im (bekannten, unserem?) Flur stehen mindestens zwei rote Schuhe'. Wenn (1) im Alltag geäußert wird, würden wir aber vermutlich spezifischere Informationen unterstellen, etwa (je nach Situation, Familienkonstellation usw.):

a. Schuhe = ein Paar Schuhe
b. Schuhe, und zwar Deine
c. ein Paar Schuhe von Dir, und die gehören da nicht hin
d. fremde Schuhe, haben wir Besuch?

Solche Informationen sind nicht Teil der wörtlichen Bedeutung von (1). Das sagt Ihnen nicht nur Ihr gesunder Menschenverstand, man kann es auch begründen. Wenn die unterschiedlichen Botschaften in a. – d. alle unterschiedliche wörtliche Bedeutungen von (1) wären, würde man beispielsweise erwarten, dass sich dies in Wörterbüchern oder Sprachlehrbüchern zeigt. Der Eintrag *Schuhe* im

Duden sollte dann die verschiedenen Lesarten *Schuhe* = ‚genau zwei Schuhe', ‚Schuhe des Adressaten', ‚fremde Schuhe' anführen, so wie dort auch die Lesart *Schuhe* = ‚Schutzhülle aus Metall oder Kunststoff am unteren Ende eines Pfahls, an Verbindungsstellen von Bauteilen' angegeben wird. Solche Wörterbucheinträge sind aber nicht zu finden.

Mehr noch: sie wären überflüssig. Jemand, der Deutsch lernt und das Wort *Schuh* beherrscht, wird ohne weiteren Unterricht in der Lage sein zu erschließen, ob situativ von zwei oder mehr Schuhen, ob von eigenen oder eher fremden Schuhen die Rede ist. Diese Anreicherung des Inhalts beruht auf Kommunikationsprinzipien, die wir grundsätzlich anwenden und nicht einzeln per Wort oder Äußerung gelernt haben.

Wir können festhalten: Die wörtliche Bedeutung einer Äußerung ist die, die systematisch durch die Bedeutung der Wörter (wie sie z. B. im Wörterbuch zu finden ist) und ihren Zusammenbau im Satz zu erwarten wäre. Gemeinte Informationen, die darüber hinausgehen, werden in der Äußerungssituation aufgrund von universalen Prinzipien erschlossen. Es ist (eine) Aufgabe der Pragmatik ans Licht zu bringen, was hier genau passiert. Einen praktischen Test, wie man zwischen wörtlicher und mit-gemeinter Bedeutung unterscheiden kann, werden wir später kennen lernen. Aber vorher sollten wir überlegen, wie wir über wörtliche Bedeutung von Wörtern und Sätzen reden werden.

2.2 Wortbedeutung und Satzbedeutung

Wir gehen von der Annahme aus, dass Wörter und Sätze einen festen Bedeutungskern haben. Dieser Kern wird von allen kompetenten Sprechern geteilt, Wörterbücher fußen auf diesen Bedeutungskern. Es wird hilfreich sein, für diesen Bedeutungskern die offizielle Notation von Semantikern einzuführen. Die Bedeutung eines Wortes α wird als $[\![\,\alpha\,]\!]$ geschrieben, also indem das Wort in Doppelklammern gesetzt wird. Einige Beispiele:

Wort	Bedeutung
Hund	$[\![$ Hund $]\!]$
Elizabeth II.	$[\![$ Elizabeth II. $]\!]$
bellt	$[\![$ bellt $]\!]$
oder	$[\![$ oder $]\!]$

Wie Sie sehen, lernt man damit noch nicht sehr viel über die Bedeutung der einzelnen Wörter. Die Schreibweise verpflichtet uns nur darauf, dass alle diese Wörter eine Bedeutung haben. Wir könnten nun weitere Studien zur Bedeutung von Einzelwörtern anstellen. Zum Beispiel könnten wir damit aufschreiben, dass das deutsche Wort *Hund* und das englische *dog* verschiedene Wörter mit derselben Bedeutung sind:

⟦ dog ⟧ = ⟦ Hund ⟧

Weiterhin hat die gemeinsame Bedeutung von *Hund* und *dog* viel mit Tieren zu tun, die so oder ähnlich aussehen wie die in Abb. 1.

Abb. 1: Bedeutung von ‚Hund'.

Man könnte also vorschlagen, dass die Bedeutung ⟦ Hund ⟧ durch die Menge aller Hunde simuliert wird. Ähnlich gilt, dass die Bedeutung des Namens *Elizabeth II.*, also ⟦ Elizabeth II. ⟧, viel mit der Person in Abb. 2 zu tun hat: Der Name referiert auf die Person.

Abb. 2: Referenz von ‚Elizabeth II'.

Von wenigen Ausnahmen abgesehen werden wir einzelne Wortbedeutungen und die Kombination von Wortbedeutungen nicht genauer untersuchen. Unser Hauptgegenstand sind Sätze und Äußerungen. Hier ist ein Beispiel.

(2)   Uli hat zwei Kinder.

Wir verallgemeinern unsere Notation auf die wörtliche Bedeutung von Sätzen. Die Bedeutung von (2) wird also notiert wie folgt:

⟦ Uli hat zwei Kinder ⟧ = die Bedeutung des Satzes *Uli hat zwei Kinder*

Wieder werden Sie zu Recht finden, dass diese Schreibweise noch nicht viel erklärt. Was nützt uns eine Notation für Satzbedeutungen, wenn wir gar nicht wissen, zu welchem Gegenstandsbereich Satzbedeutungen gehören? Bei ⟦ Hund ⟧ und ⟦ Elizabeth II. ⟧ konnte man wenigstens von Tieren und Menschen ausgehen, aber in welchem Winkel der Erde liegen die Satzbedeutungen? Sätze teilen Gedanken über die Welt mit, und ich werde das Wort **Gedankeninhalt** verwenden, wenn von Satzbedeutungen die Rede ist. Wir könnten also versuchsweise vorschlagen, dass ⟦ Uli hat zwei Kinder ⟧ der Gedankeninhalt ist, dass Uli zwei Kinder hat. Das ist einerseits plausibel, andererseits aber auch etwas unheimlich. Dieser Vorschlag lokalisiert Satzbedeutungen in Gehirnen. Wie können verschiedene Personen denselben Gedankeninhalt teilen? Da wir jeder unser eigenes Gehirn haben, müssten Inhalte als eine Art Gehirnkonstellation gefasst werden. Zwar legt die moderne Neurowissenschaft nahe, dass solche Konstellationen wirklich gemessen werden können; allerdings sind solche Messungen ziemlich aufwändig, wenn wir laufend über Sätze und ihre Bedeutungen sprechen müssen.

In der Semantik wird die Bedeutung von Sätzen daher auf ihre **Wahrheitsbedingungen** zurückgeführt. Die Bedeutung des Satzes *Uli hat zwei Kinder* legt fest, wie eine Situation aussehen muss, in der dieser Satz wahr ist. Es muss dort eine Person *Uli* geben. Uli muss Kinder haben. Und zwar *genau zwei* oder aber *mindestens zwei*. (Dieser Punkt wird uns in den nächsten Kapiteln noch beschäftigen.) Allgemein werden wir die Bedeutung eines Satzes (im Sinne der Gedankeninhalte von Sprechern) durch die Wahrheitsbedingungen des Satzes modellieren:

– Die Bedeutung eines Satzes legt seine Wahrheitsbedingungen fest. Die Wahrheitsbedingungen geben an, was der Fall sein muss, damit der Satz wahr ist.
– Wenn zwei Sätze dieselbe Bedeutung haben, dann müssen sie unter denselben Umständen wahr sein. (Und unter denselben Umständen falsch.)

Mit diesen Annahmen kann man sich über Satzbedeutungen ziemlich gut verständigen. Ich gebe noch ein Beispiel, um zu zeigen, dass hinter der neuen Redeweise keine weiteren Geheimwissenschaften verborgen sind.

(3) Der Julierpass ist schneefrei.
 〚 Der Julierpass ist schneefrei 〛 = die Wahrheitsbedingung: Auf dem Julierpass (höchster Teil eines Verbindungswegs in den Alpen) liegt kein Schnee.

Dieselbe Bedingung sagt auch vorher, wann der englische Satz *The Julier Pass is free of snow* wahr ist, ebenso der französische Satz *Le col du Julier est sans neige*. (Im Französischen verwendet man für den Straßenbericht übrigens eher *Le col du Julier est ouvert*, wörtliche ‚der Julierpass ist offen', was aber andere Wahrheitsbedingungen hat: In einer Situation, in der der Julierpass schneefrei, aber wegen eines schweren Unfalls trotzdem gesperrt ist, ist *Le col du Julier est sans neige* wahr, der Satz *Le col du Julier est ouvert* aber falsch.)

Zur Diskussion: Geben Sie die Wahrheitsbedingungen des folgenden Satzes an:

(4) Ein Spatz frisst etwas.

In welchen der dargestellten Welten (/Situationen) in Abb. 3 ist der Satz wahr, in welchen falsch?

Abb. 3: zur Bedeutung von Sätzen.

Zur Diskussion: Haben die folgenden beiden Sätze dieselben Wahrheitsbedingungen?

(5) Da pieselt ein Hund.

(6) Da pieselt ein Köter.

In welchen in Abb. 4 dargestellten Situationen sind die Sätze jeweils wahr/falsch? Könnten Sie eine Situation angeben, in der der eine Satz zutrifft, der andere nicht?

Abb. 4: Sind ‚Köter' und ‚Hund' dasselbe?

Zum Schluss noch etwas Vokabular. In der Alltagssprache hat der Ausdruck „Der Satz S bedeutet ..." mehrere Lesarten. Wenn jemand sagt: „Der Julierpass ist schneefrei. Was bedeutet das?" dann wäre auch dies eine naheliegende Antwort: „Dass wir über den Julierpass fahren können." In der Linguistik wird deswegen anstelle des Ausdrucks „die Bedeutung des Satzes S" auch von der **Proposition, die die Bedeutung von S ist**, gesprochen. Diese Redeweise hat den Vorteil, dass sie dazu einlädt, sich Satzbedeutungen als etwas ebenso Solides vorzustellen, wie es die Queen of England als Bedeutung des Wortes *Elizabeth II.* ist. Wir sprechen also im Folgenden von Propositionen im Sinn von Satzbedeutung / Gedankeninhalt.

2.3 Negation

Sätze wie *Der Julierpass ist schneefrei* äußern wir normalerweise mit der Absicht, anderen etwas mitzuteilen: wir **assertieren** den Satz, d. h. wir behaupten, dass er wahr ist. Wenn eine Person A einen Satz assertiert, dann teilt A mit, dass ihrer Meinung nach die Wahrheitsbedingungen des Satzes tatsächlich vorliegen. Wenn die Person assertiert *Der Julierpass ist schneefrei*, dann trifft sie eine Aussage darüber, wie es im Moment am Julierpass aussieht.

Falls die angesprochene Person B anderer Meinung ist, kann sie der Assertion mit *Nein!* widersprechen. Sie könnte auch den negierten Satz behaupten: *Der Julierpass ist nicht schneefrei*. In dieser Situation haben wir das Gefühl: Nur eine der beiden Personen kann Recht haben, und genau eine der beiden macht eine wahre Aussage. Welche der beiden, könnte z. B. durch eine Reise auf den Julierpass entschieden werden, durch Konsultation eines verlässlichen Straßenwetterberichts usw. Es könnte sein, dass die beiden Personen sich über die Bedeutung von *schneefrei* einigen müssten. Meinen beide „die Straße ist passierbar", oder verwendet eine der beiden es im Sinn von „keinerlei letzte Reste von Schnee auf oder neben der Fahrbahn"? Wenn alle diese Punkte geklärt sind, trifft genau eine der beiden Aussagen zu. Eine dritte Möglichkeit gibt es nicht.

Das sogenannte *tertium non datur*-Prinzip gehört zu den Grundannahmen der Logik: Nimmt man sich einen Satz S vor, dann ist entweder S oder *nicht-S* wahr, und beide zugleich können nicht (wörtlich) wahr sein. Oder in Wahrheitsbedingungen ausgedrückt: Der Satz *nicht-S* ist genau dann wahr, wenn S falsch ist. Auf diesem logischen Grundprinzip baut die ganze Struktur digitaler Informationsverarbeitung auf. Es spiegelt sich aber auch in grammatischen Bezeichnungen wider.

(7) Ist der Julierpass schneefrei?

Fragen wie (7) werden **Ja/Nein-Fragen** (oder **Polarfragen**) genannt, weil wir die Intuition haben, dass mit *ja* / *nein* alle möglichen Antworten abgedeckt sind. Diese Intuition wird später noch eine große Rolle spielen.

Die Negation kann dabei helfen, wörtliche und nicht-wörtliche Bedeutungsteile zu unterscheiden. Bisher wissen wir nur, dass *Nein!* und *nicht-S* den Inhalt des Satzes S zurückweisen. Nur den wörtlichen Inhalt? Oder allen Inhalt? Wir sollten zu unserem bewährten Beispiel mit den Schuhen zurückkehren, diesmal mit einer richtigen Geschichte drum herum.

Tom und Pit teilen sich eine Wohnung. Tom ist ein fröhlicher Partygänger, der seine bunten Klamotten gerne über die ganze Wohnung verteilt. Pit, eher grau und ordentlich, kann diese fröhliche Unordnung nicht immer ertragen. Eines Abends begrüßt er Tom mit den Worten:

(8) Da liegen rote Schuhe im Flur.

Damit will er seinem Mitbewohner Verschiedenes mitteilen.
a. Es liegen Schuhe da.
b. Die Schuhe sind rot.
c. Es sind genau zwei Schuhe.
d. Es sind Deine Schuhe.
e. Sie stören mich.

Nach unserem Bauchgefühl würden wir vermuten, dass a. und b. Teil der wörtlichen Bedeutung von (8) sind. Sie kommen durch die im Satz verwendeten Wörter und ihre Kombination zustande. Dieser Bedeutungsaufbau wird auch **kompositional** genannt, mehr dazu unten. – Die Mitteilungen c., d. und e. dagegen sind plausiblerweise Zusatzinformationen, die Tom pragmatisch erschließen kann. Nehmen wir nun an, dass Tom der Äußerung von Pit munter widerspricht:

(8') Da liegen rote Schuhe im Flur. – Nein!

Was behauptet Tom mit seinem *Nein!* über die Welt? Er teilt mit: Die Welt ist nicht so, wie Du sagst, und kann damit zum Beispiel meinen:
a'. Da liegen keine Schuhe im Flur.
b'. Da liegen Schuhe, aber sie sind nicht rot.

Tom kann dagegen nicht meinen:
c'. Da liegen rote Schuhe, aber mehr als zwei!
d'. Da liegen nicht meine Schuhe.
e'. Es stört Dich nicht, dass im Flur rote Schuhe liegen.

Vermutlich leuchtet Ihnen die Auflistung von möglichen und unmöglichen Begründungen für Toms *Nein!* schon ein. Falls Sie Zweifel haben, lohnt es sich, einen der Fälle in Zeitlupe zu betrachten. Stellen Sie sich Tom und Pits Dialog auf der Theaterbühne vor. Beide können also nebenbei noch mit uns, den Zuschauern, Bemerkungen tauschen. Die Vorgeschichte wurde dargestellt und wir sehen folgende Szene:

> Die Bühne ist in Flur und Wohnzimmer geteilt. Im Flur liegen rote Schuhe. Es sind jedoch nicht Toms bekannte rote Cowboystiefel, sondern Kinderschuhe. Im Wohnzimmer sitzt Pit im Sessel und liest. Tom tritt auf, quert den Flur und betritt das Wohnzimmer. Pit begrüßt ihn.
>
> Pit: *Da liegen rote Schuhe im Flur.*
> Tom: *Nein!* (zum Zuschauer: *Das sind nämlich nicht meine Schuhe.*)

Ende der Szene – und wir fragen uns: Stellt die Szene plausibel dar, wie Pit etwas behauptet und Tom zu Recht widerspricht? Meiner Intuition nach tut sie das nicht. Wenn Pit insistiert und Tom die roten Schuhe zeigt, dann würden wir Pit, nicht Tom Recht geben. Wenn Tom sich an Pit wendet und sagt: „Nein, das sind nicht meine Schuhe", dann könnte Pit widersprechen: „Das hab ich auch nicht behauptet." Was die Stimmung in Tom und Pits WG sicher nicht verbessert.

Anders, wenn auf der Bühne im Flur grüne Gummistiefel liegen. In dieser Variante der Szene könnte Tom widersprechen *Nein! (Das sind nämlich grüne Schuhe, die da stehen.)* Der Dialog ist unproblematisch; allenfalls müssten wir uns wundern, wieso Pit rote Schuhe im Flur wähnt.

Als Ergebnis dieses gedanklichen Ausflugs können wir festhalten: Um die wörtliche Bedeutung einer Äußerung S und die darüber hinausgehenden, mitgemeinten Zusatzbotschaften zu unterscheiden, sollten wir die Bedeutung von *nicht-S*, beziehungsweise des Widerspruchs *Nein!* als Reaktion auf S betrachten. Negiert werden können nur Teile der wörtlichen Bedeutung, nicht aber pragmatische Zusatzbotschaften. Im Beispiel (8) bestätigt dieser Test, dass a. und b. Teil der wörtlichen Bedeutung sind, c. – e. dagegen pragmatische Anreicherungen.

Abschließend eine kleine Anmerkung zur Grammatik der Negation im Deutschen. Die Abkürzung *nicht-S* steht jeweils für die grammatisch richtige Art, S zu negieren. In manchen Fällen wird tatsächlich nur das Wort *nicht* an einer geeigneten Stelle eingefügt.

(9) S = Der Julierpass ist schneefrei.
nicht-S = Der Julierpass ist nicht schneefrei.

Nicht immer ist die Sache aber so einfach. Beispielsweise wird folgender Satz am normalsten mit *kein* für *ein* negiert.

(10) S = Hans hat einen Hund
nicht-S = Hans hat **keinen** Hund.

Die Variante *Hans hat nicht einen Hund* klingt dagegen künstlich, oder scheint eine andere Art von Negation auszudrücken. In der philosophischen Literatur ist daher die Paraphrase mit *Es ist nicht der Fall, dass S* als Negation von S beliebt. Sie kann zunächst einmal immer problemlos angewandt werden, auch in Sätzen wie (10), (4) und (5).

(11) *nicht-S* = Es ist nicht der Fall, dass Hans einen Hund hat.
nicht-S = Es ist nicht der Fall, dass ein Spatz etwas frisst.
nicht-S = Es ist nicht der Fall, dass da ein Hund pinkelt.

Allerdings werden wir in den kommenden Kapiteln sehen, dass diese Form der Negation pragmatische Untertöne hat, die nicht immer harmlos sind. Am unproblematischsten ist das widersprechende *Nein!* als Reaktion auf eine Behauptung.

2.4 Kompositionalität

Eine weitere wichtige Annahme ist die, dass die wörtliche Bedeutung von Sätzen sich systematisch ergibt aus der wörtlichen Bedeutung der beteiligten Wörter sowie der Art, wie sie im Satz zusammengefügt sind. Man sollte sich Satzbedeutungen also wie Burgen aus Lego-Steinen vorstellen: Die Burg ergibt sich aus den Einzelteilen und der Art ihres Zusammenbaus. Unterwegs sind keine Tricks, Extrateile, Superkleber oder der mirakulöse schwebende Legostein erlaubt. Man könnte von einem Baukastenprinzip sprechen – offiziell wird diese Annahme **Kompositionalitätsprinzip** (Abb. 5) genannt. Es wurde zuerst von Gottlob Frege als grundlegendes Bedeutungsprinzip für natürliche Sprachen vorgeschlagen.

Abb. 5: Das Lego-Prinzip (Kompositionalitätsprinzip).

Das Grundprinzip lässt sich gut anhand der *Negation* illustrieren. Die Bedeutung eines Satzes wird durch seine Wahrheitsbedingungen festgelegt, und die Negation *es ist nicht der Fall, dass* ... kehrt für beliebige Sätze die Wahrheitsbedingungen einfach um.

(12)   ⟦ nicht-S ⟧ ist wahr genau dann, wenn ⟦ S ⟧ falsch ist.

Auch am Beispiel wird klar, dass *nicht* einen ganz schematischen Beitrag leistet.

(13)   ⟦ Der Julierpass ist schneefrei ⟧ ist **wahr**, wenn auf der Straße über den Julierpass kein Schnee liegt. Sonst ist der Satz **falsch**.

(14)   ⟦ Der Julierpass ist **nicht** schneefrei ⟧ ist **falsch**, wenn auf der Straße über den Julierpass kein Schnee liegt. Sonst ist der Satz **wahr**.

Man kann also sagen: ⟦ nicht ⟧ ist die Operation, die die Wahrheitsbedingungen von Sätzen in ihr Gegenteil umschreibt. Wir werden hier offenlassen, wie der Zusammenbau von Wortbedeutungen zu Satzbedeutungen im Einzelnen funktioniert, halten aber an dem Anspruch fest, dass jedes Wort einen klar umrissenen Beitrag zur Bedeutung eines Satzes und einer Äußerung leistet.[1]

Das Kompositionalitätsprinzip ist außerdem wichtig, weil es unsere Arbeit als Pragmatiker beeinflusst. Wortbedeutungen müssen so allgemein sein, dass sie sich in jedem möglichen Satz wieder nutzen lassen. Wenn das Wort *Hund* in manchen Zusammenhängen wie *bester Freund des Menschen* verwendet wird, in anderen Zusammenhängen aber nicht, dann kann es nicht Teil von ⟦ Hund ⟧ sein, dass es sich um den besten Freund des Menschen handelt. Wenn also Madame de Stael schreibt

Je besser ich die Männer kenne, desto lieber mag ich Hunde.

und damit mitteilt, dass Hunde, nicht Männer, die besten Freunde der Frau sind, dann ist es Aufgabe der Pragmatik zu erklären, wie diese Mitteilung zustande kommt: An der Bedeutung des Wortes *Hund* kann es jedenfalls nicht liegen.

Zur Diskussion: Haben Ihrer Meinung nach ⟦ Hund ⟧ und ⟦ Köter ⟧ dieselbe Bedeutung? Was spräche dafür? Was dagegen?

Zur Diskussion: Stellen Sie sich vor, dass Ihnen jemand (15) bzw. (16) mitteilt.

(15) Uli hat zwei Kinder.

(16) Uli hat zwei Euro.

Meint Ihr Gegenüber mit (15), dass Uli genau zwei Kinder hat? Meint Ihr Gegenüber mit (16), dass Uli mindestens zwei Euro hat? Wie verhält es sich in unterschiedlichen Situationen? Meinen Sie, dass ⟦ zwei ⟧ eher wie ‚mindestens zwei' oder ‚exakt zwei' beschrieben werden sollte? Oder gibt es zwei Bedeutungen für *zwei*?

---

1 Vielleicht haben Sie die Gelegenheit, einen Kurs *Einführung in die formale Semantik* zu besuchen. Sehr gute Lehrbücher sind von Daniel Gutzmann *Semantik. Eine Einführung* (Gutzmann 2019), von T.E. Zimmermann *Einführung in die Semantik* (Zimmermann 2014), von T.E. Zimmermann und Wolfgang Sternefeld *Introduction to Semantics* (Zimmermann und Sternefeld 2013) oder von Sigrid Beck und Remus Gergel *Contrasting English and German Grammar* (Beck und Gergel 2014). Lassen Sie sich nicht davon abschrecken, dass Letztere auf Englisch geschrieben sind. Sie orientieren sich ausdrücklich an deutschen Beispielen.

2.5 Skopus

Logische Wörter[2] haben eine Art logischen Einflussbereich im Satz. Sie betreffen nur das, was in ihrem Einflussbereich steht. Im folgenden Beispielpaar ist das gut zu sehen.

(17)   a. Einige Hunde bellen nie.
        b. Es ist nie der Fall, dass einige Hunde bellen.

(17a) stellt fest, dass einige Hunde stille Typen sind. Damit ist vereinbar, dass andere Hunde manchmal, oder vielleicht sogar oft bellen. (Für manche Leser suggeriert der Satz das sogar.) (17b) hingegen behauptet, dass nie irgendein Hund bellt. Es geht also stiller zu. Soviel zum intuitiven Bedeutungsunterschied. Wie sind diese Behauptungen logisch aufgebaut?

    In (17a) geht es um die Eigenschaft *nie-bellen*. Und es gibt *einige Hunde*, die diese Eigenschaft haben. Das *nie-bellen* ist also das, was dem Subjekt *einige Hunde* zugeschrieben wird. Man sagt auch: *nie (bellen)* ist im Skopus des Quantors *einige (Hunde)*. In (17b) geht es dagegen um einen Sachverhalt, der mit *einige Hunde bellen* beschrieben wird. Erst wenn wir diesen Sachverhalt benannt haben, kann es weitergehen: (17b) behauptet, dass er zu keiner Zeit (*nie*) eintritt. Hier sagt man auch: *einige (Hunde)* ist im Skopus von *nie*. In (17) spiegelt sich das auch in der Syntax wider. In (17a) steht das Subjekt *einige Hunde* syntaktisch höher als die Verbalphrase, zu der *nie* gehört. In (17b) dagegen steht *nie* in dem Matrixsatz, in den der Teilsatz eingebettet ist, der *einige Hunde* enthält.

    Nicht immer sind die Verhältnisse in der Syntax so klar. Viele Sätze erlauben Lesarten, in denen ein logisches Wort mit weiterem Skopus verstanden wird, als es die syntaktische Position nahelegt. Das sieht man vor allem dort, wenn derselbe Satz zwei Lesarten hat.

(18)   Ein Marsianerkind war nie im Unterricht.
        a. Es gibt ein bestimmtes Marsianerkind, das aus irgendwelchen Gründen den Unterricht nie besucht hat.
        b. Im Unterricht ist nie irgendein Kind aufgetaucht, das vom Mars kommt.

---

[2] Offiziell müsste man sagen: Wörter und Satzteile, deren Bedeutung logische Operatoren betragen – z. B. *jede/r, die meisten, viele,* Modale wie *notwendig, möglicherweise,* logische Wörter wie *und/oder/nicht,* aber auch Adverbien wie *immer, oft, nie* und vieles mehr.

In der Lesart (18a) hat *ein Marsianerkind* Skopus über *nie* in der Verbalphrase. Es geht um ein bestimmtes Marsianerkind und sein Schuleschwänzen. (Der Satz bezieht sich vermutlich auf eine interstellare Schule für Kinder aller Planeten.) In der Lesart (18b) dagegen hat *nie* Skopus über den Teilsatz *ein Marsianerkind war im Unterricht*. Dieser Sachverhalt ist nie eingetreten (was für irdische Schulen eher plausibel ist). Interessanterweise gibt es im Satz (18) keinen syntaktischen Teilsatz, der die Bedeutung [[ein Marsianerkind war im Unterricht]] hat. Der logische Skopus von Satzteilen und die syntaktische Position von Satzteilen können sich unterscheiden, und manchmal ist es einfach praktisch, die Skopusverhältnisse im Aufbau von Sätzen beschreiben zu können. In Kapitel 15 etwa wird viel von Skopus die Rede sein. Hier ist ein weiteres Beispiel zur Illustration.

(19) Irgendein Tourist besucht jedes Museum.
    a. Es wird von einem Touristen berichtet, den der Sprecher nicht genau zu kennen scheint und der nun alle Museen abklappert.
    b. Bei der Diskussion der „langweiligsten Museen ever" fällt der Satz (19), mit der Lesart: Es kann kein Museum so blöd sein, dass nicht doch irgendein Tourist es besucht. Jedes Museum zieht ein paar Touristen an, wenn auch vielleicht nur Nerds.

Welches sind die beiden logischen Wörter, die hier wichtig sind? Beschreiben Sie die Skopusverhältnisse nach dem Muster von (18).

2.6 Logische Folgerung

Ein letztes semantisches Instrument, das wir gelegentlich einsetzen werden, ist die logische Folgerungsbeziehung. Sie ist Ihnen aus dem Alltag bekannt, zum Beispiel wenn es um die Einhaltung von Regeln geht. Wir benutzen den Pfeil → als Abkürzung für „es folgt logisch".

(20) In der Wohnung ist die Haltung von Kleintieren erlaubt.
    Hamster sind Kleintiere.
    → In der Wohnung ist die Haltung von Hamstern erlaubt.

Die letzte Regel muss nicht extra aufgestellt werden, weil sie aus der ersten, und der Tatsache, dass Hamster als Kleintier zählen, logisch folgt.
    Allgemein lässt sich **logische Folgerung** definieren, wenn man auf die Wahrheit von Sätzen zurückgreift.

(21)   Ein Satz S_2 folgt logisch aus Satz S_1 genau dann,
         wenn in jeder Situation, in der S_1 wahr ist, auch S_2 wahr ist.

Wenn wir wissen, dass S_1 wahr ist, wissen wir also auch, dass S_2 wahr ist. Das illustrieren die folgenden Beispiele.

(22) S_1:   Alle Hamster sind Kleintiere.
         S_2:   Hamster Oskar ist ein Kleintier

(23) S_1:   Es ist Käse im Kühlschrank.
         S_2:   Der Kühlschrank ist nicht leer.

(24) S_1:   Susanne hat Peter angerufen.
         S_2:   Susanne hat jemand angerufen.

Bei jedem Satzpaar können Sie sich fragen: Wäre es vorstellbar, dass S_1 wahr ist, S_2 aber nicht? (Unterstellen Sie dabei, dass es sich um denselben Kühlschrank, dieselbe Susanne handelt.) Bei jedem der Satzpaare sollten Sie zu der Einsicht kommen: nein, das ist nicht vorstellbar. S_1 erzwingt die Wahrheit von S_2.

So einfach dieser Begriff ist, so wichtig ist es, dass Sie ein Gefühl dafür bekommen, dass es sich tatsächlich um eine ziemlich banale Bedeutungsbeziehung handelt. Wenn S_2 aus S_1 logisch folgt, dann ist es in der Regel langweilig, erst S_1 und dann S_2 mitzuteilen. Das sieht man an kleinen Dialogen wie diesem.

(25)   Sabine zu Carina:
         Es ist Käse im Kühlschrank.
         Der Kühlschrank ist nicht leer.

Die zweite Mitteilung ist nach der ersten nicht mehr informativ. Sabine scheint Carina für leicht begriffsstutzig zu halten. – Andererseits kann man logische Folgerung bei Begründungen einsetzen.

(26)   Carina: Ist der Kühlschrank leer?
         Sabine: Nein. Es ist Käse im Kühlschrank.

Sabines zweiter Satz liefert die Begründung dafür, was Sabine als Erstes behauptet hat, nämlich dass der Kühlschrank nicht leer ist.

Im Deutschen wird die Folgerung als Erstes und die Prämisse als Zweites genannt. Man sagt: „S_2 folgt aus S_1". (Vielleicht haben Sie Definition (21) zuerst falsch herum gelesen?) Das Englische nutzt das praktischere Verb *entail*: „S_1

entails S_2". Das macht klarer, was man zuerst weiß, und was daraus folgt. Zur Gewöhnung an die deutsch-verkehrten Verhältnisse können Sie die folgende Übung nutzen.

Zur Diskussion: Entscheiden Sie für die folgenden Satzpaare (a)/(b): Folgt (a) aus (b)? Folgt (b) aus (a)? Gilt womöglich beides, oder keins von beidem? Nutzen Sie die Definition (21) in Ihrer Begründung.

(27) (a) Susi, Gabi und Anni mögen Vanilleeis.
 (b) Manche Mädels mögen Vanilleeis.

(28) (a) Jemand hat die Schokolade gegessen.
 (b) Carina hat die Schokolade gegessen.

(29) (a) Nicht alle Hunde haben Flöhe.
 (b) Einer der Hunde hat keine Flöhe.

Es wird wichtig sein, logische Folgerungen von anderen Zusatzinformationen zu unterscheiden, die durch pragmatische Anreicherung zustande kommen. Mithilfe der Negation können pragmatische Anreicherungen von logischen Folgen unterschieden werden. Die Details werden wir im nächsten Kapitel kennen lernen.

2.7 Zusammenfassung

- Unsere Ausgangsgrundlage ist die wörtliche Bedeutung von Wörtern, Phrasen und Sätzen.
- Wir schreiben ⟦ α ⟧ als Abkürzung für „die Bedeutung des Ausdrucks α". Die Bedeutung eines Satzes wird durch die Wahrheitsbedingungen des Satzes festgelegt. Satzbedeutungen heißen auch „Proposition".
- Kompositionalität: Die Bedeutung von komplexen Phrasen ⟦ α β ⟧ kommt durch die Kombination der Bedeutungen der Teile ⟦ α ⟧, ⟦ β ⟧ zustande.
- Kompositionalität am Beispiel: ⟦ nicht-S ⟧ ist ⟦ nicht ⟧ kombiniert mit ⟦ S ⟧. ⟦ nicht ⟧ kehrt Wahrheitsbedingungen um, es macht aus *wahr falsch* und aus *falsch wahr*. Unsere Überlegungen werden in der Regel auf Satzebene einsetzen; wir überlassen die genaue Analyse von Satzbedeutungen der Semantik.
- Viele Wörter und Phrasen haben einen logischen Einflussbereich im Satz, über den sie etwas sagen. Dieser wird auch „Skopus" genannt. Beispiele sind etwa *nie, immer, manche, alle, ein* usw.
- Oft kann man den Skopus eines logischen Worts aus seiner syntaktischen Stellung im Satz ablesen. Aber manchmal ergeben sich unterschiedliche Les-

arten, je nachdem wie die Satzteile Skopus zueinander nehmen. Deswegen unterscheidet man zwischen „Skopus" und „syntaktischer Position".
- Die wörtliche Bedeutung von Sätzen bestimmt auch, ob ein Satz aus einem anderen folgt. Die logische Folgerung lässt sich anhand der Wahrheitsbedingungen fassen.

Fingerübungen

(1) Betrachten Sie folgenden Satz:
   (i) Elizabeth II. besitzt drei Corgy-Hunde.
   a) Geben Sie die Wahrheitsbedingungen des Satzes an.
   b) Beschreiben oder malen oder zeigen Sie eine Situation, in der S wahr ist und eine Situation, in der S falsch ist.
(2) Betrachten Sie die folgenden Satzpaare (a)/(b). Welcher Satz des jeweiligen Paars folgt logisch aus dem anderen? Gibt es welche, die einander logisch ausschließen (d. h. nie beide zugleich wahr sein können)?
   (i)   (a) Alle Katzen mögen Fisch.
         (b) Einige Katzen mögen Fisch.
   (ii) (a) Alle Helgoländer sind Seeräuber.
         (b) Alle Seeräuber sind Helgoländer.
   (iii) (a) Wenn jemand von Helgoland kommt, dann mag er Scholle.
         (b) Wenn jemand keine Scholle mag, dann ist er nicht von Helgoland.
   (iv) (a) Niemand mag Scholle.
         (b) Es gibt jemand, der Scholle mag.
(3) Sehen Sie sich den Clip „Wahrheitswertsemantik" auf https://www.ling.uni-konstanz.de/eckardt/lehre/sprache-und-kontext/ an. Es werden fünf Sätze in fünf Welten w ausgewertet.
   a) Bilden Sie für jeden Satz die Negation.
   b) Zeichnen Sie die Auswertungstabelle für w1 – w5 für die negierten Sätze.
   c) Warum können Sie das auch ohne sich die fünf Welten nochmal anzusehen?
(4) Haben Polizist und Bulle (i. S. von „Polizist") dieselbe wörtliche Bedeutung? Gibt es Situationen, in denen (a) wahr ist, aber (b) falsch?
   (a) Vor dem Haus steht ein Polizist.
   (b) Vor dem Haus steht ein Bulle.
   Sind „Polizist" und „Bulle" immer füreinander austauschbar?
   Ihr Kommentar zu der Äußerung: *Ich finde, Bullen leisten wichtige Arbeit für die Gesellschaft.* Ist das für Sie eine mögliche Meinungsäußerung? (Mehr dazu in Kapitel 19.)

(5)* Folgt der Satz (b) logisch aus (a)?
    (a) Olli trank eine klare, durchsichtige Flüssigkeit.
    (b) Olli trank etwas, was kein Wasser war.
    Begründen Sie Ihre Antwort mit Hilfe der Wahrheitsbedingungen der Sätze.
    Falls Sie denken, dass ja: Argumentieren Sie, dass wenn (a) wahr ist, immer auch (b) zutrifft!
    Falls Sie denken, dass nein: Beschreiben Sie eine Situation, in der (a) wahr, aber (b) nicht zutrifft!

(6)* Überlegen Sie, was die Lesarten und die dazugehörenden Skopusverhältnisse in folgendem Satz sind!
    (i) (Carina war beim Filmfestival.) Alle Filme haben ihr nicht gefallen

3 Implikaturen

3.1 Ein genauerer Blick auf Gesagtes und Gemeintes

Das vorige Kapitel hatte zum Ziel, die Trennung zwischen wörtlicher Bedeutung und zusätzlicher Information klarer zu fassen. Damit haben wir aber noch nicht erklärt, wie die zusätzliche Information zustande kommt. Betrachten wir wieder einmal ein Beispiel. Nehmen Sie an, Sie finden in der Zeitung folgende Meldung:

(1) Donald Trump war um Mitternacht mit einer Frau in einer Bar.

Diese Mitteilung erlaubt verschiedene Folgerungen:

(2) a. Ein Mann war um Mitternacht in einer Bar.
 b. Jemand hat Donald Trump in einer Bar gesehen.
 c. Donald Trump war in einer Bar mit einer Frau, die nicht Melania ist.
 d. Donald Trump geht fremd.

Nicht alle diese Mitteilungen haben denselben Status. Bei (2a) handelt es sich um eine logische Folgerung aus (1). (2b) beruht auf Ihrem Wissen darüber, wie die Welt funktioniert: Im normalen Fall können wir von einer bewirtschafteten Bar ausgehen; die Mitteilung geht auf Augenzeugen des Barbesuchs zurück, usw. Diese Annahmen sind **Default-Annahmen**. Sie könnten sich als falsch herausstellen, wenn etwa die Mitteilung (1) auf einen Termin in Trumps Kalender zurückgeht und die Bar tatsächlich leer oder geschlossen war. Die Annahme (2c) ist eine pragmatische Inferenz. Im gegebenen Kontext – Trump ist eine wichtige Persönlichkeit, Journalisten recherchieren Fakten, ehe sie einen Artikel schreiben, das Eheleben von US-amerikanischen Präsidenten ist ein relevantes Thema – wäre es wesentlich zu berichten, ob es sich um Melania Trump handelt. (2d) baut die Mitteilung weiter aus und fußt auf der Frage: Wieso ist diese Tatsache eine Zeitungsmeldung wert? Vielleicht deshalb.

Wir haben ein Bauchgefühl dafür, welche Informationsteile einer Aussage wörtlich sind, und welche durch Anreicherung zustande kommen. Der Leser soll aus (1) zwar folgern, dass Trump fremd geht, aber es ist eine andere Art von Folgerung als (2a), die sagt, dass es Bars gibt, in denen mitternachts Männer waren. Die Autorin der Meldung in (1) kann z. B. abstreiten, dass (2d) behauptet wurde. Der Einwand „Donald Trump geht nicht fremd." zeigt nicht, dass (1) falsch war. Die Autorin würde kühl antworten, das habe sie nicht behauptet. Wenn jemand dagegen die logische Folgerung bestreitet, dass nachts in Bars Männer waren (2a), dann greift das die Wahrheit von (1) an.

Folgerungen wie (2c) und (2d) sind **Implikaturen** von (1). Ein wichtiger Unterschied zwischen logischen Folgerungen und Implikaturen ist, dass der Sprecher Implikaturen **zurücknehmen** oder **abstreiten** kann, ohne sich in Widersprüche zu verwickeln. Die logischen Folgen einer Aussage hingegen kann man nicht zurücknehmen, außer man nimmt auch die Aussage zurück. Wie wir in Kapitel 2 schon gesehen haben, ist die Bedeutung vom Widerspruch ein guter Test zur Unterscheidung zwischen wörtlicher Bedeutung und Implikatur. Sehen wir uns folgenden Dialog an.

(3) A: Donald Trump war um Mitternacht mit einer Frau in einer Bar.
B widerspricht: Nein.

Der Adressat B kann nur Teile der **wörtlichen** Bedeutung abstreiten. *Nein!* ist kein adäquates Mittel, die pragmatisch mit-verstandenen Teile abzustreiten. Das sieht man, wenn B seinen Widerspruch begründet. Die Fortsetzungen in (4) wären sinnvoll. Die in (5) dagegen liefern keinen adäquaten Grund für B's Widerspruch.

(4) B: Nein. Donald Trump war nicht mit einer Frau in einer Bar.
B: Nein. Donald Trump war mit einer Frau in einer Bar, aber nicht mehr um Mitternacht.

(5) B: #Nein. Die Frau war nämlich Melania.
B: #Nein. Donald Trump hat die Frau nicht angebaggert.

Wir verwenden hier das Symbol #, um zu markieren: Die Äußerung ist in diesem Kontext nicht passend, sinnvoll oder rational, sie ist hier **inkohärent**. Diese Art des „Falsch-Seins" unterscheidet sich von den Arten des Nicht-Wohlgeformt-Seins, die Sie aus anderen Bereichen der Linguistik kennen. Die Sätze in (5) sind grammatisch korrekt und semantisch wohlgeformt. Trotzdem wäre es unangemessen, wenn B auf die Behauptung von A mit (5) reagiert.

Natürlich kann B die Implikaturen angreifen. Man könnte präzisieren: „Donald Trump war zwar mit einer Frau in einer Bar, aber die Frau war seine 90-jährige Cousine." Auch diese Richtigstellung zeigt, dass (2c) und (2d) Implikaturen sind, die zurückgenommen werden können. Andererseits steht ohne eine Richtigstellung die implikatierte Zusatzaussage oft so klar im Raum, dass im Nachhinein alle Beteiligten das Gefühl haben, sie sei behauptet worden.

In einer Bundestagsrede zum Klimawandel stellte Alexander Gauland (AfD) fest: „Deutschland ist nur für 2 Prozent der weltweiten CO_2-Emissionen verantwortlich."[1] Einerseits benennt er eine Tatsache. Andererseits meint er damit aber: Deutschland kann den Klimawandel sowieso nicht abwenden, wir müssen also nichts tun. Hat er das aber behauptet? Wenn er angegriffen würde, könnte er sich darauf zurückziehen, dass er nur wissenschaftlich festgestellte Fakten referiert, was doch erlaubt sein müsse. – Wurde hier also etwas behauptet oder nicht? Schon um solche ganz praktischen Probleme gut beantworten zu können, sind Philosophen und Linguisten daran interessiert, besser zu verstehen, wie verbindlich, rational, geplant oder zufällig Implikaturen zustande kommen.

3.2 Die Grice'schen Konversationsmaximen

Der amerikanische Philosoph Paul Grice führte die oben angestellten informellen Überlegungen in seiner Theorie der Konversationsmaximen zusammen (Grice 1975). Sie gibt eine allgemeine Beschreibung der Anreicherung von wörtlicher Bedeutung durch Implikaturen. Paul Grice formuliert vier einfache Grundsätze (Maximen), die erklären, wieso ein Satz (z. B. (1)), geäußert in einer bestimmten Situation (Sprecher weiß, dass Trump verheiratet ist und wie Melania aussieht) zu einer Implikatur führt. Ich stelle sowohl die englischen Maximen als auch ihre deutschen Übersetzungen vor, damit Sie den klaren und einfachen Charakter von Grice' Sprache sehen.

The maxim of Quality (‚Qualitätsmaxime')

Try to make your contribution true, specifically
a. do not say what you believe to be false
b. do not say that for which you lack adequate evidence.

[Versuche, deinen Gesprächsbeitrag wahr zu machen.
a. Sage nichts, von dem du annimmst, es sei falsch.
b. Sage nichts, wofür du nicht hinreichende Evidenz hast.]

The maxim of Quantity (‚Quantitätsmaxime')

a. Make your contribution as informative as is required for the current purpose of the exchange.
b. Do not make your contribution more informative than is required.

[a. Mache deinen Gesprächsbeitrag so informativ, wie für das laufende Gespräch nötig ist.
b. Mache deinen Beitrag nicht informativer als erforderlich.]

---

[1] Protokoll des Deutschen Bundestags, 118. Sitzung. 17. Oktober 2019, S. 14438.

The maxim of Relevance („Relevanzmaxime")

Make your contribution relevant.

[Mache einen relevanten Gesprächsbeitrag.]

The maxim of Manner („Maxime der Art und Weise")

Be perspicuous, and specifically
a. avoid obscurity
b. avoid ambiguity
c. be brief
d. be orderly.

[Mache verständliche Beiträge, insbesondere
a. vermeide Unklarheiten
b. vermeide Mehrdeutigkeiten
c. sei kurz
d. sei ordentlich.]

Grice nimmt an, dass wir als Sprecher instinktiv diese Maximen befolgen und ebenso davon ausgehen, dass unsere Gesprächspartner sie befolgen. Wir werden beleuchten, wie sich daraus pragmatische Anreicherungen erklären lassen. Über allem stellt Grice als „Supergebot" die Kooperationsmaxime.

The co-operation maxim („Kooperationsmaxime")

Make your contribution such as is required, at the stage at which it occurs, by the accepted purpose or direction of the talk exchange in which you are engaged.

[Mache deinen Gesprächsbeitrag so, wie es der momentane Gesprächsverlauf und die Ziele der Sprecher erfordern.]

Die Kooperationsmaxime sichert, dass es sich um einen normalen Gesprächsverlauf handelt. Damit nimmt Grice gewisse Gesprächssituationen aus dem Vorhersagebereich seiner Theorie heraus, etwa Gespräche zwischen Eltern und rebellischen Jugendlichen oder Befragungen vor Gericht, wo der Angeklagte vielleicht kein Interesse hat zu kooperieren. Aber auch Dialoge mit kleinen Kindern scheinen den Grice'schen Maximen manchmal zu widersprechen. Daran kann man sehen, dass diese Maximen erlernt werden und nicht von Geburt an vorhanden sind.

Welche Art von Wissen wird mit diesen Maximen beschrieben? Obwohl sie erlernt werden müssen – wir werden im nächsten Kapitel Beobachtungen sehen, die das nahelegen – handelt es sich nicht um eine Art sprachliche Benimmregeln. Grice würde eher sagen, dass wir die Anlage haben, aus den Kommunikationserfahrungen mit verschiedensten Partnern implizites Wissen zu erschließen, das mit den vier Maximen wiedergegeben wird. Einige Maximen hören sich zwar wie Regeln für guten Sprachgebrauch an, Grice würde aber behaupten, dass *alle* Sprecher *automatisch* auf der Basis der Konversationsmaximen operieren: Sie gestalten ihre Redebeiträge entsprechend, und sie interpretieren die Mitteilungen anderer unter der Annahme, dass die das ebenfalls tun. Die einzelnen Maximen werden zunächst mit Beispielen illustriert, ehe wir im nächsten Kapitel untersuchen, wie verschiedene Maximen in Kooperation zu weiteren Implikaturen führen.

3.3 Die Maximen in Aktion

Woran sehen wir, dass menschliche Kommunikation den Grice'schen Maximen folgt? Grice nimmt an, dass wir indirekte Evidenz für ihr Wirken haben.
- Wir **reichern den Inhalt von Äußerungen an**, damit die Äußerung den Maximen gehorcht (Implikaturen)
- Dabei kann es zu Abwägung zwischen verschiedenen Maximen kommen, wie z. B. bei den sogenannten **skalaren Implikaturen**.
- Wenn ein Sprecher eine Maxime offenkundig und wissentlich **verletzt** (engl. ‚flouting'), kann er damit ebenfalls Inhaltsanreicherungen erzielen.

Für jede der Maximen lässt sich auf dieser Basis zeigen, dass sie in nützlicher Weise erlaubt zu verstehen, wie Inhaltsanreicherungen zustande kommen. Wir beginnen mit dem Basisfall und illustrieren für jede Maxime, welche Fälle von Anreicherung sie erklärt.

3.3.1 Die Qualitätsmaxime in Aktion

Die **Qualitätsmaxime** ist eine plausible Grundlage der Kommunikation. Wären unsere Mitteilungen überwiegend unwahr, dann hätte sich Sprache als Kommunikationsverhalten vermutlich nie entwickelt. Das Reden wider besseres Wissen wird explizit sozial geächtet, und wir haben spezielle Wörter dafür: *lügen, schwindeln, flunkern*. Das Nicht-Lügen ist ein Erziehungsthema bei kleinen Kindern. Aber selbst ohne Erziehung haben wir Hemmungen, dreiste Unwahrheiten zu äußern; viele Menschen zeigen körperliche Reaktionen, wenn sie lügen. Zwar sind Lügendetektoren aus den Polizeiverhören verschwunden, aber erfahrene Beobachter können aufgrund von Mikroindizien wahrscheinlich vorhersagen, ob eine Person lügt. Auch die Handlung der US-amerikanischen TV-Serie *Lie to me* basiert auf dieser Idee.[2]

Das Behaupten über das eigene Wissen hinaus ist ebenfalls geächtet, selbst wenn sich die Mitteilung im Nachhinein als zutreffend herausstellt. Vor allem aber trägt der Sprecher das Risiko, dass sich seine Flunkerei als *falsch* erweist. Diese Entdeckung ist fast ebenso peinlich wie die Lüge. Es gibt also vielfältige soziale Praktiken, die die Qualitätsmaxime direkt bestätigen. Sehen wir uns ein Beispiel an.

(6) Der Lehrer trifft Karl vor einem Haufen zerbrochener Reagenzgläser an.
Karl: Die hat Hannes runtergeschmissen.
(In Wirklichkeit hat Karl sie selber fallen lassen.)

Karl verletzt hier den ersten Teil der Qualitätsmaxime. Er glaubt (bzw. weiß sogar), dass Hannes die Gläser nicht runtergeschmissen hat, behauptet es aber trotzdem. Hier wird gelogen.

(7) Der Lehrer trifft Karl vor einem Haufen zerbrochener Reagenzgläser an.
Karl: Die hat Hannes runtergeschmissen.
(In Wirklichkeit hat Karl keine Ahnung, was passiert ist.)

Auch hier verletzt Karl die Qualitätsmaxime, allerdings in ihrem zweiten Teil. Er lügt nicht – etwa um von seiner Schuld abzulenken – aber auch hier wird Karl vermutlich vom Lehrer ins Gebet genommen, wenn sich herausstellt, dass der Schulkater beim Klettern die Gläser vom Tisch gewischt hat: Karl hat Dinge behauptet, für die er keine Evidenz hatte. Vielleicht wollte er sich beim Lehrer einschmeicheln? Oder Hannes in Schwierigkeiten bringen?

Wenn sich eine Behauptung als falsch herausstellt, wird das Verhalten des Sprechers als unangemessen betrachtet, egal ob er wusste, dass sie falsch ist oder nur nicht wusste, ob sie wahr ist. Zufällig richtige Behauptungen scheinen zunächst weniger problematisch, können aber auch geahndet werden: Beispielsweise gilt als Falschaussage vor Gericht, wenn ein Zeuge etwas

---

2 Interessanterweise können auch nichtmenschliche Primaten lügen: Grüne Meerkatzen nutzen gelegentlich den Warnruf „Schlange" absichtsvoll, ohne dass eine reale Schlange in Sicht ist. Die Rudelgenossen flüchten sich auf Bäume, was dem Rufer freien Zugriff auf attraktives Futter erlaubt. Dieses Verhalten beschreiben Dorothy Cheney und Robert Seyfarth in dem Aufsatz „Wie Affen sich verstehen" (Cheney und Seyfarth 1993). Eine ausführlichere Darstellung der Kommunikation bei Affen gibt ihre Monographie Cheney und Seyfarth (2007).

behauptet, wofür die er keine Evidenz hatte, egal ob sich die Behauptung nachher als richtig oder unrichtig erweist. Auch in Prüfungskontexten sind viele Prüfer der Ansicht, dass eine zufällig richtig geratene Antwort keine richtige Antwort sein sollte. Laut Grice zählt das Erraten in Prüfungen als nicht-kooperatives Verhalten: das spricht etwa gegen die Verwendung von Multiple-Choice-Tests, die dieses Verhalten sehr leicht machen.

Indirekt wird die Maxime der Qualität dort bestätigt, wo jemand eine *offensichtlich* falsche Feststellung macht. Stellen wir uns vor, Sie sitzen mit einer Freundin in einer drögen Vorlesung. Die Sitzung zieht sich hin, der Dozent hat die Zuhörer längst hinter sich gelassen. Sie flüstern Ihrer Freundin zu:

(8) Das ist ja wieder mal superspannend.

Diese Feststellung ist offenbar unrichtig. Da Sie Augenzeuge der Veranstaltung sind, haben Sie ausreichend Evidenz, das zu wissen. Technisch gesehen verletzen Sie also die Qualitätsmaxime. Ist Ihr Verhalten damit unkooperativ und sozial ächtbar? – Offenkundig nicht: die Bemerkung würde als **Ironie** verstanden werden. Beide Gesprächspartner wissen, dass die Aussage falsch ist, und dass der oder die andere das auch weiß. Diese Form der Regelverletzung bezeichnet Grice als *flouting*, wörtlich ‚wissentliches Missachten' oder ‚sich Hinwegsetzen über eine Maxime'. Man könnte deutsch klarer von ‚offensichtliche Verletzung der Qualitätsmaxime' sprechen. Der Kürze halber (und um daran zu erinnern, dass es sich um offensichtliche Verletzungen in diesem speziellen Sinn handeln muss) behalten wir den englischen Begriff ‚flouting' bei.

Bei Ironien wie in (8) wird der wörtliche Inhalt der Äußerung nicht angereichert sondern geradezu ins Gegenteil verkehrt. Was der Sprecher in der Situation eigentlich sagen will, ist ‚das ist ätzend langweilig'. Dabei entsteht ein kommunikativer Mehrwert dadurch, dass zusätzlich mit einer Regelverletzung gespielt wird: Grice kann erklären, warum solche Ironien verstanden und warum sie genutzt werden. Das Wesen der ironischen Äußerung ist allerdings damit nicht erschöpfend ergründet und wir werden noch andere Typen kennen lernen.

Kinder werden durch ironische Äußerungen oft verunsichert und müssen diese Art der Regelverletzung erst entschlüsseln lernen. Ein Fünfjähriger aus meiner Verwandtschaft überraschte einmal die Kaffeerunde mit der Mitteilung: „Der Opa spaziert auf den Händen um den Tisch herum." Befragt, wie er auf diese offenkundig irrwitzige Mitteilung komme, erklärte er, er habe beobachtet, dass offensichtlich falsche Äußerungen unter Erwachsenen besonderen Beifall fänden und als komisch betrachtet würden. Bei der Gelegenheit wollte er auch einmal mit dieser Art von unterhaltsamer Falschaussage zum Gespräch beitragen.

Viele Beobachtungen legen nahe, dass die pragmatische Kompetenz von Kindern relativ spät erworben wird, mehr dazu im nächsten Kapitel.

3.3.2 Die Quantitätsmaxime in Aktion

Die **Quantitätsmaxime** spiegelt sich weniger klar in expliziten sozialen Normen wider. Am ehesten spiegelt sie sich in Bemerkungen wie *Nun lass Dir doch nicht alles aus der Nase ziehen* gegenüber einsilbigen Gesprächspartnern. Was ist gemeint? Stellen Sie sich vor, Sie planen mit anderen eine Reise zu Ihren gemeinsamen Freunden Franz und Bianka. Jemand fragt:

(9) A: Wo wohnen Franz und Bianka?
    B: Irgendwo im Badischen.

Die Antwort ist unter den gegebenen Umständen unterinformativ. Um eine Reise zu planen, genügt es nicht zu wissen, dass jemand „irgendwo im Badischen" wohnt. Sprecher A wird schließen, dass B keine genauere Antwort auf die Frage kennt. Falls sich anschließend herausstellt, dass B die genaue Adresse der beiden hat, könnte A unkooperatives Verhalten vorwerfen.

In Situationen, in denen mit unkooperativem Verhalten zu rechnen ist, kann die Quantitätsmaxime ausdrücklich eingefordert werden: Die klassische Schwurformel vor Gericht lautet darauf, *die Wahrheit zu sagen, die volle Wahrheit und nichts als die Wahrheit*. Die Beteiligten müssen sich hier zur Einhaltung der Maximen der Quantität und der Qualität ausdrücklich verpflichten.

Auch im Alltag ist die Verletzung der Quantitätsmaxime irritierend. Stellen Sie sich vor, Sie suchen in einem Lokal das stille Örtchen und bekommen vom Wirt die Auskunft:

(10) Die Toilette ist im Keller links.

Dort angekommen, stellen Sie fest, dass die Toilette gerade umgebaut wird und nicht benutzbar ist. Sie können unterstellen, dass der Wirt über Baumaßnahmen Bescheid weiß und können sich daher zu Recht bei ihm beschweren: Seine Auskunft war nicht informativ genug, weil er Sie darauf hinweisen müsste, dass es sich um eine *unbrauchbare* Toilette handelt. Durch seine weniger spezifische Antwort entsteht die Implikatur, dass es sich um eine *nutzbare* Toilette handelt. Diese Anreicherung schreibt Grice allerdings dem Wirken der Relevanzmaxime zu: Für Ihr Bedürfnis wäre es relevant, anzunehmen, dass Sie in der gesuchten Toilette Erleichterung finden. Die Quantitätsmaxime und die Relevanzmaxime sind eng miteinander verzahnt, weil die Frage, wie viel Wissen nötig ist, eigentlich nur beantwortet werden kann, wenn der Sprecher weiß, was für das Anliegen des Adressaten nützliches Wissen ist.

Die duale Aufforderung der Quantitätsmaxime lautet „Sei nicht zu informativ". Grice lässt offen, ob zu viel Information *unkooperativ* oder schlicht *Zeitverschwendung* ist. Die Frage wäre: Kann zu viel Information zu irreführenden Schlüssen führen? Betrachten wir folgenden Dialog, wo ein Besuch von A bei B besprochen wird.

(11) A: Wo wohnt Ihr?
      B: Mainaustraße 133. Die Haustür liegt vorne am Gebäude zur Straße hin, neben einer Garageneinfahrt.

Die Mitteilung scheint zu suggerieren, dass Sprecher B den Sprecher A für etwas begriffsstutzig hält. Die Information ist zwar richtig und auch relevant, wird aber als zu überinformativ betrachtet.[3] Ein weiteres Beispiel könnte folgender Dialog an der Kinokasse sein, wo B einen Film mit Altersbeschränkung besuchen will.

(12) A: Wie alt sind Sie?
      B: Zwanzig Jahre, fünf Monate, sechs Tage und zwei Stunden.

Die Antwort von B ist überinformativ, denn wesentlich für die Zwecke der Frage ist nur, ob das Alter unter oder über 18 Jahre liegt. Je nach Temperament des Kassierers könnte dieser leise den Kopf schütteln, zurückfragen *Wolln Sie mich veräppeln?* oder eine Schwindelei vermuten und nach dem Ausweis fragen. Überinformative Aussagen verletzen vielfach auch die Relevanzmaxime, weil sie irrelevante Auskünfte erteilen. Im Zusammenhang mit dieser Maxime werden wir auf weitere Verletzungen zu sprechen kommen, die zu Implikaturen führen.

Vorher aber soll noch ein letztes Indiz für die Quantitätsmaxime besprochen werden, nämlich die Interpretation von tautologischen Aussagen. Tautologische Sätze sind Sätze, die in jeder denkbaren Situation wahr sind; etwa *Das Wetter ändert sich oder es bleibt wie es ist*. Gerade weil sie in jeder möglichen Situation wahr sind, haben sie keinen Informationsgehalt; man weiß nach der

---

[3] Der Dialog ist aus dem Leben gegriffen. Unsere Besucher ignorieren diese Mitteilung regelmäßig, was zu einigen Schwierigkeiten beim Auffinden der bewussten Haustür führt: Alle anderen Wohnparteien haben ihren Eingang auf der Rückseite des Hauses.

Mitteilung so viel wie vorher. Wenn Sprache nur dazu diente, den wörtlichen Inhalt von Sätzen mitzuteilen, dann sollten Mitteilungen wie *Boys will be boys* oder *Jungs sind Jungs* kommunikativ wertlos sein. Tatsächlich verstehen wir solche Mitteilungen in einem angereicherten Sinn. Unter dem Spruch *Jungs sind eben Jungs* finden sich im Internet Bilder ähnlich wie Abb. 6.

Abb. 6: Jungs sind Jungs.

Die Aussage lädt zur Anreicherung des Prädikats ... *sind Jungs* ein. Der Hörer versteht, dass der Sprecher stereotype Vorstellungen darüber hat, wie sich typische Jungs verhalten, z. B. „Jungs spielen Streiche". Diese Information ist nicht Teil der wörtlichen Aussage und kann daher vom Sprecher zurückgezogen werden, falls sein Gesprächspartner ihn darauf anspricht. Wenn der Partner die Implikatur versteht und die Stereotypen teilt, „wissen beide Bescheid", ohne dass etwas Verfängliches geäußert wurde.

Zur Diskussion: Sie stehen am Bahnhof und fragen die Person an der Auskunft, wann denn der Zug nach Stuttgart komme. Die Antwort ist:

(13)   Der Zug kommt, wenn er kommt.

Welche Implikaturen könnte diese Tautologie auslösen? Was würden Sie verstehen?

3.3.3 Die Relevanz-Maxime in Aktion

Wir reichern Äußerungen soweit an, dass sie sich sinnvoll auf den Gesprächskontext beziehen. Grice führte folgendes Beispiel dafür an, wie die Relevanzmaxime zu Implikaturen führt.

(14) A: Wo bekomme ich Benzin?
B: Ums Eck ist eine Autowerkstatt.

Sprecher A würde die Auskunft von B so verstehen, dass die Werkstatt in Betrieb ist, geöffnet hat und Benzin verkauft. Nur dann ist die Auskunft relevant für das Problem, das A hat.[4] Ähnliche Implikaturen waren auch schon in Beispiel (10) mitverstanden. Aber auch in weniger problemdefinierten Situationen werden Aussagen angereichert.

(15) A: Wo ist der Kater?
B: Die Tür zur Küche steht ein wenig offen.

(16) A: Hat Gerd wieder eine Freundin?
B: Er fährt in letzter Zeit ziemlich oft nach Stuttgart ...

Mit der Antwort in (15) hat B nicht ausdrücklich *behauptet*, dass der Kater in der Küche sei. Aber die Mitteilung, dass die Küchentür offen sei, wird erst dann ein sinnvoller Gesprächsbeitrag, wenn A annehmen kann, dass B darin ein Indiz für den Aufenthaltsort des Katers sieht. Ähnlich verhält es sich mit der Implikatur ‚Gerd hat eine Freundin in Stuttgart' als Anreicherung von (16).

Streitfälle treten auf, wo eine Anreicherung vorgenommen wird, vom Sprecher aber nicht mit-gemeint war, wie in (17).

(17) A: Ich hab so'n Hunger!
B: Es steht Bohnensalat im Kühlschrank.
(A geht hin, holt sich einen Teller voll.)
B: Woah, Mensch, du kannst den doch nicht essen, ohne zu fragen! Der war für meine Gäste heute Abend!

---

[4] In den USA war um 1970 das Tankstellennetz offenbar so dünn, dass auch Werkstätten und andere Läden Benzin für Autofahrer im Angebot hatten.

Wer macht hier Fehler? Sprecher A, weil er den Bohnensalat ohne zu fragen wegisst? Oder Sprecher B, weil er die naheliegende Implikatur nicht sofort unterbindet? Intuitiv würde man für Zweiteres plädieren.

An Beispiel (17) kann noch einmal illustriert werden, dass Implikaturen nicht dasselbe sind wie **logische Folgerungen**. Die Aussage (17) kann wahr sein, ohne dass die Implikatur „Du darfst den Bohnensalat essen" zutrifft. Der Sprecher B kann das auch direkt klarstellen, wie in (17′).

(17′) B: Es steht Bohnensalat im Kühlschrank, aber der ist schon verplant.

Hier streicht B die Implikatur „Du kannst den Bohnensalat essen". Eine logische Folgerung aus (17) kann nicht in gleicher Weise zurückgenommen werden. Zum Beispiel folgt aus B's Äußerung logisch: *Es steht Essen im Kühlschrank*. Diese Folgerung kann B nicht abstreiten, ohne irrational zu wirken. Folgende Äußerung wäre inkohärent.

(17″) B: #Es steht Bohnensalat im Kühlschrank, aber es steht nichts zu essen drin.

Wieder wird mit # markiert, dass die Äußerung zwar nicht ungrammatisch, aber inkohärent ist; d. h. eine inhaltlich nicht stimmige Art der Mitteilung ist.

3.3.4 Die Maxime der Art und Weise in Aktion

Die letzte Maxime geht von der Beobachtung aus, dass die Art, wie wir einen Inhalt in Worte kleiden, etwas über den Inhalt sagt. Wenn jemand einen schlichten Sachverhalt in unüblicher Weise berichtet, dann schöpft der Hörer Verdacht. Grice selbst führt folgendes Minimalpaar an.

(18) a. Herr Schmidt sang „Oh Tannenbaum".
 b. Herr Schmidt produzierte eine Reihe von Lauten, die der Melodie des Lieds „Oh Tannenbaum" entsprach.

Der wörtliche Inhalt von (18b) ist derselbe wie (18a). Dennoch wäre es eine merkwürdige Art mitzuteilen, dass Herr Schmidt das bewusste Weihnachtslied gesungen hat. Wir verstehen, dass dieses Singen nicht dem entsprach, was man üblicherweise erwartet – die Implikatur entsteht, dass Herr Schmidt nicht so ganz richtig gesungen hat. Diese Implikatur hat nichts mit Wissen über die Welt, das Lied „Oh Tannenbaum" oder Herrn Schmidt zu tun, sondern mit dem Verhältnis von Verb und Paraphrase. Jedes einsprachige Wörterbuch liefert Material für solche Implikaturen: die Umschreibung eines Wortes mit Wörtern derselben Sprache ist im Idealfall eine inhaltlich gleiche, aber umständlichere Art, dasselbe auszudrücken. Wenn Sie solche Umschreibungen verwenden, verletzen Sie die Maxime der Art und Weise und das führt zu Implikaturen. Das nächste Beispiel in (19) fußt auf der Paraphrase von *x umbringen* durch *verursachen, dass x stirbt*.

(19) a. Das Getränk hat Horst umgebracht.
b. Der Konsum des Getränks hat verursacht, dass Horst starb.

Mit (19a) erwarten wir einen direkten kausalen Zusammenhang zwischen Getränk und Tod, vermutlich war das Getränk giftig. Mit (19b) legt der Sprecher einen indirekten Zusammenhang zwischen Horsts Tod und dem Getränk nahe. Horst hat sich vielleicht verschluckt, er hat eine seltene Allergie oder ist umgekommen, weil das Getränk in seinem Körper mit anderen Substanzen zusammentraf, mit denen sich medizinisch schädliche Prozesse ergaben. Wesentlich ist auch hier wieder, dass der Sprecher (19b) auch benutzen könnte, um zu sagen „Horst hat sich mit dem Getränk vergiftet". Er müsste allerdings erklären, warum er das so „umständlich" ausdrückt.

Die Maxime der Art und Weise hat eine eigenartige Listenform, anders als die anderen Maximen. Man kann vermuten, dass Grice hier Beobachtungen zusammenklammert, die zwar mit Bedeutungsanreicherung zu tun haben, aber vielleicht auf andere Prinzipien fußen sollten. Dies soll anhand der Submaxime **Be orderly** (‚Sei ordentlich') diskutiert werden. Die Ausgangsbeobachtung von Grice ist in (20) illustriert.

(20) Maria las *Simplify your life*. Sie kündigte ihren Job und zog in eine Hütte im Wald.

Die natürlichste Interpretation von (20) ist die, dass Maria zuerst *Simplify your life* gelesen hat und dann ihren Job gekündigt hat und dann in den Wald gezogen ist. Das wird besonders in minimal unterschiedlichen Kurzgeschichten wie (21) deutlich.

(21) a. Bertha heiratete und wurde schwanger.
b. Bertha wurde schwanger und heiratete.

Diese Anreicherung stellt eine Herausforderung für die Semantik dar, denn man würde gerne annehmen, dass ⟦ und ⟧ nur etwas über den Wahrheitswert der beiden koordinierten Sätze sagt, nicht aber über die zeitliche Abfolge. Mit der Maxime *Be orderly* führt Grice eine Art Isomorphie-Prinzip zwischen Erzählreihenfolge und Ereignisreihenfolge ein. Damit kann die Anreicherung erfasst werden, dass (21a) Heirat vor der Schwangerschaft, (21b) dagegen Schwangerschaft vor der Heirat berichtet.

Allerdings gilt diese Anreicherung nicht uneingeschränkt. Texte können auch so organisiert werden, dass ein Ereignis und dann eine *Erklärung* oder *Ursache* berichtet wird. Das ist etwa in (22) eine mögliche Interpretation des Textes.

(22) Karl ist hingefallen. Bertha hat ihn geschubst.

Eine plausible Lesart lautet hier, dass Karl hingefallen ist, *weil* Bertha ihn geschubst hat. Die Reihenfolge der Sätze entspricht gerade nicht der Reihenfolge der Ereignisse.

Grice könnte nun zur Rettung der Maxime *Be orderly* anführen, dass diese Folge von Sätzen in *irgendeiner* Art inhaltlich angereichert werden muss, um zu einer kooperativen Mitteilung zu werden. Der Sprecher muss ja einen Grund haben, genau diese zwei Ereignisse mitzuteilen. Die Implikatur S_1, *und dann* S_2 könnte eine Anreicherung sein, die Implikatur S_1, *weil* S_2 eine andere. Ist damit die Maxime *Be orderly* doch gerechtfertigt? Leider noch nicht – denn die Anreicherung hat ein grammatisches Element. Dies zeigen die Daten im Deutschen (die im Englischen so nicht repliziert werden können). Hier bestimmt die Wahl des Tempus mit, welche Implikaturen zulässig sind.

(23) a. Karl fiel hin. Bertha schubste ihn.
b. Karl ist hingefallen. Bertha hat ihn geschubst.

Der Text (23a) kann nur mit der Maxime *Be orderly* angereichert werden: Für deutsche Sprecher sagt er eindeutig, dass Bertha den hingefallenen Karl schubst. Die Variante im Perfekt (23b) dagegen erlaubt beide Interpretationen, die S_1 *und dann* S_2-Lesart wie auch die S_1 *weil* S_2-Lesart.[5]

Als Fazit können wir an dieser Stelle festhalten, dass die Prinzipien der Textinterpretation vermutlich in den Erklärungsbereich der Pragmatik gehören, dass aber feinere Werkzeuge als allein die Grice'schen Maximen notwendig sind.

---

5 Genauer gesagt spiegeln die Urteile die Intuition von Sprechern des Standarddeutschen. Für manche Sprecher aus dem süddeutschen Raum dagegen besteht zwischen Perfekt und Präteritum nur ein Registerunterschied; d. h. sie verwenden das Präteritum ausschließlich in schriftlich-formaler Kommunikation. Diese Sprecher berichten, dass sie über (23a) keine eigenen Intuitionen haben.

Dieser Verdacht wird bestätigt, wenn man sich die Prinzipien der Textorganisation näher ansieht, was in späteren Kapiteln zur Informationsstruktur geschehen soll. Der Vollständigkeit halber wird die Maxime hier aber aufgenommen.

Die Submaxime **Avoid ambiguity/obscurity** ('Drücke Dich klar und unzweideutig aus') lässt sich ungefähr so umschreiben: Wenn der Sprecher einen Sachverhalt unklar, umständlich oder auffällig beschreibt, dann legt er damit nahe, dass der Sachverhalt vom zu erwartenden Normalfall abweicht. Das haben wir oben gesehen. Das Singen war kein normales Singen, der Tod wurde auf unnormale Weise verursacht, usw. Ein weiteres Beispiel für die Maxime der Art und Weise ist der morphologische Trend zur Synonymie-Vermeidung in der Wortbildung. Normalerweise können Verben mit dem Suffix -er kombiniert werden zu einem Nomen, das etwa bedeutet 'jemand, der V (regelmäßig / beruflich) tut'. Wenn allerdings schon ein Nomen dieser Bedeutung vorhanden ist, dann ist die Ableitung blockiert.

(24) Bäcker = Mensch, der beruflich backt
      Koch   = Mensch, der beruflich kocht
      Kocher ≠ Mensch, der beruflich kocht

Das bereits etablierte Wort *Koch* blockiert also die Neubildung *Kocher*; das kürzere Wort „gewinnt".

Ein letztes Beispiel für die Maxime der Art und Weise sind Fälle, wo mit unnötig vielen Worten Sachverhalte verschleiert werden könnten.

(25) Personalchef angesichts eines Lebenslaufs: Was machten Sie von 2005 bis 2007? – Ja, da hab ich so Verschiedenes gemacht, und war auch mal im Ausland und habe dort Kontakte geknüpft, und bin dann wieder zurückgekommen ...

Die „Arbeitsversion" der Maxime lautet also etwa: Wenn jemand sich ungewöhnlich umständlich, komplex, obskur ausdrückt, dann hat er/sie dabei Hintergedanken.[6] Im Verlauf des Buches werden wir auf zwei weitere Anwendungsfälle dieser Maxime eingehen, nämlich die Anwendung im Sprachwandel in Kapitel 14, und ihre Auswirkung auf die Interpretation von herabwürdigender Sprache (Kapitel 19).

Grice' Theorie stellt in Aussicht, dass ein weites Spektrum von Bedeutungsanreicherungen sich auf einige wenige Kommunikationsmaximen zurückfüh-

---

6 Siehe dazu auch die Neo-Grice'sche Pragmatik von Levinson (2000).

ren lässt. Er lässt dabei ausdrücklich offen, ob die genaue Zahl und der Inhalt der Maximen noch optimiert werden kann. Zunächst aber bleiben wir bei den klassischen vier Maximen und untersuchen im nächsten Kapitel, wie sich durch ihr Zusammenspiel weitere Implikaturen vorhersagen lassen. Zur Einstimmung gehen wir zurück zum Ausgangsbeispiel.

(26)   Donald Trump war um Mitternacht mit einer Frau in einer Bar.

Diese Mitteilung in einer Zeitung berührt zunächst die Maxime der Relevanz (wieso ist das interessant?) und die Maxime der Quantität: Warum ist unspezifisch von "einer Frau" die Rede? Wir können davon ausgehen, dass ein Journalist wohlinformiert ist, wenn er einen Artikel schreibt. Speziell wird er einschlägige Frauen im Umfeld von Trump kennen wie z. B. seine Frau Melania oder seine Töchter. Die folgenden Mitteilungen wären logisch stärker als (26).

(26')   Donald Trump war um Mitternacht mit seiner Frau / Tochter in einer Bar.

Wüsste der Autor der Meldung, dass eine dieser beiden Mitteilungen wahr wäre, so könnten wir (Quantitätsmaxime) erwarten, dass er diese Mehrinformation vergibt. Da er es nicht tut, können wir davon ausgehen, dass es sich bei der Frau um eine Fremde handelt. Hier kommt die Relevanzmaxime ins Spiel: Der Autor geht davon aus, dass etwas an diesem Sachverhalt es wert ist, die Information weiter zu geben. Hier setzt nun Ihre Fantasie ein, welche Art von Treffen von D.T. mit Frauen in Bars für Ihre Meinung über ihn relevant sein könnten: Handelt es sich um eine Art Mata Hari, mit der er Staatsgeheimnisse teilt? Oder ist der Anlass des Treffens ein anderer? Hier können unterschiedliche Anreicherungen plausibel sein.

Zur Diskussion: Im Anschluss an die US-Wahl 2016 wurde die Zuverlässigkeit des US-amerikanischen Wahlverfahrens kritisiert und die Wahlergebnisse als grundsätzlich angreifbar bezeichnet. Ein Sprecher aus Hillary Clintons Wahlteam stellte daraufhin offiziell fest:

(27)   Es gibt keinerlei Beweise für Wahlbetrug.

Warum wirkt dieses Statement seltsam zurückhaltend? Argumentieren Sie mit alternativen möglichen Aussagen und warum der Sprecher sie vermieden hat.[7]

---

[7] Im Licht des Ausgangs der Wahl 2020 scheint das Beispiel im Nachhinein eher harmlos.

Zusammenfassung

In diesem Kapitel wurden die Griceschen Maximen vorgestellt. Die Qualitätsmaxime betrifft den Wahrheitsgehalt von Äußerungen. Die Quantitätsmaxime regelt die Informativität oder logische Stärke der Aussage. Die Relevanzmaxime stellt fest, dass die Information grundsätzlich zu den Bedürfnissen des Adressaten passen muss. Die Maxime der Art und Weise betrifft die Verwendung ungewöhnlicher oder markierter Formulierungen.

Die Maximen machen das rationale Verhalten von Sprechern explizit. Es sind keine Benimmregeln, sondern beschreiben kooperatives Verhalten von Menschen in der Kommunikation. Mit den Maximen können verschiedene Anreicherungsprozesse erklärt werden. Der Adressat kann den Inhalt einer Äußerung sinnvoll anreichern, weil die Äußerung sonst eine Maxime verletzen würde (wie im Beispiel der Relevanzmaxime). Der Adressat kann den Inhalt aber auch anreichern, weil die Äußerung, so wie sie ist, offensichtlich einer Maxime widerspricht. In diesem Fall spricht man von *flouting* oder Maximenverletzung.

Im nächsten Kapitel wird die Interaktion zwischen Maximen näher beleuchtet. In Kapitel 14 wird eine Neufassung der Griceschen Maximen vorgestellt, die von Stephen Levinson formuliert wurde.

Fingerübungen

(1) Geben Sie ein eigenes Beispiel an, wo die Qualitätsmaxime verletzt wird, um ironische Effekte zu erzielen!

(2) A hat B eingeladen und trägt selbstgebackene Canapés mit Kaviar auf.
 A: Na, wie findest Du meine Törtchen?
 B: Salzig.
 – Welche Implikatur entsteht?
 – Hat B wörtlich gesagt, dass die Törtchen nicht gut schmecken?

(3) A: Wir haben keine Eier mehr.
 B: Morgen ist Wochenmarkt.
 – Meint B mehr, als er sagt? Welche Information könnte dazukommen?
 – Wie würde Grice diese Mehrinformation mit der Relevanzmaxime begründen?

(4) Stellen Sie sich in (3) folgende alternative Reaktionen von B vor. Welche davon haben eine Mehr-Information? Bei welchen würden Sie sagen, B redet an A vorbei?

(Die Dialoge hängen davon ab, welchen Kontext Sie sich dazu denken. Deswegen gibt es keine „richtige" Antwort – vergleichen Sie, welche Kontextfaktoren zu einem doch noch geglückten Dialog führen!)
  a. B: Ich hab gestern Rührei gemacht.
  b. B: Soll ich vielleicht welche legen?
  c. B: Die USA starten wieder eine Marsmission.
  d. B: Ich geh sowieso nachher in die Stadt.
  e. B: Eier sind gesund.
(5) Betrachten Sie folgenden Dialog:
A: Wir haben keine Eier mehr.
B: Ich hab gestern Rührei gemacht. Danach waren noch drei Eier übrig.
Vergleichen Sie diesen Dialog und Ihre Antwort für (4a). Erläutern Sie an diesen Beispielen einen wesentlichen Unterschied zwischen Implikaturen und logischen Folgerungen.
(6) Vergleichen Sie folgende Äußerungen. Kommt bei b. eine Implikatur zustande, die in a. fehlt? Welche Maxime ist hier am Werk?
  a. Ich und mein Mann würden Sie gerne zum Abendessen einladen.
  b. Ich und der Mann, mit dem ich verheiratet bin, würden Sie gerne zum Abendessen einladen.
(7)* Der Roman *Das Büro* von J. J. Voskuil beschreibt den Berufsalltag von Maarten Koning in einem Volkskundeinstitut. Arbeitstreffen mit Kollegen gehören zum Alltag, aber nicht immer erwachsen daraus Freundschaften. Folgendes Beispiel gibt ein Gespräch mit Schot wieder.

„Sie leben in Den Haag?", versuchte es Maarten. Er glaubte sich an so etwas zu erinnern. „Ich arbeite in Den Haag." – „Sie wohnen nicht da?" – „Ich wohne da auch", sagte Schot widerwillig. „Ich komme aus Den Haag", sagte Maarten, um deutlich zu machen, dass er frei von Vorurteilen war, und auch, um eine Grundlage für mehr Vertraulichkeit zu schaffen.

Schot reagierte nicht darauf. Er sah weiter starr vor sich hin, als ob ihn Maartens Anwesenheit störte. „Aber Sie nicht", schlussfolgerte Maarten. Schot gab darauf nicht gleich eine Antwort. „Doch, ich auch", sagte er dann. „Hey." Er tat so, als würde es ihn überraschen, doch eigentlich überraschte es ihn nicht. „Auf welcher Schule waren Sie?" Schot zögerte erneut. „Auf einer Haager Schule", sagte er diplomatisch. Die Antwort eines erwachsenen Mannes.

Maarten begriff, dass er diese Frage nicht hätte stellen dürfen. Er schwieg.

(J. J. Voskuil, *Das Büro*. Bd. 3, S. 693)

  (a) Diskutieren Sie Schots Äußerung: *Ich arbeite in Den Haag.*
      Ergibt sich eine Implikatur? Nimmt Schot sie zurück?

(b) Diskutieren Sie den Austausch *Auf welcher Schule waren Sie? – Auf einer Haager Schule*.
Welche Maxime verletzt Schot hier? Sollte Marten glauben, dass Schot noch die Kooperationsmaxime befolgt?
(c) Gibt es weitere Äußerungen von Schot, mit denen er Maximen verletzt?

4 Mehr über Implikaturen

Im letzten Kapitel wurden die Grice'schen Maximen der Qualität, Quantität, Relevanz und der Art und Weise eingeführt und illustriert. Wir haben besprochen, dass z. B. offensichtliche Verletzung der Maximen (‚flouting') dazu führt, dass der Hörer die Äußerung entsprechend inhaltlich anreichert. Das so zustande kommende Mehr an Information wurde als Implikatur bezeichnet. Hier sind einige weitere Beispiele von Verletzungen einer einzelnen Maxime:

(1) Heut Nacht hast Du wieder ordentlich Holz gesägt.

Wenn wir davon ausgehen, dass Sprecher und Hörer die Nacht friedlich im Bett verbracht haben, dann wäre eine wörtliche Interpretation von (1) offensichtlich falsch. Da der Hörer davon ausgehen kann, dass die Qualitätsmaxime beachtet wurde, wird er nach einer nicht-wörtlichen Interpretation des Satzes suchen und vermutlich verstehen, dass er nachts geschnarcht hat. In der Tat wird angenommen, dass die Verwendung und Interpretation von Metaphern damit beginnt, dass eine offensichtliche Verletzung der Qualitätsmaxime vorliegt.

Im Beispiel (2) wird dagegen die Relevanzmaxime verletzt:

(2) Eines schönen sonnigen Tages sah ein Mann in seinem Frühstückswinkel von seinem Rührei auf und sah ein weißes Einhorn mit einem goldenen Horn, das friedlich die Rosen im Garten abäste. Der Mann ging nach oben ins Schlafzimmer, wo seine Frau noch schlummerte, und weckte sie. „Da ist ein Einhorn im Garten," sagte er, „und frisst Rosen." Sie sah ihn aus einem Auge unfreundlich an. „Das Einhorn ist ein Fabeltier," sagte sie, und wandte sich von ihm ab.
(James Thurber, zit. nach Birner 2013; Übers. R.E.)

Die Aussage, dass es sich beim Einhorn um ein Fabeltier handelt, ist zwar korrekt, aber sie ist intuitiv keine relevante Mitteilung als Reaktion auf die sensationelle Neuigkeit des Mannes. Die Maximenverletzung legt nahe, dass die Frau die Interessen ihres Mannes generell nicht ernst nimmt: er ist ihr ziemlich egal.

In anderen Fällen ergeben sich Implikaturen durch das Zusammenspiel von verschiedenen Maximen. Dies ist insbesondere bei den skalaren Implikaturen der Fall, die in diesem Abschnitt besprochen werden sollen.

4.1 Skalare Implikaturen

Skalare Implikaturen führen dazu, dass vage Aussagen präziser verstanden werden, als sie eigentlich sind. Beginnen wir mit einem Beispiel. Stellen Sie sich vor, der Sprecher trifft folgende Aussage über Hobbits.

(3) Die meisten Hobbits sind ordentliche Leute.

Hier wird festgestellt, dass mehr als die Hälfte der Hobbits als „ordentliche Leute" zu bezeichnen sind. Es entsteht aber auch der Eindruck, dass der Sprecher meint, nicht *alle* Hobbits seien ordentlich. Der Hörer könnte im Stillen folgendermaßen überlegen (alle Überlegungen gehen von der Annahme aus, dass der Sprecher die Kooperationsmaxime befolgt):
- Der Sprecher befolgt die Quantitätsmaxime. Die Mitteilung *Alle Hobbits ...* wäre informativer als die Mitteilung (3) *Die meisten Hobbits ...* Denn wenn ich weiß, dass alle Hobbits ordentlich sind, dann auch die meisten von ihnen.
- Wenn der Sprecher diese informativere Mitteilung zurückhält, muss er Gründe dafür haben. Ein Grund könnte in der Qualitätsmaxime liegen: der Sprecher verzichtet auf die logisch stärkere Aussage, damit er die Qualitätsmaxime beachtet (d. h. nichts Falsches sagt).
- Also hat der Sprecher keine Evidenz dafür, dass alle Hobbits ordentlich sind. Das könnte insbesondere der Fall sein, weil er *weiß*, dass manche Hobbits unordentliche Messies sind.
- Der Hörer versteht: ‚Die meisten Hobbits sind ordentlich' (wörtlich), ‚aber nicht alle' (als Implikatur).

Vermutlich irritiert Sie diese lange Erklärung dessen, dass mit *die meisten* häufig *aber nicht alle* gemeint ist. Die Überlegungen oben gehen davon aus, dass aus der Proposition ‚alle Hobbits sind ordentlich' logisch folgt ‚die meisten Hobbits sind ordentlich'. Wir gehen auf diesen Punkt im Abschnitt 4.5 genauer ein.

Hier ist ein weiteres Beispiel für eine skalare Implikatur. Der Sprecher teilt über eine größere Gruppe von Kindern mit:

(4) Ein Kind hatte ein Handy dabei.

Wir würden daraus folgern, dass nicht alle Kinder ein Handy dabeihatten; wahrscheinlich sogar, dass keine zwei, keine drei, keine vier Kinder ein Handy

dabeihatten – mit anderen Worten: nur ein Kind hatte ein Handy dabei. Wieder kann der Hörer im Stillen wie folgt argumentieren:
- Der Sprecher befolgt die Quantitätsmaxime. Die Mitteilungen *Zwei Kinder ...* oder *Alle Kinder ...* wären informativer als die Mitteilung (4) *Ein Kind ...* Denn wenn ich weiß, dass zwei Kinder ein Handy haben, dann weiß ich auch, dass es ein Kind gibt, das ein Handy hat. (Es gibt sogar zweimal eins.)
- Wenn der Sprecher diese informativeren Mitteilungen zurückhält, muss er Gründe dafür haben. Ein Grund kann in der Qualitätsmaxime liegen: Der Sprecher verzichtet auf die logisch stärkeren Aussagen, damit er die Qualitätsmaxime befolgt (d. h. nichts Falsches sagt).
- Also hat der Sprecher keine Evidenz dafür, dass zwei, drei oder alle Kinder ein Handy dabeihatten. Das könnte insbesondere der Fall sein, weil er *weiß*, dass nur ein Kind ein Handy dabeihatte.
- Der Hörer versteht: ‚Ein Kind hatte ein Handy dabei' (wörtlich), und ‚nicht mehr Kinder hatten ein Handy dabei' (als Implikatur).

Implikaturen, die darauf beruhen, dass eine Reihe von mehr oder weniger informativen möglichen Aussagen verglichen und gereiht werden (→ Skala), nennt man **skalare Implikaturen**.

4.2 Quantitätsmaxime und Relevanzmaxime

Skalare Implikaturen sehen zunächst so aus, als ob sie den entsprechenden Sätzen fast notwendig anhafteten. Es ist schwer, sich eine Situation vorzustellen, in der (3) im Wortsinn gemeint ist – also mitteilt: „Die meisten, vielleicht sogar alle Hobbits sind ordentlich". Aber tatsächlich hängt das Auftreten einer skalaren Implikatur davon ab, ob die informativere Mitteilung auch relevant wäre. Wäre es für den Hörer wichtig, die informativere Mitteilung zu erhalten? Dieser Effekt wird deutlich, wenn wir uns eine Äußerung von (4) in unterschiedlichen Situationen ansehen.
Situation 1: In der Klassenarbeit herrscht absolutes Handyverbot. Wer mit dem Handy erwischt wird, zählt als durchgefallen. Hinterher sagt der Lehrer zur Rektorin: *Ein Kind hatte ein Handy dabei*.
Für die Bewertung der Klassenarbeiten ist es wesentlich, genau zu wissen, welche Kinder ein Handy dabeihatten. Die Rektorin muss diesen Fall verfolgen. Es ist relevant zu wissen, *wie viele* Kinder gemogelt haben. Hier wird die skalare Implikatur „... nur ein Kind' mitverstanden.

Situation 2: Beim Schulausflug hat sich Toni das Bein gebrochen und musste im Krankenwagen abtransportiert werden. Die Klassenlehrerin berichtet: *Ein Kind hatte ein Handy dabei. Daher konnte rasch ein Arzt gerufen werden.*[1]

Für das Herbeirufen eines Arztes ist es nicht wichtig, wie viele Kinder ein Handy dabeihaben, bereits ein einziges rettet die Situation. Daher wäre es vor diesem Hintergrund unwahrscheinlich, dass die Lehrerin sich der „besseren" Information bewusst ist, diese aber nicht äußert, und zwar deswegen, weil sie die Qualitätsmaxime nicht verletzen will. Mit anderen Worten: Vor dem Hintergrund B liegt die Implikatur ‚... nur ein Kind hatte ein Handy dabei' nicht nahe.

Wir sehen hier, dass Implikaturen nicht nur zurückgenommen werden können – im letzten Abschnitt hatten wir einige Beispiele gesehen – sondern in manchen Gesprächssituationen gar nicht auftreten. Grice formulierte die Maximen also zu Recht so, dass sie den jeweiligen Gesprächszweck berücksichtigen. Bei skalaren Implikaturen sehen wir eine Zusammenarbeit von verschiedenen Faktoren:
– Erfahrung: Welche alternativen Aussagen stehen zur Debatte?
– Logik: Welche davon sind logisch stärker?
– Situation: Welche davon sind relevant für das Gespräch?

Welche Alternativen? In den bisherigen Beispielen konnte plausibel angenommen werden, dass Zahlwörter und Quantoren uns andere Zahlwörter und Quantoren vors innere Auge rufen. Man sagt auch, dass Quantoren und Zahlwörter „saliente Alternativen" zueinander sind. Das heißt zum Beispiel: wenn von einem Kind die Rede ist, dann stehen Aussagen über *zwei* oder *viele* Kinder im Raum.

ein Kind / zwei Kinder / viele Kinder ...

Andere informativere Mitteilungen sind nicht so offensichtlich wichtig. Es wäre auch informativer mitzuteilen, ob es sich um ein bayrisches Kind handelt. Diese Alternative wird aber nur betrachtet, wenn sie ausdrücklich im Gespräch eine Rolle spielt. Einige Alternativen sind sehr stabil und fast in jedem Gesprächskontext zu berücksichtigen. Sie werden in **Horn-Skalen** zusammengefasst, die unten besprochen werden.

Logik? Die im Raum stehenden Alternativen müssen derart sein, dass man sie nach ihrer logischen Stärke anordnen kann. Dies ist beispielsweise für die Alternativen *alle / viele / einige / ein* in positiven Sätzen der Fall:

---

[1] Wir gehen hier von einer altmodischen Lehrerin aus, die zwar Taschenmesser, Pflaster, Verbandzeug und Fernglas mitgeschleppt hat, aber kein Handy.

Alle Kinder tun P → viele Kinder tun P → einige Kinder tun P → ...

Damit ist beispielsweise *kein* als Alternative von *ein* in positiven Sätzen ausgeschlossen, obwohl man das eine für das andere ersetzen könnte und wieder einen grammatischen Satz erhielte, obwohl beide fast gleich lauten, gleich kurz sind usw. Aber die folgenden Aussagen lassen sich eben nicht logisch ordnen:

Ein Kind tut P $\nrightarrow$ *Kein Kind tut P*
Ein Kind tut P $\nleftarrow$ *Kein Kind tut P*

Situation? Die Gesprächssituation schließlich determiniert, welche Informationen für den Hörer wichtig, d. h. relevant wären. Die Relevanzmaxime spielt die Rolle einer Art Zwillingsmaxime zur Maxime der Quantität. Es ist wäre schwierig zu bestimmen, wie viel Information *genug* Information ist, ohne zu berücksichtigen, was für den Hörer relevant ist.

Das folgende Schema zeigt die Schritte, die für das Zustandekommen einer skalaren Implikatur in Situation 1 (Klassenarbeit) nötig sind. Dabei ist A der Hörer, B der Sprecher.

1. A hört: *Ein Kind hatte ein Handy dabei.*
2. *Zwei Kinder hatten Handys dabei, Drei Kinder hatten Handys dabei* usw. wären in dieser Situation **relevante alternative mögliche Mitteilungen**. Denn A muss über jeden dieser Fälle Bescheid wissen.
3. *Zwei Kinder hatten ein Handy dabei → Ein Kind hatte ein Handy dabei*
   Drei Kinder hatten ein Handy dabei → Ein Kind hatte ein Handy dabei usw.
   Die alternativen Mitteilungen wären also auch informativer.
4. A glaubt: B hält sich an die Grice'schen Maximen.
5. A: Wenn B *wüsste*, dass *Zwei Kinder hatten ein Handy dabei* wahr ist, würde er diesen Satz äußern (Quantitätsmaxime). Ebenso für *drei, vier, fünf* usw.
6. A denkt: Der einzige Grund, dass B *nicht* mitteilt: *Zwei Kinder hatten ein Handy dabei* ist, dass B nicht glaubt, dass der Satz wahr ist. Ebenso für *drei, vier, fünf* usw.
7. A denkt: B glaubt also, dass *Zwei Kinder hatten ein Handy dabei* falsch ist. (Ebenso: *drei, vier, fünf* usw.)
8. A denkt: Weil B das glaubt, glaube ich das jetzt auch.
   A versteht:
   Ein Kind hatte ein Handy dabei, und <u>*nicht mehr als ein Kind hatte ein Handy dabei*</u>.
   wörtliche Mitteilung   skalare Implikatur

In diesem 8-Punkte-Programm sieht man gut, an welcher Stelle die Relevanzmaxime eine Rolle spielt, nämlich bereits in Schritt 2. Das hilft zu verstehen, warum der Satz *Ein Kind hatte ein Handy dabei* in Situation 2 (Schulausflug) keine Implikaturen hat. Hier berichtet die Lehrerin B dem Kollegen A im Nachhinein vom Ausflug.

1. A hört: *Ein Kind hatte ein Handy dabei.*
2. Es ist für den Gang der Handlung egal, ob *Zwei Kinder hatten Handys dabei*, *Drei Kinder hatten Handys dabei* usw. auch wahr sind. Diese Mitteilungen wären in dieser Situation **irrelevant**.

Damit erübrigen sich die weiteren Schritte 3.–8. Der Hörer A inferiert *keine* Zusatzinformationen über mehr Handys. Es entsteht nicht die Implikatur ‚Es hatte nur genau ein Kind ein Handy dabei.'

In der Besprechung von Beispiel (3) bin ich stillschweigend davon ausgegangen, dass *Alle Hobbits sind ordentliche Leute* eine relevante Alternative sei. Der 8-Punkte-Plan für Beispiel (3) macht das deutlich.

1. A hört: *Die meisten Hobbits sind ordentlich.*
2. *Alle Hobbits sind ordentlich* wäre in dieser Situation eine relevante alternative mögliche Mitteilung.
3. *Alle Hobbits sind ordentlich* → *Die meisten Hobbits sind ordentlich*
   Die alternative mögliche Mitteilung wäre also auch informativer.
4. A glaubt: *B hält sich an die Grice'schen Maximen.*
5. A: *Wenn B wüsste, dass Alle Hobbits sind ordentlich wahr ist, würde er diesen Satz äußern (Quantitätsmaxime).*
6. A denkt: *Der einzige Grund, dass B nicht mitteilt: Alle Hobbits sind ordentlich ist, dass B nicht glaubt, dass der Satz wahr ist.*
7. A denkt: *B glaubt also, dass Nicht alle Hobbits sind ordentlich wahr* ist.
8. A denkt: Weil B das glaubt, glaube ich das jetzt auch.
   A versteht:
   <u>Die meisten Hobbits sind ordentlich</u> und <u>nicht alle Hobbits sind ordentlich</u>.
         wörtliche Mitteilung   skalare Implikatur

Die kritische Annahme ist die in Schritt 2. Um die Implikaturen abschätzen zu können müssen wir uns überlegen, in welcher Art von Situation Satz (3) wohl geäußert wird. Plausibel wäre ein Gespräch über Hobbits und ihr Wesen – vielleicht im Hinblick darauf, ob ein Hobbit ein guter Mieter ist oder ob eine Reise ins Auenland riskant ist. In diesen Fällen ist die logisch stärkere Aussage (*Alle Hobbits sind ordentlich*) tatsächlich relevant; sie wäre geeignet, auch die letzten Zweifel am Charakter von Hobbits zu zerstreuen.

Es ist schwierig, sich eine Situation vorzustellen, in der die stärkere Aussage *nicht* relevant ist. (Mir ist jedenfalls nichts Rechtes eingefallen.) Einfacher ist es, andere Äußerungen zu finden, in denen *die meisten* benutzt, aber *möglicherweise alle* eindeutig mitgemeint ist.

(5) A: Ich überlege noch, ob ich ins Auenland reisen soll. Wenn die meisten Hobbits ordentliche Leute sind, dann mache ich die Reise.
    B: Alle Hobbits sind ordentlich.

Das Konditional von A macht die Reise von Bedingungen abhängig. Sind mit B's Information diese Bedingungen erfüllt? Intuitiv ja: A wird die Reise unternehmen. A hat nicht gemeint: „Wenn die meisten, aber keinesfalls wenn *alle* Hobbits ordentliche Leute sind, mache ich die Reise." In dem *wenn*-Satz verwendet A *die meisten* also im Sinn ‚die meisten, möglicherweise auch alle'. Das zeigt, dass die skalare Implikatur in (3) tatsächlich ein „Extra" ist.[2]

Es wird gelegentlich kritisch angemerkt, dass ein naiver Verweis auf die Relevanzmaxime eine Art Joker in der Theorie der Implikaturen sein könnte. Wenn wir beliebige Anreicherungen der wörtlichen Bedeutung einer Äußerung immer damit „erklären" könnten, dass es sich eben um relevante Information handele, dann ist diese Erklärung nicht mehr viel wert. Der Semantiker Robert van Rooij schlägt vor, Relevanz in Begriffen der Handlungstheorie zu fassen (van Rooij 2003). Er nimmt an, dass *Relevanz* dadurch definiert ist, dass der Adressat B ein Entscheidungsproblem hat: B muss zur Lösung eines Problems aus einer begrenzten Menge von Aktionen eine auswählen. Die Schwierigkeit für B liegt darin, dass die Aktionen nicht immer gleich sinnvoll sind. *Relevante* Information – für B im Entscheidungsproblem – ist Information, die hilft, eine bessere Aktion auszuwählen, als das ohne diese Information möglich wäre.

Ein konkretes Beispiel kann dies illustrieren. Stellen wir uns vor, Klara kommt nach Hause und hat Hunger. Sie hat also das Problem „Essen finden", für das sie verschiedene Handlungsalternativen kennt. Sie könnte beispielsweise (a) im Kühlschrank nachsehen, (b) den Pizzaservice anrufen oder (c) zum Imbiss an der Ecke gehen. Diese Handlungsalternativen führen zu Lösungen, die Klara unterschiedlich bewertet: Alte Nudeln im Kühlschrank sind unattraktiver als das Gyros im Imbiss; der Pizzaservice rangiert dazwischen, ist teuer, erlaubt aber zuhause zu bleiben. – Darüber hinaus aber führen die Handlungen (a), (b) und (c) unter manchen Umständen zu keiner Lösung oder zu besseren Lösungen, als Klara annimmt. Wenn der Imbiss wegen Ferien geschlossen hat, dann ist (b) eine

---

[2] Nur zur Klärung: in (5) spielen keine weiteren Implikaturen eine Rolle.

schlechte Handlungsalternative, denn Klara wird in einer Viertelstunde genauso hungrig wieder in ihrer Wohnung stehen. Wenn jemand in Klaras Abwesenheit dagegen eine Quiche in den Kühlschrank gestellt hat, ist (a) eine attraktivere Handlungsalternative, als Klara denkt: Sie kann mit wenig Aufwand zu einem leckeren Essen kommen, das nur noch aufgewärmt werden muss. In der Rekonstruktion von van Rooji ist eine Information α *relevant* für Klara in ihrer Situation, wenn sie *mit dem Wissen, dass α*, eine bessere Handlungswahl trifft, als *wenn sie nicht weiß*, dass α. Die Mitteilung „Peter hat eine Quiche in den Kühlschrank gestellt" wäre also für Klara relevant, ebenso die Mitteilung „Der Pizzaservice hat Ferien". Die allgemeine Entscheidungstheorie (ein Zweig der Wirtschaftswissenschaften) macht konkrete Vorschläge zu der Frage, wie man den Wert einer Handlung in Zahlen misst und damit Relevanz quantifizierbar macht.

Wir werden im Folgenden die Relevanzmaxime weiterhin in einem naiven Sinn nutzen. Dabei sollten wir aber darauf achten, ob wir die Relevanzmaxime sinnentleert einsetzen. Idealerweise sollte *relevante Information* als „in einem konkreten Sinn nützlich für den Hörer" paraphrasiert werden können.

4.3 Arten von Implikaturen

Die Beispiele für Implikaturen, die wir bis jetzt betrachtet haben, waren unterschiedlicher Art. Einige davon sind offenbar sehr situationsabhängig; nur in speziellen Gesprächskontexten entsteht die Implikatur. Es ist beispielsweise sehr situationsabhängig, ob die Mitteilung *Das Einhorn ist ein Fabelwesen* eine Verletzung der Relevanzmaxime darstellt oder nicht. Andere Implikaturen waren robuster, wie etwa die Anreicherung von *die meisten Hobbits* um den stillschweigenden Zusatz ... *aber nicht alle*. Ausgehend von dieser Beobachtung schlägt Grice unterschiedliche Typen von Implikatur vor. Grundsätzlich unterscheidet er zwischen **konversationeller** und **konventioneller Implikatur**. Konversationelle Implikaturen sind regelhaft mit dem 8-Punkte-Plan aus den Griceschen Maximen herleitbar; der Sprecher kann sie zurücknehmen (sie sind streichbar, engl. ‚cancellable') und er kann die Information nochmals wiederholen, ohne redundant zu klingen. Dabei gibt es zwei Arten:
- die **partikuläre Implikatur** hängt vom speziellen Kontext der Äußerung ab
- die **generalisierte Implikatur**: es gibt kaum oder keine Kontexte, wo die Äußerung diese Implikatur nicht hat

Die Implikatur *mein Mann ist mir egal* aus der Äußerung *Das Einhorn ist ein Fabelwesen* ist offensichtlich eine partikuläre Implikatur. Ohne eine geeignete Situation tritt sie nicht auf. Die Implikatur *nicht mehr als ein Kind hatte ein Handy dabei* aus der Äußerung *Ein Kind hatte ein Handy dabei* ist ebenfalls eine partikuläre Implikatur; je nach Situation A oder B war sie vorhanden oder nicht. Die Implikatur *nicht alle Hobbits sind ordentlich* aus der Äußerung „Die meisten Hobbits sind ordentlich" wird dagegen fast zwangsläufig mitverstanden. Auch andere Implikaturen scheinen robust zu sein und treten in einer Vielzahl von Verwendungskontexten auf. Dazu gehört beispielsweise die Implikatur von (*A oder B*) zu (*A oder B, aber nicht beides*). Diese Implikatur ist so robust, dass sogar Satzschemata *A oder B* sie auslösen, selbst wenn wir noch gar nicht wissen, wovon in *A* und *B* die Rede ist. Diese Implikaturen sind also gute Kandidaten für eine generalisierte Implikatur. Wir gehen in Abschnitt 4.5 genauer auf das Beispiel ein.

Horn-Skalen und die generalisierte Implikatur. Skalare Implikaturen entstehen, weil logisch schwächere und stärkere Aussagen miteinander verglichen werden und aus dem Ausbleiben der stärkeren Aussage pragmatische Schlüsse gezogen werden. Allerdings stehen nicht beliebige stärkere Aussagen im Raum. In den folgenden Beispielen entstehen keine Implikaturen, obwohl eine logisch stärkere Aussage unterbleibt.

(6) Toni hat ein Auto. (es wird nicht gesagt: Toni hat einen VW.)
Würde man daraus schließen: Toni hat also keinen VW? (eher nicht!)

(7) Toni wohnt in Konstanz. (es wird nicht gesagt: Toni wohnt an der Marktstätte.)
Würde man daraus schließen: Toni wohnt also nicht an der Marktstätte? (eher nicht!)

Genau betrachtet muss man wohl sagen: (6) ergibt nur dann die Implikatur *Toni hat keinen VW*, wenn die Frage nach einem VW ganz ausdrücklich im Raum stand. Und selbst wenn die Frage wäre: *Hat Toni einen VW?*, so müsste man sich wundern, warum der Sprecher mit (6) antwortet, anstatt schlicht *nein* zu sagen. Ähnliches gilt für (7).

Der Vergleich von *und / oder* oder zwischen *ein / zwei / viele / alle* muss dagegen nicht ausdrücklich vom Gesprächskontext nahegelegt werden. Er liegt scheinbar von selber nahe. Der Semantiker und Philosoph Larry Horn hat als erster beschrieben, dass es Reihen von Ausdrücken gibt, die in positiven Sätzen zu einer Serie logisch schwächerer und stärkerer Sätze führen.

< *ein, einige, viele, die meisten, alle* >
< *oder, und*>
< *gut, sehr gut, exzellent*>
<*eins, zwei, drei, vier ...* >

Solche Reihen von Alternativen werden nach Horn auch als **Horn-Skala** bezeichnet (Horn 1972, 1989). Die Elemente einer Horn-Skala scheinen im mentalen Lexikon so eng vernetzt zu sein, dass sie automatisch als füreinander einsetzbar betrachtet werden. Die Relevanzmaxime wird hier nicht zusätzlich eingesetzt.

Kommen wir schließlich zum letzten Implikaturtyp, den Grice vorschlägt, den **konventionellen Implikaturen**. Darunter fasst Grice Mehrinformationen, die er nicht als Teil des wörtlichen Gehalts betrachtet, die sich aber auch nicht aus den Maximen herleiten lassen. Dabei denkt er an Beispiele wie Folgende.

(8) Der Köter liegt schon wieder auf dem Sofa.

(9) Karl ist arm, aber glücklich.

Satz (8) informiert den Adressaten, dass ein bekannter Hund auf dem Sofa liegt, aber auch, dass der Sprecher diesen Hund nicht mag. Wenn wir den Negationstest auf (8) anwenden, so findet sich, dass sich nur der erste Informationsteil mit *Nein!* abstreiten lässt. *Nein* kann dagegen nicht meinen, dass der Sprecher in (8) den Hund nicht nicht mag (also positiv formuliert: den Hund mag). Damit qualifiziert sich die Information „Der Sprecher mag den Hund nicht" als nicht-wörtlicher Bedeutungsteil von (8). Die Information ist offenkundig durch die Wahl des Worts *Köter* ausgelöst und bedarf darüber hinaus keiner Maximen. Grice würde sie als **konventionelle Implikatur** bezeichnen; konventionell deswegen, weil sie mit dem Wort *Köter* gelernt werden muss und nicht aus universalen Prinzipien abgeleitet wird. Beispiele dieses Typs erfahren vermehrt Aufmerksamkeit, seit der Linguist Christopher Potts eine detaillierte Analyse für das Management solcher konventioneller Zusatzbedeutungen vorgelegt hat (Potts 2005). In Kapitel 19 wird seine Theorie vorgestellt.

Ähnlich liegt laut Grice der Fall in (9). Der Satz teilt mit, dass Karl zwei Eigenschaften hat: Er ist arm und er ist glücklich. Logisch gesehen machen *aber* und *und* denselben Bedeutungsbeitrag. Die Konjunktion *aber* sagt darüber hinaus noch, dass der Sprecher glaubt, die beiden Aussagen stünden zueinander im Widerspruch. Sie müssen sich nicht logisch ausschließen, aber der Sprecher glaubt, dass ihr gleichzeitiges Auftreten unwahrscheinlich ist. Wieder hilft uns der Negationstest, dieses Gefühl präziser zu untermauern. Wenn uns (9) mitgeteilt wird und wir es mit *Nein!* abstreiten, dann können wir meinen: (i) ‚Karl ist nicht arm', oder (ii) ‚Karl ist nicht glücklich' (oder auch beides), aber nicht: ‚Hey, es ist doch kein Widerspruch, arm und glücklich zu sein!'. Wenn wir diesen Einwand gegen (9) vorbringen wollen, dann müssen wir ihn ausführlich formulieren, so wie es hier illustriert ist. Die Zusatzinformation hängt wieder an einem einzelnen Wort, der Konjunktion *aber*. Sie kann nicht mit Hilfe der Konversationsmaximen hergeleitet werden und muss daher konventionell, d. h. per lexikalischer Regel mit dem Wort *aber* verknüpft sein.

Diese Betrachtungen beleuchten, wie weit Grice den Erklärungsbereich seiner Theorie ansetzt. Der Begriff *Implikatur* sollte alles umfassen, was nicht Teil der wörtlichen Bedeutung eines Satzes ist. Dabei ist ‚wörtliche Bedeutung' rigoros an das Bestehen des Negationstests gebunden: Nur was mit einem einfachen *nein* abgelehnt werden kann, ist Teil der wörtlichen Bedeutung. Folgerichtig zählt für Grice alles andere zu den Implikaturen. In aktuelleren Sichtweisen der Pragmatik würde man diese Kategorisierung nicht mehr aufrechterhalten. Implikaturen sind weiterhin die Bedeutungsteile einer Äußerung, die sich regelhaft aus Konversationsmaximen herleiten lassen. Daneben gibt es noch weitere Bedeutungsteile, die den *Nein*-Test nicht bestehen und damit nicht Teil der wörtlichen Bedeutung des Satzes sind. Ob es aber erhellend ist, sie als „Implikatur" zu bezeichnen, ist inzwischen offen. Wir wissen heute mehr über die Logik und Pragmatik solcher anderer Bedeutungsteile und werden in späteren Kapiteln auf sie zurückkommen.

4.4 Implikaturen und Spracherwerb

Nach Paul Grice verfügen wir universal über die Konversationsmaximen und können damit Bedeutungsanreicherungen durchführen. Beim Erlernen neuer Sprachen können wir uns weiterhin auf sie verlassen. Sie sind nicht Gegenstand des Sprachunterrichts. Umso überraschender ist es, dass die Arbeitsgruppe des Linguisten Ira Noveck nachweisen konnte, dass Kinder erst relativ spät im Spracherwerb die zielsprachliche Kompetenz bei Implikaturen erreichen (Noveck 2001). Einfacher gesagt kann man zeigen, dass sich Kinder im Zweifel eher auf die wörtliche Bedeutung von Äußerungen verlassen, nicht aber auf Implikaturen.

Ira Noveck ging von einer einfachen Beobachtung aus. Die Modalverben *muss* und *könnte* können im sogenannten epistemischen Sinn verwendet werden, wo sie ausdrücken, wie sicher sich der Sprecher über eine Aussage ist. Wenn beispielsweise Sherlock Holmes auf eine Person zeigt und sagt *Das muss der Mörder sein*, dann meint er damit: In allen Szenarien, die mit meinem Wissen vereinbar sind, ist diese Person der Mörder. Wenn Sherlock Holmes auf die Person zeigt und sagt *Das könnte der Mörder sein*, dann meint er damit: Es ist nach meinem Wissen möglich, dass er der Mörder ist. Das Paar < *könnte, muss* > bildet eine Horn-Skala und erwachsene Sprecher verwenden *könnte* in der Regel im Sinn ‚ist möglich, aber nicht notwendig so'. Ira Noveck untersuchte, ob das auch bei Kindern der Fall ist.

Dazu benutzte er folgendes Experiment: Die getestete Person sah zwei offene Schachteln mit Spielzeugtieren. In der einen war z. B. ein Papagei und ein Bär, in der anderen nur ein Papagei. Daneben war eine verdeckte Schachtel sichtbar, in die die Testperson nicht hineinsehen durfte. Sie bekam aber mitgeteilt, dass diese Schachtel entweder so wie die eine oder so wie die andere Schachtel sei (d. h. denselben Inhalt hat). Vor diesem Hintergrund sollten die Testpersonen sagen, ob Aussagen wie (10) und (11) über die verdeckte Schachtel *wahr* oder *falsch* sind (ein Wahrheitswert-Test, engl. ‚truth value judgement task').

(10)   In der Schachtel muss ein Papagei sein. (engl. ‚has to be')

(11)   In der Schachtel könnte ein Papagei sein. (engl. ‚might')

Das Experiment wurde mit englischen Sprechern durchgeführt und nutzte die epistemischen Ausdrücke *has to be* und *might*. Es wurden auch andere Kombinationen von Schachteln, und andere Testsätze abgefragt, um die Aufgabe geeignet zu variieren, aber der wesentliche Kontrast war der zwischen Sätzen vom Typ (10) und (11).

Satz (10) ist jedenfalls wahr in der beschriebenen Situation. Unter den beschriebenen Umständen ist logisch gesehen auch Satz (11) wahr, selbst wenn man weiß, dass sicher ein Papagei in der Schachtel ist. Pragmatisch aber hat (11) die Implikatur, dass in der Schachtel möglicherweise auch kein Papagei sein könnte – das widerspricht dem Wissen des Probanden in dieser Situation. Noveck führte den Test mit einer Kontrollgruppe von Erwachsenen durch. Die erwachsenen Probanden reagierten tendenziell so, wie man es aufgrund der skalaren Implikaturen erwarten würde: 65% beurteilten (11) als *falsch*, wenn sie sicher wussten, dass ein Papagei in der Schachtel ist. Nur 35% beurteilten ihn als *wahr*.[3]

Würden die Urteile der Kinder eher dem logischen Sinn von (11) entsprechen oder eher dem pragmatischen Sinn? Noveck führte den Test mit drei inder-Probandengruppen durch: mit 5-jährigen, 7-jährigen und 9-jährigen Kindern. Das Ergebnis der Studie zeigte, dass Kinder weit häufiger Sätze wie (11) als *wahr* akzeptieren, selbst wenn sie über spezifischeres Wissen verfügen (circa 70% bei Kindern, gemittelt über alle drei Gruppen versus 35% bei den Erwachsenen). Mit anderen Worten: Kinder verstehen Sätze tendenziell logischer als Erwachsene!

Noveck deutet dieses Ergebnis so, dass das Einbeziehen einer Implikatur eine zusätzliche kognitive Leistung darstellt, die Kinder entweder noch überfordert oder die ihnen noch nicht ganz klar ist. Da auch die Kinder teilweise den logisch

---

3 Diese Verteilung entspricht übrigens meinem Erfahrungswert, wenn ich in Vorlesungen entsprechende Fragen stelle: ungefähr zwei Drittel der Anwesenden urteilen nach dem gesunden Menschenverstand – sie ziehen die Implikaturen mit in Betracht, und nur etwa ein Drittel beurteilt den wörtlichen Sinn. Dies vermutlich, weil sie in langen Schuljahren gelernt haben, dass solche Textaufgaben pragmatisch immer ein wenig verschroben gemeint sind.

zu schwachen Satz ablehnen, kann man nicht sagen, dass sie zur Herleitung von Implikaturen noch gar nicht in der Lage sind. Laufende weitere Untersuchungen mit anderen Horn-Skalen und in anderen Sprachen (z. B. frz. *certains* ‚einige' – *tous* ‚alle') haben diese Beobachtungen bestätigt. Bemerkenswert ist das relativ hohe Alter der Kinder: Bis zum Alter von 9 Jahren findet Noveck Abweichungen zwischen kindlicher und erwachsener Kompetenz in der Pragmatik. Interessant wäre eine Untersuchung von Textaufgaben in Schulbüchern im Hinblick auf Implikaturen, die fürs Verständnis und eine korrekte Bearbeitung notwendig sind.

Zur Diskussion: In der *Süddeutschen Zeitung* wurde folgende Textaufgabe aus einem Rechenbuch für Viertklässler zitiert:

> Eine weibliche Laus legt an jedem Tag ihres einmonatigen Lebens etwa vier Eier. Nach acht Tagen schlüpft die Laus, beginnt sich zu paaren und legt wieder Eier. Wie viele Eier legt eine Laus in drei Wochen? (*Süddeutsche Zeitung*, 6.11.2016)

Im weiteren Verlauf wird klar, dass die Aufgabe *gemeint* war als eine Frage über eine Laus und ihre Produktion von 4 × 21 = 84 Eiern.

- Welche pragmatischen Schwierigkeiten wirft der Text dabei auf?
- Was ist der Unterschied zwischen *überflüssiger Information* beim Lesen einer Textaufgabe, im Unterschied zu überflüssiger Information bei der Suche im Internet oder der Fachliteratur?

Die Textaufgabe versucht vermutlich, die Kinder zum selbstständigen Suchen nach der relevanten Information anzuleiten. Aber es steht zu offensichtlich im Raum, dass eine Lehrkraft vorher die Information mühselig in den Aufgabentext geschrieben hat. Wenn das Kind mit einem Autor rechnet, der sich an die Grice'sche Kooperationsmaxime hält, dann ist die naheliegendste Annahme, dass hier relevante Informationen gegeben werden. Die Aufgabe wäre dann so gemeint, dass man Kindeskinder und Kindeskindes-Kinder zu berechnen hat. Und daran scheitern nicht nur Viertklässler. Neun- bis Zehnjährige, die die Aufgabe pragmatisch richtig lesen, zeigen eigentlich, dass sie den Spracherwerb im Bereich der Pragmatik erfolgreich abgeschlossen haben. Damit fallen sie aber in der Mathearbeit durch! Es ist sicher nicht zweckmäßig, den erfolgreichen Pragmatikerwerb mit solchen künstlichen Kommunikationssituationen wieder in Frage zu stellen.

4.5 Implikaturen und Semantik

Wir haben in diesem Kapitel an mehreren Punkten Annahmen darüber gemacht, was Determinierer, *und / oder* und andere Wörter bedeuten. Diese Annahmen waren immer dann wichtig, wenn es darum ging, welche Aussagen logisch gesehen aus welchen anderen Aussagen folgen. Könnten wir vielleicht mit einer vernünftigeren Semantik die Bedeutung von Sätzen genauso richtig vorhersagen, ohne dabei dauernd auf Implikaturen zurückgreifen zu müssen?

Die Quantitätsmaxime fußt wesentlich darauf, dass Aussagen sich nach ihrer logischen Stärke ordnen lassen. Satz S_1 ist logisch stärker als S_2, wenn S_2 aus S_1 folgt. Dabei wird der logische Folgerungsbegriff benutzt, der auf der wörtliche Bedeutung von S_1 und S_2 fußt. Die Pragmatik verlässt sich hier auf die Semantik. Was nach dem besten und modernsten Stand der Semantik als der wörtliche Gehalt von Satz S_1 gilt, das dient der Pragmatik als Arbeitsgrundlage. Dies sieht nach einer klugen Verteilung der Zuständigkeiten aus. Allerdings müssen sich die beiden Teil-Disziplinen einigen, welche Ebene für welche Beobachtungen zuständig sein soll. Bisher habe ich schlicht behauptet, dass die Arbeitsteilung wie bisher die beste sei. Dieses Teilkapitel beleuchtet, warum das so ist.

Gehen wir zurück zum Beispiel (3):

(3) Die meisten Hobbits sind ordentliche Leute.

Der Determinierer *die meisten* ist ein Teil dieses Satzes, und die Semantik hat die Aufgabe herauszufinden, was sein Bedeutungsbeitrag ist. Determinierer setzen zwei Mengen in Beziehung, in diesem Beispiel die Menge der Hobbits und die Menge derer, die ordentliche Leute sind. (3) erfordert, dass mehr Hobbits auch zu der Menge der ordentlichen Leute gehören, als es Hobbits gibt, die nicht zur Menge der Ordentlichen gehören. Allgemein bezieht sich *die meisten* auf zwei Mengen A und B, wobei A vom Nomen der DP kommt (also *die meisten A*) und B sich aus dem Prädikatsteil ergibt (... *tun/ sind B*).[4] Damit lassen sich die folgenden alternativen Vorschläge für die Bedeutung von *die meisten* formulieren:
1) ⟦ die meisten$_1$ A sind B ⟧ = wahr genau dann, wenn $|A \cap B| > |A \setminus B|$
  ‚mehr als 50% A sind B, vielleicht sogar alle'
2) ⟦ die meisten$_2$ A sind B ⟧ = wahr genau dann, wenn $|A \cap B| > |A \setminus B|$ und $A \setminus B \neq \emptyset$
  ‚mehr als 50% A sind B, aber es gibt auch A, die nicht B sind'

Man könnte sagen, dass Vorschlag 1) eine *liberalere* Bedeutung von *die meisten* vorgibt, während Vorschlag 2) eine *präzisere* Bedeutung annimmt. In Abschnitt 4.1 haben wir die liberalere Bedeutung verwendet; aber vielleicht war das falsch?

---

4 Die Diskussion beschränkt sich auf den Fall der Subjekts-DP. Den komplizierteren Fall der quantifizierenden Objekt-DP überlassen wir hier den Semantikern; der Bedeutungsbeitrag von *die meisten* bliebe aber auch dort derselbe.

Eine ähnliche Situation entsteht bei der Semantik von *oder*. Nehmen wir das folgende Beispiel.

(12) Toni hat einen Collie oder einen Schäferhund.

Die Wahrheit von (12) hängt von den zwei Teilsätzen ab.

(13) a. Toni hat einen Collie.
      b. Toni hat einen Schäferhund.

Sicher ist (12) wahr, wenn entweder (13a) oder (13b) zutreffen. Was aber, wenn beide wahr sind (d. h. Toni insgesamt zwei Hunde hat)? Wieder gibt es zweierlei Impulse. Einerseits würde man sagen, dass dann (12) die Lage irreführend beschreibt. Andererseits ist (12) auch nicht völlig offensichtlich falsch. Auch hier könnte man vorsichtigerweise erst einmal zwei Vorschläge für die Bedeutung von *oder* machen.

1) 〚S oder$_1$ T〛 ist wahr genau dann, wenn 〚S〛 wahr ist, oder 〚T〛 wahr ist, oder auch wenn beide wahr sind.
2) 〚S oder$_2$ T〛 ist wahr genau dann, wenn 〚S〛 wahr ist oder 〚T〛 wahr ist. Wenn beide wahr sind, ist es falsch.

Wieder könnte man sagen, dass Vorschlag 1) eine liberalere Bedeutung von *oder* vorgibt, während Vorschlag 2) eine präzisere Bedeutung annimmt.

Zur Diskussion: Wenn jemand (12) äußert, legt er durchaus nahe, dass Toni keine zwei Hunde hat. Wenn wir die liberalere Bedeutung für *oder* annehmen, dann könnten wir argumentieren, dass diese Zusatzinformation eine skalare Implikatur ist. Zeigen Sie, wie!

Unterschiedliche Wahrheitsbedingungen. Auf welcher Datenbasis kann der Semantiker entscheiden, welche der beiden Bedeutungsanalysen die richtige ist? In Kapitel 2 haben wir gesehen, dass die Wahrheitsbedingungen von Sätzen die Bedeutung festlegen. Semantiker könnten also beobachten, unter welchen Umständen Sprecher Sätze wie (3) oder wie (12) als wahr akzeptieren, und wo sie als falsch abgelehnt werden. Für *die meisten*-Beispiele muss also möglichst umfassend geprüft werden, wie Sprecher auf folgende Tests reagieren:

(14) Toni hat die meisten Fragen richtig beantwortet.
      Situation *w*: Faktisch hat Toni von 10 Fragen 10 Fragen korrekt bearbeitet.

In der vorgeschlagenen Bedeutung *die meisten$_l$* wird vorhergesagt, dass (14) in dieser Situation *w* wahr ist. Mit der alternativ vorgeschlagenen Bedeutung *die* *meisten*$_2$ ist die Vorhersage, dass (14) in dieser Situation falsch ist. Diese letztere Vorhersage wird tatsächlich von einer Mehrheit der Sprecher bestätigt. Analoge Tests müssen für *oder* durchgeführt werden. (Dabei sieht man übrigens, dass ein *entweder-oder* oft schon deswegen zwingend ist, weil sich zwei Sachverhalte ausschließen wie bei *Der Schlüssel ist im Schrank oder im Auto*. Solche Szenarien sind für den Test natürlich ungeeignet.)

(15) Toni besucht uns am Samstag oder am Sonntag.
       Situation *w*: Faktisch besucht uns Toni am Samstag und auch am Sonntag.

Mit der Bedeutung *oder*$_1$ wird vorhergesagt, dass (15) in dieser Situation wahr ist. In der alternativ vorgeschlagenen Bedeutung *oder*$_2$ sollte (15) in dieser Situation falsch sein. Wieder wären möglichst viele Sprecher zu befragen, welches Urteil sie abgeben. Vermutlich würden wieder eine Mehrheit von Sprechern den Satz als falsch ablehnen, aber eine substanzielle Minderheit würde ihn akzeptieren. (Wie Sie sich erinnern, haben in Novecks Untersuchung die erwachsenen Probanden genau so reagiert.) In dieser Lage scheinen weitere, vielleicht indirektere Tests, eine gute Idee zu sein.

Implikaturen sind *cancellable* (streichbar), logische Folgerungen nicht. Alle Sprecher sind tendenziell der Meinung, dass man auf Satz (14) nicht erwarten würde, dass die Situation so aussieht wie beschreiben. Er legt nahe, dass Toni einige Aufgaben nicht gelöst hat. Ebenso würde man auf (15) nicht erwarten, dass Toni an beiden Tagen zu Besuch kommt. Wie gut können die beiden semantischen Alternativtheorien diese Erwartungen erklären?

Mit den liberaleren Bedeutungsanalysen (und der Theorie der Konversationsmaximen von Grice) sagen wir vorher, dass in beiden Fällen eine entsprechende skalare Implikatur entstehen kann. Wir sind inzwischen Profis darin, diese Implikaturen mechanisch vorherzusagen.

Mit der präziseren Analyse hingegen sagt man vorher, dass aus (14) *logisch folgt*, dass Toni nicht alle Aufgaben richtig gemacht hat. Mit der präziseren Analyse von *oder* sagt man auch vorher, dass aus (15) logisch folgt, dass Toni nicht an beiden Tagen kommt.

Die beiden Theorie-Möglichkeiten machen also unterschiedliche Vorhersagen darüber, welchen Status die Erwartungen haben. Und diese können wir wieder empirisch überprüfen, denn skalare Implikaturen sind streichbar, logische Folgerungen nicht. Wenn Sprecher versuchen, die logischen Folgen einer Äußerung abzustreiten, ergibt sich eine inkohärente Mitteilung. Das ist in (16) illustriert.

(16) #Toni ist aus Bayern. Tatsächlich ist Toni sogar aus Frankreich.

Aus der ersten Aussage folgt ‚Toni ist aus Deutschland'. Das ist aber inkompatibel mit dem zweiten Satz, dem zufolge Toni aus Frankreich ist. (Unter der gegenwärtigen geographischen und politischen Lage schließt sich das aus.) Mit dem zweiten Satz kann der Sprecher nicht Dinge behaupten, die logischen Folgen des ersten Satzes widersprechen. Wenn (16) überhaupt sinnvoll verstanden werden kann, dann als Selbstkorrektur: der Sprecher in (16) korrigiert sich. Er hat sich am Anfang nicht richtig überlegt, was er sagt. Der Effekt scheint ein anderer, wenn Sprecher die Erwartungen an einen *die meisten*-Satz oder an eine *oder*-Äußerung korrigieren.

(17) Toni hat die meisten Fragen richtig beantwortet. Tatsächlich hat Toni sogar alle Fragen richtig beantwortet.

(18) Toni besucht uns am Samstag oder am Sonntag. Tatsächlich besucht sie uns sogar an beiden Tagen.

Der Sprecher in (17) und (18) widerspricht sich nicht selber; er scheint sich eher zu präzisieren. Der Präzisierungs-Effekt ist etwa derselbe, als wenn man mitteilt: „Toni hat ein Auto. Tatsächlich hat sie sogar ein Tesla-EMobil." Wir sehen hier also indirekte Evidenz, die für die liberaleren Bedeutungen 1) spricht und gegen die präzisen Bedeutungen 2), die wir oben verglichen haben. Im Theorievergleich kann man sagen: nur mit der liberaleren Bedeutung können wir den Kontrast zwischen (16) und (17)/(18) erklären. Implikaturen streichen (in 17, 18) ist etwas anderes als logische Folgen abzustreiten (in 16). Das würde für die liberalere Bedeutung sprechen.

Eine Ambiguitätsanalyse? Ist damit also die mehrheitliche Reaktion von Sprechern vom Tisch gewischt? Wir wollen dem Bauchgefühl der Sprecher noch einmal eine Chance geben. Es ist für die Theoriebildung immer heikel, wenn man die Beobachtungsdaten einfach ignoriert. Wir könnten eine *Ambiguitätsanalyse* vorschlagen: Der Ausdruck *die meisten* ist mal im Sinne von *die meisten$_2$* gemeint, und mal im Sinne von *die meisten$_1$*. Ebenso könnten wir beim Wort *oder* annehmen, dass es mal im Sinne von *oder$_1$* gemeint ist, manchmal aber auch im Sinn von *oder$_2$*. Wir würden also behaupten:

Ambiguitätsanalyse: Die Sprecher suchen sich einen der beiden Bedeutungseinträge aus, je nach Situation. Mal ist *die meisten* liberal gemeint, mal präzise. Ebenso ist manchmal *oder* liberal gemeint, manchmal präzise. Glücklicherweise sind alle Sprecher sich immer einig, welche Lesart im Moment angemessen ist.

An einer Ambiguitätsanalyse ist an sich nichts Schlechtes. Viele Wörter sind mehrdeutig und die Sprecher sind sich in den allermeisten Fällen einig, welche

Lesart gemeint ist. Auch automatische Übersetzungsprogramme erzielen gute Erfolge damit, die richtige von mehreren Lesarten eines Wortes zu erraten, indem die inhaltliche Vernetzung mit anderen Wörtern im Kontext überprüft wird. Im Fall der behaupteten Ambiguität von *die meisten, oder* und ähnlichen logischen Wörtern macht man allerdings eine überraschende Entdeckung. Die Lesart des Wortes hängt nicht so sehr vom Thema ab, um das es geht (vgl. *Bank* im Zusammenhang mit Parks oder im Zusammenhang mit Finanzen), sondern von der „logischen Umgebung", in dem es steht. Diese letzte Beobachtung (die wieder gegen die Ambiguitätsanalyse sprechen wird), sehen wir uns im abschließenden Abschnitt an.

Logik und Lesart. Wir beginnen wieder mit einigen Beispielen, die Ihnen zum Teil schon bekannt sind.

(19) Wenn die meisten Hobbits ordentliche Leute sind, dann reise ich ins Auenland.

(20) Wenn Sie Rentner oder Student sind, dürfen Sie heute kostenlos in die Ausstellung.

(21) Niemand hatte Fragen oder Beschwerden.

Könnte *die meisten Hobbits* in (19) im Sinne von ‚die meisten, aber nicht alle Hobbits' gemeint sein? Dann würde der Sprecher nicht ins Auenland reisen, falls tatsächlich *alle* Hobbits ordentlich sind. Wir haben oben schon gesehen, dass der Sprecher (19) nicht so meinen kann.

Könnte mit *oder* in (20) im Sinne von ‚entweder-oder' gemeint sein, dass studierende Rentner von dem Angebot ausgeschlossen sind? Vermutlich nicht. Ein Rentner, der außerdem einen Studentenausweis vorlegen kann, muss trotzdem um seinen kostenlosen Eintritt nicht fürchten.

Könnte *oder* in (21) im ausschließenden Sinn gemeint sein? Wenn dem so wäre, würden wir erwarten, dass (21) wahr ist in einer Situation *w*, in der (von den Anwesenden) zwar niemand *nur* eine Frage und auch niemand *nur* eine Beschwerde hatte, aber eine Reihe von Personen eine Frage und außerdem auch eine Beschwerde anbringen. Das ist nicht der Fall. Eine solche Situation kann nicht mit (21) beschrieben werden.[5] Man kann nun beobachten, dass diese Spre-

---

5 Wenn Sie kreativ mit Sprache umgehen, könnten Sie z. B. einwenden, dass mit betontem *oder* eventuell eine solche Situation erfasst werden kann: Niemand hatte eine Frage ODER eine Beschwerde, aber BEIDES hatten doch einige. In diesen Fällen wird die Negation auf das fokussierte ODER bezogen – dazu mehr in den Kapiteln zur Informationsstruktur.

cherurteile mit der logischen Struktur der Beispiele zusammenhängen. In negierten Sätzen wie (21) verstehen Sprecher regelmäßig das liberale *oder*, nie das präzisere *oder*. In *wenn*-Sätzen wie (19) und (20) ebenfalls. Und die Urteile für *die meisten* verhalten sich gleich. In negierten Sätzen verstehen Sprecher regelmäßig die liberalere Lesart von *die meisten*, und in *wenn*-Sätzen ebenfalls.

(22) Unter Negation wird immer die liberalere Lesart bevorzugt.
Im *wenn*-Satz eines Konditionals wird immer die liberalere Lesart bevorzugt.[6]

Diese klaren, von allen Sprechern geteilten Präferenzen sind überraschend. Gibt es für diese Sprecherurteile eine Erklärung? – Die Antwort lautet: Ja; aber nur, wenn man die richtige Theorie befragt. Kurz gesagt würden wir diese Präferenzen vorhersagen, falls wir uns der „liberalen" Analyse für *oder, die meisten* usw. anschließen und alle präziseren Aussagen als skalare Implikatur herleiten. Falls wir aber die einfache Ambiguitätsanalyse einkaufen, dann sagen wir nichts vorher. Wir müssen dann die Präferenzen (22) als weitere Regel zu der Theorie dazuschreiben. (Das können wir natürlich tun, aber es ist nicht sehr befriedigend.)

Um unseren Theorievergleich abzuschließen, wird nun gezeigt, wieso die liberale Analyse (von *die meisten, oder* und anderen logischen Wörtern) die Präferenzen in (22) vorhersagt. Da die Lage langsam komplex wird, beschränken wir die Diskussion auf *oder* auf der Horn-Skala < *und, oder* >. Die Alternativen auf Horn-Skalen sind nach logischer Stärke geordnet und die „stärksten" Einträge führen zu den stärksten Sätzen. Das gilt aber nur, solange man die Einträge in positive Sätze stellt. In den obigen Beispielen dagegen führen die logisch stärksten Elemente einer Horn-Skala nicht mehr zu den logisch stärksten Sätzen. Sie sehen, dass es sich bei (19) – (21) um *wenn-dann*-Sätze handelt, bzw. dass das Wort *oder* im Skopus einer Negation steht. Sehen wir uns die Konkurrenz von *und* und *oder* in negierten und konditionalen Sätzen an. Aus dem Konditional mit *oder* in (23a) folgt das Konditional mit *und* in (23b).

(23) a. Wenn (A oder B) dann C.   →   b. Wenn (A und B), dann C.

Satz (20) illustriert dieses Schema, und weitere Beispiele verhalten sich entsprechend. Wenn wir hingegen ein Konditional mit *und* haben, dann folgt daraus nicht das *oder*-Konditional.

---

6 Es gibt noch mehr Konstellationen, in denen die liberalere Lesart bevorzugt wird. Sie werden als „abwärts-monotone Kontexte" bezeichnet, und in Kapitel 15 genauer untersucht.

(24) Wenn (A und B), dann C   ↛   Wenn (A oder B), dann C.

Auch dies lässt sich leicht illustrieren. Die Funktion einer Schreibtischlampe wird etwa so beschrieben: Wenn das Kabel in der Steckdose eingesteckt ist **und** der Schalter auf „an" steht, dann leuchtet die Lampe. Daraus folgt nicht, dass die Lampe auch so funktionieren würde: Wenn das Kabel in der Steckdose eingesteckt ist **oder** der Schalter auf „an" steht, dann leuchtet die Lampe. Im Vergleich zeigt sich: In (23) ist die Aussage mit *oder* die logisch stärkere, hingegen in (24) die entsprechende mit *und* die logisch schwächere.

Beim negierten Beispiel finden wir dasselbe Muster. Wieder folgt (25b) aus (25a), nicht aber (26b) aus (26a). Und wieder ist der *und*-Satz nicht mehr der logisch stärkere, sondern der *oder*-Satz.

(25) a. Für kein x gilt: (A(x) oder B(x))   →   b. Für kein x gilt: (A(x) und B(x))

(26) a. Für kein x gilt: (A(x) und B(x))   ↛   b. Für kein x gilt: (A(x) oder B(x))

In negativen Sätzen gilt: aus dem *oder*-Satz folgt jeweils logisch der *und*-Satz, nicht umgekehrt. Bei den positiven Aussagesätzen liegt der Fall genau andersherum.

Wie würde sich dies bei der Berechnung von skalaren Implikaturen auswirken? Der Anstoß für skalare Implikaturen bei Sätzen wie ‚Toni besucht uns am Samstag oder am Sonntag' lag darin, dass anstelle der Äußerung (mit *oder*) eine logisch stärkere Äußerung (mit *und*) stehen könnte. In den hier vorliegenden Satzmustern jedoch ist die Alternative mit *und* gar nicht mehr informativer: Wenn der Sprecher den *und*-Satz geäußert hätte, dann hätte er tatsächlich *weniger* Information gegeben. Damit entfallen alle Schritte zur Berechnung von skalaren Implikaturen ab Schritt 4. Mit skalaren Implikaturen sagen wir also vorher, dass das Denkmuster „wenn der Sprecher *und* gemeint hätte, hätte er *und* gesagt" in den Beispielen (19) – (21) nicht zur Anwendung kommt. Und das entspricht exakt unseren Beobachtungen.

Wenn wir hingegen die Ambiguitäts-Analyse mit *oder$_1$* / *oder$_2$* annehmen, dann brauchen wir eine Extra-Regel. Diese Regel ist etwas sperrig, sie sagt: „Falls der Satz in der Lesart *oder$_1$* logisch stärker ist als der Satz, in dem man *oder* durch *und* ersetzt, dann hat der Sprecher jedenfalls *oder$_1$* gemeint." Diese Regel folgt aus nichts anderem, was die Ambiguitäts-Analyse erfordert. Sie ist unabhängig von Relevanzbetrachtungen.

Unsere Abwägung zweier semantischer Strategien ergibt also folgendes Ergebnis. Wir haben die Wahl zwischen

Strategie A: Semantisch liberale Bedeutungen werden mit Hilfe von Implikaturen angereichert.
Strategie B: Logische Wörter haben zwei Lesarten, eine liberale und eine präzise.

Strategie A ist zunächst aufwändiger, weil sie auf Grice's Maximen und ihrer Interaktion beruht. Allerdings macht Strategie A genau deshalb auch mehr Vorhersagen: Sie kann erklären, warum Relevanz-Überlegungen dafür zuständig sind, ob eine Äußerung eher im Sinne von *oder$_1$, die meisten$_1$* ... oder eher im Sinn von *oder$_2$, die meisten$_2$* ... verstanden wird.

Die Ambiguitätsstrategie B kann das nur feststellen, nicht erklären. Sie kann auch nicht vorhersagen, dass die logisch schwächere „Lesart" *oder$_1$, die meisten$_1$* ... verstanden wird, wenn der Alternativsatz mit *und* bzw. *alle* logisch schwächer wäre.

Zusammenfassend zeigt sich, dass Strategie A mit gut gewählten Zusatzannahmen zu vielen richtigen Vorhersagen über die Bedeutung von Sätzen führt, auch wenn die zugrunde gelegten wörtlichen Bedeutungen vieler Wörter (*einige, die meisten, oder, kann* ...) zunächst unintuitiv sind. Wir werden deswegen im Folgenden auch von Strategie A ausgehen, wenn es um die Bedeutung logischer Wörter geht. Die Theorie der Implikaturen von Grice hilft, das Zusammenspiel zwischen Logik, Äußerungssituation und Interpretation mit minimalem Aufwand zu erfassen.

Zusammenfassung

Skalare Implikaturen entstehen im Zusammenspiel von Quantitätsmaxime, Qualitätsmaxime und Relevanzmaxime. Dabei stellt die Relevanzmaxime den Kontextbezug her, während die Quantitätsmaxime die Informativität von alternativen Äußerungsmöglichkeiten bewertet.

Mit Horn-Skalen werden wichtige alternative Äußerungsmöglichkeiten zusammengefasst. Diese Alternativen stehen praktisch immer im Raum und werden pragmatisch berücksichtigt.

Implikaturen sind unterschiedlich stark im Kontext verankert. Die partikuläre konversationelle Implikatur entsteht speziell in einzelnen Äußerungskontexten. Die generalisierte konversationelle Implikatur entsteht praktisch regelhaft in allen Äußerungskontexten, in denen bestimmte Wörter vorkommen – z. B. Wörter auf einer Horn-Skala. Die konventionellen Implikaturen bei Paul Grice umfassen nichtassertive Inhalte, die jedoch nicht mit Hilfe der Maximen erklärt werden können. Zu ihnen und ihrer Einordnung finden Sie mehr in Kapitel 19.

Spracherwerbsstudien zeigen, dass Implikaturen erst sehr spät, ab ca. 9 Jahren so erschlossen werden, wie es bei Erwachsenen geschieht. Der pragmatische Spracherwerb geschieht überraschend langsam.

Die Theorie der konversationellen Implikaturen ist mit der Semantik logischer Wörter verzahnt. Eine semantische Modellierung logischer Wörter, die eine eher breite Bedeutung annimmt, bietet mehr Raum für Implikaturen. Eine semantische Modellierung mit engen, präzisen Bedeutungen lässt weniger Raum für Implikaturen. Die Gesamtschau der beobachteten Daten spricht eher für eine breite semantische Modellierung und eine Präzisierung von Äußerungsbedeutungen mithilfe der Implikaturen.

Fingerübungen

(1) In einem Gerichtsverfahren geht es um die Frage, ob der Angeklagte, Angestellter bei einem Pharmaunternehmen, Schwarzgeld in der Schweiz versteckt hat. Auf die Frage: *Gab es ausländische Konten?* antwortet er (sachlich korrekt):

Unsere Firma hatte ein halbes Jahr lang ein Konto in der Schweiz.

Später stellt sich heraus, dass der Mensch auf einem eigenen Konto jahrelang Geld in der Schweiz versteckt hatte.
Hat der Angeklagte mit seiner Antwort gelogen?

(2) Welche skalare Implikatur ergibt sich aus folgender Äußerung im Gesprächskontext? Wenden Sie die 8-Schritte-Ableitung an!
Toni hat ein neues Lokal ausprobiert. Am nächsten Tag fragt Peter: Wie gut kochen sie dort?
Toni antwortet: *Na, man kann's essen.*

(3) In welchen Fällen ist (b) eine Implikatur von (a)? In welchen Fällen sehen Sie eine logische Folgerung?
(Die Beispiele sind an sich so gewählt, dass Ihr Urteil in allen normalen Gesprächskontexten dasselbe sein sollte. Falls Sie meinen, dass Ihre Diagnose stark vom Gesprächskontext abhängt, dann beschreiben Sie die Kontexte als Teil Ihrer Antwort.)

(i)   a. Maria spricht Spanisch oder Französisch.
       b. Maria spricht entweder Spanisch oder Französisch.
(ii)   a. Wittgenstein hatte zwei Tagebücher.
       b. Wittgenstein hatte ein Tagebuch.
(iii)   a. Niemand spricht Spanisch oder Französisch.
       b. Niemand spricht entweder Spanisch oder Französisch.

(iv) a. Karl hat einige Aufsätze von Chomsky gelesen.
　　 b. Karl hat nicht alle Aufsätze von Chomsky gelesen.
(v) 　a. Kant hat zwei Dinge bewundert.
　　 b. Kant hat genau zwei Dinge bewundert.

(4) Konversationelle Implikaturen hängen davon ab, welche Information für den Hörer im Moment relevant ist. Betrachten Sie folgenden Satz:
(i) Esther hat ein Fahrrad.
a) Geben Sie eine Gesprächssituation an, in der dieser Satz die Implikatur hat: ... *sie hat nur ein Fahrrad, keine weiteren Fahrzeuge.*
b) Geben Sie eine Gesprächssituation an, in der derselbe Satz die Implikatur nicht hat. Zeigen Sie in Ihrem Beispiel mithilfe der 8-Schritt-Ableitung, wieso die Implikatur nicht zustande kommt.

5 Geteiltes Wissen im Kontext

Die letzten Kapitel haben gezeigt, dass pragmatische Inferenzen von der Äußerungssituation abhängen können. Dabei haben wir Äußerungssituationen in einem intuitiven Sinn benutzt, etwa „alles, was wir über die Situation wissen und was vielleicht wichtig sein könnte". Dieses Kapitel stellt Robert Stalnakers Theorie des **Common Ground** vor, die einen speziellen Aspekt der Äußerungssituation genauer betrachtet. Die Theorie erfasst den gemeinsamen Wissenshintergrund von zwei oder mehr Sprechern während eines Diskurses. Stalnaker interessierte sich nicht nur dafür, wie das gemeinsame Wissen sich während eines Gesprächs vermehrt, sondern zeigte auch, dass bestimmte Äußerungen nur sinnvoll sind, wenn die Gesprächspartner schon bestimmte Wissenshintergründe teilen (Stalnaker 1978, 2002).

5.1 Common Ground

Nehmen wir an, dass sich zwei Personen A und B unterhalten. Der Common Ground CG von A und B zu einem bestimmten Zeitpunkt des Austauschs ist das Wissen, von dem A und B annehmen können, dass sie es beide teilen. Insbesondere ist der Inhalt aller Aussagen, die im Gespräch bereits von A zu B und von B zu A gemacht wurden, Teil dieses Wissens. Der Common Ground ändert sich also während des Gesprächs laufend. Aber auch zu Anfang des Gespräches können wir davon ausgehen, dass A und B bereits Wissen teilen (und das auch voneinander annehmen); darunter Wissen über die geteilte Sprache, Wissen über die Welt, Wissen darüber, wie man kommuniziert und so weiter.

Wie können wir etwas konkreter über dieses Wissen reden? Wir können davon ausgehen, dass Wissen zum Beispiel von Aussagesätzen übermittelt wird. In Kapitel 2 wurde vorgeschlagen, dass der Gedankeninhalt von Aussagesätzen auch als **Proposition** bezeichnet wird. Sätze bezeichnen Propositionen, und Propositionen werden per Äußerung von Sprecher A zu Sprecher B transportiert. Aber Propositionen können auch Teil unseres Wissensbestandes sein, ohne dass sie mit der Sprache in unseren Geist hineintransportiert worden sind. Ich kann zum Beispiel aus dem Fenster sehen und feststellen, dass es regnet. Damit gehört die Proposition ‚es regnet' zu meinem Wissensbestand, ohne dass jemand diesen Satz laut geäußert hat. Das führt uns zu einer formaleren Definition von Common Ground:

Nehmen wir an, dass Sprecher A und B im Gespräch stehen. Der Common Ground CG zur Zeit t in diesem Gespräch ist die Menge aller Propositionen zu t, die A und B für wahr halten und von denen sie vernünftigerweise annehmen können, dass der jeweils andere sie auch für wahr hält. Insbesondere enthält CG zu t auch alle Satzbedeutungen von Aussagen, die im Gespräch vorher gemacht worden sind und denen im Gespräch nicht widersprochen wurde. Wir können uns CG also als eine Menge von Propositionen $\{p_1, p_2 ...\}$ vorstellen. Ein konkretes Beispiel sieht etwa folgendermaßen aus:

- A: Es schneit!
- B: Kahlköpfige Männer brauchen jetzt eine Mütze.
- A: Der König von Frankreich ist kahlköpfig.

Zum Anfang des Gesprächs teilen A und B das Wissen CG_0. Es ist dabei nicht immer völlig klar, wie groß CG_0 ist; wir werden aber bald auf konkrete Beispiele geteilten Wissens zu sprechen kommen. Nun äußert A: „Es schneit!" B kann den Inhalt ⟦ es schneit ⟧ erschließen. Wenn B dieser Aussage nicht widerspricht, können beide im Folgenden davon ausgehen, dass sie dieses Wissen teilen, d. h. $CG_1 = CG_0 \cup \{$ ⟦ es schneit ⟧ $\}$. Der Schritt von CG_0 zu CG_1 wird **Update** genannt: Der ursprüngliche CG_0 wird um den Inhalt der Aussage upgedatet. Nun fügt B eine Aussage hinzu, die von A entschlüsselt wird: ⟦ Kahlköpfige Männer brauchen jetzt eine Mütze ⟧. Der Common Ground wird entsprechend upgedatet zu $CG_2 = CG_1 \cup \{$ ⟦ Kahlköpfige Männer brauchen jetzt eine Mütze ⟧ $\}$. Wenn wir die beiden Satzinhalte noch abkürzen als

⟦ es schneit ⟧ = p

⟦ Kahlköpfige Männer brauchen jetzt eine Mütze ⟧ = q

dann lässt sich der Wissensgewinn nach zwei Äußerungen darstellen als $CG_2 = CG_0 \cup \{p, q\}$. Der ursprüngliche Common Ground erweitert sich also um eine immer längere Liste von Gedankeninhalten, die jeweils den geäußerten Sätzen entsprechen. Die dritte Äußerung lassen wir außen vor, denn sie wird noch eine kleine Extra-Schwierigkeit aufwerfen.

Lässt sich ein Wissensbestand wirklich als lange Liste von Satzinhalten erfassen? Ein Intermezzo. Vielleicht sind Sie mit der Vorstellung ganz zufrieden, dass sich Ihr aktuelles Wissen oder Teile davon als lange Liste von Propositionen darstellen lässt. Vielleicht aber finden Sie diese Vorstellung unplausibel. Lassen Sie uns diese Idee noch ein wenig vertiefen. In der formalen Semantik und der Sprachphilosophie wird angenommen, dass die Bedeutung eines Satzes sich erfassen lässt durch *die Menge von Welten/Situationen, in denen der Satz wahr ist*. (Wenn Sie sich noch an Kapitel 2 erinnern: Das ist analog zu dem Vorschlag, dass die Bedeutung von *Hund* aus der Menge der Objekte besteht, auf die sich das Wort

Hund anwenden lässt.) Der Satz ⟦ es schneit ⟧ umfasst also alle Situationen, die damit korrekt beschrieben sind: ⟦ es schneit ⟧ = { w | es schneit in w }.

Wenn Sprecher A diesen Satz mitteilt, dann teilt er B mit, dass er (=A) glaubt, dass die reale Welt, in der A und B leben, eine von denen ist, die in der Menge ⟦ es schneit ⟧ liegen. So weit, so gut. Nun können wir uns noch einmal dem *Common Ground* zuwenden. Die geteilte Wissensbasis zu Anfang des Gesprächs $CG_0 = \{ p_1, p_2 ... \}$ umfasst alle Propositionen, die A und B für wahr halten (und das auch vom jeweils anderen glauben). Beide glauben also:

„Ich (A, bzw. B) lebe in einer Welt, wie sie von p_1 beschrieben wird,
und in einer Welt, wie sie von p_2 beschrieben wird,
und in einer Welt, wie sie von p_3 beschrieben wird, usw."

Wenn wir die Schnittmenge über alle diese Propositionen bilden, bekommen wir Folgendes:

$p_1 \cap p_2 \cap p_3 \cap ... = \{ w \mid$ in w trifft alles zu, was bisher gesagt wurde $\}$

Die lange Liste von Gedankeninhalten bringt uns also letztlich zu einer Art gemeinsam geteilter Vorstellung: „das alles trifft in meiner Welt zu". Jede neue Mitteilung schränkt diese Menge weiter ein. Wenn A mitteilt: *Es schneit*, dann wird auch B alle Welten aus seinem *Möglichkeitsbestand* aussortieren, in denen es nicht schneit. Wenn also $CG_1 = CG_0 \cup \{ ⟦$ es schneit ⟧ $\}$, dann umfasst die gemeinsame Wissensbasis CG_0 sowohl Welten, in denen es schneit als auch Welten, in denen es nicht schneit. Aber nach der Äußerung sieht der Welten-Bestand so aus:

$p_1 \cap p_2 \cap p_3 \cap ... \cap \{ w \mid$ *es schneit in w* $\}$
= { w | in w trifft alles zu, was bisher gesagt wurde, einschließlich letzter Satz}

Die Welten, in denen es nicht schneit, sind also aussortiert.

Wir werden uns im Folgenden auf die Sichtweise verlassen, dass der CG eine lange Liste von Gedankeninhalten ist, die ständig länger wird. Es kann aber hilfreich sein sich zu merken, dass mehr Wissen letztlich auf eine Einschränkung des Möglichkeitsraums hinausläuft.

5.2 Präsuppositionen

Wir haben den letzten Satz unseres kleinen Dialogs bisher noch unbearbeitet gelassen. Er erlaubt eine neue Beobachtung: Damit der Satz sinnvoll interpretiert werden kann, muss Sprecher A glauben, dass es einen, und genau einen König von Frankreich gibt.

CG_2 upgedatet mit „Der König von Frankreich ist kahlköpfig" = CG_3

CG_3 codiert also folgenden Möglichkeitsraum:

{ w | in w trifft alles zu, was bisher gesagt wurde } ∩ { w | in w hat der KvF eine Glatze }

Würde man denselben CG_2 erweitern um die Verneinung des Satzes: „Der König von Frankreich ist nicht kahlköpfig", dann enden wir bei folgendem Möglichkeitsraum:

{ w | in w trifft alles zu, was bisher gesagt wurde } ∩ { w | in w hat der KvF keine Glatze }

In jedem Fall glauben A und B nachher, dass sie in einer Welt leben, in der Frankreich eine Monarchie ist.

Der Satz *Der König von Frankreich ist kahlköpfig* setzt also voraus, dass es einen König von Frankreich gibt. Er stellt es nicht fest – denn selbst der negierte Satz geht immer noch mit der Annahme einher, dass es einen König von Frankreich gibt. Diese Art von vorausgesetzter Information wird **Präsupposition** genannt. Wir haben auch schon ein erstes Verfahren gesehen, mit dem geprüft werden kann, ob eine Information eventuell eine Präsupposition eines Satzes ist.

Negationstest: Wenn ein Satz *S* und auch seine Negation *nicht-S* den Schluss *p* zulässt, dann könnte *p* eine Präsupposition des Satzes *S* sein.[1]

Wenden wir diesen Test noch in einigen Beispielen an:

(1) Mein Porsche ist dreckig.
    Mein Porsche ist nicht dreckig.

    p = Ich habe einen Porsche.

---

[1] Dieser und die nächsten Tests folgen Geurts (1999: Kap. 1).

(2) Opa hat aufgehört, Ballett zu tanzen.
    Opa hat nicht aufgehört, Ballett zu tanzen.

    p = Opa hat früher im Ballett getanzt.

Sowohl wenn mein Porsche dreckig, als auch wenn er nicht dreckig ist, muss ich einen Porsche haben. In (1) ist also p eine (potentielle) Präsupposition des Satzes. Ebenso in (2): sowohl wenn der erste alſ auch wenn der zweite Satz zutrifft, muss p wahr sein. Satz (2) hat also vermutlich die Präsupposition p = Opa hat früher im Ballett getanzt.

Der Negationstest liefert einen ersten Anhaltspunkt auf Präsuppositionen, er ist aber mit Vorsicht auszuwerten. Es werden auch Inhalte isoliert, die man üblicherweise nicht als Präsuppositionen bezeichnen würde. Sehen wir uns folgendes Beispiel an:

(3) Unser Pfarrer ist Junggeselle.
    Unser Pfarrer ist kein Junggeselle.

    p = Wir haben (genau) einen Pfarrer.
    p' = Alle Junggesellen sind unverheiratet.

Die Proposition p muss zutreffen, egal ob der positive oder der negierte Satz ausgesagt wird. Der Ausdruck *unser Pfarrer* ist nur dann sinnvoll, wenn Sprecher und Adressat glauben, dass sie einen Pfarrer haben. Die Proposition p' trifft ebenfalls in beiden Fällen zu. Allerdings ist p' in einem noch viel breiteren Sinn allgemeingültig: p' ist immer wahr, solange die semantischen Regeln des Deutschen noch gültig sind; es ist also immer wahr, wenn irgendwo Deutsch gesprochen wird. p' hängt nicht vom Satz (3) oder einem darin verwendeten Ausdruck ab. Es zählt daher eher *nicht* als Präsupposition des Satzes (3). Ähnlich liegen die Dinge auch in folgendem Fall:

(4) Alle Schwäne sind weggeflogen.
    Nicht alle Schwäne sind weggeflogen.

    p = Alle Schwäne waren vorher hier.
    p' = Es gibt Schwäne oder es gibt keine Schwäne.

Wieder finden wir zunächst: p ist wahr sowohl wenn *Alle Schwäne sind weggeflogen* assertiert wird, als auch wenn *Nicht alle Schwäne sind weggeflogen* assertiert wird. Beide Äußerungen unterstellen, dass die Schwäne vorher hier (= an einem gemeinsamen Ort) waren. Aber auch p' ist wahr sowohl wenn *Alle*

Schwäne sind weggeflogen assertiert wird, als auch wenn *Nicht alle Schwäne sind weggeflogen* assertiert wird. Das liegt aber daran, dass *p'* ein tautologischer Gedankeninhalt ist: Er ist wahr unter allen überhaupt denkbaren Umständen. Wir können also den Negationstest etwas genauer wie folgt formulieren:

Negationstest: Wenn ein Satz S und auch seine Negation *nicht-S* den Schluss p zulässt, und p keine Tautologie ist oder lexikalisches Wissen beinhaltet, dann ist p eine Präsupposition des Satzes S.

Nicht alles, was aus einer Aussage folgt, ist eine Präsupposition. Um sich dies zu vergegenwärtigen hilft eine kleine Gegenprobe: Wenn ein Satz S eine Folgerung q zulässt, aber die Negation *nicht-S* diese Folgerung nicht mehr erlaubt, dann ist q keine Präsupposition von S. Es ist dann eher eine **logische Folgerung** aus S. Das ist im nächsten Fall illustriert.

(5) a. Alle unsere Gänse sind weggeflogen.
    b. Nicht alle unsere Gänse sind weggeflogen.
    q: Alle unsere Gänse können fliegen.

(5a) lässt den Schluss zu, dass q = ‚Alle Gänse können fliegen' wahr ist. Die Negation in (5b) aber erlaubt uns nicht mehr, auf q zu schließen. Es könnte ja sein, dass einige Tiere dageblieben sind, weil sie verletzt oder noch zu klein sind. Das bestätigt, dass es sich bei q um eine Folgerung aus (5a) handelt und nicht um eine Präsupposition. Logische Folgerungen bleiben normalerweise nicht erhalten, wenn man einen Satz negiert. Es ist nützlich, das in Erinnerung zu behalten, weil logische Folgerungen manchmal leicht mit Präsuppositionen zu verwechseln sind. Wir werden später noch weitere Tests kennen lernen, mit denen sich Präsuppositionen sicher identifizieren lassen.

Stalnaker schlägt vor, dass wir Präsuppositionen als **Anforderungen an den Common Ground** präzisieren.

(6) Eine Proposition p ist eine Präsupposition von S, wenn S nur dann assertiert werden kann, wenn aus dem gegenwärtigen Common Ground CG bereits folgt, dass p.

Im Beispiel wird diese abstrakte Forderung leichter verständlich. Stellen wir uns vor, Sprecher A und B stehen in einem Gespräch am Common Ground CG_n. Nun äußert A: „Opa hat aufgehört, Ballett zu tanzen". Bei dieser Mitteilung geht A davon aus, dass der gemeinsame Wissenshintergrund CG_n impliziert, dass es eine von beiden mit „Opa" bezeichnete Person gibt (einen Verwandten?) und dass Opa bisher Ballett getanzt hat. Entweder es war vorher schon Gesprächsgegenstand oder A und B verfügen über gemeinsames Wissen über Opa.

Präsuppositionen werden in der Regel von bestimmten Wörtern, Konstruktionen oder Satzteilen ausgelöst, den sogenannten Präsuppositionstriggern (engl. *trigger* ‚Auslöser'). Hier sind einige gängige Beispiele:

(7) Definite Nominale: *der König von Frankreich* (präsupponiert: es gibt genau einen solchen König)

Possessive: *meine Schwester* (präsupponiert: ich habe (genau eine) Schwester)

Aktionsartverben: *aufhören, X zu tun*; *anfangen, X zu tun* (präsupponiert: der Agent hat vorher X getan, bzw. vorher nicht X getan)
andere Verben: *es schaffen, X zu tun* (präsupponiert: X ist schwierig)

Verben des Wissens: *Peter weiß, dass p* (präsupponiert: *p* ist wahr)

Spaltsätze: *Es war Peter, der eine Vase zerbrochen hat*

Definite Nominalphrasen und Possessivkonstruktionen sind wichtige Trigger; sie beziehen sich auf die Annahme, dass es genau eine Person oder ein Objekt gibt, auf das die DP referiert. Im folgenden Minimalpaar präsupponiert nur (8) ‚der Sprecher hat genau eine Schwester'.

(8) Das ist meine Schwester.

(9) Das ist eine Schwester von mir.

Wenn wir die beiden Sätze negieren, folgt nur im Fall (8′) weiterhin, dass es eine Schwester gibt. In (9′) bleibt überhaupt offen, ob der Sprecher Geschwister hat.[2]

(8') Das ist nicht meine Schwester.

(9') Das ist keine Schwester von mir.

Bemerkenswerterweise können auch syntaktische Konstruktionen präsuppositionsauslösend sein. Wenn der obenstehende Spaltsatz negiert wird, so erhalten wir *Es war nicht Peter, der eine Vase zerbrochen hat*. Beide Sätze sind nur dann sinnvoll,

---

[2] Erinnern Sie sich an die Faustregeln zum Bau der stilistisch besten Negation eines Satzes im Deutschen, die wir in Kapitel 2 besprochen haben.

wenn Sprecher und Adressat wissen: Jemand hat eine Vase zerbrochen. (Vielleicht haben Sie den Verdacht, dass der definite Artikel *der* in *der eine Vase zerbrochen hat* das auslösende Element sein könnte. Aber nicht jede Verwendung von *der* hat diesen Effekt. Der Satz *Es gab niemand, der eine Vase zerbrochen hat* löst nicht die Erwartung aus, dass jemand eine Vase zerbrochen hat, trotz der Verwendung der kritischen Phrase.) Wenn Sie einige Präsuppositionstrigger im Deutschen kennen gelernt haben, werden Sie auch sicherer darin sein, neue zu erkennen.

5.3 Wenn eine Präsupposition fehlt

Bisher haben wir nur den Idealfall betrachtet, in dem eine Äußerung S die Präsupposition *p* hat, und der Common Ground *p* tatsächlich hergibt. In der Praxis ist das nicht immer der Fall. Im Gespräch können Äußerungen Wissen voraussetzen, das dem Gegenüber fehlt. Sehen wir uns wieder einige Beispiele an. Angenommen, Sprecherin A teilt B mit:

(10) A: Ich muss nach Hause. Meine Giraffe muss gefüttert werden.

(11) A: Ich muss nach Hause. Mein Kater muss gefüttert werden.

Die Verwendung der Possessivpronomina löst in beiden Fällen eine Präsupposition aus; in (10) ‚ich habe eine Giraffe' und in (11) ‚ich habe einen Kater'. Nehmen wir an, beides war Sprecher B vorher nicht bekannt. Im Fall von (11) würde B vermutlich stillschweigend mitverstehen, dass A einen Kater besitzt. B würde diese Information unwidersprochen in seinen Wissensbestand aufnehmen. A und B können im Weiteren davon ausgehen, dass ‚A hat einen Kater' Teil des CG ist. Im Beispiel (10) ist eher damit zu rechnen, dass B verdutzt reagiert oder widerspricht. Aber Vorsicht: Es ist nicht ausreichend, wenn B einfach *Nein* antwortet. Mit dieser Reaktion in (10) würde B etwa sagen: *Du musst nicht nach Hause* oder auch vielleicht *Die Giraffe hat noch keinen Hunger*. B wäre weiterhin dazu verpflichtet zu glauben, dass A eine Giraffe im Stall stehen hat. Es kann nicht gemeint sein: *Du hast keine Giraffe*.

Um einer Präsupposition zu widersprechen braucht B die **Hey-wait-Reaktion**, oder auf deutsch die **Äh-Moment-mal-Reaktion**. Der Dialog sieht wie folgt aus:
- A äußert: *Ich muss nach Hause. Meine Giraffe muss gefüttert werden.*
- Die Proposition p = ‚A besitzt eine Giraffe' ist nicht Teil des Common Ground.
- B weist die Präsupposition zurück: **Äh, Moment mal.** *Das kann doch kaum sein, Du hast doch keine Giraffe?* ...

Der Semantiker Kai von Fintel schlägt vor, dass auch der *Äh, Moment-mal*-Test helfen kann, eine Präsupposition zu identifizieren (von Fintel 2004). Wenn ich einer Äußerung *S* mit *nein* widerspreche, dann ist gemeint: Die Aussage (oder Teile davon) widerspricht dem, was ich weiß. Wenn ich eine Äußerung nur mit *Äh-moment-mal* ablehnen kann (und dann erläutere, warum die Aussage nicht mit dem vereinbar ist, was ich weiß), dann weise ich eine Präsupposition zurück. Damit wird die Präsupposition noch einmal explizit thematisiert und A erhält die Gelegenheit, seine Annahme vielleicht doch noch plausibel zu machen.

Wenn der Adressat B die Präsupposition unwidersprochen akzeptiert wie etwa in (11), wird sie in den Common Ground **akkommodiert („Akkommodation")**. Der Common Ground wird erst mit der Präsupposition upgedatet und anschließend wird die Behauptung vor diesem nun ausreichend informativen CG verstanden und darauf reagiert. In Einzelschritten:

- A äußert *Ich muss nach Hause. Mein Kater muss gefüttert werden.*
- Die Proposition *p* = ‚A besitzt einen Kater' ist nicht Teil des Common Ground.
- B akzeptiert *p* stillschweigend; es wird in den Common Ground akkommodiert. B nimmt nun den Inhalt von (11) zur Kenntnis. Diesen kann er ebenfalls akzeptieren, worauf noch ein CG-Update folgt.

Zur Diskussion: Stellen Sie alle Änderungen im CG dar, die im folgenden Gespräch ausgelöst werden.

(12) A: Es regnet.
     B: Dann muss ich das Fenster wieder schließen.

Nehmen Sie dabei an, dass A nicht wusste, dass das Fenster offen war.

5.4 Das Frage-Sprachspiel und Präsuppositionen

Bisher haben wir unsere Aufmerksamkeit auf Aussagesätze beschränkt. Es ist vielleicht wenig überraschend, dass Präsuppositionen auch in anderen Satztypen entstehen, beispielsweise in Fragen und Imperativen.

(13) Hat der König von Frankreich eine Glatze?
     Hat Opa jetzt aufgehört, Ballett zu tanzen?

(14) Geh zum König von Frankreich!
     Hör auf, Ballett zu tanzen!

Diese Beobachtung bestätigt, dass es die Verwendung der Phrasen *der König von Frankreich* bzw. *hör auf, X zu tun* ist, die für das Entstehen der Präsupposition verantwortlich sind und nicht der Akt des Assertierens. Wenn Sprecher A die Frage stellt *Hat der König von Frankreich eine Glatze?*, dann ist sein Wissenshintergrund mit Situationen beider Arten kompatibel: solchen, in denen die Antwort *ja* lautet, und solchen, in denen die Antwort *nein* lautet. A stellt die Frage mit dem Ziel, dass B vielleicht mehr weiß und die fehlende Information beitragen kann. Aber trotz seines „Unwissens" glaubt A bereits, dass es einen König von Frankreich gibt – und weil er glaubt, dass B etwas über dessen Haartracht sagen kann, glaubt A überdies, dass auch B glaubt, dass es einen König von Frankreich gibt. Die Frage von A fußt also nicht nur auf Privatglauben, sondern auf einem CG, der impliziert, dass es diesen König gibt.

Aus diesen Beobachtungen lässt sich ein weiterer Test formulieren, der **Fragetest**: Um zu prüfen, ob ein Gedankeninhalt *p* eine Präsupposition des Aussagesatzes *S* ist, kann man *S* in eine Ja/Nein-Frage umformulieren. Wenn auch die Äußerung der Frage voraussetzt, dass *p* wahr ist (und *p* keine Tautologie oder lexikalisches Wissen ist), dann ist *p* eine Präsupposition von *S*. Der Fragetest ist oft einfacher zu handhaben als der Negationstest: Es gibt in der Regel nur eine Art, aus einem Aussagesatz eine grammatisch korrekte Ja/Nein-Frage zu formen. Man muss sich weder mit der Position der Negation noch mit lexikalischen Varianten wie *nicht ein / kein* auseinandersetzen. Daher empfiehlt es sich immer, auch auf diesen Test zurückzugreifen.

Wenn der Sprecher B im Frage-Antwort-Dialog eine Präsupposition noch nicht wusste, so gibt es genau dieselben Reaktionsmöglichkeiten wie bei der Assertion: Akkommodation oder eine Rückfrage mit einer Äh-Moment-mal-Wendung:

(15) A: Hast Du meine Giraffe gesehen?
B: Äh, Moment mal: Du hast eine Giraffe?

(16) A: Hast Du meinen Sonnenschirm gesehen?
B: Äh – nein. (geht stillschweigend davon aus, dass A einen Sonnenschirm hat)

Präsuppositionsauslöser in Fragen sind besonders dann „gemein", wenn der Befragte idealerweise nur mit *ja* oder *nein* antworten darf. Bei Gerichtsverhandlungen zählen solche Fragen unter die *Suggestivfragen* und müssen vermieden werden. Wikipedia nennt unter anderem folgende Beispiele (ohne auf das Phänomen Präsupposition näher einzugehen):[3]

---

[3] https://de.wikipedia.org/wiki/Suggestivfrage (abgerufen 12. 01. 2021).

Hat er das gestohlene Geld in die Tasche gesteckt?
Wie schnell ist der Mann gerannt, als Du ihn aus dem Laden flüchten sahst?
War das Auto rot oder schwarz?

Im ersten Beispiel erkennen Sie sofort, dass die definite Nominalphrase *das gestohlene Geld* präsupponiert, dass es gestohlenes Geld gibt. Mit einer einfachen Ja/Nein-Antwort würde der Gefragte zugeben, dass ein Diebstahl passiert ist. Im zweiten Beispiel wird die Aussage im *als*-Satz präsupponiert. Die *wie*-Frage erfragt nur noch eine Nebensächlichkeit, während jede einfache Antwort die Präsupposition akzeptiert, dass der Mann sich auf der Flucht befunden hat. Alternativfragen schließlich präsupponieren, dass jedenfalls eine der beiden genannten Alternativen tatsächlich der Fall war. Der Befragte wird also darauf festgelegt, dass er ein Auto mit einer dieser beiden Farben gesehen hat. Der Effekt wird deutlicher, wenn Sie sich die Alternativen mit einem Steigton („/") und einem Fallton („\") betont vorstellen: *rot/ oder schwarz\?*

Präsuppositionsauslöser in Fragen zwingen den Befragten im Zweifel dazu, einen Äh-Moment-mal-Widerspruch zu verwenden. Das kann für den Laien so aussehen, als ob hier vom biblischen *ja / nein* abgewichen wird. Der Antwortende erweckt unter Umständen den Eindruck, wenig glaubwürdig zu sein. Sie aber wissen nun, dass dieser Eindruck nicht gerechtfertigt wäre: Die Form der Frage unterstellt Inhalte im Common Ground, die der Befragte eventuell nicht für wahr hält und gegen die er sich anders nicht wehren kann.

Ein letzter Präsuppositionstest, der in der Literatur oft genannt wird, ist der **möglicherweise /vielleicht-Test.** Er spielt mit der Logik von modalen Ausdrücken wie im folgenden Beispiel.

(17) Vielleicht hat Anna einen Porsche.

Mit dieser Feststellung behauptet der Sprecher nicht, dass Anna auf jeden Fall einen Porsche hat. Er stellt nur die Möglichkeit in den Raum und teilt mindestens mit, dass er *nicht* glaubt, dass Anna *keinen* Porsche besitzt. Man kann außerdem vermuten, dass der Sprecher weiche Indizien dafür hat, dass Anna vielleicht einen Porsche besitzt – zum Beispiel schafft sie es, in weniger als einer Stunde die Strecke von Stuttgart bis Konstanz zurückzulegen. Aber für die Zwecke des *vielleicht*-Tests sind diese Überlegungen nicht nötig. Sehen wir uns einen *vielleicht*-Satz mit einem Präsuppositionsauslöser an.

(18) A: Vielleicht hat Annas Porsche eine Reifenpanne.

Mit der Aussage (18) lässt A offen, ob Annas Porsche tatsächlich eine Reifenpanne hat oder nicht. Aber anders als in (17) ist nicht offen, ob Anna einen Porsche besitzt. Das Possessiv *Annas Porsche* löst die Präsupposition aus ‚Anna hat einen Porsche', und dieses Wissen ist nicht Gegenstand des einschränkenden *vielleicht*: (18) ist nur vor einem CG sinnvoll, der beinhaltet, dass Anna einen Porsche hat.

Daraus ergibt sich der **vielleicht-Test**: Um zu prüfen, ob ein Gedankeninhalt p eine Präsupposition des Aussagesatzes S ist, kann man S mit dem Adverb *vielleicht* einschränken. Wenn auch *vielleicht S* voraussetzt, dass p wahr ist (und p keine Tautologie oder lexikalisches Wissen ist), dann ist p eine Präsupposition von S. *Zur Diskussion*: Es wurde gelegentlich behauptet, dass auch w-Fragen Präsuppositionen auslösen, nämlich die, dass es eine positive Antwort darauf gibt. In (19) sehen Sie ein Beispiel, das diesen Schluss nahelegt. Der Gedankeninhalt p gibt die mögliche Präsupposition an.

(19) A: Wer hat die Ming-Vase zerschlagen?
    p = Jemand hat die Ming-Vase zerschlagen.

Die Frage (19) suggeriert eine Situation, in der das Unglück – die zerbrochene Vase – offenkundig ist und *der Täter* gefunden werden muss. Dabei wird unterstellt, dass es einen Täter gibt. Denken Sie, dass sich diese Beobachtung auf alle w-Fragen verallgemeinern lässt? Folgende Überlegungen können eine Rolle spielen:
- Wie würde B antworten, wenn B weiß, dass die Vase durch ein Erdbeben zerstört worden ist?
- Treten entsprechende Präsuppositionen auch bei anderen w-Fragen auf? Bauen Sie Beispiele!
- Haben die folgenden Fragen dieselbe(n) Präsupposition(en)?

(20) Wer hat meinen Anorak geklaut?
    Wer war derjenige, der meinen Anorak geklaut hat?
    War es Karl, der meinen Anorak geklaut hat?

5.5 Wie man Präsuppositionen unschädlich macht

Wir haben nun die verschiedensten Auslöser für Präsuppositionen gesehen und auch, dass Präsuppositionen verbreitet und produktiv sind. Die Vorstellung, dass große Teile der Sprache nur unter ganz bestimmten Umständen verwendbar sind, ist überraschend. Sind Präsuppositionen Zaubermittel, um sich die Welt so zu reden, „wie sie uns gefällt"? Nicht ganz. Lauri Karttunen wies früh darauf hin, dass Präsuppositionen in bestimmten Satzgefügen blockiert werden (Karttunen 1973). Das ist in folgenden Beispielen zu sehen.

(21) Karl bringt seine Giraffe mit.

(22) Wenn Karl eine Giraffe hat, dann bringt er seine Giraffe mit.

(23) Wenn Karl ein Taucher ist, dann bringt er seine Flossen mit.

(24) Wenn jemand dieses Problem lösen kann, dann ist es Karl (der das Problem lösen kann).

Alle Präsuppositionstests für (21) zeigen, dass der Satz präsupponiert ‚Karl hat genau eine Giraffe'. Dies wird von der DP *seine* (= Karls) *Giraffe* ausgelöst. Wenn wir (21) aber in ein Konditional einbetten wie in (22), dann hat der gesamte Konditionalsatz *nicht* mehr die Präsupposition ‚Karl hat eine Giraffe'. Es genügt, dass uns der *wenn*-Satz in Situationen entführt, in denen die Präsupposition erfüllt ist. Ein ähnlicher, aber indirekterer Fall liegt in (23) vor. Nur wenn Karl Taucher ist, hat er Flossen – da der ganze Satz in (23) offenlässt, ob Karl Taucher ist, hat er auch nicht die Präsupposition, dass Karl Flossen besitzt. In (24) präsupponiert der Hauptsatz, dass es jemanden gibt, der das Problem lösen kann. Aber der *wenn*-Satz stellt das hypothetisch in den Raum, und daher unterstellt (24) als ganzes nicht, dass jemand das Problem lösen kann.

Auch mit Disjunktionen lassen sich Präsuppositionen blockieren.

(25) Entweder ist Karl kein Diabetiker, oder aber er hat sein Insulin dabei.

Der Gesamtsatz in (25) präsupponiert nicht, dass Karl Insulin hat – denn er lässt offen, dass Karl vielleicht gesund sein könnte. Das zeigt, dass die Präsupposition des zweiten Teilsatzes im Gesamtkontext blockiert wird. Weitere Überlegungen zur Präsuppositionsprojektion und zum Blockieren finden Sie bei (Gadzdar 1979, Heim 1982, 1992) oder (Geurts 1999).

Zur Diskussion: Wie ist die Präsuppositions-Lage bei folgenden Beispielen?

(26) a. Dieses Gift tötet jede Kakerlake im Haus.
b. Dieses Gift tötet nicht jede Kakerlake im Haus.

  c. Wenn es in diesem Haus Kakerlaken gibt, dann tötet dieses Gift jede Kakerlake im Haus.
  d. Entweder gibt es hier sowieso keine Kakerlaken, oder dieses Gift tötet jede Kakerlake im Haus.

Formulieren Sie die Präsupposition, die vom Determiner *jede(r)* ausgelöst wird! Wo wird sie blockiert?

5.6 Zusammenfassung

In einem Dialog ist der Common Ground CG (zum Zeitpunkt der Äußerung) das Wissen, von dem die Sprecher A und B annehmen können, dass sie es teilen. Wir haben uns in diesem Kapitel der Einfachheit halber auf Dialoge beschränkt, aber die Idee lässt sich auch für drei oder mehr Sprecher formulieren.

 Mit einer Assertion *S* fordert Sprecher A den Dialogpartner B auf, den Inhalt von *S* zu glauben. B hat die Möglichkeit, die Assertion zu akzeptieren oder zu widersprechen. Für das Akzeptieren genügt es in der Regel, dass B nichts weiter tut. Dann kann der CG um den Inhalt von *S* ergänzt (upgedatet) werden. Eine Frage *Q* vom Sprecher A an B setzt voraus, dass die Antwort noch nicht aus dem CG folgt und zählt als eine Aufforderung an B, möglichst eine Assertion zu machen, die die Frage beantwortet. (Diese Beschreibung wird später noch verfeinert werden.)

 Gewisse Wörter, Satzteile oder Konstruktionen lösen Präsuppositionen aus. Ihre Verwendung ist in der Regel nur sinnvoll, wenn bestimmte Wissensinhalte bereits im CG vorhanden sind. Präsuppositionen können sowohl in Aussagesätzen als auch in Fragen und Imperativen auftreten.

 Wenn der Adressat B präsupponierte Inhalte noch nicht wusste, dann kann er auf die Äußerung in zweierlei Weise reagieren. Wenn der Inhalt unkontrovers scheint, wird B die Präsupposition akkommodieren; d.h. sie stillschweigend glauben. Während der CG *vorher* die Präsupposition noch nicht enthalten hat (denn B wusste noch nicht Bescheid) hat der CG *nach* der Äußerung die von A unterstellte Form – falls B die Präsupposition akkommodiert. Wenn der Inhalt Anlass zum Argwohn gibt, dann kann B widersprechen. Dafür genügt aber ein einfaches *nein* nicht, sondern B wird einen Äh-Moment-mal-Einspruch vorbringen.

 Zum Erkennen von Präsuppositionen dienen der Negationstest, der Fragetest und der *vielleicht*-Test. Dabei gelten logische Tautologien und lexikalisches Wissen nicht als Präsupposition. Schließlich können Präsuppositionen blockiert werden, beispielsweise durch geeignete Konditionale und *oder*-Konstruktionen. Das unterscheidet sie von anderen Arten von Nebeninformation, die wir später kennen lernen werden.

Fingerübungen

(1) Welche Präsuppositionen haben folgende Sätze?
  (i) Chomskys Hamster ist ausgerissen.
  (ii) Dirk Nowitzky ist der größte Mann in Würzburg.
  (iii) Der Eiffelturm ist das größte Gebäude in Wuppertal.
  (iv) Maria weiß, dass sie einen Schnupfen hat.
  Begründen Sie Ihre Antwort jeweils mit dem Negationstest, dem Fragetest, und dem *Äh-Moment-mal*-Test.

(2) Betrachten Sie folgenden Satz:
  (i) Nur Peter hat ein Auto.
  Präsupponiert der Satz ‚Peter hat ein Auto'?
  Verwenden Sie den Negationstest, den *vielleicht*-Test und den Fragetest.
  Wie würde jemand reagieren, der (i) hört und nicht glaubt, dass Peter ein Auto hat?

(3) Welches geteilte Wissen wird von folgenden CG codiert?
  CG = { ‚Die Erde ist eine Scheibe', ‚Trump ist der Präsident der USA', ‚Zwischen USA und Mexiko steht eine Mauer'}
  CG = { }
  CG = { ‚Trump ist der Präsident der USA', ‚Trump ist nicht der Präsident der USA' }

(4)* Betrachten Sie die folgende Situation:

  Karl reist im Schlafwagen der Bahn nach Berlin. Am Morgen weckt ihn der nette Schaffner und fragt: *Wollen Sie Tee/ oder Kaffee\?* Karl freut sich, dass die Fahrkarte offenbar ein Frühstück mit umfasst. Er ist überrascht, als der Schaffner anschließend fünf Euro für das Getränk verlangt.

  Erklären Sie anhand von Präsuppositionen, wie das Missverständnis zustande kam. Hat der Schaffner Ihrer Meinung nach „gelogen"?

(5)* In der Bergpredigt nach dem Matthäus-Evangelium verkündet Jesus:

  Ich aber sage euch, dass ihr überhaupt nicht schwören sollt [...] Eure Rede aber sei: Ja, ja; nein, nein. Was darüber ist, das ist vom Übel. (Mt 5,34–37)

  Hier wird offenbar ein Ratschlag gegeben, wie man auf Behauptungen und Fragen reagieren soll. Warum ist das ein riskanter Ratschlag?

6 Äußerungskontexte: Sprecher und Adressat

Wir haben in den ersten Kapiteln gesehen, wie die wörtliche Bedeutung eines Satzes angereichert wird, indem Hörer und Sprecher Überlegungen über die Absichten und Hintergedanken des jeweils anderen anstellen. Weiter haben wir gefunden, dass viele sprachliche Ausdrücke einen gemeinsamen Wissenshintergrund voraussetzen, den Gesprächspartner für die Kommunikation nutzen. Aber man kann auch in einem viel offensichtlicheren Sinn auf die Gesprächspartner sprachlich zugreifen: Es gibt Wörter im Deutschen, die direkt auf Personen und Dinge im Äußerungskontext referieren. Sie werden auch **indexikalische Ausdrücke** genannt. In diesem Kapitel betrachten wir zuerst den kleinen Fundus klassischer indexikalischer Ausdrücke. Im zweiten Schritt wird sich aber zeigen, dass es darüber hinaus weitaus mehr und interessantere Wörter und Konstruktionen gibt, die ebenfalls mit ihrer Bedeutung auf Personen im Kontext verweisen. – Bis hierher war übrigens die Aufteilung Semantik – Pragmatik mehr oder weniger deckungsgleich mit wörtlicher und nichtwörtlicher Bedeutung. Dieses einfache Bild verlassen wir in diesem Kapitel.

6.1 Sprecher und Hörer als Teil der Semantik

Bei Satz (1) hängen die Wahrheitsbedingungen offensichtlich von der Äußerungssituation ab. Je nachdem, wer den Satz äußert, macht er eine wahre oder falsche Behauptung.

(1) Ich bin die Bundeskanzlerin Angela Merkel.

Es gibt offenkundig nur eine Sprecherin, die diesen Satz äußern kann und damit eine wahre Aussage macht. Ebenso ist die Wahrheit vom Sprechzeitpunkt abhängig. Darin unterscheidet sich das Beispiel von Sätzen wie *Angela Merkel war im Jahr 2019 die Bundeskanzlerin*. Deren Inhalt hängt nicht von Sprecher oder Sprechzeit ab.

Es gibt eine ganze Reihe von Wörtern, deren Referenz sich aus der Äußerungssituation ergibt. Wir notieren die Kontextabhängigkeit bei der semantischen Auswertung, indem wir die Äußerungssituation c an die semantischen Interpretationsklammern anfügen.

$[\![$ ich $]\!]^c$ = die Person A, die den Satz im Kontext c äußert
$[\![$ du $]\!]^c$ = die Person B, die in c angesprochen wird

(*wir/ihr* analog für mehrere Sprechende; mehrere Angesprochene)
⟦ hier ⟧^{c} = der Ort *x*, wo der Sprecher ist
⟦ jetzt ⟧^{c} = die Zeit *t*, zu der gesprochen wird

Der Ausdruck ⟦ α ⟧^{c} steht allgemein für „die Bedeutung, die α hat, wenn es im Kontext *c* geäußert wird". Bis jetzt konnten wir diese Komplikation weglassen, weil die betrachteten Wörter in beliebigen Kontexten dieselbe Bedeutung haben. Für das Wort *Hund* kommt es nicht darauf an, wer es sagt, um zu wissen, dass es sich auf Hunde bezieht.

Die Pronomina der dritten Person (*er, sie, es* ...) dagegen werden nur in speziellen Fällen durch die Äußerungssituation festgelegt: etwa wenn der Sprecher auf eine Person zeigt und sagt *Sie (hat das Fenster geöffnet)*. In anderen Fällen kann der umgebende Text für die Referenz von *er* zuständig sein oder *er* bezieht sich auf verschiedene Personen, wie in (2).

(2) Wenn jemand in den Bus steigt, dann muss er eine Fahrkarte haben.

Allerdings muss der Referent von *er* in jedem Fall von Sprecher und Adressat verschieden sein – insofern ist auch die Interpretation von *er* vom Äußerungskontext abhängig.

Ausdrücke wie diese werden indexikalische Ausdrücke genannt, denn man hat die Vorstellung, dass sie einen sprachlichen Zeigeakt codieren.[1] Wir haben uns bisher auf die Vorstellung gestützt, dass die Bedeutung eines Satzes durch seine Wahrheitsbedingungen festgelegt wird. Wir gehen davon aus, dass ein Sprecher, der den Satz versteht, für beliebige Situationen entscheiden könnte, ob der Satz in der Situation zutrifft oder nicht. Diese Annahme kann im Bereich der indexikalischen Ausdrücke zu verwirrenden Diagnosen führen, die wir näher betrachten wollen.

(3) Ich bin jetzt hier.

Wenn wir „Situation, in der ein Satz geäußert wird" schlicht gleichsetzen mit „Situation, in der wir bestimmen, ob ein Satz wahr / falsch ist", dann ergibt sich für (3) eine überraschende Vorhersage: In *diesem* Sinn kann eine Äußerung (3) nie falsch sein, denn wenn immer jemand (3) sagt, stellt er fest, dass der Sprecher zum Sprechzeitpunkt am Ort des Sprechens ist – und das kann eigentlich nie schief gehen.

---

1 Lateinisch *index* ist das Wort für *Zeigefinger*.

Ist also (3) eine Tautologie? Intuitiv nicht, denn (3) kann durchaus für informative Äußerungen genutzt werden.

(4) Peter war verreist und hat versprochen, sich zu melden, wenn er wieder daheim ist. Montagabend ruft er bei Gabi an und sagt: Ich bin jetzt hier.

In (4) geht es um die Information „Peter ist Montagabend in Peters Wohnung", und nicht um „Peter sagt, dass er jetzt dort ist, wo er jetzt spricht". Wir scheinen also zuerst einmal die indexikalischen Elemente anhand der Äußerungssituation aufzulösen – wir bestimmen die Sprecher, Ort und Zeit – um anschließend die Bedeutung des Satzes zu berechnen. Dieses zweistufige Verfahren wurde zum ersten Mal von David Kaplan (1989) in seinem Aufsatz „Demonstratives" vorgeschlagen. Wir müssen die Äußerungssituation unterscheiden von den Situationen, in denen die Wahr- oder Falschheit der Aussage überprüft wird. In diesem Kapitel werden wir c als Abkürzung für den Äußerungskontext verwenden. c legt mindestens einen Sprecher, einen Adressaten, eine Zeit, einen Ort und vermutlich auch eine Welt fest.

(5) Ich bin jetzt hier.
Im Kontext c mit
Sprecher(c) = Peter
Zeit(c) = Montagabend
Ort(c) = Peters Wohnung in Staad
= ‚Peter ist Montagabend in seiner Wohnung in Staad.'

Mit der in (5) illustrierten Auswertung können wir zunächst die indexikalischen Elemente auflösen und kommen dann zur Bedeutung der Äußerung in Kontext c. Diese Bedeutung liefert Wahrheitsbedingungen, die auf verschiedene Situationen zutreffen können oder nicht. Für Gabi ist es informativ zu erfahren, dass die Welt nun so ist, dass ‚Peter ist Montagabend in seiner Wohnung' zutrifft.

Kaplan stellt hierzu fest: Die Bedeutung von Sätzen ohne Äußerungskontext ist allgemeiner als die Bedeutung von Äußerungen. Die allgemeinere Bedeutung nennt Kaplan den „Charakter" des Satzes. Aus dem Charakter wird der propositionale Inhalt des *geäußerten* Satzes erschlossen, und zwar, indem man alle Parameter auflöst, die sich auf die konkrete Äußerungssituation beziehen, genau so wie in (5) illustriert. In Kurzform:

Charakter: Bedeutung des Satzes, noch bevor man weiß, in welcher Situation er geäußert wird.

Propositionaler Inhalt des Satzes, geäußert in Kontext *c*: Der wörtliche Inhalt, wenn man den Sprecher $sp(c)$, Adressat $ad(c)$ usw. entsprechend einsetzt.

Wir werden Kontexte *c* gelegentlich auch als Liste der Teile notieren, und zwar in der Reihenfolge Sprecher, Adressat, Zeit, Ort, (andere). Der obige Kontext würde dann folgendermaßen abgekürzt.

c = < Peter, Gabi, Montagabend, Staad>

Zum Ausprobieren: Geben Sie den propositionalen Inhalt von (3) an, wenn ihn Angela Merkel am 23.11.2016 in Berlin zu ihrem Mann sagt. Hätte die Äußerung eine andere Bedeutung, wenn sie den Satz zu Norbert Schäuble sagen würde? Wie ist es mit dem Satz *Ich habe Dir eine SMS geschickt* unter den genannten Umständen?

Hier noch ein kniffligeres Beispiel, das im Rahmen unserer Möglichkeiten noch nicht formal analysiert, wohl aber diskutiert werden kann.

(6) Peter, der soeben die Suppenschüssel geleert hat, ohne dass Gabi was abbekommen hatte:
Wenn ich jetzt nicht hier wäre, hätte die Suppe für Dich gereicht.

Versuchen Sie auszuloten, wieso das Beispiel ebenfalls für Kaplans Zwei-Stufen-Modell der Bedeutung (Charakter – propositionaler Inhalt) spricht!

Kaplans Untersuchung beschränkte sich auf indexikalische Ausdrücke für Sprecher und Adressaten, Sprechzeitpunkt, Sprechort und Welt der Äußerung (er schlug vor, dass *tatsächlich / actually* auf die reale Welt referieren). Er war weniger interessiert an feinteiligeren Systemen indexikalischer Referenz. Zum Beispiel kennt das Deutsche die Temporaladverbien *vorhin* und *neulich*. Ihre Referenz kann nur vom Sprecher festgelegt werden: Der Zeitpunkt *vorhin* ist ein kurz zurückliegender Punkt, für den sich der Sprecher momentan interessiert. Das kontrastiert mit dem Temporaladverb *vorher*, dessen Referenz sich auch z. B. aus dem Text ergeben kann und im Skopus eines Quantors stehen kann.

(7) Peter brühte Tee auf. Vorher spülte er die Kanne aus.
vorher = vor dem letztgenannten Ereignis

(8) Peter brüht Tee auf. Vorhin spülte er die Kanne aus.
vorhin = zu einem dem Sprecher bekannten Punkt in der jüngsten Vergangenheit

In (9) und (10) ist die Interaktion mit Quantoren illustriert. Während *vorher* sich auf verschiedene Zeiten beziehen kann, ist in (10) weiterhin nur von einem Zeitpunkt die Rede, den der Sprecher vorgibt.

(9) Jeder, der aß, wusch sich vorher die Hände.
vorher = für jeden ein anderer Zeitpunkt.

(10) Jeder, der aß, wusch sich vorhin die Hände.
vorhin = zu einem dem Sprecher bekannten Punkt in der näheren Vergangenheit

Der Inhalt der Äußerung (10) ist entsprechend schräg, und es kostet einige Mühe, sich eine Situation vorzustellen, wo man den Satz überhaupt äußern würde. Wie bei den klassischen indexikalischen Ausdrücken wird auch die Bedeutung von *vorhin* rein vom Äußerungskontext bestimmt – man muss allerdings ein Gedankenleser sein und erraten, welche Zeit der Sprecher mit *vorhin* im Auge hat.

Der Kaplan'sche Satzcharakter ist hilfreich, wenn wir das Verhalten von indexikalischen Ausdrücken in verschiedenen Textzusammenhängen verfolgen wollen. Wir werden, wenn nötig, mit $sp(c)$, $ad(c)$, $zeit(c)$, $ort(c)$ notieren, dass an dieser Stelle der Sprecher des (relevanten) Äußerungskontexts, der Adressat, die Zeit usw. stehen muss. In den folgenden Beispielen ist jeweils der Charakter des Satzes ausformuliert.

(11) Ich bin jetzt hier
Charakter: $sp(c)$ ist zu $zeit(c)$ am $ort(c)$.

(12) Er ist zu Hause.
Charakter: $person(c)$ ist zu Hause.
(wobei $person(c) \neq ad(c), sp(c)$; es handelt sich um eine dritte Person)

(13) Du bist ein alter Langeweiler
Charakter: $ad(c)$ ist ein alter Langeweiler

Die offene Leerstelle c erinnert hier daran, dass die Äußerungsbedeutung erst feststeht, wenn wir für c den entsprechenden Kontext einsetzen. Wenn (13) etwa im Kontext c = < Gabi, Peter, Donnerstag, Staad > geäußert wird, dann leitet sich aus dem Charakter in (13) die Äußerungsbedeutung ab: ‚Peter ist ein alter Langeweiler'.[2]

---

[2] Falls Sie jetzt das Gefühl haben, dass die Äußerungsbedeutung ergänzt werden müsste um ‚... findet Gabi', dann haben Sie einen sehr guten Riecher für kontextabhängige Bedeutungen! Wir

Die Trennung von Charakter und Äußerungsbedeutung sieht zunächst übervorsichtig aus; im kommunikativen Normalfall ist der Äußerungskontext offensichtlich (*Ich rede mit Dir*) und eindeutig. Die Behutsamkeit zahlt sich aber aus, wenn wir Beispiele von Redewiedergabe betrachten.

6.2 Der Äußerungskontext als Fixpunkt

Redeberichte und Redewiedergabe teilen mit, was andere Personen bei einer früheren Gelegenheit gesagt oder gedacht haben. In Beispielen wie (14) und (15) ist von Äußerungen die Rede. Wenn die Sätze (14)/(15) ihrerseits geäußert werden, dann stehen potenziell zwei Äußerungen im Raum.

(14) Peter sagte zu Gabi, dass er zu Hause sei.

(15) Peter sagte zu Gabi, dass ich hier sei.

Nehmen wir an, ich teile meinem Bekannten Moritz am 24.11.2016 in Konstanz die obigen Sätze mit. Der Äußerungskontext meiner Äußerungen wäre folgender:

c = <Regine, Moritz, 24.11., Konstanz>

Die beiden Sätze berichten über einen Äußerungskontext, der in d wiedergegeben ist.

d = <Peter, Gabi, t_0, Staad >

Wir lassen hier offen, ob die Geschichte als Ganzes auch die Zeit t_0 der Äußerung von Peter zu Gabi hergibt. Die Pronomina in (14) und (15) werden alle so verwendet, als ob c der relevante Kontext wäre. Zum Beispiel bezieht sich *ich* in (15) auf Regine, die Sprecherin im realen c und nicht auf Peter, den Sprecher im berichteten Kontext d. Ebenso ist *er* in (12) nur im Kontext c eine korrekte Weise, sich auf Peter zu beziehen. Wäre Kontext d einschlägig für die Wahl des Pronomens, dann müsste man ein Pronomen der ersten Person nutzen.

Die Pronomina der zweiten Person verhalten sich genauso. Das Pronomen *du* in (16) referiert auf den Adressaten in c (= Moritz), nicht auf Peter. Soll in der

---

lassen diese Komplikation beiseite.

indirekten Rede auf Peter verwiesen werden, dann muss dafür die dritte Person *er* genutzt werden.

(16) Gabi sagte zu Peter, dass Du ein alter Langeweiler seist.

(17) Gabi sagte zu Peter, dass er ein alter Langeweiler sei.

Auch das bestätigt, dass für Pronomina maßgeblich der Kontext *c* ist, nicht der Kontext *d*. Die *indirekte Rede* im Deutschen ist dadurch gekennzeichnet, dass die indexikalischen Pronomina (*ich, du, hier, (jetzt)*) sich auf die reale Äußerungssituation *c* beziehen, nicht auf die berichtete Situation *d*.

In Kaplans Redeweise können wir das auch so formulieren: In der indirekten Rede werden die offenen x_c-Parameter im Charakter des Satzes mit *c*, dem Erzählerkontext, instantiiert. Der erzählte Kontext *d* ist hier nicht relevant.

Die *direkte Rede* dagegen gibt die Sätze so wieder, wie sie die Protagonisten geäußert haben und indexikalische Wörter werden so verstanden, wie sie in der berichteten Situation gemeint und verstanden worden sind. Bleiben wir beim gleichen Szenario: Ich mache an meinen Bekannten M. am 24.11. in Konstanz eine Mitteilung *c*, die in folgender Äußerung besteht.

(18) Peter sagte zu Gabi: Ich bin jetzt hier.

Wieder ist von einem zweiten Äußerungskontext *d* die Rede, in dem Peter zu Gabi spricht.

$d = <\text{Peter, Gabi, } t_0, \text{Staad}>$

Alle indexikalischen Wörter im zweiten Satz werden auf *d* bezogen: Das *ich* in (18) ist der Sprecher in *d*, nicht der in *c*. Das *jetzt* in (18) ist das t_0 aus *d*, nicht der 24.11. aus *c*. Analoges gilt für *du, ihr, wir* und *hier*. Auch die Zeitform der direkten Rede fußt auf Kontext *d*, nicht auf *c*. Das Präsens wird gedeutet als ‚Peter ist zur Zeit t_0 in Staad', ein Bezug auf das „jetzt" von *c* wäre unmöglich. Wir werden diesen Aspekt jedoch nicht vertiefen.

In Kaplans Redeweise würden wir sagen: In der direkten Rede werden die offenen Parameter im Satzcharakter mit *d*, dem erzählten Redekontext instantiiert. Der Kontext *c* des aktuellen Sprechers ist hier nicht interessant. Direkte und indirekte Rede unterscheiden sich dadurch, auf welchen Äußerungskontext sich die klassischen Kaplanschen indexikalischen Ausdrücke beziehen. Das ist der wichtigste, definierende und wesentliche Unterschied.

Kaplan ging davon aus, dass die Trennung von indexikalischen und „anderen" Wörtern der Sprache eine grundsätzliche, kategorische Trennung sei. Eine Folge dieser Annahme ist, dass es keine Wörter gebe, die sich auf den Äußerungskontext bezögen *und* in indirekter Rede ihren Bezug ändern könnten. Diese Vorhersage ist inzwischen vielfach **widerlegt.** Trotzdem ist die Untersuchung von Kontextbezug ein interessantes Feld: Wörter, die sich auf die Äußerungssituation beziehen, tragen einen wichtigen Teil des Informationsaustausches bei. Wir werden im Folgenden anhand eines ersten Falls zeigen, dass der Sprecher in mehr Wörtern steckt als nur den Pronomina der ersten Person.

6.3 Merkwürdige Botschaften

Als im Jahr 2013 bekannt wurde, dass amerikanische Geheimdienste die Telefone der gesamten deutschen Regierung systematisch abhören, reagierte Angela Merkel mit der Äußerung (19).

(19) Das geht ja gar nicht.

(20) Das geht nicht.

Der Satz enthält zwei Wörter, die die traditionelle Semantik erst einmal beiseitelassen würde: *gar-nicht* scheint eine betontere Form von *nicht* zu sein, und über die Bedeutung von *ja* wie in (19) war lange Zeit überhaupt nichts bekannt. Inhaltlich sollte (19) also dasselbe sagen wie (20). Intuitiv sind die Sätze aber nicht austauschbar. Es wurde damals viel spekuliert über die zusätzlichen Informationen, die durch *ja* und *gar* übermittelt werden – was ist der inhaltliche Unterschied zwischen den beiden Sätzen?

Wir konzentrieren uns auf den Inhaltsbeitrag von *ja*. Die Partikel *ja* ist relativ frei in Aussagesätze einsetzbar. Sie interagiert nicht mit grammatisch wichtigen Bestandteilen des Satzes: Es wird kein Kasus zugewiesen, sie ist mit allen Verben verträglich, die Position ist relativ frei, solange *ja* im Mittelfeld steht (d. h. nach dem finiten Verb, aber vor weiteren Verbteilen am Satzende; dazu in späteren Kapiteln mehr).

(21) Peter hat den Wagen in der Garage geparkt.

(22) Peter hat den Wagen ja in der Garage geparkt.

6.3 Merkwürdige Botschaften — 93

Ein Verwendungstyp von *ja* ist relativ leicht zu isolieren: *ja* kann als Ausdruck der Überraschung verwendet werden, wenn der Sprecher eine Entdeckung macht. Dieser Unterton hat eine eigene Intonationskurve (versuchen Sie, (22) so laut zu lesen) und schriftlich gerne mit Ausrufezeichen notiert. Aber nicht alle Äußerungen mit *ja* haben mit einer Überraschung zu tun, im Gegenteil. Folgender Dialog stammt aus dem *Forschungs- und Lehrkorpus Gesprochenes Deutsch* (FOLK) des IDS Mannheim. Das Gespräch dreht sich um eine Reise nach Monaco, über die AK den Adressaten WM und GM berichtet.

(23) WM: hm
 AK: eng je/ eng jebaut Neubauten Kompressoren rattern und die hämmern und bauen neu und Riesenwolkenkratzer aber muß **ja** nu allet auf kurzem Raum **ja** eben **ja** unheimlich viel passiern weil da unheimlich ville Leute hin wolln die da ihre Steuern unterbringen also steuerfrei ihre Kohle unterbringen wolln
 GM: (lacht)

Der Sprecher AK stellt hier keineswegs überrascht fest, dass in Monaco auf kurzem Raum (in kurzer Zeit?) viel passieren muss, sondern fügt es eher beiläufig als Erklärung dafür an, dass am Urlaubsort viel gebaut wurde.

Hat also *ja* die Funktion, beiläufige Erklärungen zu markieren? Vermutlich finden Sie rasch weitere Beispiele, die diesem Muster folgen, und die Versuchung ist groß, die Bedeutung von *ja* durch eine Liste von Gebrauchsbeispielen abzubilden. Solange aber die relevanten Faktoren nicht klar sind, die bei den Beispielen eine Rolle spielen, lassen sich daraus nur begrenzt Erkenntnisse gewinnen. Beispielsweise lässt sich *ja* sowohl in Begründungen wie auch in Schlussfolgerungen verwenden. (24) zeigt den *ja*-Satz ohne Kontext, (25) und (26) zwei verschiedene mögliche Diskurse mit (24).

(24) Heute ist ja schulfrei.

(25) Es ist Sonntag. Da ist heute ja schulfrei.

(26) Heute ist ja schulfrei. Da können wir ins Freibad gehen.

Im Beispiel (25) scheint der Sprecher zu meinen: Es folgt aus dem Wochentag, dass keine Schule stattfindet. Der erste Satz begründet den zweiten. In (26) dagegen liefert der Satz *Heute ist ja schulfrei* die Begründung für den folgenden Satz. Und weitere Beispiele könnten noch mehr Verwendungsgründe aufzeigen.

Es wäre unattraktiv, für *ja* eine Liste von verschiedenen Bedeutungen zu erstellen und zu behaupten, es sei schlicht mehrdeutig. Das ist nicht nur theoretisch unbefriedigend (erinnern Sie sich an die Komplikationen mit dem mehrdeutigen *oder*?). Es wäre auch zu erwarten, dass Sprachlerner – Kinder, oder Menschen, die Deutsch als Fremdsprache lernen – Partikeln „teilweise" beherrschen und z. B. *ja* nur in Begründungen, nicht aber in Schlussfolgerungen benutzen und verstehen. Solche Defizite werden aber nicht beobachtet. Es scheint, dass wir den Bedeutungsbeitrag von *ja* mit einem Schlag, ganz oder gar nicht kennen.

6.4 Eine Fallstudie: *ja*

Die Partikel *ja* ist die erste, für die der Versuch unternommen wurde, eine einheitliche Wort-Bedeutung anzugeben, die den inhaltlichen Kern des Wortes in einer Vielzahl von Verwendungen erfasst. Für den Moment wollen wir uns dabei auf die Kontextbezüge konzentrieren, die *ja* codiert. Angelika Kratzer hat eine erste formale Analyse vorgeschlagen (Kratzer 1999), die sich etwa so paraphrasieren lässt:

> *ja* S = S ist unkontrovers; niemand würde S widersprechen, der Adressat könnte S bereits wissen

Tatsächlich konnte gezeigt werden, dass die Verwendung von *ja* markiert ist, wenn in der Äußerungssituation der Sprecher nicht davon ausgehen kann, dass der Adressat den Inhalt von S schon kennt (Zimmermann 2004). Die folgenden Dialoge sind alle so konstruiert, dass der Inhalt von S neu für die Angesprochenen ist. # zeigt an, dass die Äußerung pragmatisch nicht glückt (inkohärent) ist.

(27) Glücklicher junger Vater kommt aus der Geburtenklinik und teilt allen Vorbeigehenden fröhlich mit:
Ich habe ja eine Tochter!

(28) Vater erkundigt sich nach dem Fußballspiel: Und, wer hat gewonnen?
Tochter antwortet: # Bayern München hat ja gewonnen.

(29) Anne und Bert diskutieren, was für ein Tier im Garten sitzt.
Anne: Das ist ein Hase.
Bert: # Nein, das ist ja ein Kaninchen.

In allen drei Fällen wirkt die Äußerung verunglückt. In allen drei Fällen wird der Dialog völlig natürlich, wenn man die Partikel *ja* streicht. Und in allen drei Beispielen können die Äußernden nicht davon ausgehen, dass der Adressat den Inhalt der Äußerung möglicherweise schon weiß. Unter diesen Bedingungen ist die Verwendung von *ja* offenbar ausgeschlossen. Diese Beobachtungen führen zur ersten Version einer Bedeutungsanalyse für *ja*:

(30) *ja* S bedeutet:
S ist wahr, und der Adressat könnte schon wissen, dass S wahr ist.

Diese Paraphrase erweist sich in zahlreichen Beispielen als passend. Insbesondere erfasst sie gut, dass *ja* S sowohl eine Folgerung aus vorher Gesagtem sein kann (wie in (25)) aber auch eine Begründung für Nachfolgendes, wie in (26). Die Raffinesse der Begründung liegt darin, dass der Sprecher suggeriert, dass der Adressat die Begründung (*heute ist ja schulfrei*) schon kennen sollte und deswegen keinen Grund haben kann, der Schlussfolgerung zu widersprechen. Mit der Verwendung von *ja* wird Information als unkontrovers, da vermutlich schon bekannt, markiert.

Wie bereits bei den Präsuppositionen müssen wir – und der Adressat – hier wachsam sein. Wenn der Sprecher *signalisiert*, dass es sich um unkontroverse Information handele, dann gibt es drei mögliche Szenarien. Entweder, der Adressat kennt die Information tatsächlich schon. Dann stimmen Sprechererwartungen und Adressatenwissen überein. Oder der Adressat kennt die Information noch nicht, übernimmt sie aber widerspruchslos (eventuell auch deswegen, weil sie als unkontrovers präsentiert wurde). Oder aber, der Adressat kennt die Information nicht und findet sie auch nicht unkontrovers, sondern möglicherweise falsch. Um den Status von *ja* besser zu verstehen, sollten wir wieder prüfen, welche Widerspruchsmöglichkeiten der Adressat hat. Sätze, die ein *ja* enthalten, können nicht einfach durch eine Paraphrase wie in (30) ersetzt werden. Das wird klar, wenn man eine solche Paraphrase mit dem Originalsatz vergleicht, wie in (31) an dem Monaco-Beispiel gezeigt wird.

(31) a. AK: Da muss ja jetzt unheimlich viel gebaut werden.
b. AK: Da muss jetzt unheimlich viel gebaut werden, und das könntest Du bereits wissen.

Die Paraphrase (b) ist nicht nur wesentlich länger, der Sprecher AK trifft mit ihr zwei unabhängige Aussagen: Es muss viel gebaut werden in Monaco, und ihr Gegenüber GM hätte das schon wissen können. GM kann diesen Aussagen widersprechen (*nein!*) und damit entweder bestreiten, dass in Monaco gebaut werden muss, *oder* dass er das hätte wissen können. Der Originalsatz (31a) erlaubt nur den Widerspruch gegen die Aussage, dass in Monaco viel gebaut werden muss. Der Beitrag von *ja* steht überhaupt nicht zur Debatte; abgesehen davon, dass der Beitrag so „abstrakt" ist, dass es Linguisten benötigt, um ihn genau zu beschreiben.

Daher wird vorgeschlagen, dass der Beitrag von *ja* einen anderen Status haben muss als die wörtliche Bedeutung des Satzes, in dem *ja* steht. Ein prominenter Vorschlag ist der, dass *ja S* eine Beschränkung an die Äußerungssituationen von *S* ausdrückt. Das ist in (32) am Beispiel des Satzes *Hein ist auf See + ja* illustriert (Zimmermann 2004).

(32) Hein ist ja auf See.
wörtlicher Inhalt: *Hein ist auf See*.
Kann nur in Äußerungssituationen benutzt werden, für die gilt: *Der Adressat könnte wissen, dass Hein auf See ist.*

Mit *ja* gibt der Sprecher also darüber Auskunft, was er über das Wissen des Anderen zu wissen glaubt. Das führt uns zur zweiten, präzisierten Analyse des Beitrags von *ja*:

(33) *ja S*, geäußert in Kontext *c*
Der Sprecher assertiert *S*
Der Sprecher nimmt an, dass der Adressat möglicherweise *S* schon weiß.

Mit der Partikel *ja* gibt der Sprecher also eine Art Statusbericht über die Gesprächssituation, so wie er sie wahrnimmt. – Es mag wie eine banale Feststellung klingen, dass die Gesprächspartner in Dialogen sich laufend Signale senden, wie sie sich selbst und den anderen im Gespräch wahrnehmen. Bemerkenswert ist aber doch, dass Sprachen für genau diesen Zweck Wörter, syntaktische Konstruktionen und auch Intonationsmuster bereitstellen, um Feedback über die *ich-du-hier-jetzt*-Situation zu geben.

Rhetorische Funktionen von *ja*. Die Analyse in (33) erfasst die Gemeinsamkeiten der meisten beobachtbaren *ja*-Verwendungen, aber viele Autoren bemängeln, dass dies allein noch nicht die Signalwirkung von *ja* erklärt. Das Problem lässt sich sehr gut mit dem Aufbau der klassischen Sherlock-Holmes-Krimis erklären. Am Anfang steht ein Verbrechen, das Sherlock aufklären soll. Watson begleitet ihn dabei und hat vollen Zugang zu allen Fakten, die nach und nach zu Tage kommen. Dennoch gelingt es ihm nicht, den Fall zu lösen, denn nur Sherlock hat die Intelligenz, aus den Fakten die richtigen Schlüsse zu ziehen. Am Ende steht jeweils die Szene, in der Sherlock die Fakten resümiert und daraus den Täter unwiderlegbar herleitet. In dieser Szene müsste laut (33) in jeder Äußerung von Sherlock Holmes ein *ja* gerechtfertigt sein. Alle Aussagen in dieser Szene sind so, dass Watson sie bereits wissen könnte; zum Teil ist sogar klar, dass er sie schon weiß. Dennoch wäre ein Showdown merkwürdig, in dem Sherlock Holmes die Fakten so zusammenfasst:

(34) # Im Zimmer waren ja sowohl Fenster wie auch Türe verschlossen. Das Loch in der Zimmerdecke war ja der einzige Zugang zum Raum. Das Bett stand ja unter diesem Loch. ... (improvisiert anhand der Episode *The Speckled Band*).

Obwohl alle Voraussetzungen für (33) gegeben sind, fehlt in der Szene (34) offenbar der richtige Anlass, *ja* zu nutzen. Die Beispiele legen nahe, dass Sprecher vor allem dann auf die Bekanntheit von Information hinweisen, wenn sie für eine Argumentation benötigt wird, die eventuell zu kontroverseren Schlüssen führt. Folgende Sprecherabsichten können mit *ja* sichtbar gemacht werden:
- vorbereitend: *S* ist bekannt, wird aber als Argument für eine nächste Behauptung gebraucht, die der Sprecher machen will.
- schlussfolgernd: *S* kann auch als offensichtliche Folge einer vorigen Assertion präsentiert werden.

Die vorbereitende Verwendung ist in (35) illustriert.

(35) Sie sind ja noch jung! Da können Sie so was Schweres gut tragen.

Der Sprecher verweist mit seiner ersten Aussage auf eine offensichtliche Tatsache, die der Adressat kaum bestreiten wird. Daraus leitet der Sprecher die zweite Behauptung ab – diesmal eine Aussage, die für den Adressaten unangenehmer sein könnte. Weil sie als Folge aus etwas bereits Unkontroversem dargestellt wird, wird es für den Adressaten aufwändiger, dagegen zu protestieren.

Die Reihenfolge kann aber auch umgekehrt sein. In (36) teilt der Sprecher im ersten Satz eine Information über Peter mit, die dem Adressaten vielleicht noch neu war. Der zweite Satz präsentiert einen Schluss aus dieser Information, die der Adressat ebenfalls ziehen könnte. In diesem Sinn ist der Inhalt des zweiten Satzes unkontrovers oder „bereits gewusst".

(36) Peter hat ein Auto. Da kann er ja Oma vom Bahnhof abholen.

Eine weitere typische Verwendungssituation ist das überraschte *ja* angesichts neuer, aber offenkundiger Information. Wenn jemand seine Brille verlegt hat und sie dann auf der Toilette überraschend findet, kann er sagen:

(37) Ach, da ist sie ja!

Oft macht man diese Feststellung eher zu sich selber als für andere; die Pragmatik des Selbstgesprächs soll hier nicht weiter verfolgt werden. Aber auch wenn es einen Adressaten für (37) gibt, signalisiert der Sprecher hier *nicht*: ‚Du könntest schon gewusst haben, dass meine Brille auf der Toilette ist'. (Sonst wäre der Angesprochene wohl ziemlich unkooperativ.) Hier scheint die Verwendung eher zu sagen: Der Satz *Da ist die Brille* ist in diesem Kontext so offensichtlich wahr, dass es der Adressat nicht bestreiten kann.

Kommen wir schließlich zu Merkels Zitat zurück, das am Anfang des vorigen Abschnitts (6.3) stand. Die Kanzlerin sprach bei der Gelegenheit nicht zu einer Einzelperson, sondern zu einem Kollektiv von Journalisten, stellvertretend für die weitere Bevölkerung. Die Anapher *das* kann etwa aufgeschlüsselt werden als ‚Ein Staat bespitzelt per Geheimdienst die Regierungsmitglieder eines anderen befreundeten Staates'. Unserer Analyse zufolge umfasst die Aussage mindestens die Bedeutungskomponenten:

Aussage: Es geht (gar) nicht, dass befreundete Staaten gegenseitig den Regierungsmitgliedern die Telefonate und Textnachrichten abhören.

Kontextbezug: Sie wissen vielleicht schon, dass befreundete Staaten einander nicht den Regierungsmitgliedern die Telefonate und Textnachrichten abhören. dürfen.

Da es hier eher um eine moralische Wertung als ein hartes Faktum geht, signalisiert *ja* in diesem Fall, dass die Adressaten die Wertungen von Merkel teilen, oder sie unkontrovers sind. Die Partikel *ja* ist ein hervorragendes Mittel, Konsens zu unterstellen. – Leider stellte sich heraus, dass der Inhalt von Merkels Aussage nicht im geemeinsamen CG mit der US-Regierung enthalten war.

Zum Korpusmaterial: Das Leibniz-Institut für Deutsche Sprache IDS Mannheim stellt Korpora für Forschung und Lehre zur Verfügung, z. B. das *Forschungs- und Lehrkorpus Gesprochenes Deutsch* (FOLK; http://agd.ids-mannheim.de/folk.shtml). Mit einer einfachen Registrierung bekommen Sie Zugang und können die Verwendung von *ja* an authentischem Material weiter studieren.

Fingerübungen

(1) Geben Sie den propositionalen Inhalt von

I am now waiting for you here.

an, wenn Barak Obama das am 1. Januar 2016 im Weißen Haus am Telefon zu Michelle äußert.

(2) Was ist der Charakter folgender Sätze?
   (i) Du bist jetzt in Paris.
   (ii) Wir haben Dich gestern gesehen.

Denken Sie sich für beide einen Äußerungskontext *c* aus und geben Sie den propositionalen Inhalt des Satzes an, wenn er dort geäußert wird.

(3) Wer glaubt was in folgendem Beispiel:
   (i) Peter behauptete mir gegenüber, ich könne ja perfekt Französisch. Aber ich glaube das nicht.

Welchen Unterschied zwischen indexikalischen Ausdrücken *ich, mir, du ...* und dem Inhalt von *ja* beobachten Sie?

(4)* Bernd und Gabi gehen ins Kino. Der Film stellt sich als furchtbare Alpenschnulze heraus. Hinterher sagt Bernd zu Gabi:

Das war aber ein langweiliger Film!

   a) Ist Bernds Äußerung für Sie sprachlich normal?
   b) Falls ja: Vergleichen Sie die Äußerung mit kontrastierenden Verwendungen von *aber*, wie in den folgenden Sätzen:
      (i) Hans ist arm, aber glücklich.
      (ii) Dieser Eintopf sieht scheußlich aus, aber er ist sehr gesund.
      Würden Sie sagen, dass *aber* in Bernds Äußerung denselben Bedeutungsbeitrag liefert wie in (i) und (ii)?
   c) Benennen Sie Unterschiede zwischen *aber* in Bernds Äußerung und *aber* wie in (i), (ii).
   d) Gibt es auch Gemeinsamkeiten?

(5) Zur indirekten Rede. Geben Sie Charakter und propositionalen Inhalt dieser beiden Äußerungen an:
   (i) Am Abend des 24.12.2019 ruft Prinz Harry bei Meghan an und sagt:
       ch kann Dir morgen Gott sei Dank meinen Opa vorstellen.
   (ii) Am Abend des 24.12.2019 ruft Prinz George of England seinen Freund Pete an und erzählt:
       Hey, Onkel Harry hat zu Meghan gesagt, ich könne Dir morgen Gott sei Dank meinen Opa vorstellen.

a) Welche Ausdrücke beziehen sich auf den jeweils „echten" Äußerungskontext *c*?
    Welche beziehen sich auf den berichteten Kontext *d*?
b) Gibt es Ausdrücke, bei denen beide Lesarten möglich sind?
c) *Auf wen beziehen sich die Gefühle von *Gott sei Dank* in (i)? Gibt es für *Gott sei Dank* in (ii) mehrere Lesarten?

Teil II: **Pragmatik und Handlung**

7 Kontext als Aktionsfeld: Das Table-Modell

Was tun wir, wenn wir Fragen stellen und Antworten geben? Dieses Kapitel diskutiert, wie man mit einer etwas komplexeren Vorstellung von ‚Kontext' dieses sprachliche Handeln modellieren kann. Unser Kontext-Begriff ist bisher ziemlich statisch. Kontexte identifizieren einen Sprecher und Adressaten. Sie protokollieren, wie der Common Ground mehr und mehr Information speichert und spiegeln damit den Informationszuwachs über das laufende Gespräch wider. Der Sprecher kann sich auf den aktuellen Informationsstand berufen und dem Adressaten darüber Feedback geben. Nun aber soll ein Kontextmodell vorgestellt werden, das Kommunikation als ein dynamisches Hin und Her von Aktionen der Partner erfasst. Update und Akkommodation – bekannt aus Kapitel 5 – bleiben zwar weiterhin Teil des Modells, aber den Gesprächspartnern werden mehr Reaktionsmöglichkeiten zugestanden. Das ursprüngliche Ziel der Autoren Donka Farkas und Kim Bruce war es, die Mechanik von *ja / doch / nein* als Reaktionen auf Behauptungen und Fragen zu modellieren.[1] Die Idee des Kontexts als Aktionsfeld hat aber, wie wir in den beiden nächsten Kapiteln ergründen werden, viel breitere Anwendungsmöglichkeiten. Aber zunächst soll hier das einfache Table-Modell eingeführt werden.

7.1 Fragen auf den Tisch bringen

Stalnaker war der Ansicht, dass mit einer Assertion sofort der Common Ground um den Inhalt der Aussage ergänzt wird. Farkas und Bruce weisen darauf hin, dass auf eine Aussage tatsächlich verschiedene Reaktionen möglich sind, die alle gleichermaßen berücksichtigt werden müssen (Farkas und Bruce 2010).

(1) Anne: Der Kater ist daheim.
     Ben: Ja, stimmt. / Nein, ist er nicht. / Wieso glaubst Du das?

Einige der Reaktionen sind auch auf polare Fragen möglich.

(2) Anne: Ist der Kater daheim?
     Ben: Ja, ist er. / Nein, ist er nicht.

---

[1] Wir illustrieren das Modell hier direkt am Deutschen; eine allgemeinere Analyse gibt Tania Rojas-Esponda (2014) im Aufsatz „A QUD account of German *doch*". Die dort verwendete ‚Question under Discussion' lernen wir in Kapitel 13 kennen.

Trotzdem unterscheiden sich Aussagen und Fragen, positive und negative Reaktionen je nach Kontext. Wenn Anne eine Aussage macht, dann sagt das etwas über das, was Anne glaubt – sie geht ein ein **discourse commitment** ein (was man auf Deutsch als „eine Verpflichtung auf bestimmte Behauptungen" übersetzen könnte). Die negative Reaktion *nein* in (1) unterbricht den glatten Gang des Gesprächs; im Modell von Farkas und Bruce löst die Reaktion eine Krise aus. Bei der polaren Frage ist *nein* als Antwort hingegen kein Krisenfall, und *nein!* als Antwort auf (2) widerspricht keinen Erwartungen. Betrachtet man dazu noch negierte Sätze, dann ergibt sich folgendes Muster an Reaktionen.

(3) Anne: Der Kater ist daheim.
    Ben: Stimmt, ja. / Nein. / Wieso glaubst Du das? / *Doch.

(4) Anne: Der Kater ist nicht daheim.
    Ben: Stimmt, ja. / Nein. / Doch.

(5) Anne: Ist der Kater daheim?
    Ben: Ja. / Nein. / Weiß nicht. / *Doch.

(6) Anne: Ist der Kater nicht daheim?
    Ben: *Ja. / Nein. / Doch.

Farkas und Bruce konzentrieren sich in ihrem Aufsatz auf das Rumänische, wo es eine Partikel gibt, die ähnlich wie *doch* zwischen negierten und positiven Fragen unterscheidet. Sie möchten Dialoge wie in (1)–(6) zwischen zwei oder mehr Sprechern adäquat darstellen. Zu diesem Zweck schlagen sie das **Table-Modell** vor, das folgende Elemente umfasst (wir geben alle Definitionen für ein Gespräch zwischen zwei Personen A und B an):[2]

Für jeden Sprecher A protokollieren wir DC_A = die Menge der Propositionen *p*
- von denen allen bekannt ist, dass A sie glaubt
- die nicht im Common Ground CG sind.

DC steht als Kürzel für ‚discourse commitments'. DC_A soll Informationen enthalten, von denen sich im Lauf des Gesprächs zeigt, dass A sie glaubt. Analog listen

---

[2] Es gibt noch keine eingebürgerte deutsche Bezeichnung für dieses Modell. Für meinen Geschmack wäre ‚Tafelmodell' am besten. Es passt zu der Idee, dass Aussagen und Fragen notiert werden, aber auch ausgewischt werden können, wenn die Frage erledigt bzw. die Aussage gespeichert ist.

wir für Sprecher B die Menge DC$_B$ der Propositionen, von denen bekannt ist, dass B sie glaubt und die nicht im CG sind.

Weiterhin ist zu jedem Zeitpunkt der Common Ground CG, bekannt. CG umfasst wie bisher die Menge der Propositionen *p*
- die im Gespräch assertiert und von allen akzeptiert wurden
- oder die als geteiltes Hintergrundwissen bei allen vorausgesetzt werden können (z. B. es gibt nur einen Papst, die Sonne geht morgens auf …).

Für jeden einzelnen Sprecher X gilt also: X glaubt alles, was in CG ist, und alles, was in seinem DC$_X$ ist. Die Trennung von DC und CG ermöglicht die Darstellung von kontroversen Glaubensinhalten.

Der nächste Bestandteil ist der **Table**. Hier werden Gesprächsbeiträge gesammelt, die noch in Bearbeitung sind, d. h. die noch Änderungen der verschiedenen Wissensbestände oder verbale Reaktionen auslösen können. Farkas und Bruce schlagen vor, dass es sich dabei um komplexe Strukturen aus Syntax und Bedeutung handelt. Damit ist vor allem gesichert, dass wir sehen, ob eine Aussage/Frage positiv oder negativ formuliert wurde. Beispielsweise sind die Aussagen *Das Fenster ist nicht offen* und *Das Fenster ist zu* semantisch gleichwertig. Sie unterscheiden sich aber darin, ob eine Negation im Satz steht. Nur auf die erste, nicht aber auf die zweite Äußerung könnte man mit *doch* reagieren.

Folgende Äußerungen sollen auf dem Table stehen:
- Fragen, die noch nicht beantwortet sind
- Aussagen, über die noch Einigung erzielt werden muss.

Die Liste der Einträge ist dabei geordnet nach Reihenfolge der Redebeiträge. Das Ziel einer Konversation ist zu jedem Zeitpunkt, den Table zu leeren, d. h. unerledigte Redebeiträge abzuarbeiten und vom Tisch zu nehmen. Ein leerer Table wird von Farkas und Bruce als **stabiler Zustand** ('stable state') bezeichnet.

Der letzte Bestandteil des Modells ist das **Projected Set** PS. Die Bezeichnung ‚projected' spielt darauf an, was die Gesprächspartner als nächste Schritte im Dialog erwarten (‚projizieren'). Farkas und Bruce verweisen darauf, dass oft schon Schweigen eine Reaktion ist. Wenn beispielsweise A eine Aussage macht und B nur freundlich schweigt, dann heißt das in der Regel, dass B diese Aussage akzeptiert und der Common Ground erweitert werden kann. Mit anderen Worten, B's Schweigen signalisiert A, dass A weiterreden kann wie erwartet (‚as projected').

Aus diesen Komponenten sind Gesprächszustände K aufgebaut, die sich von Äußerung zu Äußerung ändern. Ein Gesprächszustand K sieht schematisch folgendermaßen aus (die Kontexte bei Farkas und Bruce sind also sehr detailliert).

(7) Gesprächszustand K (schematisch)

A	Table	B
DC_A		DC_B
CG	PS	

In ihrer formalen Table-Theorie definieren Farkas und Bruce die Regeln, wie verschiedene Gesprächszüge von Zustand zu Zustand führen. Dabei gibt es initiale Züge (Assertion, Frage) und reaktive Züge. Dazwischen muss laufend geklärt werden, ob sich Redebeiträge inzwischen erledigt haben und vom Tisch genommen werden können. Diese letzteren Regeln werden wir als **Clearing-Regeln** bezeichnen.

7.2 Die Regeln des Table-Modells

Im Folgenden werden die Regeln für Aussagen, Fragen, Bestätigen und Widersprechen vorgestellt und im Anschluss mit Beispielen illustriert. (Vielleicht finden Sie es hilfreich, nach jeder Regel gleich zum Beispiel vorzuspringen.) Wir beginnen mit der Regel für Assertionen (die Zahlen in eckigen Klammern geben die Nummern in Farkas und Bruce 2010 wieder). Eine Assertion S verändert den Ausgangskontext K_1 zu einem neuen Kontext K_2. Dabei werden sowohl S als syntaktisches Objekt wie auch die Bedeutung [[S]] gespeichert. Wir nehmen dabei an, dass das projected set PS_1 zu Anfang nur den bestehenden CG_1 in Aussicht stellt: $PS_1 = \{ CG_1 \}$.

Eine Aussage S auf den Table bringen [FB 9]
i. [[S]] wird den discourse commitments von A hinzugefügt.
$DC_{A,2} := DC_{A,1} \cup \{ [[S]] \}$
ii. Die Aussage < S, [[S]] > ist die nun aktuellste Aussage auf dem Table. Wenn der alte Table die Liste T_1 von Beiträgen enthielt, dann ist der neue Table T_2:
$T_2 := T_1. < S, [[S]] >$
iii. Das projected set sieht vor, dass der CG_1 mit der Proposition [[S]] erweitert wird: $PS_2 = \{ CG_1 \cup \{ [[S]] \} \}$
iv. Die discourse commitments von B und der Common Ground CG_1 ändern sich nicht.

Das neue PS$_2$ in (iii) zeigt, worauf der Sprecher A abzielt: Es ist zu erwarten, dass der Satzinhalt ⟦ S ⟧ dem CG$_1$ hinzugefügt wird. Wenn wir auch Fragekontexte gesehen haben, werden wir diese einfache Regel noch etwas erweitern.

Im einfachsten Fall bestätigt der zweite Sprecher B die Behauptung des ersten Sprechers A. Das kann verbal geschehen (*ja, stimmt*) oder auch durch schweigende Zustimmung. In jedem Fall löst die Bestätigung aus, dass aus dem Ausgangskontext K$_1$ ein neuer aktueller Kontext K$_2$ gemacht wird.

Eine Aussage *S* bestätigen [FB 16]
i. Voraussetzung: Im Ausgangskontext K$_1$ ist < *S*, ⟦ S ⟧ > die aktuellste Aussage auf dem Table und ⟦ S ⟧ ∈ DC$_{A,1}$ (d. h. A glaubt, dass ⟦ S ⟧ wahr ist).
ii. Der Table von K$_2$ enthält < *ja*, ⟦ S ⟧ > als aktuellste Aussage.
iii. Im Ergebniskontext K$_2$ teilt B diesen Glauben. DC$_{B,2}$ { DC$_{B,1}$ ∪ { ⟦ S ⟧ } }
iv. K$_2$ sieht ansonsten wie K$_1$ aus.

Wir verwenden hier DC$_{B,1}$ und DC$_{B,2}$ um zu zeigen, dass aus den *alten* Glaubensinhalten von B nun *neue* Glaubensinhalte werden – oder einfacher, dass B in K$_2$ mehr glaubt als in K$_1$.

Der gegenteilige Fall liegt vor, wenn B der Behauptung von A widerspricht. Voraussetzung ist wiederum, dass ⟦ S ⟧ auf dem aktuellen Table von K$_1$ liegt und in den discourse commitments von A enthalten ist. B äußert nun einen Satz *T*, aus dem *nicht-S* folgt. (Im einfachsten Fall könnte *T* zum Beispiel *Nein* oder *Das ist falsch* sein.)

Einer Aussage *S* widersprechen [FB 16]
i. Voraussetzung: Im Ausgangskontext K$_1$ ist < *S*, ⟦ S ⟧ > die aktuellste Aussage auf dem Table und ⟦ S ⟧ ∈ DC$_{A,1}$ (d. h. A glaubt, dass ⟦ S ⟧ wahr ist).T
ii. Der Table von K$_2$ enthält < *T*, ⟦ T ⟧ > als aktuellste Aussage.
iii. Im Ergebniskontext K$_2$ hat B diesen Glauben. DC$_{B,2}$:= DC$_{B,1}$ ∪ { ⟦ T ⟧ }
iv. K$_2$ sieht ansonsten wie K$_1$ aus.

Der Ergebniskontext ist dadurch charakterisiert, dass A und B Dinge glauben, die einander widersprechen; Farkas und Bruce sprechen von einer „Krise". Es kann nicht formal vorhergesagt werden, wie diese Krise gelöst werden wird – eventuell belassen es A und B dabei, sich einig zu sein, dass sie nicht einig sind. Am Ende des Prozesses werden die Behauptungen *S* und *T* vom Table entfernt werden; der Common Ground bleibt aber unverändert, da sich die beiden Partner nicht einigen konnten. Ihre jeweiligen discourse commitments DC$_A$ und DC$_B$ machen sichtbar, dass sie sich nicht einig wurden.

Als nächstes betrachten wir den Fall, wenn A eine Ja/Nein-Frage Q stellt. Dazu müssen wir erst kurz klären, wie die Bedeutung einer Ja/Nein-Frage modelliert werden soll. Wir verwenden eine einfache Grundidee: Eine Frage wie *Ist die Katze im Bad?* stellt zwei Propositionen in den Raum: ‚Die Katze ist im Bad' und ‚Die Katze ist nicht im Bad'. Der Sprecher geht davon aus, dass eine davon wahr ist, und bittet den Adressaten um Auskunft, welche es ist. Es geht um die Propositionen { ‚Die Katze ist im Bad', ‚Die Katze ist nicht im Bad' }. Polare Fragen basieren immer auf einer Aussage S und bitten um die Entscheidung, ob S oder *nicht-S*. Deswegen nehmen wir an, dass die Bedeutung der Ja/Nein-Frage *S?* in der Menge { p, *nicht-p* } besteht, wobei $[\![S]\!] = p$.

Mit einer Polarfrage Q der Form *S?* strebt A ein Update des CG mit der korrekten Antwort auf Q an: S oder *nicht-S*. Das projected set PS sollte diese Erwartung widerspiegeln. Die Regel für die Verarbeitung von Fragen legt dies fest. Farkas und Bruce schlagen vor, dass der Kontext K_1 sich folgendermaßen zum neuen K_2 verändert:

Eine Ja/Nein-Frage stellen [FB 12]:
i. Die Frage Q (der Form *S?*) und ihre Bedeutung werden als aktuellste Äußerung auf den Table gebracht.
   $T_2 := T_1. < Q, [\![Q]\!] >$
ii. wobei $[\![Q]\!] = \{ p, \textit{not-p} \}$ aus $[\![S]\!] = p$ abgeleitet wird.
iii. Das projected set zeigt, dass das Gespräch auf einen Zustand zuläuft, in dem eine der beiden möglichen Antworten auf Q im Common Ground steht. Welche davon ist noch offen.
   $PS_2 := \{ CG_1 \cup \{ p \}, CG_1 \cup \{ \textit{not-p} \} \}$
iv. Die discourse commitments der Sprecher A, B und der Common Ground CG_1 bleiben unverändert.

Damit sind viele wesentliche Gesprächszüge vorgestellt, die im Modell möglich sind. Die Reaktionen *ja, nein* und *doch* auf Fragen werden wir uns unten genauer ansehen. Wir illustrieren die Kontextveränderungen mit einigen Beispielen. Beginnen wir mit der einfachen Assertion vor einem Ausgangskontext K_0.

(8) A: Der Kater ist daheim.

Nach der Äußerung von A wird der Kontext K_0 folgendermaßen zu K_1 verändert: Zunächst berechnet man die Bedeutung der Aussage. Wir gehen weiterhin davon aus, dass Satzbedeutungen als Proposition angegeben werden können; wir werden die Bedeutung $[\![$ Der Kater ist daheim $]\!]$ als Proposition p abkürzen.

Farkas und Bruce nehmen an, dass auf dem Table sowohl Satz als auch Bedeutung gespeichert werden; wir werden später sehen, warum das in manchen Fällen nützlich ist. Auf den Table kommt also < *Der Kater ist daheim*; p >, ein Paar von Satz und Proposition.

(9) K_1

A	Table	B
$DC_{A,1}$: p	< *Der Kater ist daheim; p* >	$DC_{B,1}$
CG_0	$PS_1 = \{ CG_0 \cup \{ p \}\}$	

Mit seiner Äußerung hat sich A dazu bekannt, dass er glaubt, der Kater sei daheim. Sprecher B dagegen ist noch zu nichts verpflichtet; er kann noch sowohl zustimmen als auch widersprechen: sein DC_B ist noch leer. Auch der Common Ground wird nicht ergänzt, da bisher nur A glaubt, dass der Kater daheim sei. Das projected set erlaubt eine kleine Vorschau auf zukünftige Züge. Es soll nach Farkas und Bruce zu jedem Punkt zeigen, wohin sich der Dialog entwickeln könnte, wenn nichts dazwischenkommt. In diesem Fall sagt PS vorher, dass im besten Fall bald beide Sprecher, A und B, glauben werden, dass p. Dann kann p Teil des Common Ground werden.

Nehmen wir an, B setzt das Gespräch wie in (10) fort.

(10) A: Der Kater ist daheim. – B: Ja, das stimmt.

Mit der positiven Reaktion von B ist klar, dass hier der Normalfall eintritt. B schließt sich der Behauptung von A an. Regel [FB 16] führt zum Stadium K_2. Die Änderung ist minimal: Nur DC_B wird verändert und enthält nun p. Auch jetzt hat sich am CG noch nichts geändert: es gilt weiterhin CG_0.

(11) K_2

A	Table	B
$DC_{A,2}$: p	< *Der Kater ist daheim; p* > < *Ja, stimmt; p* >	$DC_{B,2}$: p
CG_0	$PS_2 = \{ CG_0 \cup \{ p \}\}$	

Das Gespräch hat intuitiv einen Endpunkt erreicht. An dieser Stelle führen wir die Clearing-Regel von Farkas und Bruce ein, die uns erlaubt, den Table aufzuräumen („clearing").[3]

Clearing des Tables [FB 17]
Sobald die discourse commitments von A und B eine Proposition p gemeinsam haben, wird der aktuelle Kontext K_1 folgendermaßen verändert:
i. $CG_2 := CG_1 \cup \{p\}$ der CG wird um p ergänzt
ii. $DC_{A,2} := DC_{A,1} \setminus \{p\}$ der Privatglaube DC von A wird bereinigt
    $DC_{B,2} := DC_{B,1} \setminus \{p\}$ ebenso der Privatglaube DC von B
iii. Falls eine Assertion $< S, [\![S]\!] >$ auf dem Table liegt T_1, und aus dem neuen CG_2 dieses $[\![S]\!]$ folgt, dann kann $< S, [\![S]\!] >$ vom Table entfernt werden.
iv. Falls eine Frage $< Q, [\![Q]\!] >$ auf dem Table T_1 ist, und aus dem neuen CG_2 eine Antwort q auf Q folgt, dann kann auch $< Q, [\![Q]\!] >$ vom Table entfernt werden.

Die auslösende Bedingung ist, dass sich A und B auf eine neue Information p geeinigt haben. Unter diesen Umständen legt die Clearing-Regel los: Alle Äußerungen, die "irgendwas mit p zu tun haben", kommen nun vom Tisch – sowohl Assertionen, die auf p hinauslaufen als auch Fragen, die mit p beantwortet werden. Sie sind erledigt – die Behauptung wird nun allseitig geglaubt, die Frage ist beantwortet.

Im Beispielkontext in (10) kann die Clearing-Regel eingesetzt werden, denn A und B teilen den Glauben, dass *der Kater daheim ist*. Damit kommen beide Äußerungen vom Table, aus Privatglauben wird geteilter Glauben.

(12) K_3

A	Table	B
$DC_{A,3}$:		$DC_{B,3}$:
$CG_3 = CG_0 \cup \{p\}$	$PS_3 = \{ CG_0 \cup \{p\} \}$	

Abschließend sieht man auch, dass PS und CG im Endzustand übereinstimmen. Das heißt: das Gespräch kann im Moment nicht mehr Wissen generieren, als sowieso bereits vorhanden ist. Farkas und Bruce fordern nicht ausdrücklich, dass dies zum stabilen Zustand dazugehören müsse, aber es ist ein stimmiger Nebeneffekt.

---

[3] Wenn wir die Bezeichnung *Tafelmodell* benutzen wollten, könnte man hier sagen, dass Verschiedenes von der Tafel gelöscht oder an seinen endgültigen Speicherort geschrieben wird.

Sehen wir uns als nächstes an, wie ein Widerspruch von B auf die Aussage von A verarbeitet würde.

(13) A: Der Kater ist daheim. – B: Nein, das stimmt nicht.

Die Aussage von A führt wieder zum Kontext, den wir in (9) gesehen haben. Die Reaktion von B allerdings ergibt den „Krisenkontext" K_2 in (14).

(14) K_2

A	Table	B
$DC_{A,2}$: p	< *Der Kater ist daheim; p* > < *Nein, das stimmt nicht; non-p* >	$DC_{B,2}$: *non-p*
CG_0	PS_2 ={ CG_0 ∪ { p }}	

Die wichtigste Diagnose ist die, dass die Clearing-Regel hier nicht angewendet werden kann; das Gespräch ist in einer Sackgasse. In diesem Beispiel könnte ein Abgleich mit der realen Welt zeigen, welcher der Partner den wahren Glaubensinhalt hat: *Ist* der Kater in der Wohnung oder nicht? Andere Schritte könnten z. B. die Berufung auf Autoritäten, Dritte befragen oder Googeln sein; im schlimmsten Fall müssten die Äußerungen für erledigt erklärt werden, ohne dass eine Einigung erzielt wird. Dafür gibt es keine festen Regeln. Farkas und Bruce schreiben entsprechend, dass das Table-Modell nicht definiert, wie sich A und B aus der Krise herausmanövrieren.

Als nächstes soll in (15) der Frage-Antwort-Dialog illustriert werden.

(15) A: Ist der Kater daheim? – B: Nein.

Hier können wir am Beispiel sehen, wie die Bedeutung von Fragen dargestellt wird. Bei dieser Ja/Nein-Frage steht als Informationsgewinn im Raum, dass p (‚Der Kater ist daheim') oder *non-p* (‚Der Kater ist nicht daheim'). Diese beiden Optionen werden in einer Menge zusammengefasst und als Modell der Bedeutung der Frage verwendet: { p, *non-p* }. Damit kann sowohl der Syntaktiker (an der Wortstellung) wie auch der Semantiker (am logischen Typ der Bedeutung) jederzeit sehen, dass hier eine Frage geäußert wurde. Nach der Frage wird der Ausgangskontext K_0 wie zu K_1 in (16) verändert. Wie bisher ist p die Proposition ‚Der Kater ist daheim'.

(16) K_1

A	Table	B
$DC_{A,1}$ –	< *Ist der Kater daheim?*; { p, $non\text{-}p$ } >	$DC_{B,1}$ –
CG_0	$PS_1 =$ { $CG_0 \cup \{p\}$, $CG_0 \cup \{non\text{-}p\}$ }	

Interessant ist die Veränderung des projected set. Es soll alle momentan möglichen normalen Gesprächsverläufe angeben. Nun ist es bei einer Ja/Nein-Frage etwa gleich normal, dass der Gesprächspartner mit *ja* oder mit *nein* antwortet. Keines davon sollte als Default-Fall betrachtet werden. Entsprechend sagt uns dieses projected set: Das Gespräch läuft idealerweise darauf hinaus, dass entweder beide *p* glauben, oder beide *non-p* glauben.

Mit der Antwort in (15) hat sich B auf den Glauben *non-p* festgelegt. Die Reaktion *Nein!* auf eine positive Frage trägt bei, dass der Sprecher die Negation der Ausgangsfrage glaubt. Der Kontext in (17) zeigt, wie die Antwort auf dem Table festgehalten wird. Im projected set PS sehen wir nun, dass der Dialog im Normalfall darauf hinausläuft, dass am Ende beide Partner dies glauben. Wir haben noch nicht genau besprochen, wie dieses Update zustande kommt, aber (17) zeigt bereits das wünschenswerte Ergebnis. Wir wenden uns im Anschluss der Frage zu, mit welcher Anweisung es erzielt wird.

(17) K_2

A	Table	B
$DC_{A,2}$ –	< *Ist der Kater daheim?*; { p, $non\text{-}p$ } > < *Nein.* ; $non\text{-}p$ >	$DC_{B,2}$ $non\text{-}p$
CG_0	$PS_2 =$ { $CG_0 \cup \{non\text{-}p\}$ }	

Mit einer schweigenden Zustimmung übernimmt A den Glauben von B (18). Damit kommen wir zum Zustand K_3. Dieser Kontext erlaubt dann das Anwenden der Clearing-Regel, was zum stabilen Zustand in (19) führt.

(18) K_3

A	Table	B
$DC_{A,3}$ non-p	< Ist der Kater daheim?; { p, non-p } > < Nein. ; non-p >	$DC_{B,3}$ non-p
CG_0	$PS_3 = \{ CG_0 \cup \{ non\text{-}p \} \}$	

(19) K_4

A	Table	B
$DC_{A,4}$ –		$DC_{B,4}$ –
$CG_0 * \{ non\text{-}p \}$	$PS_4 = \{ CG_0 \cup \{ non\text{-}p \} \}$	

Das Frage-Antwort-Beispiel zeigt, dass Gespräche manchmal mehrere verzweigende mögliche Verläufe zulassen, von denen keiner normaler ist als ein anderer. Die Frage *Ist der Kater daheim?* bringt uns in einen Zustand, wo das PS beide möglichen Antworten umfasst. Was immer der zweite Sprecher B nun antwortet, seine Antwort muss in das PS eingehen. Dabei müssen Gesprächsverläufe wegfallen, die mit seiner Antwort nicht kompatibel sind (sie sind zwar noch möglich, aber nicht mehr der normale Gesprächsverlauf). Wenn B aber ausweichend antworten würde – z. B. „Weiß auch nicht, lass uns mal nachsehen." – dann sollten beide Möglichkeiten aber weiterhin offenstehen.

Vertiefung: Die Anweisungen zum Update des projected set in den Regeln oben sind noch zu einfach formuliert. Sie gehen davon aus, dass das PS zu Anfang sehr simpel ist und nur den CG_0 als einzige Option enthält. Das muss aber nicht immer der Fall sein. Wenn A eine Frage stellt und B mit einer Gegenfrage reagiert, wird die Sache kompliziert.

Farkas und Bruce schlagen vor: Wenn das PS mehrere Elemente enthält und mit p ergänzt werden soll, dann wird jeder mögliche Gesprächsverlauf in PS mit p ergänzt. Anschließend werden alle die Verläufe gestrichen, die logisch inkonsistent sind (d. h. Widersprüche enthalten). Schematisch:

PS = { A_1, A_2, A_3 ... }, wobei A_i Mengen von Propositionen sind
PS $\cup^*\{p\}$ = { $A_1 \cup \{p\}$, $A_2 \cup \{p\}$, $A_3 \cup \{p\}$ ... } \
 { $A_i \cup \{p\}$ | aus A_i folgt *non-p* }

Mit dieser Regel erhält man zum Beispiel das neue PS_3 in (17). In (16) stehen noch die beiden Verläufe { $CG_0 \cup \{p\}$, $CG_0 \cup \{non\text{-}p\}$ } in Aussicht. In (17) müssen wir beide Möglichkeiten mit *non-p* ergänzen, und es ergibt sich { $CG_0 \cup \{p, non\text{-}p\}$, $CG_0 \cup \{non\text{-}p\}$ }. Der erste CG wäre irrational, denn hier müssten unsere Gesprächspartner sowohl *p* als auch *non-p* glauben (‚Der Kater ist daheim und nicht daheim'). Damit fällt er als Möglichkeit weg, und übrig bleibt { $CG_0 \cup \{non\text{-}p\}$ }. Wenn wir im Weiteren die Update-Regeln von Farkas und Bruce anwenden, werden wir das Update des PS jeweils mit der verallgemeinerten Vereinigung $\cup^*$ vornehmen, wenn nötig.[4]

7.3 *Ja, nein* und *doch*

Als letzten Schritt wollen wir die Interpretation von *ja, nein* und *doch* unter die Lupe nehmen. Das Modell von Farkas und Bruce beschreibt zunächst das Englische. Dort reicht es aus, für Fragen und Assertionen zwischen **gleichlautenden** und **umkehrenden** Reaktionen zu unterscheiden. Es erweist sich jetzt als nützlich, dass in dem Modell die Syntax der Äußerungen noch sichtbar bleibt. Wir können also noch sehen, ob der Satz eine Negation enthält. Assertionen und Fragen ohne Negation nennen die Autorinnen *positiv*, solche mit Negation *negativ*.

(20)   The cat is on the mat.   = positiv
       Is the cat on the mat?   = positiv
       The cat isn't on the mat. = negativ
       Isn't the cat on the mat? = negativ

Weiterhin kann eine Reaktion auf eine Äußerung (Frage oder Aussage) gleichlautend oder umkehrend sein. Gleichlautende Reaktionen auf eine Assertion stimmen einfach zu, Fragen werden im gestellten Sinn positiv beantwortet.

(21)   *gleichlautend*
       Assertion: Auf dem Table liegt S mit Bedeutung p.
       Die Reaktion hat ebenfalls die Bedeutung p.

       Frage: Auf dem Table liegt Frage Q, mit dem Aussagesatz-Pendant p.
       Die Reaktion hat ebenfalls die Bedeutung p.

---

[4] Farkas und Bruce (2010) sehen auch den Fall vor, wo das PS um mehrere Propositionen { p, q, r } ergänzt wird. Das kommt beispielsweise dann vor, wenn eine Frage mit einer Gegenfrage gekontert wird. Die Regel wird sinngemäß verallgemeinert.

Umkehrende Reaktionen auf Aussagen streiten die Aussage ab. Bei Fragen wird die Sache hier komplexer, wie sich gleich zeigen wird.

(22) *umkehrend*
Assertion: Auf dem Tisch liegt S mit Bedeutung p.
Die Reaktion hat die Bedeutung *non-p*.

Frage: Auf dem Tisch liegt Frage Q, mit dem Aussagesatz-Pendant p.
Die Antwort hat die Bedeutung *non-p*.

Im Englischen werden *yes* und *no* als Reaktion auf eine Äußerung folgendermaßen gedeutet:

(23) Anne: Sam is home. / Is Sam home?
Ben: Yes he is. (gleich, +)
Connie: No, he isn't. (umkehrend, −)

(24) Anne: Sam is not home. / Is Sam not home?
Ben: Yes, he is. (umkehrend, +)
Connie: No, he isn't. (gleich, −)

Im Englischen lautet also die Regel: *Yes* = die volle Antwort entspricht einem Satz ohne Negation. *No* = die volle Antwort entspricht einem negierten Satz. Es geht also jedesmal nur um das Satzmaterial des positiven Satzes S. Im *yes*-Fall wird ihm nichts hinzugefügt, im *no*-Fall kommt eine Negation dazu. Dabei ist es egal, ob diese Reaktion dem ersten Sprecher A widerspricht oder zustimmt.

Deutsch funktioniert anders. Um den Unterschied zwischen *ja, nein, doch* zu beschreiben, ist schon die Polarität der ersten Äußerung wichtig. Umkehrende Antworten auf positive Fragen/Aussagen nutzen *nein*, umkehrende Antworten auf negative Fragen/Aussagen nutzen *doch*. Das lässt sich an folgenden Beispielen nachvollziehen.

(25) Anne: Die Katze ist drinnen. / Ist die Katze drinnen?
Ben: Ja, ist sie. (gleich, +)
Connie: Nein, sie ist nicht drinnen. (umkehrend, −)

(26) Anne: Ist die Katze nicht drinnen?
Ben: Nein, sie ist nicht drinnen. (gleich, −)
Connie: Doch, sie ist drinnen. (umkehrend, +)

(27) Anne: Die Katze ist nicht drinnen.
      Ben: Ja, sie ist nicht drinnen. (gleich, −)
      Connie: Doch, sie ist drinnen (umkehrend, +)

Das Deutsche hat verschiedene Reaktionsmuster für Aussagen und Fragen. Nur bei Aussagen ist *ja* immer eine Zustimmung. Bei positiven Fragen wird mit *ja* der positive Sachverhalt behauptet, aber bei negativen Fragen kann *ja* Irritation auslösen. (Vergleichen Sie: im Englischen wäre hier *yes* angemessen und behauptet den positiven Sachverhalt.) *Nein* ist nur auf positive Äußerungen eine angemessene umkehrende Reaktion. Eine umkehrende Reaktion auf einen negativen Vordersatz braucht *doch*. Oder kürzer:

Positive erste Aussage S	− *ja* = S, *nein* = *non-S*
Frage *ob S*?	− *ja* = S, *nein* = *non-S*
Negative erste Aussage: *non-S*	− *ja* = *non-S*, *doch* = S
Negative erste Frage: *ob non-S*?	− *nein* = *non-S*, *doch* = S

In der Reaktion auf negative Fragen haben Studien gezeigt, dass deutsche Sprecher sowohl *ja* als auch *nein* verwenden, um der negativen Aussage *non-S* zuzustimmen. Dabei scheint aber jeder Sprecher individuell eine Präferenz zu haben – manche antworten in der Regel mit *ja*, andere in der Regel mit *nein*. Diese Variabilität ist ungefährlich, denn die Bedeutung von *doch* ist für alle gleich: *Doch* zeigt, dass die Negation in der Frage zurückgewiesen werden soll.

Um das Table-Modell für das Deutsche zu vervollständigen, müssten wir noch die Regeln für *ja*, *nein* und *doch* für den Fall angeben, dass eine polare Frage auf dem Table liegt. Diese neuen Regeln sind analog zu (FB16) oben, aber der semantische Beitrag (was meint Sprecher B damit?) wird durch die Tabelle oben angegeben.

Zur Diskussion. Positive und negative Fragen sind semantisch synonym. In der Praxis sind negative Fragen oft solche, wo der Sprecher schon eine bestimmte Antwort erwartet (er hat einen ,Bias'). Mit der Frage *Kommst Du nicht mit ins Kino?* scheint der Sprecher zu unterstellen, dass die Antwort eher *nein* sein wird. Die Logik von *ja*, *nein* und *doch* wird dadurch nicht verändert. Eine ausführliche Darstellung der ,biased questions' im Deutschen geben Domaneschi et al. (2017).

7.4 Konstituentenfragen

Bisher bietet das Table-Modell nur Regeln für Ja/Nein-Fragen, und nicht für Konstituentenfragen wie in (28).

(28) Wo ist der Kater?
Wann ist der Kater heimgekommen?
Was für Futter mag der Kater?

Konstituentenfragen verhalten sich in Dialogen sehr ähnlich wie Ja/Nein-Fragen und man würde erwarten, dass das Table-Modell leicht auf diesen Fall zu erweitern ist. Dennoch behandelt noch kein Fachaufsatz diesen Fall.[5] Dieser Abschnitt stellt kurz dar, welche Probleme sich dem verallgemeinerten Modell stellen.

Die semantische Modellierung von Konstituentenfragen ist unproblematisch. Es gibt verschiedene etablierte Analysen, die alle unsere obige Idee für Ja/Nein-Fragen verallgemeinern: Die Bedeutung einer Konstituentenfrage basiert auf der Menge der möglichen Antworten auf die Frage. Die einfachste dieser Analysen wurde von Hamblin (1973) entwickelt und besagt, dass die Bedeutung der Frage aus der Menge der Propositionen besteht, die eine Antwort darauf sein könnten. Die erste Frage in (28) entspräche etwa folgender Menge.

(29) 〚 Wo ist der Kater? 〛 = { ‚Der Kater ist im Bad', ‚Der Kater ist in der Küche', ‚Der Kater ist im Schlafzimmer', ‚Der Kater ist im Garten' ...}

Eine Besonderheit an dieser Frage ist, dass immer nur genau eine Antwort wahr sein kann: wenn der Kater im Bad ist, kann er nicht gleichzeitig im Garten sein usw. Andere Fragen verhalten sich anders; die dritte Frage in (28) hat durchaus mehrere mögliche Antworten, die gleichzeitig gelten können.

Es wäre nun nicht schwierig, die Regeln des Table-Modells um eine zu ergänzen, die sagt, wie eine Konstituentenfrage gestellt wird. Man würde den Table um die Frage und ihre Bedeutung ergänzen < Q, 〚 Q 〛 >. Und man müsste das projected set PS um alle möglichen Wissensstände ergänzen, die sich daraus ergeben würden, wenn Q beantwortet wird. Das PS nach Frage (29) sollte also folgendermaßen aussehen: { $CG_0 \cup$ { ‚Der Kater ist im Bad' }, $CG_0 \cup$ { ‚Der Kater ist in der Küche' }, $CG_0 \cup$ { ‚Der Kater ist im Garten' } ... }. Der Sprecher, der die Frage stellt, erwartet, dass im nächsten Dialogschritt eine dieser Optionen vorgeschlagen wird und sich der CG entsprechend erweitert.

Die Regeln für Aussagen sollten auch den Fall der Antwort auf eine Konstituentenfrage abdecken, denn eine Aussage in Antwort auf eine Frage ist immer noch eine Aussage. In Beispiel (29) ergeben sich auch keine Probleme in diesem Punkt. Wenn der Gesprächspartner antwortet: *Der Kater ist im Klo*, dann hätte der erste Sprecher noch die Möglichkeit zu widersprechen („Nein, da hab

---

5 Dies ist der Stand der Dinge 2020.

ich schon nachgesehen."), andernfalls aber würde diese neue Information zum CG genommen und alle anderen Möglichkeiten aus dem PS gelöscht. Auch dieser Fall wäre unproblematisch.

Die Komplikationen treten auf, wenn eine Frage gestellt wird, auf die es mehrere Antworten geben kann. Die Frage *Was für Futter mag der Kater?* kann viele Antworten haben, die alle gleichzeitig wahr sind: *Der Kater mag Dosenfutter, Der Kater mag Würstchen, Der Kater mag Lasagne* ... Wenn jemand die Frage stellt *Was für Futter mag der Kater?*, dann könnte er um eine einzelne Antwort bitten („mach mal einen Vorschlag") oder um eine *exhaustive* Antwort („nenne eine vollständige Liste all dessen, was der Kater gerne frisst").

Wie soll eine solche Frage das projected set verändern? Hofft der Sprecher nur, dass irgendeine Antwort verfügbar wird, oder hofft der Sprecher auf die vollständige Liste? Wenn Sie über Beispiele im Alltag nachdenken, scheinen beide Fälle gleich natürlich zu sein.

(30)   Wer will einen Kaffee?

(31)   Wo kann ich eine italienische Zeitung kaufen?

Wenn die Frage (30) in die Runde gestellt wird, dann möchte der Fragende in der Regel *alle* Kaffeebestellungen erfragen (**exhaustive Antwort**). Wenn aber ein italienischer Gast (31) fragt, dann genügt vermutlich *ein* Laden oder Kiosk, um seinen Wunsch zu erfüllen (die ‚Nenn-mir-eins' oder **‚mention-some'-Antwort**). Es ist also nicht ganz einfach, eine Regel für das projected set zu schreiben, die diesen Beobachtungen gerecht wird.

In der Fachdiskussion um die Semantik von Fragen hat sich herausgestellt, dass unter verschiedenen logischen Gesichtspunkten die exhaustiven Antworten die bessere Analyse für Konstituentenfragen sind: Die Theorien werden logisch einfacher und passen besser zum Aussagefall.[6] Auch für ein erweitertes Table-Modell hätte diese Annahme Vorteile, denn jede exhaustive Antwort auf Frage Q schließt logisch alle anderen exhaustiven Antworten aus. Eine Erweiterung des Table-Modells um Konstituentenfragen, die immer eine exhaustive Antwort erfragen, ist tatsächlich eine ganz einfache Generalisierung ohne neue Schwierigkeiten. – Allerdings hat dieses Modell den Preis, dass die natürlichste Frageabsicht von (25) nicht erfasst werden kann. Es würde folgendes vorhersagen: Der italienische Gast,

---

6 Wir können hier nicht auf diese Diskussion eingehen, sie findet sich aber in der grundlegenden Arbeit von Groenendijk und Stokhof (1984). Eine klare Zusammenfassung der Argumente gibt Dayal (2016) im einleitenden Kapitel.

der (25) fragt, erwartet als Antwort eine vollständige Liste von Zeitungskiosken und Läden, die italienische Zeitungen anbieten. Diese Vorhersage stimmt aber nicht mit dem überein, wie Sprecher/innen die Zeitungsfrage für gewöhnlich meinen. Ein solches Modell wäre nicht beschreibungsadäquat. Das ist problematisch.

Wir können also sagen, dass das Table-Modell für diejenigen Konstituentenfragen funktioniert, die um eine exhaustive Antwort bitten. Ein Modell für Fragen, die eine ‚mention-some'-Antwort anfordern, ist bisher noch nicht ausgereift.

Fingerübungen

(1) Stellen Sie folgende Dialoge im Table-Modell dar! Schreiben Sie auf, wie sich nach jeder Äußerung DC_A, DC_B, CG, Table und PS ändern.
    (i) A: Der Film war super.
        B: Ja, stimmt.
    (ii) A: Fährst Du mit dem Bus?
        B: Ja.
    (iii) A: Kommst Du nicht mit ins Kino?
        B: Nein.
    (iv) A: Wir haben kein Brot mehr.
        B: Doch.

(2) Dialog mit Frage und Gegenfrage:
    (i) A: Gibt es heute Fisch?
        B: Hm. Ist heute Freitag?
Wie sieht das projected set aus, nachdem Frage und Gegenfrage verarbeitet sind? (Nehmen Sie an, dass der Dialog mit CG_0 und PS = { CG_0 } startet.)

(3)* Wenn ein Sprecher eine Behauptung macht und sich anschließend korrigiert, ist das offenbar ein markiertes Sprechverhalten, das linguistisch angezeigt werden muss.
    (i) A: Die Katze ist jetzt drin. ... (bemerkt Irrtum) Ach, sie ist DOCH nicht drin.
    (ii) A: Die Katze ist nicht drin. ... (bemerkt Irrtum) Ach, sie ist DOCH drin.
    a) Wie nutzt das Deutsche betontes *doch*, um Information zu revidieren?
    b) Wo sind die Muster bei Selbst-Korrekturen anders als bei Reaktionen auf eine Aussage oder Frage eines anderen?
       Versuchen Sie, die Selbstkorrektur mit den Begriffen des Table-Modells zu beschreiben!

(4) Machen Sie sich den Unterschied zwischen exhaustiven und ‚nenn-mir-eins' Antworten klar. Finden Sie jeweils zwei plausible Alltagskontexte, in

denen eine Konstituentenfrage um eine *exhaustive* bzw. eine *nenn-mir-eins*-Antwort bittet.

(5)* Vollziehen Sie Schritt für Schritt nach, wie eine Erweiterung des Table-Modells auf Konstituentenfragen operieren könnte. Vollziehen Sie die Verarbeitungsschritte für die folgenden Fragen nach (jeweils in einem plausiblen Alltagskontext):

(i) Wann kommt der Zug an?
(ii) Wo ist die Toilette?
(iii) Wer kommt zu Deiner Party?

In welchen Beispielen wäre nach einer (plausiblen) Antwort nur noch eine Alternative im projected set übrig? Gibt es eine allgemeine Regel, wann das eintritt?

8 Sprechakte: Klassische Sprechakttheorie

Wenn es um die Untersuchung der Bedeutung von Sprache geht, scheinen die Wortbedeutung und die Bedeutung von Aussagesätzen ein natürlicher Ausgangspunkt. Auch in diesem Buch haben wir uns bisher auf diesen Bereich sprachlicher Daten beschränkt und das Wechselspiel zwischen Semantik und Pragmatik im Bereich der Aussagesätze betrachtet. Im letzten Kapitel haben wir außerdem Fragesätze mit aufgenommen und ihre Semantik sowie ihre Effekte als Handlungszüge an einem Konversations-Table beschrieben. Fragen sind eine Art Bitte um bestimmte Informationen, von denen der Sprecher hofft, dass der Adressat sie liefern kann. Damit lässt sich auch der Frage-Akt auf das Spiel um Vergabe von Informationen reduzieren. Aber nicht bei allem Reden geht es um Information.

In einer Vorlesung 1955 wies der Philosoph John Austin darauf hin, dass sehr viele sprachliche Äußerungen überhaupt nichts mit Assertieren zu tun haben. Diese heute als Klassiker geltende Vorlesung *How to do things with words* provozierte die Fachwelt mit der Beobachtung, dass Äußerungen wie in (1) keineswegs Sachverhalte *behaupten*, sondern sie vielmehr erst *herbeiführen*: „saying so makes it so" (Austin 1962).

(1) Ich ernenne Sie zum ersten Vorsitzenden.   Ich erkläre Sie zu Mann und Frau.
    Ich verurteile Sie zu ...   Ich spreche Sie schuldig.
    Ich vererbe Dir meine Uhr.   Ich segne Dich.
    Sie sind entlassen.   Das Spiel ist eröffnet.
    Sie haben gewonnen.   Ich gratuliere.

Äußerungen wie diese können nicht „wahr" oder „falsch" sein. Austin kritisiert, dass eine allein an Logik und Information orientierte Sprachphilosophie (und Linguistik) diese wichtigen Formen des sprachlichen Handelns schlicht ignoriert und fordert dazu auf, sich diesem blinden Fleck zu widmen. Seine Vorlesung leistet dazu wesentliche Grundlagenarbeit, die bis heute gültig ist.

Stellen wir zunächst den Unterschied zwischen Assertion und anderen Akten an einem Beispiel fest. Die folgende Äußerung kann in zwei Weisen gemeint sein.

(2) Sie sind (hiermit) entlassen.

Nehmen wir einerseits an, dass Herr Müller sich nicht sicher ist, ob seine Kündigung am Arbeitsplatz richtig angekommen ist. Er ruft das Sekretariat an und erkundigt sich nach seinem Status. Er bekommt die Auskunft *Sie sind entlassen.*

Diese Assertion berichtet einen Zustand. Der Zustand besteht unabhängig davon, ob Herr Müller angerufen und die Sekretärin ihm diese Auskunft gegeben hat.

Ein anderes Szenario könnte aber so aussehen: Die Chefin von Herrn Müller ertappt ihn, wie er in ihrem Büro den Tresor knackt und Geldbündel in eine Plastiktüte stopft. Das ist für einen Mitarbeiter kein akzeptables Verhalten und sie äußert eiskalt: „Sie sind entlassen." In diesem Fall *ist* Herr Müller anschließend auch entlassen, aber wenn die Chefin die Äußerung nicht getan hätte, dann wäre Herr Müller nicht entlassen – die Äußerung verursacht den neuen Zustand.

Es gibt offensichtlich einen Unterschied zwischen einer Entlassung und der Aussage über eine Entlassung. Entlassungsakt und Entlassungsbericht können im Extremfall in genau dieselben Worte gekleidet sein. Der Unterschied liegt nicht in der Verwendung von bestimmten Zauberformeln, sondern in dem, was die Sprecher mit ihrer Äußerung beabsichtigen und in der Äußerungssituation: Nur Beschäftigte können entlassen werden, nur Chefs können kündigen usw.

Andere Äußerungen können ebenfalls nicht als ‚wahr' oder ‚falsch' bezeichnet werden, aber sie verursachen auch keine Änderung der sozialen Fakten. Sprechen hat dort etwas Rituelles, so wie in (3).

(3) A: (niest) – B: Gesundheit.

Es wäre sinnlos, danach zu fragen, ob *Gesundheit* wahr oder falsch ist. Selbst wenn der Ursprung eine volle Assertion gewesen wäre, etwa *Ich wünsche Ihnen gute Gesundheit*, würde sich die Reaktion (3) nicht mehr daran messen lassen, ob der Sprecher wirklich aufrichtige Genesungswünsche hegt. Ähnlich sind Bezeugungen wie *Ich gratuliere Ihnen, Herzliches Beileid* oder *Guten Morgen*.

8.1 Sprechakte und Satzform

Das Feld möglicher Sprechakte ist groß und jederzeit erweiterbar, wie schon die Eingangsbeispiele illustrieren. Andererseits besteht ein offensichtlicher Zusammenhang zwischen Sprechakten und den grundlegenden Satztypen des Deutschen: Frage, Aussage und Imperativ. Nur ein Typus, die Aussage, hat direkt etwas mit *wahr/falsch* zu tun. Imperative dagegen sind die prototypische Form für **Befehle**, und diese sind sicher Sprechakte: Mit dem Äußern des Befehls wird eine Verpflichtung für den Adressaten etabliert, etwas zu tun. Die Frage steht dazwischen. Sie erteilt die Aufforderung, eine Aussage zu machen. Erinnern Sie sich, wie dieser Aufforderungscharakter im Table-Modell codiert ist: (a) die Dialogregeln besagen, dass alle Beteiligten in einen ‚stabilen Zustand' zurückkommen wollen, und (b) die Regeln für Fragen und Assertionen ergeben, dass dieser stabile

Zustand in der Regel nur erreicht wird, wenn der Angesprochene eben antwortet. In Kapitel 7 haben wir diese Regeln als Teil der linguistischen Kompetenz präsentiert. Aber nun müssen wir uns fragen, wie sich daran die Regel anschließt, dass auf einen Befehl *Mach das Fenster zu!* ebenso erwartet wird, dass die angesprochene Person entsprechend handelt. Wo hört die linguistische Kompetenz auf, wo beginnt das allgemeine Handlungswissen? Diese grundlegenden Fragen sind bis heute nicht klar beantwortet. Das liegt vielleicht auch daran, dass sie eine Theorie „über Alles" zu erfordern scheinen. Dieses und die kommenden beiden Kapitel stellen einige klassische Arbeiten zur Sprechakttheorie vor.

Was könnte eine Obergrenze für die Zahl von Sprechakten sein? Manche Sprachwissenschaftler verweisen auf die drei grammatischen Haupttypen. Diese Dreizahl beschränkt sich nicht nur auf das Deutsche oder europäische Sprachen. Die Satztypen Deklarativ, Frage und Imperativ lassen sich universal in allen Sprachen der Welt nachweisen. Die Akte des Fragens und des Befehlens sind also neben dem Assertieren von universeller Wichtigkeit. Entsprechend gibt es Theorien zur Analyse von Sprechakten, die diese drei Muster als universale Basis aller Akte postulieren – eventuell mit einem Untertyp der Selbst-Verpflichtung (*versprechen, zusagen*) dual zur Fremd-Verpflichtung (*befehlen, anordnen*).[1] Dennoch ist klar, dass die Beziehung zwischen Satztyp und Sprechakttyp nur sehr lose sein kann.

Zum einen kann derselbe Akt mit verschiedenen Satztypen durchgeführt werden. Die Bitte um Information beispielsweise kann durch eine Aussage, eine Frage und durch einen Befehl vermittelt werden.

(4) Woher hast Du dieses Buch?

(5) Sag mir, woher Du dieses Buch hast!

(6) Ich will wissen, woher Du dieses Buch hast.

Auch (freundliche) Aufforderungen als Untertyp des Befehlens lassen sich in Aussagen, Fragen oder Imperative kleiden.

(7) Nimm ruhig noch ein Stück Kuchen.

(8) Willst Du noch ein Stückchen Kuchen?

---

[1] Siehe etwa Lohnstein (2000), oder Murray und Starr (2018) in einer Erweiterung des Tablemodells.

(9) Ich geb Dir mal noch Kuchen.

Zum anderen ist in vielen Fällen ein und derselbe Satz für mehr als einen Sprechakttyp zu verwenden, wie im Beispiel (2) derselbe Satz für eine Assertion oder einen Akt des Rauswerfens genutzt werden kann.

Schließlich lässt sich einwenden, dass *Fragen* und *Befehlen* Akte sind, die einander eng verwandt sind. Mit einer Frage ergeht die Aufforderung, Information zu liefern, mit einem Befehl hingegen ergeht eine Aufforderung beliebiger Art. Hier ist die Grammatik redundant, während in anderer Hinsicht grammatische Knappheit herrscht: Das Deutsche hat beispielsweise keine eigenen grammatischen Formen für Versprechen, Einladung oder Entlassungen. Es ist also insgesamt offen, was uns die drei Satzmodi über das Feld aller möglichen Sprechakte sagen.

Austin schlägt daher vor, **explizit-performative Äußerungen** zu betrachten, die ein entsprechendes Sprechaktverb enthalten. Wenn man davon ausgeht, dass sich Sprechergemeinschaften für die wichtigen Sprechakte auch ein Verb ausdenken, dann sind diese Verben vielleicht ein verlässlicher Indikator für die Zahl der Sprechakte, die eine Sprechergemeinschaft nutzt. Hier sind einige Beispiele aus dem Deutschen.

(10)   Ich ernenne Sie hiermit ...

(11)   Ich segne Sie hiermit ...

(12)   Ich feuere Sie hiermit ...

(13)   Ich vermache Dir hiermit ...

(14)   Ich <performatives Verb, Präsens> <2. Pers.> hiermit ...

(14) zeigt das Schema explizit-performativer Äußerungen. Das Verb muss im Präsens stehen, wenn der Sprechakt vollzogen wird.[2] Das Adverb *hiermit* verweist auf die laufende Äußerung und beſtätigt, daſſ ſie der Akt iſt, der die Ernennung, Segnung, Entlassung usw. etabliert. Wir werden in Abschnitt 8.2 untersuchen, ob sich jeder Sprechakt in eine solche selbstreferenzielle Äußerungen übersetzen lässt.

---

[2] Interessanterweise benutzt das Englische das simple present, nicht die Verlaufsform: *I promise to come* gibt ein Versprechen, *I am promising to come* kann allenfalls kommentieren, was der Sprechende auf einem anderen Kanal gerade tut (z. B. eine SMS entsprechenden Inhalts eintippen und abschicken).

Explizit-performative Äußerungen sind ein gutes Mittel, um einen ersten Eindruck von der Vielzahl und Vielfalt möglicher Sprechakte zu bekommen. Jedoch gilt auch hier die Entsprechung nur im Groben; es ist aber nicht der Fall, dass die expliziten Performative das Feld aller möglichen Sprechakte definieren. Dafür sprechen jedenfalls einige Indizien.

Die erste Schwierigkeit ergibt sich banalerweise beim simpelsten aller Akte, der Behauptung/Assertion. Dieser Fall war zwar nicht der Anlass für Austins Forschungsagenda, jedoch wird letztlich ein Anschluss der Aussage an allgemeinere Sprechakte wünschenswert sein. Austins eigene Sichtweise verändert sich interessanterweise über die Kapitel seiner Vorlesung *How to do things with words*. Zu Beginn der Vorlesung schließen sich ‚Sprechakt sein' und ‚Aussage sein' gegenseitig aus, am Ende der Vorlesung aber wird das Assertieren als ein eigener Typus von Sprechakt anerkannt.

Wie steht es also mit den explizit-performativen Behauptungen? Bei diesem Typ ist die Paraphrase mit einer explizit-performativen Äußerung nicht gleichbedeutend mit einer einfachen Behauptung, wie der Vergleich von (15) und (16) illustriert.

(15) Ich behaupte hiermit, dass der Kater daheim ist.

(16) Der Kater ist daheim.

Die selbst-bezügliche Aussage in (15) kann praktisch nie falsch sein. Wer (15) äußert, sagt über sich selber, dass er jetzt eine Behauptung mache – und wer wollte das angreifen? Die Behauptung in (16) kann dagegen durchaus falsch sein und kann mit *nein* abgelehnt werden. Für die Untersuchung des Akttyps Aussage ist der Rekurs auf explizite Performative also eher ungeeignet. Mit gutem Grund nehmen Autoren wie Farkas und Bruce (2010) eben *nicht* Sätze wie (15) als Ausgangsmaterial für ihre Table-Theorie!

Eine andere Schwierigkeit bieten Äußerungen, die sprachliches Handeln jenseits der wahren oder falschen Aussage darstellen, für die es aber keine entsprechende explizit-performative Form gibt.

(17) Gabi hat Hans einen „Vollpfosten" genannt und damit beleidigt.

(18) Ich beleidige Dich hiermit.

(19) Du Vollpfosten!

In (17) wird eine Äußerung gemacht, die einen sozialen Effekt hat: Hans fühlt sich beleidigt, und das war vermutlich genau das, was Gabi beabsichtigt hat. Die entsprechende Äußerung in (19) hat sogar eine eigene grammatische Form (die wir bisher noch nicht berücksichtigt hatten). Aber ein explizit-performativer Satz wie in (18) steht nicht zur Verfügung. Diese Beobachtung könnte als Grund betrachtet werden, (19) nicht als eigenen Sprechakttyp zu betrachten. Allerdings könnten dieselben Beobachtungen auch schlicht der Gegenbeweis für die These sein, dass jeder Sprechakt mit einem explizit-performativen Satz ausgedrückt werden kann.

Zusammenfassend lässt sich sagen, dass explizit-performative Sätze sicher ein guter Ausgangspunkt zur Untersuchung von Sprechakten sind, und sicher eine reichere Datengrundlage bieten als die drei Satztypen. Im Anschluss an die grundlegenden Arbeiten über Sprechakttheorie wurden für einige Sprachen Lexika von performativen Verben erarbeitet, die einen nützlichen Überblick über die Vielfalt sprachlichen Handelns bieten (Wierzbicka 1987). Explizit-performative Sprechakte werden daher weiterhin als Beispiel genutzt werden. Dennoch scheint es wünschenswert, die Sprechakte losgelöst von ihrer sprachlichen Form besser zu verstehen. Beispielsweise wäre es wichtig zu wissen, warum – anders als bei magischen Formeln und Sprüchen – das bloße Äußern einer Wortfolge allein noch nicht ausreichend ist, um den entsprechenden Akt zu vollziehen. Dieser Punkt soll im nächsten Abschnitt genauer beleuchtet werden.

8.2 Sprechakte können schief gehen

Nicht jede Hochzeitszeremonie führt zu einer Heirat: Wenn Darsteller auf der Bühne eine Hochzeit spielen, dann hat sich der Status der Beteiligten nach der Aufführung nicht verändert. Wenn kleine Kinder „Hochzeit" spielen, wird ebenso wenig im Rechtssinn eine Trauung vollzogen, wie wenn Auszubildende am Standesamt die Zeremonie im Rollenspiel üben. Für eine Hochzeit im rechtlich gültigen Sinn sind (a) Vorbereitungen nötig (es geht aktuell in Deutschland darum, urkundlich so sicher wie möglich zu beweisen, dass noch keine gültige Ehe besteht, um Doppelehen auszuschließen), (b) die Beteiligten müssen die richtigen sein (insbesondere der Vertreter des Staats) und (c) alle Beteiligten müssen es ernst meinen. Selbst wenn alle Beteiligten kurz vorher noch einmal die Zeremonie heimlich üben, käme mit der Probe keine Ehe zustande, *wenn allen Beteiligten klar ist, dass es als Probe gemeint war.* (In schriftlichen Kulturen wird nur die ernst gemeinte Zeremonie schriftlich dokumentiert, was den Akt rechtlich abschließt.)

Eine Eheschließung ist eine kulturell verankerte und durch Verabredungen geformte Art von Sprechakt. Aber auch einfachere Akte hängen von den Absichten des Sprechenden ab. Wenn jemand beispielsweise das Gedicht „Mignon" von Goethe auswendig lernen will, dann wird er sehr oft äußern: „Kennst Du das Land, wo die Zitronen blühn?" Er würde es dabei als ausgesprochen störend empfinden, wenn seine Mitbewohnerin jedes Mal mit *ja* antwortet, denn er hat die Frage zwar geäußert, aber keinen Frageakt beabsichtigt.

Austins Glückensbedingungs-ABC

Im zweiten Teil seiner Vorlesungsreihe schlägt Austin Bedingungen vor, die für das erfolgreiche Vollziehen eines Sprechakts erfüllt sein müssen. Es geht ihm dabei um Bedingungs-Arten, die für konkrete Sprechakte jeweils speziell angegeben werden können. (Ich folge hier der Nummerierung bei Austin.)

A.1 Es muss eine bekannte, konventionelle Handlungsform geben, die ein konventionell festgelegtes Ergebnis hat. Dabei müssen bestimmte Äußerungen vorkommen, die von bestimmten Personen unter den richtigen Umständen getan werden.
A.2 Es müssen konkret Personen der richtigen Art unter den richtigen Umständen beieinander sein.
B.1 Die Äußerungen müssen von allen Beteiligten korrekt
B.2 ... und vollständig durchgeführt werden.
C.1 Falls diese Handlung erfordert, dass die Beteiligten sie mit gewissen Plänen und Absichten durchführen, dann ist für den geglückten Sprechakt nötig, dass die beteiligten Personen die richtigen Absichten tatsächlich haben, und weiter
C.2 ... sich im Anschluss tatsächlich richtig verhalten.

Die Bedingungen in A beziehen sich darauf, dass der Sprechakt Teil der Konventionen der Sprechergemeinschaft sein muss. Die konkrete Situation muss den Konventionen entsprechen. Die Bedingungen in B laufen darauf hinaus, dass die Äußerungen richtig ausgeführt werden müssen. Teil C sagt sinngemäß: Die Beteiligten müssen es ernst meinen und sich hinterher auch entsprechend verhalten.

Zur Diskussion: Unter den angegeben Umständen missglückt der jeweilige Akt. Welcher Bedingungstyp von Austin wird jeweils verletzt?

(20) Die Sitzung ist eröffnet.
 ... wenn alle Beteiligten da sitzen und der Hausmeister beim Vorbeigehen das äußert?
 ... wenn der Vorsitzende es sagt, aufsteht, und den Raum verlässt?

(21) Ich erkläre Euch hiermit zu Mann und Frau.
 ... wenn der Standesbeamte Braut und Bräutigam vorher nicht gefragt hat?
 ... wenn kleine Kinder Hochzeit spielen?

(22) Ich vererbe meinen Maserati an meinen Neffen Konrad.
 ... wenn sich herausstellt, dass der Maserati nicht dem Sprecher, sondern der Bank gehört?

Warum löst das folgende Versprechen beim Ehemann womöglich eher Sorgen aus?

(23) Frau zum Gatten: Ich verspreche Dir, Dich morgen nicht zu verlassen.

Was soll ein normales Versprechen zum Inhalt haben? Wo würden Sie diese Bedingung in Austins ABC verorten? Wir werden im nächsten Kapitel eine sehr ausführliche Beschreibung des Sprechaktes *Versprechen* nach Searle kennen lernen.

Austin schlägt vor, Verstöße gegen eine A- oder B-Regel als **misfire** (‚Fehlschlag') zu bezeichnen, Verstöße gegen C-Regeln dagegen als **abuse** (‚Missbrauch'). Bei ritualisierten Akten wie einer Hochzeit, einer Schiffstaufe oder einem Ritterschlag ist es klar, dass alle Beteiligten der Zeremonie alle Redebeiträge vollständig durchführen müssen, wenn der Akt nicht fehlschlagen soll. Bei anderen Akten ist dagegen unklar, ob es überhaupt die Zustimmung beider Parteien braucht. Wenn man entsprechende Gespräche beobachtet, so sieht es oft so aus, als ob mit einer einzigen Äußerung bereits alles gesagt sei.

(24) Ich verspreche, heute Abend den Abwasch zu machen.

(25) Mach mal das Fenster auf!

Im Fall des Versprechens scheint es zu genügen, dass es Zeugen gibt. Ähnlich gilt beim Vererben, dass die Erben dem testamentarischen Akt nicht zustimmen müssen – allerdings müssen Zeugen die Willensbekundung bestätigen. Und wie steht es mit Befehlen, die der Angesprochene verweigert? Offenbar verläuft etwas nicht so, wie der Sprecher es erwartet hätte, aber man kann sich streiten, ob der Befehl als solcher missglückt ist oder einfach nicht die gewünschten Reaktionen erzielt hat. Man kann übrigens beobachten, dass bei gesellschaftlich konventionalisierten Akten diese Art des Scheiterns durch den „vollständigen und korrekten" Vollzug der Zeremonie ausgeschlossen sind. Wie es sich bei weniger konventionell reglementierten Akten verhält, werden wir noch genauer untersuchen müssen.

Austins C-Bedingungen betreffen übrigens nur die ehrliche Verpflichtung auf kommende Handlungen. Bei Sprechakten des Dankens, Beglückwünschens und ähnlichen verlangen diese Regeln keine Ehrlichkeit. Für den Akt in (26) braucht der Sprecher also keine ehrlichen Dankesgefühle gegenüber dem Adressaten, speziell wegen der gestreiften Krawatte.

(26) Herzlichen Dank für die gestreifte Krawatte!

In vielen Situationen darf tatsächlich bezweifelt werden, dass der Sprecher ehrliche Dankesgefühle hat. Trotzdem wäre ein unterlassener Dank brüskierender als die riskierte kleine Unehrlichkeit. Der Dank ist eine verbale Anerkennung der Tatsache, dass ein Geschenk übergeben wurde, weniger ein direkter semantischer Reflex der Freude, die das Geschenk auslöst. Der Extremfall ist der Gruß *Guten Tag,* der nur anerkennt, dass man die angesprochene Person (a) heute zum ersten Mal trifft und (b) als Teil der Peergroup betrachtet, bei der dieses Treffen verbal gewürdigt wird. Ob man dem Angesprochenen dabei ehrlich wünscht, dass sein Tag ein guter sein möge, bleibt offen. Die Formel *Ich grüße Sie!* bringt das Wesen des Grußes auf den Punkt: Es wird nur laut anerkannt, dass man den Angesprochenen heute zum ersten Mal sieht und dass beide Teil einer Gruß-Gemeinschaft sind.

8.3 Ebenen des Sprechakts

Die Beobachtung, dass das reine Äußern eines Satzes noch nicht den erfolgten Sprechakt garantiert, führt Austin zu der Unterscheidung verschiedener Ebenen. Er unterscheidet folgende Akte (Austin 1962: 101f.).

Lokutionärer Akt („locutionary act"): Das Äußern einer bestimmten Wortfolge in einer bestimmten Sprache.

Illokutionärer Akt („illocutionary act"): Das geglückte, aufrichtig gemeinte Durchführen der Handlung, deren wesentlicher Teil diese Äußerung ist.

Perlokutionärer Akt („perlocutionary act"): Die entsprechenden Verhaltensweisen danach.

Die getrennten Akte illustriert Austin anhand des Befehls *Füttere ihn*. Der lokutionäre Akt besteht darin, dass jemand sagt *füttere ihn* und dabei mit *ihn* einen bestimmten Kater meint. (Austin fügt gewissenhafterweise auch hinzu, dass das Verb *füttern* ebenfalls so gemeint ist, wie im Deutschen üblich.) Der illokutionäre Akt besteht darin, dass der Sprechende diese Äußerung auch so meint, dass er also den Angesprochenen auffordert, oder anweist, den Kater zu füttern. Der perlokutionäre Akt besteht laut Austin hier in den zwei Teilschritten, (a) dass der angesprochene die Absicht entwickelt, den Kater zu füttern, und (b) dies auch tut.[3] Für Austin hat der perlokutive Akt also damit zu tun, dass die Absichten des Sprechenden auch eintreten. Ob auch Reaktionen des Widersprechens oder Ignorieren als perlokutive Akte zählen, wird leider nicht diskutiert.

Wenn wir zurück zum Auswendiglernen des Gedichts „Mignon" gehen, würde dort beispielsweise sehr oft der lokutionäre Akt vollzogen, indem der Übende äußert *Kennst Du das Land, wo die Zitronen blühn?* Dagegen kommt der entsprechende illokutionäre Akt, nämlich ein Fragen mit der Aufforderung, eine Antwort zu geben, nicht zustande. Beides, lokutionärer und illokutionärer Akt, finden in folgender Situation statt:

(27) A (sitzt über einem Kreuzworträtsel, wendet sich an B): Kennst Du das Land, wo die Zitronen blühn? – B: Italien, vielleicht?

Hier ist auch der perlokutionäre Akt des Antwortens vorhanden.

Im folgenden Fall sind der lokutionäre und illokutionäre Akt ausgeführt, aber der perlokutionäre Akt schlägt fehl.

(28) A (zu B mit Zeugen): Ich vererbe Ihnen meine goldene Uhr.
Lokutionärer Akt ist vollzogen
und zwar unter den richtigen Umständen: die Uhr gehört A, A meint es ernst, es sind Zeugen da, es wird verschriftlicht. Also ist der illokutionärer Akt vollzogen.
Aber beim Tod von A stellt sich heraus, dass A die Uhr inzwischen verloren hat.

Eine Schwierigkeit bei Aussagen über perlokutionäre Akte ist die, dass nicht ganz klar ist, welche Arten von Ergebnissen hier intendiert sind. Sind es langfristige der Art, dass alles nach dem gefassten Plan geht? Ist ein Nicht-Erfolg, der aber nicht von den Beteiligten zu verantworten ist, auch ein Missbrauch des Aktes? Daher sollten wir vorsichtig damit sein, das Glücken eines Sprechaktes davon abhängig zu machen, ob alle getroffenen Verabredungen bis ins Letzte durchgeführt wurden.

Auf einen wichtigen Fall von perlokutionärem Akt weist John Searle hin. Er schlägt vor, dass Sprechakte wie *Warnen* und *Drohen* durch ihre perlokuti-

---

[3] Austins eigenes Beispiel war der aus heiterem Himmel kommende Befehl *Shoot her!* Das ist für den Leser umso überraschender, als weibliche Personen im Rest des Werks weder als Kolleginnen noch in Beispielen eine große Rolle spielen. Die Wahl von als passend empfundenen Beispielen hat sich seit 1955 sehr geändert, worüber man oft froh sein kann.

onären Akte charakterisiert sind. Wenn die Äußerung des Warnenden oder Drohenden beim Adressaten tatsächlich Sorge, Angst oder Verhaltensänderungen auslöst, dann ist der perlokutionäre Akt eingetreten (Searle 1969). Mehr zu Searles Gedanken zur Sprechakttheorie finden Sie im nächsten Kapitel. – Insgesamt aber ist eher unklar, inwiefern der perlokutionäre Akt zum Glücken des Sprechakts notwendig ist. Die meisten Fachdebatten und Lehrbücher konzentrieren sich deshalb auf den lokutiven und den illokutiven Akt als wesentliche Bestandteile.

8.4 Klassifikation von Sprechakten

Die Glückensbedingungen für Sprechakte sind ein plausibler Teil dessen, was den jeweiligen Akt definiert. Dennoch kommen wir auch mit dieser Einsicht der Frage nicht näher, was der Gesamt-Raum möglicher Akte ist, ob sich aus einfachen Akten komplexere Akte zusammensetzen lassen und ob es elementare Akte gibt, die alle anderen generieren. Die grammatische Evidenz spricht für wenige atomare Akte und konstruktiven Aufbau. Wenn wir allerdings den Beispielraum insgesamt ansehen, dann ist das Feld von Fällen schier unerschöpflich. Zum Beispiel enthalten Gesellschaftsspiele häufig Regeln, die einen Sprechakt definieren. Etwa beim Skatspiel gibt es das *Reizen*, das in einer Kurzbeschreibung folgendermaßen zusammengefasst wird:

> Nachdem die Spieler ihre Karten aufgenommen haben, folgt der Prozess der Spielfindung durch das sogenannte *Reizen*. Dabei nennen die Spieler nach festen Regeln in bestimmter Reihenfolge immer höhere Spielwerte, bis die Kontrahenten passen müssen. Der Spieler, der am höchsten reizen kann (oder will), erhält den Skat und darf die Art des Spiels bestimmen.

Diese sprachliche Handlung zum Beginn einer Skatrunde erfüllt alle Kriterien des Sprechakts. Mit der Äußerung *Ich passe* legt der Spieler seinen Status in der Runde fest; der verbleibende nicht-passende Spieler bestimmt durch seine Ansage die Art des Spieles, das gespielt wird. Ausgehend von diesem Beispiel würde man eher annehmen, dass die Zahl möglicher Sprechakte unbegrenzt ist: mit jeden neuen Spiel oder gesellschaftlichem Ritual können neue Sprechakte definiert werden. Die Autoren Bach und Harnish (1979) postulieren angesichts dieser Flut: Sprechakte, bei denen gesellschaftliche Verabredungen und Institutionen ein wesentlicher Bestandteil sind, müssen nicht von der Philosophie (oder Linguistik) analysiert werden. Damit wird der Untersuchungsraum zwar begrenzt, aber vielleicht verliert man durch diese Vereinfachung das Wesen der Sprechakte.

Zur Diskussion: Welche der Eingangsbeispiele würden damit aus dem Forschungszweig ausgeschlossen?

Ich ernenne Sie zum ersten Vorsitzenden.	Ich erkläre Sie zu Mann und Frau.
Ich verurteile Sie zu ...	Ich spreche Sie schuldig.
Ich vererbe Dir meine Uhr.	Ich segne Dich.
Sie sind entlassen.	Das Spiel ist eröffnet.
Sie haben gewonnen.	Ich gratuliere.

Immerhin scheint es plausibel, dass manche Sprechakte einander ähnlich sind: Eine *Bitte* und ein *Befehl* haben beide das Ziel, den Angesprochenen zu einer Handlung zu bewegen. Sie unterscheiden sich vor allem in den angedrohten Konsequenzen. Eine Befehlsverweigerung kann weitreichende Folgen haben während das Nichtbeachten einer Bitte eher sozial geächtet wird. Eine Behauptung und eine vereidigte Aussage sind einander ähnlich, denn es geht bei beiden um Assertion (nach bestem Wissen und Gewissen). Auf Grundlage solcher Zuordnungen kommt John Searle zu folgenden fünf Kategorien von Sprechakten (Searle 1969).

Repräsentativa (sagen, was der Fall ist):
behaupten, mitteilen, berichten ...

Direktiva (jemand zu einer Handlung/Unterlassung bewegen):
bitten, befehlen, anordnen

Kommissiva (eine eigene Handlung ankündigen):
versprechen, anbieten, drohen ...

Expressiva (Ausdruck der eigenen Gefühlslage):
danken, grüßen, beglückwünschen

Deklarativa (Äußerungen mit Folgen in sozialen Institutionen):
ernennen, entlassen, taufen, eröffnen

Die fünf Klassen greifen die Idee wieder auf, dass die Sprechakte *Aussagen* und *Befehlen* (anderen oder sich selber) die wesentlichen Grundtypen sein könnten. Die Expressiva als ritualisierter Ausdruck der eigenen Gefühlslage kommen hinzu. Die letzte Klasse isoliert das schwierige Material und umfasst die Akte, die von Bach und Harnisch als „zu zufällig" ausgeschlossen wurden.

Die Beschränkung auf einfache Grundtypen wirkt zunächst wie ein forschungstechnisch kluger Schritt. Für viele Fragestellungen ist es hilfreich, sich zunächst auf einfache Fälle zu beschränken. Bei näherer Betrachtung ist allerdings schon für relativ einfache nicht-deklarative Sprechakte oft schwierig zu entscheiden, in welche der fünf Kategorien sie einzuordnen sind.

(29) A zu B: Ich wette mit Dir um einen Kasten Bier, dass der SC Freiburg das Spiel gewinnt.

Die Äußerung von A ist sicher keine Aussage. Sie beschreibt keinen bestehenden Sachverhalt und kann nicht mit den Kategorien *wahr/falsch* beurteilt werden. Die Äußerung von A ist auch kein Akt des Grundtyps Versprechen (Kommissiva). A verpflichtet sich zwar zu etwas, nämlich dem B einen Kasten Bier zu zahlen falls der SC Freiburg verliert. Er versucht aber auch, den B zu etwas zu verpflichten – nämlich dass B bezahlen muss, falls der SC Freiburg gewinnt. (Für das Unentschieden müssten unsere beiden Sprecher vielleicht noch eine Extra-Absprache treffen.) In Kapitel 10 werden diese Akte als *koordinative Sprechakte* näher betrachtet. Koordinative Sprechakte widerlegen Searles These, dass mit den genannten fünf Kategorien alle Akte eindeutig und erschöpfend erfasst werden. Die Koordination zeigt sich auch in weiteren Punkten. Durch die Aussage von A allein kommt nämlich noch kein neues soziales „Bündnis" zwischen den beiden Sprechern zustande. Das Wesen der Wette ist, dass die Erwartungen der beiden Teilnehmenden sich so unterscheiden, dass sie gegenteilige Ereignisse (hier das Ergebnis des Matches) für wahrscheinlich halten. B muss also die Wette erst einmal annehmen (d. h. die Niederlage der Freiburger für wahrscheinlicher halten) ehe die Wette gilt. Die Zustimmung der Angesprochenen wird in der Literatur zur Sprechakttheorie aber für nicht wesentlich erachtet, oder es werden nur Fälle in Betracht gezogen, wo die Zustimmung ja eh gegeben wird. Diese Vorgehensweise erinnert sehr an die Sicht auf Assertionen in Theorien vor dem Table-Modell. In Kapitel 7 haben wir gesehen, dass eine breitere und realitätsnähere Sicht auf die Daten nicht nur linguistische Entdeckungen erlaubt (wie das polaritätssensitive *nein-ja-doch*-Paradigma) sondern das Verständnis für sprachliches Handeln insgesamt vertieft. – Das Kooperationsproblem ist im übrigen nicht nur auf ein einzelnes Verb *wetten* beschränkt. Es tritt für alle Sprechakte auf, die auf eine Kooperationsvereinbarung zwischen beiden Sprechern abzielen, wie z. B. *einladen, kaufen, verkaufen, ausleihen* oder *borgen*. An dieser Stelle soll auf das Problem lediglich hingewiesen werden; wir werden die Frage in Kapitel 10 genauer untersuchen.

Auch Austin hatte bereits eine Kategorisierung von Sprechakten vorgeschlagen, die hier der Vollständigkeit angegeben ist. Seine Aufteilung ist ähnlich aber nicht dieselbe wie Searles.

Verdictives (feststellen einer Tatsache, mit Folgen für den weiteren Verlauf):
Abseits! Ich spreche Sie schuldig ...
Exercitives (ausüben von Macht, Einfluss auf Verhalten anderer Personen):
Zahlen Sie jetzt 100 €! Ich warne Sie davor, den Garten zu betreten!

Commissives (Sprecher verpflichtet sich zu einer zukünftigen Handlung):
Ich verspreche, pünktlich da zu sein. Ich werde Sie retten!
Behabitives (Sozialverhalten, das in Worten ausgedrückt wird):
Grüzi! Gratuliere! Ich spreche Ihnen mein Beileid aus! Verdammt!
Expositives (wie gehört eine Äußerung in den Diskussionskontext):
ich widerspreche dem, ich behaupte, ich gestehe Ihnen zu, ich erläutere das ...

Mehrere Beobachtungen legen nahe, dass diese Klassifizierung der Searle'schen unterlegen ist. Die Klasse der Expositives vermischt in unklarer Weise die Aussage mit der Art und Weise, wie sich eine Aussage in einen Diskurs einordnet. Das führt zu dem Problem, dass jede Aussage in einem geeigneten Gesprächskontext auch zu einem „Widerspruch", einer „Erläuterung" oder einem „Zugeständnis" werden kann. Dies mag zwar für die Argumentationsanalyse interessant und wichtig sein, aber man zögert doch, daraus jedes Mal einen anderen Sprechakt abzuleiten. Eine andere Unstimmigkeit wirft die Definition der Klasse der Verdictives auf: Manche sachverhalts-verändernden Sprechakte stellen eine Tatsache fest, so wie es das *Abseits!* des Schiedsrichters tut. Aber die Überzahl von sachverhaltsverändernden Sprechakten (Searles Deklarativa) stellen keine Tatsachen fest, sondern schaffen neue Tatsachen. Betrachten wir etwa den Sprechakt *Ich feuere Sie hiermit aus dem Betrieb!* Bei gleichem Stand der Tatsachen ist es die freie Entscheidung einer Führungsperson, entweder eine Entlassung auszusprechen oder eben nicht. (Man könnte versuchsweise zur Rettung der Verdictives behaupten, dass der Stand der Tatsachen miteinschließt, ob die verantwortliche Person eine Kündigung aussprechen *will*. Allerdings würde dann auch z. B. beim Versprechen der Stand der Tatsachen umfassen, dass eine Person ein Versprechen abgeben *will*. Das heißt, letztlich würden alle Sprechakte zu Verdictives, und das wäre auch keine gute Lösung.)

Zur Ehrenrettung Austins kann man allerdings anfügen, dass die Klasse der Expositives lediglich konsequent seine Kriterien zur Identifizierung von Sprechakten umsetzt. Sie erinnern sich: Ein mögliches Kriterium zum Abstecken des Raums möglicher Sprechakte war die Verwendung eines explizit-performativen Satzes. Nach diesem Kriterium würden sich mindestens einige der genannten Beispiele durchaus aus Sprechakt qualifizieren, wie (30) zeigt.

(30) Ich gestehe Ihnen hiermit zu, dass der Kauf des Computers ZX 1500 nicht völlig zwecklos war.
Ich widerspreche Ihnen hiermit!
Ich stimme Ihnen hiermit zu: Der Kauf des ZX 1500 war nicht zwecklos.
Ich behaupte hiermit, dass ...

Trotz vieler Einsichten über die Welt der Sprechakte zeigt sich an solchen Punkten, dass das Konzept des ‚sozialen Aktes' bei Austin nicht wirklich klar ist. Die Lektüre von Austin ist dennoch ein Gewinn, auch weil seine Vorlesungen vorbildlich vorführen, wie man aus der Betrachtung von einfachen sprachlichen Daten und Beispielen langsam ein Theoriegebäude entwickelt.

8.5 Zusammenfassung

- Es gibt viele Äußerungen, die eine andere Absicht und einen anderen Effekt über das Behaupten / Aussagen hinaus haben. Sie werden als Sprechakte bezeichnet. Auch das Behaupten ist zwar ein Sprechakt, aber verglichen mit den anderen weniger interessant.
- Mit (nicht-assertiven) Sprechakten verändern Sprecher die Welt. Sie machen nicht nur Aussagen darüber, wie die Welt ist.
- Sprechakte glücken nicht automatisch. Die Beteiligten müssen die richtigen Absichten und Rechte haben, die Äußerung muss richtig und vollständig sein.
- In den Grammatiken der Sprachen der Welt werden universal die Satztypen *Aussage, Frage, Befehl* unterschieden. Dies zeigt, dass diese Sprechakte besonders wichtig sind. Man muss aber vermuten, dass es mehr als diese drei Akttypen gibt.
- Explizite Performative legen nahe, dass sich die Zahl der Sprechakte im Verblexikon widerspiegelt. Das ist eine nützliche Annäherung, eine Eins-zu-eins-Entsprechung gilt jedoch nicht.
- Austin formuliert ABC-Regeln, die erfüllt sein müssen, damit ein Sprechakt glückt.
- Er unterscheidet weiterhin *lokutionären, illokutionären* und *perlokutionären* Akt.
- Beides sind Versuche, genauer zu verstehen, warum Sprechakte, anders als Zaubersprüche, nicht sofort erfolgreich sind, wenn die magischen Worte fallen. Regeln und Teilakte sind vor allem dann nützliche Begriffe, wenn man begründen will, ob ein konkreter Sprechakt geglückt ist oder nicht.
- Es wurden verschiedene Sprechakt-Klassifikationen vorgeschlagen. Wir verwenden im Folgenden die Klassifikation von Searle, die die Klassen Repräsentativa, Kommissiva, Direktiva, Expressiva und Deklarativa vorsieht.

Fingerübungen

(1) Beschreiben Sie, wie die Äußerung folgenden Satzes zu einem Sprechakt führen kann!

Ich halte hiermit um die Hand Ihrer Tochter Susanne an!

- Wie kann durch Verletzung der Bedingungen (A) der Sprechakt fehlschlagen?
- Wie durch Verletzung der Bedingungen (B)?
- Was passiert, wenn (C) verletzt wird?
- Gehört Ihrem Gefühl nach die Antwort *Ja* des Schwiegervaters zum Sprechakt dazu? Was für ein Akt kommt zustande, wenn der Schwiegervater den zukünftigen Schwiegersohn rauswirft?

(2) Betrachten Sie folgende Äußerung:

Tanze mit mir in den Frühling hinein!

- Beschreiben Sie eine Situation, wo der lokutionäre Akt zustande kommt, aber nicht der illokutionäre.
- Und eine, wo zwar der illokutionäre Akt zustande kommt, aber nicht der perlokutionäre.

(3) Beschreiben Sie möglichst genau die Glückensbedingungen für den Sprechakt *versprechen*. (mögliche Inhalte, Sprechereinstellung, Adressatenwünsche,...).

(4) Zu welcher der fünf Searle'schen Klassen würden Sie folgende Sprechakte zählen?

(i) Ich fordere Sie auf, den Raum zu verlassen!
(ii) Hiermit verkünde ich, dass die Königin eine Tochter geboren hat.
(iii) (Schiedsrichter:) Abseits!
(iv) Ich verpflichte mich, jede Woche einmal die Treppe feucht zu wischen.
(v) Hiermit lade ich Sie für kommenden Sonntag zum Kaffee ein.

Gibt es Beispiele, bei denen die Zuordnung zu mehreren Klassen möglich scheint?

(5)* Lesen Sie in Austins *How to do things with words* das Kapitel 12. Wählen Sie eine seiner Sprechaktklassen und versuchen Sie diese mit deutschen Beispielen zu illustrieren.

(6) Arten des Missglückens von Sprechakten.

a) Erfinden Sie eigene Beispiele für *misfired* oder *abused* Sprechakte!
b) Ein besonderer Fall des *misfired speech act* findet sich in der Komödie *Das Haus in Montevideo* von Curt Goetz. Informieren Sie sich über den groben Inhalt des Stücks und benennen Sie, welcher Typ von Bedingung den Sprechakt des *Verheiratens* im Stück zunichte macht.

9 Searles Theorie der Sprechakte

Dieses Kapitel führt in Searles Theorie der Sprechakte ein, die bis heute der Ausgangspunkt neuer Analysen und Einzelstudien ist und daher zum Kanon der Sprechaktforschung gehört. Wir betrachten zunächst die Fallstudien von Searle (1969), auf deren Grundlage er allgemeine Parameter der Sprechaktbeschreibung vorschlug (9.2). Zuletzt wenden wir uns den indirekten Sprechakten zu: Äußerungen, die den Effekt – also den perlokutionären Akt – eines Sprechaktes erzielen, ohne dass ein entsprechender illokutionärer Akt überhaupt ausgeführt wurde. Magie? Warten Sie ab!

9.1 Searles Sprechakt-Analysen

Austins Überlegungen zu Sprechakten sind überwiegend allgemeiner Natur. Er gibt zwar Beispiele an, jedoch im abschließenden Teil über Sprechaktkategorien ist zu sehen, dass eine eindeutige Zuordnung von Akten zu Klassen (in Austins System) oft nicht möglich ist. John Searle unternimmt in seiner Monographie *Speech Acts* eine systematische Untersuchung einzelner wichtiger Akte mit dem Ziel, daraus ein allgemeines System herzuleiten (Searle 1969). Er beginnt mit einer Detailanalyse des Sprechakts *Versprechen*. Searle beobachtet, dass folgende Bedingungen erfüllt sein müssen, damit Sprecher A gegenüber Sprecher B ein geglücktes Versprechen gegeben hat.

1) Die Äußerung von A an Adressaten B geschieht unter normalen Gesprächsbedingungen (beide sprechen die gemeinsame Sprache, können einander hören, sind wach und bei der Sache usw.)
2) Sprecher A äußert mit dem Versprechen die Proposition, dass p.
3) Diese Proposition hat einen zukünftigen Akt von A zum Inhalt. (D. h. es geht um etwas, das A in der Zukunft tun – oder möglicherweise auch bleiben lassen – wird.)
4) Der Adressat B hätte lieber, wenn A das tut, als wenn A das nicht tut. Der Sprecher A glaubt auch, dass B es lieber hätte, wenn A das tut, als wenn A es nicht tut.
5) Es ist für beide klar, dass A dieses p nicht sowieso tun würde.
6) A will p tun.
7) A hat die Absicht, sich mit seiner Äußerung dazu zu verpflichten, p zu tun.
8) A will, dass der Adressat B versteht, dass A sich mit der Äußerung verpflichtet; und er will, dass dieses Verständnis bei B aufgrund der wörtlichen Bedeutung seiner Äußerung zustande kommt.
9) Die Regeln der Sprache von A und B sind so, dass das Versprechen p genau dann richtig und ehrlich gegeben wird, wenn 1) – 8) zutreffen.

Diese Regelliste erfasst den Akt des Versprechens sehr detailliert. Manche Bedingungen allerdings sind sicherlich auch für andere Sprechakte relevant. Die Bedingungen 1), 2) und 9) sind allgemeine Bedingungen für Sprechakte. Mit Regel 2) wird eine Brücke zwischen Akt und Propositionen geschlagen. Auch wenn *versprechen* den zukünftigen Akt p nicht behauptet, so geht es doch im Wesentlichen um einen Sachverhalt p. Regel 3) beschreibt die Proposition p genauer – es geht um einen Akt von A, der in der Zukunft wahr werden soll.

Die Regeln 3) – 8) erfassen das Wesen des *Versprechens*. Regel 3) nennt Searle die „Bedingung über den propositionalen Gehalt" des Akts (*propositional content condition*). Regel 4) und 5) nennt Searle „vorbereitende Regeln" (*preparatory rules*) mit denen Voraussetzungen für das glückliche Abgeben eines Versprechens definiert werden. Regel 6) heißt die „Ehrlichkeitsregel" (*sincerity rule*), die festlegt, dass es der Sprecher mit seiner Äußerung ernst meinen muss. Regeln 7) und 8) fasst Searle letztlich zur „wesentlichen Regel" (*essential rule*) zusammen, die das Wesen eines Versprechens benennt.

Wesentliche Regel: Die Äußerung von A zählt als ein Akt mit der Absicht, sich zu verpflichten, dass er p tun wird.

Diese Regeln erfassen ziemlich passgenau alle Versprechen. Sie beschreiben Äußerung und Absicht des Sprechers. Damit unterscheiden sie sich von Austins Strategie, Sprechakte über performative Verben zu beschreiben. Die folgenden Beispiele zeigen, dass das Verb *versprechen* im besten Fall tatsächlich in einem Versprechen benutzt wird – in manchen Fällen aber auch in einem Sinn, den wir intuitiv nicht als ein „Versprechen" bezeichnen würden. Searles Regeln erfassen diese Intuition, Austins performative Verben erklären dies nicht.[1]

(1)　Ich verspreche Dir, dass ich die Küche aufräume.

(2)　Ich verspreche Dir, dass die Küche bis morgen aufgeräumt ist.

(3)　Ich verspreche Dir, dass das Wetter morgen schön wird.

(4)　(angesichts eines zerbrochenen Glases): Ich wars nicht, ich versprechs Dir!

(5)　Ich mach Dich vor allen unmöglich, das versprech ich Dir.

---

[1] Um Missverständnissen vorzubeugen: Austin wäre sicher ebenfalls der Meinung, dass nicht alle Äußerungen in (1)–(5) Versprechen ausdrücken. Vielleicht würde er darauf hinweisen, dass performative Verben *in der Regel* im entsprechenden Akt benutzt werden.

Die Äußerung (1) ist der typische Akt des Versprechens. Es geht um einen zukünftigen Akt des Sprechers p, nämlich dass er die Küche aufräumt. Wir gehen davon aus, dass die Äußerung unter normalen Bedingungen gemacht wird, in der A und B beide Deutsch können, einander verstehen usw. Wir können davon ausgehen, dass weder der Sprecher noch der Adressat gerne den Küchenputz machen, und dass Bedingungen 4) und 5) also gegeben sind. Korrekterweise muss A den Küchenputz ehrlich planen (Ehrlichkeitsbedingung) und macht die Äußerung mit der Absicht, sich dazu gegenüber B zu verpflichten (Wesentliche Regel).

Regel 4) ist einen genaueren Blick wert: Hier wird nicht nur gefordert, dass A *glaubt*, dem Adressat B eine Freude zu machen, sondern *dass das tatsächlich so ist*. Interessanterweise wird die stärkere Bedingung in späteren Referenzen auf Searle manchmal weggelassen, z. B. in Stephen Levinsons klassischem Lehrbuch *Pragmatics* (Levinson 1983). Regel 4) erklärt alle nicht-akzeptierten Versprechen für nicht regelkonform und deshalb missglückt. Wenn also der kleine Fritz seiner Oma sagt: *Ich verspreche Dir, dass ich die Küche aufräume* und die Oma, ein Durcheinander befürchtend, das freundlich ablehnt, dann war laut Searle bereits Fritz' Äußerung kein geglücktes Versprechen. Im nächsten Kapitel stellen wir dem die Sichtweise gegenüber, dass Sprechakte so etwas wie Vertragsabschlüsse zwischen zwei Sprechern sind. Diese Vertragssicht würde sagen, dass Fritz eine Abmachung ehrlich vorgeschlagen hat, die Oma diese aber ablehnt: Fritz' Äußerung war regelkonform, die Reaktion der Oma aber nicht der von Fritz erwartete Default-Fall.

Gehen wir weiter zu Äußerung (2). Sie hat einen propositionalen Gehalt, der keine Aktion des Sprechers zum Thema hat. Wir würden (2) aber sinngemäß anreichern und verstehen, dass A irgendwie daran beteiligt ist, dass der versprochene Zustand eintritt. In einem normalen Zweipersonenhaushalt liefe (2) darauf hinaus, dass A selber die Küche säubert; wenn A die Chefin des Küchenpersonals wäre, könnte A auch verantwortlich für ihre Einsatztruppe sprechen. Searles Regelwerk sagt korrekt vorher, dass wir im Zusammenhang mit Versprechen aktiv nach einer Proposition p suchen, die eine Handlung von A zum Inhalt hat.

Wäre Ihrer Ansicht nach die Äußerung in (3) ein Versprechen in Searles Sinn? Der Sprecher könnte hier allenfalls sein festes Vertrauen in den Wetterbericht oder Wettervorboten zum Ausdruck bringen. „Versprechen" meint hier eher: p wird passieren; ich behaupte das und fühle mich für die Wahrheit der Behauptung so stark verantwortlich wie für ein Versprechen (im wörtlichen Sinn). Intuitiv wird also eine Behauptung gemacht und dem Hörer starke Gründe gegeben, wieso er diese Behauptung glauben sollte. (Hier ist es nützlich, sich an das Table-Modell zu erinnern und an die Tatsache, dass der Hörer auch sagen könnte: *Das glaub ich nicht!*)

Searles Position im Fall von Äußerung (4) ist in seinem Werk klar formuliert. Er wendet sich dagegen, in (4) das Verb *versprechen* im Sinn der Verpflichtung zu interpretieren. Der Sprecher kann ja nichts unternehmen, um seine Behauptung wahr zu machen. Searle (1969: 59) stellt fest, dass es sich hier um ein emphatisches Abstreiten, d. h. wieder um eine Art der Assertion handelt.

Bei der Äußerung in (5) schließlich ist Regel 4) verletzt. Damit zählt (5) nicht als Versprechen, obwohl das entsprechende Verb verwendet wird und der Sprecher vielleicht sogar ehrlich diese Absicht verfolgt. Das Beispiel lädt aber dazu ein, den Sprechakt des *Drohens* genauer zu betrachten.

Zur Diskussion: In welchen der folgenden Fälle wird laut Searle ein Versprechen abgegeben, wo nicht?

(i) Ich verspreche, dass ich dieses Pokerspiel gewinne.
    (vor dem Verteilen der Karten; Agent 007 im Film *Casino Royale*)
(ii) Ich verspreche, nie wieder Alkohol anzurühren.
    (zu sich selber am nächsten Morgen)
(iii) Ich verspreche, dass Du Dein Leben lang glücklich sein wirst.
    (Bräutigam zur Braut; gute Fee zu Dornröschen bei der Geburtstagsfeier)

Searles Beschreibungsgerüst sollte so formuliert sein, dass beliebige Sprechakte beschrieben werden können. Er nimmt an, dass sich alle Sprechakte definieren lassen mit der Angabe folgender fünf Aspekte: der geeignete **propositionale Inhalt** (*propositional content*), den **vorbereitenden Bedingungen** (*preparatory conditions*), den **Ehrlichkeitsbedingungen** (*sincerity conditions*) und der **essenziellen Bedingung** (*essential condition*). Er illustriert dies anhand eines breiten Spektrums von Sprechakten, von denen ich hier die Beispiele *auffordern, behaupten, danken, (be)raten, fragen* und *warnen* vorstelle. Die folgende Übersicht fasst die entsprechenden Analysen zusammen (Searle 1969: 66–67), die außerdem noch *grüßen* und *gratulieren* umfassen. In allen Fällen ist A der Sprecher, B der Adressat.

auffordern	
propositionaler Inhalt	zukünftige Handlung h von B
vorbereitende Bedingung	B kann p tun. A glaubt, dass B h tun kann. Es ist für beide nicht offensichtlich, dass B normalerweise h sowieso tun würde.
Ehrlichkeitsbedingung	A will, dass B h tut.
essenzielle Bedingung	zählt als Versuch, B dazu zu bewegen, h zu tun.

behaupten

propositionaler Inhalt	beliebige Propositionen *p*
vorbereitende Bedingung	A hat Gründe, *p* für wahr zu halten. Es ist nicht offensichtlich für A und B, dass B bereits weiß, dass *p* (und nicht daran erinnert werden muss)
Ehrlichkeitsbedingung	A glaubt *p*
essenzielle Bedingung	zählt als Zusicherung, dass *p* den realen Tatsachen entspricht.[2]

danken (für)

propositionaler Inhalt	vergangene Handlung *h* von B
vorbereitende Bedingung	*h* ist gut für A und A glaubt, dass *h* für A sei.
Ehrlichkeitsbedingung	A fühlt Dankbarkeit oder Anerkennung für *h*.
essenzielle Bedingung	zählt als Ausdruck der Dankbarkeit oder Anerkennung.

(be)raten

propositionaler Inhalt	zukünftige Handlung *h* von B
Vorbereitende Bedingung	A hat Gründe zu glauben, dass *h* für B gut wäre. Es ist nicht für beide offensichtlich, dass B *h* sowieso tun würde.
Ehrlichkeitsbedingung	A glaubt, dass *h* für B gut wäre.
essenzielle Bedingung	zählt als Handlung mit dem Zweck, dass *h* im Interesse von B wäre.

Searle kommentiert, dass *beraten* nicht dasselbe ist wie *befehlen zum Besten des Hörers*. Es sei eher eine Feststellung zur Beantwortung der Frage „Was wäre gut für Dich?".

warnen

propositionaler Inhalt	zukünftige Handlung, Zustand, o. ä. *p*
Vorbereitende Bedingung	A hat Gründe zu glauben, dass *p* passieren wird und nicht im Interesse von B wäre. Es ist nicht offensichtlich für A und B, dass *p* passieren wird.
Ehrlichkeitsbedingung	A glaubt, dass *p* nicht im Interesse von B wäre.
essenzielle Bedingung	zählt als Zusicherung, dass *p* nicht im Interesse von B sei.

---

[2] Searle kennt den Begriff des CG nicht und schreibt „an untertaking to the effect that *p* represents an actual state of affairs". Das von Searle in vielen Regeln verwendete *an undertaking* suggeriert Einheitlichkeit; das Verb *undertake* ist allerdings gefährlich vieldeutig: ‚durchführen', ‚zusichern', ‚etwas ausführen', ‚sich zu etwas verpflichten'. Leider wird damit die angestrebte Definition der Sprechakte unschärfer als das für eine philosophische Theorie wünschenswert ist.

fragen (eine Frage stellen)	
propositionaler Inhalt	beliebige Proposition oder propositionale Funktion[3]
Vorbereitende Bedingung	A weiß nicht, ob diese Proposition wahr ist; bzw welche der möglichen Propositionen wahr ist.
	A will B dazu bewegen, die Proposition(en) zu nennen, die B für wahr hält.
	Es ist nicht offensichtlich für A und B, dass B diese Information sowieso geben würde.
Ehrlichkeitsbedingung	A möchte die Information bekommen.
essenzielle Bedingung	zählt als Handlung mit dem Zweck, die Information von B zu erhalten.

Searles Beschreibungsgerüst liefert geeignete Stichpunkte, um die wichtigen Aspekte von Sprechakten abzudecken: Es geht um etwas, was geeigneten Inhalts sein muss (propositionaler Inhalt). Häufig müssen Sprecher und Hörer geeigneter Art sein und in den geeigneten Beziehungen zueinander stehen (vorbereitende Bedingungen). Der Sprecher muss es ehrlich meinen. Und es muss Teil der von beiden geteilten Kultur sein, dass Hörer und Sprecher verstehen, welcher Akt ausgeführt werden soll (essenzielle Bedingung). Allerdings bleibt die Beschreibung in einigen Punkten sehr ungefähr – was ist etwa unter einer „Zusicherung, dass *p* nicht im Interesse von B ist" zu verstehen (wörtlich „an undertaking to the effect that *p* is not in the best interest of B")? Umfassen *Warnungen* sowohl Anweisungen („Bleib von der Kuhweide weg!") wie auch negative Vorhersagen („Der Stier wird Dich angreifen!") und ebenso Faktenwissen („Der Stier ist sehr aggressiv!")? Wäre dann nicht die einigende Bedingung, dass A versucht, das Verhalten von B *im besten Sinne von B* zu beeinflussen, sei es mit Informationen, mit warnenden Vorhersagen oder mit direkten Anweisungen? Spätere semantische Theorien wie etwa Kaufmann (2012) erklären, wie sich mit derselben Satzform Imperativ bei einer einheitlichen Bedeutung mal eine Warnung, mal eine Erlaubnis, mal ein knallharter Befehl ausdrücken lassen. Trotz aller Unschärfen bleibt jedoch Searles Versuch, die Uferlosigkeit aller möglichen Sprechakte in beherrschbare Kategorien zu ordnen, ein Referenzpunkt in der Sprechakttheorie. Auf der Grundlage seiner Fallstudien schlägt Searle Dimensionen vor, in denen sich Akte unterscheiden und katalogisieren lassen. Die Wichtigsten davon werden im nächsten Abschnitt vorgestellt.

---

3 Damit meint Searle den Inhalt von Konstituentenfragen. Er stellt sich diese als offene Aussagen vor, die zu Propositionen führen können. Z. B. „Wer will Kaffee?" als *x will Kaffee*, mit verschiedenen Antworten „Peter will Kaffee", „Susi will Kaffee" usw.

9.2 Dimensionen der Sprechakte

Searles Vergleiche der verschiedensten Sprechakte zeigt: Manche Akte sind einander ziemlich ähnlich, werden aber trotzdem unterschiedlich benannt (und als verschieden betrachtet), weil sie sich in einer Hinsicht unterscheiden. Sehen wir uns solche Minimalpaare an.

(6) Ich schlage vor, dass wir ins Kino gehen

(7) Ich ordne an, dass wir ins Kino gehen

Beide Äußerungen haben den Zweck, den Adressaten dazu zu bringen, mit dem Sprecher ins Kino zu gehen. Aber die erste Äußerung ist freundlicher und kooperativer, während sich der zweiten nicht so leicht widersprechen lässt (jedenfalls wenn die Umstände dem Verb *anordnen* angemessen sind). Hier ist noch ein Beispiel:

(8) Ich gratuliere Ihnen zu Ihrem Umzug nach Berlin.

(9) Ich spreche Ihnen mein Beileid zu Ihrem Umzug nach Berlin aus.

In beiden Fällen geht es um den Umzug nach Berlin, aber er wird unterschiedlich bewertet: Der Sprecher in (8) findet Berlin gut (und geht davon aus, dass es der Adressat auch tut), wogegen Sprecher und Adressat in (9) eher schlechte Erwartungen über Berlin teilen. Natürlich liegt es auch in der Natur des Gegenstandes, ob eher gratuliert oder kondoliert wird, aber der entscheidende Unterschied sind die Gefühle von Sprecher und Adressat. Ein letztes Beispiel von Searle illustriert den Unterschied zwischen Befehlen und Beschreiben.[4]

(10) Der Gatte geht mit einer Liste seiner Frau in den Supermarkt, auf der „Eier, Milch, Schinken" steht. Er sucht alles zusammen und legt es in seinen Korb. Unbemerkt verfolgt ihn der Ladendetektiv und notiert alles, was im Korb landet. Am Ende haben Gatte und Detektiv dieselbe Liste: „Eier, Milch, Schinken". Aber die erste Liste gibt eine Anordnung, die zweite Liste eine Beschreibung der Welt.

---

4 Searle verwendet das Beispiel aus einer Monographie *Intention* von Gertrud Elizabeth M. Anscombe (Anscombe 1957), die er etwas ungelenk als „Miss Anscombe" zitiert.

Auf der Basis solcher Unterschiede benennt Searle insgesamt 12 Dimensionen, in denen sich Sprechakte unterscheiden lassen (Searle 1976). Nicht alle davon sind gleich zentral, aber einige werden bis heute verwendet und sollten daher genannt werden.

Der wichtigste ist der sogenannte **Point of the act**, das grundlegende Anliegen. Wenig überraschend unterscheidet Searle die Folgenden: (i) A wird was tun, (ii) B soll was tun, (iii) *p* wird als wahr behauptet, (iv) A drückt Gefühle über einen Sachverhalt aus; dazu kommen unter „Sonstiges" die Deklarativa. Bei diesen unternimmt Searle keine Ansätze, die Einheit in der Vielfalt zu finden. Allerdings wird hier eine weitere Dimension eingeführt: Braucht es eine **institutionelle Verankerung** (ja/nein)? Mit dieser weiteren Dimension werden Deklarativa zwar nicht erklärt, aber immerhin isoliert.

Das grundsätzliche Anliegen kann unterschiedlich dringlich unterbreitet werden, was die **Force** des Aktes definiert. In (6) und (7) oben sehen wir denselben **Point** (B soll etwas tun, nämlich ins Kino gehen), aber er wird mit unterschiedlicher Force vorgebracht. Man kann sagen: je dringlicher die Force, desto schwieriger oder kostspieliger ist es für den Adressaten B, sich der Aufforderung zu verweigern. Im Beispiel (6) ist es einfacher für B, zu antworten: *Nein, ich mag nicht.* Die Äußerung in (7) legt nahe, dass Sprecher A Mittel und Wege sieht, B zu zwingen, mit ins Kino zu gehen. Weil Searle sich um die Reaktionen des Adressaten nicht weiter kümmert, spricht er über Force, als ginge es primär um die Intensität des Wunsches von A, dass B etwas bestimmtes tun soll. Allerdings erkennt er ein weiteres Kriterium **Status/Rang** an, dass manchmal schon die äußeren Verhältnisse einer Aufforderung mehr Dringlichkeit verleihen können. Wenn ein General zum Soldat sagt *Bitte räumen Sie Ihr Bett auf,* dann kann das ein effektvollerer Befehl sein, als wenn ein Vater zu seiner 16-jährigen Tochter sagt *Ich befehle Dir, Dein Bett aufzuräumen.* Der General hat die mächtige Institution Armee im Hintergrund, während Eltern die negativen Konsequenzen für Nichtgehorchen sich selbst ausdenken und auch selbst umsetzen müssen.

Einen weiteren Unterschied sieht Searle darin, ob die Welt so *ist*, oder erst so *werden soll* wie der propositionale Inhalt des Aktes vorgibt. Er bezeichnet dies als **direction of fit** und unterscheidet die Passungen **world-to-word fit** (Welt-wie-Wort) und **word-to-world fit** (Wort-wie-Welt). Im Beispiel (10) sind beide illustriert. Die Einkaufsliste des Gatten zeigt den world-to-word fit: Der Inhalt des Einkaufskorbs muss am Ende so sein, dass er zur Liste passt. Die Liste des Detektivs zeigt den word-to-world fit: Sie muss am Ende das wiedergeben, was im Korb ist. Direktive Akte (*befehlen, auffordern*) und kommissive Akte (*versprechen*) haben beide den world-to-word fit. Für expressive Akte stellt Searle fest, dass der Inhalt *p* der Äußerung nicht behauptet, sondern präsupponiert wird. Diesem Unterschied sind wir in Kapitel 3 schon begegnet, er lässt sich mit (8) und (9) illustrieren. Beide Äußerungen sind nur dann sinnvoll, wenn Sprecher und Adressat schon wissen, dass der Adressat nach Berlin zieht. Deshalb diagnostiziert Searle hier **null fit**: Bei bekanntem Inhalt müssen für diese Äußerung weder Tatsachen geprüft noch neue geschaffen werden. (Die behauptete Freude bzw. das Bedauern des Sprechers müsste freilich überprüft werden, was Searle aber außer Acht lässt.) Am problematischsten ist für Searle die Passungsrichtung bei den Deklarativen. Ein Akt wie *Ich erkläre Sie hiermit zum Präsidenten* prüft keine Fakten und plant keine Fakten, sondern schafft neue Fakten. Searle schließt hier auf **beiderseitigen fit**: Teils muss die Welt zu den Worten passen, teils aber auch wird die Welt den Worten passend gemacht (manchmal sogar direkt im Moment des Äußerns). Die Passung word-to-world sieht Searle vor allem bei Deklarativen wie *Foul!* (aus dem Mund des Schiedsrichters) oder auch *Ich spreche Sie (des Mordes) schuldig*. Dort wird eine Tatsache behauptet (word-to-world), was aber sofort Folgen für alle Beteiligten hat (world-to-word), z. B. muss der Angeklagte als direkte Folge des Schuldspruchs ins Gefängnis.

Damit kennen wir die wichtigsten Kriterien zur Beschreibung von Sprechakten nach Searle. Seine weiteren Kriterien sind z. T. redundant, wie die Unterscheidung, ob der Sprecher *p* glaubt oder eher auf *p* hinarbeitet: Diese sicherlich wichtige Unterscheidung wird aber bereits durch den Point erfasst. Ebenso nennt Searle das Kriterium ‚welche mentale Einstellung zu *p* hat der Sprecher?' (*glauben, beabsichtigen, wünschen, bedauern, freuen* ...) neben dem Kriterium ‚Ist *p* gut oder schlecht für Sprecher/Adressat'. Beide Kriterien helfen sicherlich, die expressiven Akte zu sortieren, jedoch beginnen hier die Einzelwortbedeutungen, die für eine Theorie der Akte wohl zu feinteilig sind.

Searles Terminologie wird auch über die Sprechakttheorie hinaus in der Linguistik weiterentwickelt. Der Begriff ‚Force' hat Eingang in die Syntaxtheorie gefunden und hilft zur Erklärung von irritierenden Daten wie folgenden: Syntaktiker stehen manchmal vor dem Problem, dass gewisse Satzmuster *eigentlich* grammatisch falsch, aber *manchmal* dann doch wieder akzeptabel sind, wie das folgende Beispiel.

(11)   dass er immer so lange telefonieren muss

Die Regeln des Deutschen erlauben eigentlich nicht, dass ein Nebensatz ohne einen Hauptsatz auftritt. Aber mit etwas Nachdenken (oder aufmerksamer Beobachtung Ihrer Umgebung) merken Sie, dass Sätze wie (11) eben doch als selbstständige Sätze geäußert werden. Eine Äußerung von (11) würden wir vermutlich mit einem Ausrufezeichen am Ende notieren – es handelt sich um einen genervten Ausruf, mit dem der Sprecher seine Missbilligung ausdrückt.

Beispiele wie (11) stellen die Syntaxtheorie vor das Problem, dass bestimmte Äußerungsabsichten des Sprechers die normalen grammatischen Regeln außer Kraft setzen können. Präziser gesagt erlauben bestimmte Äußerungsabsichten die Nutzung spezieller Satzmuster. Nach Sicht der Syntaktiker ist es Aufgabe der Pragmatik, die Äußerungsabsichten zu bestimmen und in eine Force zu übersetzen. Diese Übersetzung kann in der sogenannten „Force-Phrase" codiert werden, was die Regeln des Satzbaus entsprechend ändert. Das einfachste Beispiel für diese Verbindung kennen Sie schon mit den Satztypen: Befehlssätze sehen anders aus als Fragesätze und Aussagesätze. Die Force-Phrase wird als Schnittstelle zwischen Syntax und Pragmatik genutzt, um solche Verbindungen zu erfassen. Lassen Sie sich aber terminologisch nicht verwirren: In der Syntax wird ‚Force' in einem Sinn benutzt, der bei Searle eher dem ‚Point of the act' entspricht.

Zusammenfassend basiert Searles Sprechakttheorie auf den Hauptkategorien *behaupten, anordnen, versprechen, Emotion äußern* und *Andere.* Wie bei Austin werden auch bei Searle Sprechakte monologisch aufgefasst. Es sind Handlungen eines Sprechers, der damit seine Ziele verfolgt. Ob und wie der Adressat auf die Äußerung eingeht, wird nicht thematisiert: Searle ist an der kooperativen Natur der Akte nicht interessiert. Bei einer Analyse von Beispiel (6) würde nicht erwähnt, dass auch der Sprecher in (6) sich zu etwas verpflichtet. Searle bemerkt nur am Rand, dass manche Äußerungen vielleicht mehrere *points* verfolgen könnten, so wie wenn der Schiedsrichter beim Fußballspiel ein Foul feststellt und damit einen Freistoß anordnet. Bezeichnenderweise weist Searle auf solche Misch-Akte vor allem im Bereich der Deklarativa hin, wo sich insgesamt mehr komplexe Akte finden.[5]

9.3 Indirekte Sprechakte

Im letzten Abschnitt wenden wir uns Äußerungen zu, bei denen der wörtlich ausgedrückte Sprechakt und der gemeinte Akt nicht identisch sind. Diese Beschreibung klingt paradox, aber wir werden sehen, dass dieser Fall tatsächlich sehr häufig ist. Stellen Sie sich drei Leute vor, die gemeinsam mit dem Auto unterwegs sind. Der Mensch auf dem Rücksitz öffnet sein Fenster. Nach einiger Zeit sagt die Fahrerin:

(12) Es zieht.

Damit will sie vermutlich nicht nur eine Feststellung machen, sondern den Mitfahrer auffordern, dass er das Fenster wieder zumacht. Offiziell aber macht sie nur eine Behauptung.

---

5 In den 1990er Jahren stellte eine juristische Untersuchung fest, dass nach damaligem deutschem Recht eine normale Eheschließung dieselben Folgen hatte wie 17 einzelne zwischen den Eheleuten abgeschlossene Zivilverträge. Zum aktuellen Stand s. etwa https://www.br.de/radio/bayern1/ehe-ohne-trauschein-rechte-100.html (April 2021).

Wenn folgender Satz von einem Gast im Restaurant zu einer Mitarbeiterin geäußert wird, dann wären *ja* oder *nein* vermutlich keine befriedigenden Antworten:

(13) Wissen Sie, wo die Toiletten sind?

Ebenso ist der Sprecher folgender Frage vermutlich nicht an den Fähigkeiten des Angesprochenen interessiert, sondern er will das Salz haben.

(14) Können Sie mir das Salz reichen?

In allen drei Fällen wird offiziell ein Sprechakt vollzogen, aber eigentlich soll der Angesprochene einen anderen Akt verstehen. (12) verpackt einen direktiven Akt in einer Behauptung; (13) fragt nach Wissen, will aber eine Information und (14) erfragt eine Fähigkeit, aber eigentlich soll der direktive Akt *Geben Sie mir das Salz* ausgeführt werden. Die Sprecherin in (12) wäre irritiert, wenn der Adressat nur auf den wörtlich geäußerten Sprechakt des Behauptens reagieren würde.

(12') Es zieht. – Ja, stimmt.

Wenn wir uns Aussagen wie (12) ansehen, haben wir bereits mit der Grice'schen Relevanzmaxime die Möglichkeit, Inhalt der Aussage und Ziele des Sprechenden zu verbinden.
1. Die Grice'sche Maxime der Relevanz: Warum könnte Information für den Adressaten relevant sein? Was sollte der Adressat (nach Meinung des Sprechers) mit der Information anfangen? – Umgekehrt für den Fragefall: Warum sollte der Sprecher irrelevante Information erfragen; was will er in Wirklichkeit?

Die Herausforderung besteht nun darin zu erklären, wie sich solche Relevanzüberlegungen auf die Sprechakte im Allgemeinen übertragen lassen. Dabei sollten wir aber eine tautologische Theorie vermeiden, denn die Feststellung, dass mit einer Äußerung „alles mögliche" gemeint sein kann, ist ebenso unwiderlegbar wie uninteressant. John Searle unternahm daher den Versuch, eine restriktivere Theorie der indirekten Sprechakte zu geben. Sein Befund war kurz gesagt Folgender.
2. Ausgehend von den Beschreibungen einfacher Akte (Fragen, Befehlen, Versprechen, Bitten usw.) sieht man, dass indirekte Sprechakte oft *Voraussetzungen*, *Ziele* oder *Glückensbedingungen* des gemeinten Sprechakts thematisieren. Es ist dann am Adressaten, den gemeinten Sprechakt drumherum zu erschließen.

Sehen wir uns die obigen drei Äußerungen auf dieser Grundlage noch einmal an. (12) stellt einen Sachverhalt fest, wobei die Sprecherin davon ausgehen kann, dass der Adressat den Sachverhalt sofort als *wahr* überprüfen kann. Da sich der Angesprochene wohl nicht gefragt hat, ob Luft hereinströmt, ist die mitgeteilte Information für ihn irrelevant. Aber es handelt sich dabei um einen Sachverhalt, der als negativ konnotiert ist. *Es zieht* beschreibt Luftzirkulation, die unangenehm ist. Damit kommen wir in Richtung des eigentlich gemeinten Aktes: (i) Die Sprecherin benennt einen unangenehmen Zustand. (ii) Sie möchte vermutlich, dass er unterbunden wird. (iii) Der Angesprochene ist in der Lage, dies zu tun. – Damit werden drei Voraussetzungen eines direktiven Akts mit dem propositionalen Inhalt *Adressat macht das Fenster zu* thematisiert. Der illokutionäre Point des Sprechers ist also eine Aufforderung, und die Äußerung soll den Adressaten in Richtung dieser Aufforderung stupsen.

Ähnlich liegt der Fall in (13). Es ist davon auszugehen, dass der Sprecher nur Information erfragt, die für ihn relevant ist. Unter gewissen Umständen könnte die Information tatsächlich interessant sein: Wenn ein Kind im Restaurant mit diesem Ziel alleine losgeht, kann es sich für die Eltern lohnen, vorher zu fragen *Weißt Du, wo die Toiletten sind?* Für einen Gast ist es dagegen uninteressant zu wissen, ob die Bedienung sich orientiert hat – außer unter dem Gesichtspunkt, dass nur dann die angesprochene Person auch ein guter Ansprechpartner für die speziellere Frage wäre: *Wo ist hier das Klo?* Der Gast thematisiert also die wichtigste Voraussetzung für einen geglückten Frageakt. Die Angesprochene reichert seine Absichten dahingehend an, dass der Gast in Wirklichkeit fragen möchte „Wo sind die Klos?", und beschreibt ihm die richtige Richtung.

In (14) ist der Sprecher ebenfalls nicht interessiert an den motorischen Fähigkeiten des Angesprochenen. Die Frage *Können Sie mir das Salz reichen?* erfragt die Voraussetzungen für den direktiven Akt *Reichen Sie mir das Salz!* Der gemeinte illokutionäre Point ist eine Aufforderung, nicht eine Frage. – Man kann sich überdies vorstellen, wie ein Dialog weitergehen könnte, wenn der Angesprochene tatsächlich die wörtlich gestellte Frage beantwortet. Wenn der Angesprochene in (14) mit *Ja* antwortet, kann der Sprecher einen Beweis für die Richtigkeit der Antwort verlangen, z. B. in der Form, dass der Angesprochene demonstriert, dass er das Salz reichen kann (und es damit tut). Mit der Äußerung in (14) spielt der Sprecher gewissermaßen ein sicheres Spiel. Idealerweise tut der Angesprochene sofort das Gewünschte, und der Sprecher hat sich einen peinlichen Befehl erspart. Andernfalls kann der Sprecher im nächsten Schritt immer noch die direkte Aufforderung aussprechen. (Über das Vermeiden von Befehlen als Höflichkeitsstrategie finden Sie mehr in Kapitel 19.2.)

Searle selbst nahm an, dass indirekte Sprechakte ihre eigentliche Botschaft enthüllen, wenn der Adressat sie mit den Grice'schen Maximen anreichert, es handele sich also um Implikaturen. Er selbst führt folgendes Beispiel eines Dialogs zwischen zwei Studierenden an, wo 10 Schritte von wörtlicher Äußerung zum gemeinten *illocutionary point* führen (zit. nach Birner 2013: 194).

(15)   A: Lass uns heute Abend ins Kino gehen!
        B: Ich muss für eine Klausur lernen.

Vermutlich will B mit seiner Behauptung die Aufforderung von A ablehnen.[6] Laut Searle durchläuft A bei dieser Deutung von B's Äußerung blitzschnell folgende Schritte:
1. Ich habe einen Vorschlag gemacht und B hat mit einer Aussage reagiert, dass er lernen muss.
2. Ich nehme an, dass B die Kooperationsmaxime befolgt und eine relevante Aussage gemacht hat.
3. Eine relevante Aussage wäre hier eine Annahme oder Ablehnung des Vorschlags, ein Gegenvorschlag usw.
4. Die wörtliche Äußerung war keine dieser Reaktionen, also irrelevant.
5. Also muss sein illokutionärer Punkt ein anderer sein als der des Behauptens.
6. Lernen braucht Zeit am Abend. Ins Kino gehen braucht auch Zeit am Abend.
7. Also kann B nicht beides am selben Abend machen.
8. Eine Voraussetzung für das Annehmen eines Vorschlags ist die Fähigkeit, entsprechend zu handeln.
9. Aus seiner Behauptung folgt, dass er diese Voraussetzung für den von mir gemachten Vorschlag nicht mitbringt.
10. Deshalb ist sein Punkt vermutlich, den Vorschlag abzulehnen.

Damit baut die Interpretation von indirekten Sprechakten auf die Grice'schen Maximen auf. Der wesentliche Beitrag von Searle, die Charakterisierung von Sprechakten, darf aber nicht unterschätzt werden. Er liefert die wichtigen pragmatischen Stichworte, die bestimmen, in welchen Dimensionen eine pragmatische Anreicherung stattfinden soll. Auch das kann man sich am Beispiel (15) klarmachen. A könnte aus der Äußerung von B „Ich muss für eine Klausur lernen" alles mögliche Relevante ableiten: ‚B ist ein Streber', ‚die Klausur ist wichtig' usw. Aber im Kontext einer Frage sagt die Sprechakttheorie vorher, dass A auf alle Fälle zu interessieren hat, wie B auf den Vorschlag reagiert.

---

[6] Man kann hier gut sehen, wie Searle in Beispielen die dialogische Natur von Sprechakten nutzt, ohne sie je als Teil seiner Beschreibung aufzunehmen.

Zuletzt noch ein Wort zur terminologischen Klärung. Bei direkten Sprechakten stimmen der wörtlich **ausgedrückte Sprechakt** und der **gemeinte Sprechakt** überein. Bei indirekten Sprechakten müsste der Sprecher mit der Äußerung eigentlich den ausgedrückten Sprechakt X „meinen", aber es ist klar, dass er in Wirklichkeit einen anderen, zu erschließenden Sprechakt Y durchführen will. Man muss also den wörtlichen Sprechakt und den gemeinten Sprechakt unterscheiden.

(16) A und B sind mit dem Auto unterwegs.
      B fährt äußerst sportlich.
      A: Willst Du uns umbringen?

Der wörtliche Sprechakt von A ist eine Frage. Nach den Regeln für *fragen* müsste A zum Ziel haben, eine Information von B zu erbitten. Dieses Ziel ist aber mindestens aus zwei Gründen unplausibel. Zum einen, weil B nicht lebensmüde wirkt und daher vermutlich mit *nein* antworten würde. Und zum anderen, weil A so eine Frage vermutlich nicht erst ernsthaft stellen, sondern lieber gleich Maßnahmen zu seiner Rettung unternehmen würde, wenn A die Antwort *ja* für möglich hielte. – Stattdessen schließen wir auf den gemeinten Sprechakt des Auffordens: *Fahr langsamer!* der durch den Hinweis auf die möglicherweise negativen Folgen für B zwischen *Ratschlag* und *Befehl* liegt. (Hier sieht man gut, dass der Point den Akt definiert während die Force offenbleiben kann.) Abkürzend sagt man auch: A unternimmt den indirekten Sprechakt des Auffordens. Indirekt deswegen, weil mit dem, was aussieht wie eine Frage, eigentlich eine Aufforderung gemeint ist.

Sind indirekte Sprechakte idiomatisch? Wenn Searle annimmt, dass die indirekten Sprechakte als Implikatur herleitbar sind, dann wird damit auch implizit behauptet, dass alternative, synonyme Äußerungen denselben eigentlich gemeinten illokutionären Point machen können. Seine ausführliche Herleitung der *Ablehnung* in (15) bezieht sich an keiner Stelle auf die Art, wie B seine Antwort formuliert hat – und in diesem Beispiel scheint das auch völlig angemessen. In anderen Fällen sind die indirekten Sprechakte konventionell beschränkt (was bedeutet: es gibt weitere Regeln dafür, welche Äußerungen welchen gemeinten Point haben können, und welche nicht).

(17) Ich hätte gerne das Salz.
      Könnten Sie mir das Salz geben?
      Sind Sie in der Lage, mir das Salz zu geben?
      Sind Sie im Stand, mir das Salz zu geben?
      Ich möchte so gerne das Salz haben.
      Ich wäre unheimlich froh, wenn ich das Salz hätte.

Die ersten beiden Äußerungen vermitteln unter geeigneten Umständen den illokutionären Point: *Gib mir das Salz!* Die anderen Alternativen sind weniger geeignet als indirekte Direktive. *Sind Sie in der Lage ...* scheint keine höfliche Art, um Salz zu bitten. Der Sprecher scheint den Adressaten eher als Trottel hinzustellen. Warum kann die Äußerung nicht einfach als indirekter Sprechakt gelten? Ebenso würde *Ich möchte so gerne das Salz haben*, vermutlich übermäßig selbstverliebt wirken. Unter einer Reihe von möglichen Äußerungen, mit denen ein indirekter Sprechakt gemacht werden kann, gibt es offenbar einige *übliche*, die sich eingebürgert haben. Äußerungen, die vom Normalen abweichen, bewegen den Adressaten dazu, sich außerdem zu fragen, warum der Sprecher seinen illokutionären Point in unüblicher Weise verpackt (→ Maxime der Art und Weise verletzt). Die Konventionen erschweren es gelegentlich, den wörtlichen Akt noch hinter dem gemeinten Akt zu sehen. Wenn z. B. jemand sagt *Ich hätte gern das Salz*, meint der Sprecher in den allermeisten Fällen eigentlich ‚Gib mir das Salz!'. Der indirekte Sprechakt ist so häufig, dass man sich fragen könnte, ob die direkte (wörtliche) Interpretation überhaupt noch Teil des Gegenwartsdeutschen ist. Die diachrone Linguistik untersucht unter anderem die Frage, wann Äußerungen eine neue Bedeutung gewinnen und ihre alte Bedeutung dabei endgültig verloren geht. Dazu sehen wir in Kapitel 14 mehr.

Zum Abschluss noch ein Beispiel für missglückte Versuche, mit indirekten Sprechakten sprachlich originell zu sein. Letztlich muss der Sprecher bei aller Kreativität gewährleisten, dass der Adressat versteht, was gemeint ist. Hier kann es zu Missverständnissen kommen, wie in folgender Szene aus Marcel Proust, *Auf der Suche nach der Verlorenen Zeit*. In der folgenden Episode geht es um den expressiven Akt des Dankens, und Versuchen, dies in einem indirekten Sprechakt zu tun: Der Nachbar Swann hat dem Haushalt der Tanten Céline und Flora eine Kiste Wein geschickt. ... „Denkt daran, ihm auf verständliche Weise für seinen Wein zu danken, Ihr wisst, er ist köstlich und die Kiste riesengroß", empfiehlt der Großvater (...). Die beiden Tanten finden jedoch einen einfachen Dank zu plump. Sie schreiten anders zur Tat.

(18) (...), antwortete ihre Schwester Flora, „aber auch ich habe meine Zeit nicht nutzlos vertan. Ich habe bei Monsieur Vinteuil einen alten Gelehrten getroffen, (...). Er ist ein Nachbar von Monsieur Vinteuil, ich wußte garnichts davon; ein unglaublich liebenswürdiger Mann." „Nicht nur Monsieur Vinteuil hat liebenswürdige Nachbarn", rief Tante Céline mit einer Stimme, die vor Schüchternheit laut und in ihrer Absichtlichkeit unnatürlich klang, während sie auf Swann einen ihrer – wie sie meinte – bedeutungsvollen Blicke warf.

(19) „(Swann sagt: ...) Niemals habe ich an dieser dicken Flasche etwas anderes als üble Laune, Grobheit und alberne Einfälle festgestellt."— „Dick oder nicht, ich kenne Flaschen, in denen etwas ganz anderes ist" fiel Flora lebhaft ein, die Wert darauf legte, sich auch ihrerseits bei Swann bedankt zu haben.
(M. Proust, *Auf der Suche nach der Verlorenen Zeit*, Werke II, Bd. 1, Frankfurt 1994, S. 39f.)

Betrachtet man die Äußerungen der beiden Tanten, so zeigt sich folgendes. Tante Céline (18) stellt fest, dass es Personen außer Monsieur Vinteuil gibt, deren Nachbarn liebenswürdig sind. Das ist eine fast tautologische Aussage, und damit von wenig informativem Wert. Auf Grund der Grice'schen Maximen (Quantität, Relevanz) kann angereichert werden, dass es sich um bestimmte Nachbarn von bestimmten Personen handeln muss, nämlich um Swann, den Nachbarn der Familie des Autors. Doch auch damit sind wir noch weit vom Dank entfernt — es muss rekonstruiert werden, worin die Liebenswürdigkeit besteht (im Versand von Wein an Familie Proust) und welche Gefühle das in Tante Céline ausgelöst hat (Dankbarkeit).

Ähnlich weit ist auch Tante Floras Äußerung vom direkten Dank entfernt. Ihrer Assertion zufolge kennt sie Flaschen, in denen etwas anderes als üble Laune ist. Auch diese Feststellung ist nicht sehr informativ und müsste angereichert werden um (a) es handelt sich um Weinflaschen, nämlich (b) den von Swann geschickten und (c) der Inhalt war Wein. Eventuell lässt sich aus der Tatsache, dass er überhaupt erwähnt wird schließen (d) dass Tante Flora den Wein gut findet. Auch dann noch fehlen noch einige Schritte zum Dank. Es geht ja eigentlich um den propositionalen Inhalt p = ,dass Swann die bewussten Weinflaschen an seine Nachbarn geschickt hat'. Was Tante Flora nicht nur mal so gesagt haben wollte, sondern *dankbar* erwähnt. Wenig überraschend versteht mindestens der Großvater in der Episode den indirekten Dank nicht. Ob Swann den geistreichen Dank seiner Nachbarinnen erkannt hat, lässt Proust offen.

Fingerübungen

(1) Zeigen Sie, dass folgende Äußerungen Searles Regeln für *auffordern* und *danken* entsprechen. Was ist jeweils der propositional content p?
    (a) Die Ärztin A möchte dem Patienten B die Lunge abhorchen.
        Sie sagt: *Ziehen Sie Ihr Hemd und Unterhemd aus.*

(b) Die Schmidts haben die Müllers gebeten, die Blumen zu gießen, während sie (= die Schmidts) verreist sind. Nach ihrer Rückkehr finden sie die Blumen in voller Pracht blühend vor. Sie gehen zu den Müllers und sagen: *Vielen Dank, dass Sie unsere Blumen so gut gepflegt haben!*

(2) Betrachten Sie Searles Regeln für *fragen*.
   a) Beschreiben Sie einen kleinen Fragedialog, in dem der Frageakt alle Regeln nach Searle erfüllt.
   b) Beschreiben Sie eine Situation, wo im Examen der Prüfer den Schüler eine Examensfrage stellt. Erfüllt diese Frage alle Bedingungen von Searle?
   c) Beschreiben Sie eine Situation, wo eine rhetorische Frage gestellt wird. Welche Bedingungen von Searle an *fragen* sind hier verletzt?

(3) Nehmen Sie Ihr Beispiel in (2) für eine Examensfrage.
   a) Schreiben Sie eine neue Regel nach Searles Schema für den Fall der Examensfrage.
   b) Überlegen Sie, ob eine Examensfrage im Table-Modell (Kapitel 7) modelliert werden kann. Braucht es auch dort eine neue Regel?

(4) Schreiben Sie nach Searles Schema die Regeln für den Sprechakt des *Drohens*. Illustrieren Sie mit Beispielen, wieso Sie genau diese Regeln vorschlagen, und welche Akte des Drohens Sie damit vorhersagen.

(5) Die folgenden Äußerungen sind Akte des Aufforderns. Welche davon sind direkt, welche indirekte Sprechakte? Ist Beispiel e. nach Searles Regeln eine Aufforderung?
   (a) Ärztin zum Patient: *Ich möchte gerne, dass Sie Ihr Hemd und Unterhemd ausziehen.*
   (b) Lehrer zu den Schülern. *Nehmt Eure Hefte raus!*
   (c) Am Empfangstresen im Hotel: *Darf ich Sie auffordern, diese Meldebescheinigung auszufüllen?*
   (d) Ärztin zum Patient: *Ziehen Sie bitte Ihr Hemd aus.*
   (e) Im Hotel sagt der Angestellte zum Gast: *Falls Sie Fragen haben, dann wenden Sie sich an die Rezeption!*

(6) Beschreiben Sie den wörtlichen Akt und den gemeinten illokutionären Point des Sprechers in folgenden Beispielen. Welche Voraussetzungen des gemeinten Sprechakttyps thematisiert die Äußerung jeweils?
   (a) In der Bäckerei, A zu Verkäufer B: *Ich hätte gerne ein Brot.*
   (b) Auf der Straße, A zu Passantin B: *Entschuldigung, ich muss zum Bahnhof.*

10 Sprechakte als Vertragsabschlüsse

Wir haben in den letzten Kapiteln gesehen, dass ein großer Teil menschlichen Sprechens in nicht-assertiven Sprechakten besteht. Natürlich wissen wir als kompetente Sprecher, was mit diesen Sprechakten gemeint wird, wie sie funktionieren, und wie sie die Welt verändern. Unklar ist dagegen weiterhin, auf Basis welcher Elemente und Prozesse in der Welt die Sprechakte formal beschrieben werden könnten. Als Vergleichspunkt dient immer die wahrheitsbasierte Theorie von Aussagebedeutung: Aussagen sind Beschreibungen der Welt als ‚allem, was der Fall ist'.[1] Wie lässt sich dieses Bild auf Sprechakte verallgemeinern? Welche Sachverhalte ‚die der Fall sind', könnten das reale Gegenstück für Sprechakte wie *Befehlen* oder *Versprechen* sein? Brauchen wir ein Modell der Welt, in dem soziale Hierarchien, Macht, Pflicht und Wollen abgebildet sind? Solche Modelle müssten sehr komplex sein und es ist nicht ganz klar, welche andere zuständige wissenschaftliche Disziplin uns solche Modelle liefern sollte. Für den Fall der Aussagesätze hingegen konnten wir uns auf die bequeme Vorstellung verlassen, dass uns die Biologie, die Physik, die Chemie (und vielleicht auch der IKEA-Katalog) sagen werden, was der Fall ist. Darauf konnte die Semantik und Pragmatik der Aussagesätze aufbauen.

Dieses Kapitel entwickelt die Idee, dass Direktive, Kommissive und Deklarativa als Vertragsabschlüsse betrachtet werden sollten. Diese Sicht rückt in den Vordergrund, dass viele Sprechakte die Interaktion von Sprecher *und* Adressat brauchen, damit die sozialen Fakten verändert werden. Man könnte sagen, dass diese Idee die Einsicht des Table-Modells aus Kapitel 7 wieder aufgreift: erst ein Modell für beide, Sprecher und Hörer kann sprachliches Handeln adäquat erfassen.

10.1 Vertragsabschlüsse

Austins Untersuchung von Sprechakten öffnete den Blick auf das Sprechen jenseits von wahren und falschen Aussagen. Angesichts der Vielzahl möglicher Beispiele stellte sich die Frage, ob die Akte, die vollzogen werden, einheitlicher Art sind. Was gehört zu einem Sprechakt im Allgemeinen? Wo hören die Akte auf und wo beginnen die Nebenwirkungen von Äußerungen, die vielleicht auch eintreten und sogar intendiert sind, aber nicht Akte im Sinn der Theorie? Es gibt beispielsweise keine Kriterien, die uns sagen, ob *Beleidigen* ein eigener Sprechakt ist. Ist die Äußerung *Sie Halbdackel!* eine Behauptung („Sie sind ein Halbdackel"),

---

[1] Nach Wittgenstein (1922).

deren Inhalt den Angesprochenen erbost? Oder ist *Beleidigen* ein eigenständiger Sprechakttyp? Sind Deklarativa wirklich zu vielfältig, um sie sinnvoll zu untersuchen, wie Bach und Harnisch (1979) meinen? Und was sollen wir davon halten, dass schon einfache Sprechakte wie *Wetten, Einladen* und *Verabreden* nicht in Searles fünf Sprechaktkategorien einzuordnen sind?

In diesem Abschnitt soll ein Vorschlag entwickelt werden, der darauf hinausläuft, den Kontext als Aktionsfeld nicht nur für Aussagen und Fragen (Table-Modell), sondern für Sprechakte im Allgemeinen zu sehen. Vorläufige Überlegungen finden sich bei Gibbard (2003), Sheinman (2011), Unterweger (2016) und Yalcin (2018); auch einige Schriften Searles könnten in diesem Sinn gedeutet werden. Wir betrachten dabei Sprechakte als Vertragsabschlüsse zwischen zwei oder mehr Personen. Dabei können die beteiligten Personen auch stellvertretend für Abwesende, für Institutionen und im Extremfall für die Gesellschaft insgesamt agieren.

Sehen wir zunächst an, wie Verträge im juristischen Sinn definiert sind. Rechtlich gesehen kommt ein Vertrag zustande, nachdem die Partner vorbereitend ihren Willen dazu bekundet haben. Der erste Partner macht eine **Willensäußerung** (Angebot). Der angesprochene zweite Partner gibt seinerseits eine Willensäußerung ab, die auf die erste Willensäußerung Bezug nimmt (Annahme des Angebots). Erst wenn sich beide Partner einig sind, kommt ein rechtlich bindendes **Schuldverhältnis** zustande. Ein Schuldverhältnis hat dabei nicht zwingend etwas mit Geldschulden zu tun. Es liegt ein Zustand vor, bei dem die Partner verpflichtet sind, bestimmte Dinge zu tun bzw. einen Anspruch darauf haben, dass bestimmte Dinge getan werden. In der Rechtssprache bezeichnet man jemand, der zu Handlungen verpflichtet ist, als **Schuldner**. Ein **Gläubiger** ist dagegen jemand, dem etwas zusteht. Alle Partner können im Vertrag sowohl als Gläubiger wie auch als Schuldner vorkommen.[2] Ein einfaches Beispiel illustriert diese Begriffe.

(1) A: Ich verkaufe Dir den Mercedes für 1000 €. (Willensäußerung 1, Angebot)
B: Gut, abgemacht. (Willensäußerung 2, Annahme)

Schuldverhältnisse:
A muss dem B den Mercedes geben (und Schlüssel, Papiere usw.)
B muss dem A 1000 € geben. Beides kann gerichtlich erzwungen werden, falls A oder B nicht liefern.

Es ist ein wesentliches Merkmal von Verträgen, dass sie **bilateral** abgeschlossen werden: Ohne die Zustimmung aller Beteiligten kommt kein abgeschlossener

---

[2] Nach § 241 Absatz 1 Satz 1 des Bürgerlichen Gesetzbuches (BGB).

Vertrag und auch kein Schuldverhältnis zustande. Das widerspricht den gängigen Sprechakttheorien, die das einseitige ‚saying so makes it so'-Modell verfolgen.

Diese Einseitigkeit ist uns schon einmal begegnet, nämlich bei Stalnakers Analyse des Informationsgewinns durch Assertionen als Common Ground Update (Stalnaker 2002). Das Table-Modell nach Farkas und Bruce (2010) korrigiert diese Einseitigkeit: Jede Behauptung braucht Zustimmung, ehe sie zu einem geteilten Informationsgewinn führt. Dabei kann die Zustimmung durchaus minimal sein – auch ein Schweigen kann als Zustimmung gelten. Wir wollen nun fragen, ob auch Sprechakte typischerweise eine Zustimmung brauchen, um wirksam zu sein. Dabei werden wir die typischen Beispiel-Akte in der Literatur genauer unter die Lupe nehmen: Gibt es Akte, bei denen die Zustimmung in der Regel durch schweigendes Akzeptieren geleistet werden kann? Ziel dieses Kapitels ist es, ein besseres Verständnis für die Akte und damit (hoffentlich) eine angemessenere und klarere Sprechakttheorie zu finden. Konkret verfolgen wir folgende These:

> These: Direktive, kommissive und deklarative Sprechakte sind Willensäußerungen. Wie Vertragsangebote schlagen sie ein bestimmtes weiteres Vorgehen vor. Mit der (ggf. schweigenden) Zustimmung nimmt der Adressat den Vorschlag an. Es entstehen entsprechende Verpflichtungen für einen oder aber auch beide Beteiligte.

Die Modellierung soll auch auf konstative Sprechakte und Fragen erweiterbar sein: Sie sind Handlungszüge auf dem Table als Aktionsfeld, und ihre Auswirkungen sind im kommunikativen Modell von Farkas und Bruce beschrieben. Die Expressiva werden mit der Idee nicht erfasst; sie bringen offenkundig keine Vertragsabschlüsse zustande. Wir werden sie in diesem Kapitel aus den Betrachtungen ausschließen, kommen aber in Kapitel 17 auf sie zurück.

10.2 Vertragsabschlüsse: Klassische Beispiele

Zuerst einmal sollten wir prüfen, wie sich die These in weiteren Beispielen umsetzen lässt und beginnen dabei bei Sprechakten, die Searle (1969) diskutiert, *Versprechen* als Kommissiv und *Auffordern* als Direktiv. Außerdem betrachten wir *Schiffstaufen* als Beispiel für einen deklarativen Sprechakt, sowie *Fragen* und *Antworten* im Rahmen des Table-Modells. Dabei werden wir auch diskutieren, wie überzeugend die Searle'sche Analyse des jeweiligen Sprechakts ist.

Kommissiva: *versprechen*. Der Akt des Versprechens wird bei Searle besonders ausführlich diskutiert. Wir werden zunächst seine Analyse wiederholen. Danach werden wir zeigen, dass *Versprechen* sich auch als eine Art Vertragsabschluss betrachten lässt.

(2) A (zu B): Ich verspreche, morgen Zimtsterne mitzubringen.

Nach Searle ist der propositionale Gehalt des Versprechens $p =$ ‚A bringt Zimtsterne mit'. Diese Proposition codiert einen zukünftigen Akt von A. Nur wenn A handelt wie geplant, wird p wahr werden. – Nach Searle gehört es zu den Glückensbedingungen, dass B lieber will, dass A p realisiert, als dass A p nicht realisiert. Und A glaubt auch, dass B lieber will, dass p wahr wird. Schließlich soll p nicht etwas sein, was A sowieso wahr machen würde.

Zu den Ehrlichkeitsbedingungen zählt Searle, dass A tatsächlich vorhat, p zu realisieren. Die essenzielle Bedingung ist aber, dass A sich mit der Äußerung (2) verpflichten will, p zu realisieren. A nimmt weiterhin an, dass B das auch genau so versteht. Dabei muss diese Annahme von A durch die Praktiken der gemeinsam gesprochenen Sprache auch gestützt werden.

Eine Reaktion des Adressaten B sieht Searle bei *Versprechen* nicht vor. Dafür sind die Glückensbedingungen aber sehr restriktiv formuliert: A muss nicht nur *glauben*, dass B die Handlung p begrüßen würde, sondern Searle fordert, dass B es *tatsächlich* lieber sähe, dass p eintritt als dass p nicht eintritt. Man kann natürlich kritisch fragen, ob es eine gute Erklärung des ‚saying so makes it so'-Effekts ist, wenn die Nicht-Ablehnung bereits in die Definition des geglückten Aktes eingebaut ist. (Entsprechend müsste man bei der Assertion fordern, dass nur die „von allen Zuhörern akzeptierte Assertion" eine Assertion sei.) Versuchen wir stattdessen, die möglichen Reaktionen des Adressaten in die Analyse von Versprechen zu integrieren. (3) zeigt ein vorgeschlagenes Versprechen und die möglichen Reaktionen von B.

(3) A (zu B): Ich verspreche, morgen Zimtsterne mitzubringen.
    a. B akzeptiert (stillschweigend oder explizit).
    b. B: Ach nein, lass mal. Ich bin morgen im Homeoffice.

Der Gegenstand der Äußerung von A ist wieder die zukünftige Handlung $p =$ ‚A bringt Zimtsterne mit'. Mit *ich verspreche* macht A klar, dass es sich nicht um eine unverbindliche Aussage über die Zukunft handeln soll. A geht eine Verpflichtung ein, und B hat das Recht (oder die Pflicht) die Durchführung zu überwachen. Der Vertragsgegenstand ist p (mit Schuldner A). Die Sanktionen bei Nichteinhaltung sind nicht von der Art, die von Gerichten oder der Polizei auferlegt werden, es sind soziale Minuspunkte, die A erleidet, wenn er sein Wort bricht. Im Dialog (3a) nimmt B die Verpflichtung an. Im Dialog (3b) kommt dagegen keine Verpflichtung zustande. Das Versprechen wird abgelehnt.

Was wäre Searles Befund zu (3)? Searle erzwingt mit seinen restriktiven Glückensbedingungen, dass in seiner Theorie nur die Äußerungen als *Versprechen* zählen, die B auch annimmt: Wenn B *p* nicht will, ist der Akt nicht geglückt. Searle würde also sagen, dass sich mit Äußerung (3b) herausstellt, dass A kein geglücktes Versprechen abgegeben hat. Das ist intuitiv unplausibel, denn A hat an dem Punkt ja nichts falsch gemacht. Die Vertragssicht hingegen würde sagen, dass A mit (3) ein geglücktes Versprechens-Angebot gemacht hat. Mehr kann A nicht tun, denn ob A nur *glaubt*, dass B Zimtsterne will oder ob B *tatsächlich* Zimtsterne will, liegt außerhalb der Erkenntnismöglichkeiten von Sprecher A. Das eigentliche Versprechen dagegen kommt erst mit (3a) zustande.

Wir müssen uns klar machen, dass ‚Schuldverhältnisse' bei Sprechakten allgemeiner sind, als das die Lehrbeispiele für Verträge im rechtlichen Sinn nahelegen. In Beispiel (3) ist der Adressat B tatsächlich ein Gläubiger in dem Sinn, dass A *ihm* etwas geben muss. Oft aber kann der Nutzen von B sehr viel indirekter sein als eine Lieferung von Zimtsternen. Wenn ein Schüler sagt: *Ich verspreche, morgen meinen Radiergummi mitzubringen*, dann sicher nicht, um ihn dem Lehrer zu überreichen. Der Lehrer profitiert indirekt über die sauberere Heftführung und den erhofften Lernerfolg von dem Versprechen. Hier greift Searles weitere Charakterisierung: Der Adressat bevorzugt aus irgendwelchen Gründen, dass *p* eintritt.

Könnte man gegen die Vertragssicht einwenden, dass man auch im stillen Kämmerlein Versprechen abgeben kann? Solche Versprechen sind ernst gemeint, obwohl sie niemand hört und über deren Durchführung also auch niemand wachen kann: *Ich schwöre, ich ess nie wieder Zimtsterne*. Es ist zu vermuten, dass sich der Sprecher hier sozusagen aufspaltet in die versprechende und die kontrollierende Instanz. Einerseits würde der Sprecher es bevorzugen, nie mehr Zimtsterne zu essen. Andererseits aber gibt es Momente, wo andere Motive die Oberhand gewinnen und ihn zum Zimtsterngenuss verleiten. Der Sprecher schließt eine Vereinbarung mit sich selber und die Sanktion tritt bei Verletzungen der Vereinbarung direkt in Form von Sich-Schämen ein. Der Fall ist vergleichbar zu dem, wenn ein Sprecher an sich selber Fragen stellt. Auch dies ist eine Situation, die schizophren scheint: Wenn der Sprecher glaubt, die Antwort zu kennen, würde er die Frage nicht stellen. Wenn der Sprecher glaubt, die Antwort *nicht* zu kennen, würde er die Frage nicht sich selber stellen. Dennoch sind monologische Fragen vermutlich kein Grund, die Analyse der Frage im Table-Modell über Bord zu werfen. Ähnlich sind Versprechen im stillen Kämmerlein kein Grund daran zu zweifeln, dass sich Versprechen typischerweise an einen Zuhörer als Kontrollinstanz wenden.

Wir haben schon in Kapitel 9 erwähnt, dass Searles Beurteilung von *Versprechen* davon abhängt, dass es um eine ganz bestimmte Art von Verabredung gehen muss: *Ich verpflichte mich, p zu tun*. Wenn Sprecher das Verb *versprechen* mit ungeeigneten Propositionen verwenden, so können sie offenbar nicht diese Art von Verabredung anbieten. Sie verallgemeinern das Verb im Sinn von ‚p wird sich als wahr herausstellen und dafür stehe ich mit meinem Wort/meinem Ruf/ meiner Ehre'. Aber diese Verallgemeinerungen sind für Searle kein richtiges Versprechen – vermutlich, weil er sich unbewusst an der Vertragssicht orientiert, ohne das ausdrücklich zu sagen.

Direktiva: *auffordern*. Aufforderungen und Befehle sind der Äußerungstyp, der am offensichtlichsten handlungsauslösend ist. Wir werden wieder ein Beispiel zunächst in der Theorie Searles besprechen und dann die Vertragstheorie anwenden.

(4) A: Bring bitte morgen Zimtsterne mit.

Nach Searle (1969: Kap. 10) hat ein direktiver Akt eine Handlung p des Adressaten B zum Gegenstand, hier das Mitbringen von Zimtsternen am folgenden Tag. A glaubt, dass B in der Lage ist, p zu realisieren. Für beide ist es offen, ob B entsprechend handeln würde, wenn A die Anweisung nicht gegeben hätte. Die Ehrlichkeitsbedingung erfordert, dass A es will, dass B Zimtsterne mitbringt, und die Äußerung zählt als Versuch, B zu veranlassen, p zu realisieren (einfacher gesagt, Zimtsterne mitzubringen).

Searles Beschreibung direktiver Akte lässt es offen, ob der Aufforderung Folge geleistet wird. Das ist insofern angemessen, als die Aufforderung Handlungen zum Inhalt haben kann, die noch in weiter Zukunft liegen und deren Ausführung von Zufällen und Willensänderungen von B abhängen kann. Es lässt aber auch zu, dass B sich der Aufforderung direkt widersetzt und antwortet *Nein, das mach ich nicht*. Laut Searle wäre in beiden Fällen gleichermaßen eine geglückte Aufforderung an B ergangen.

Wie sieht eine Analyse aus, in der die Äußerung von A als Vorschlag für eine Vereinbarung betrachtet wird? In dieser Sichtweise kommt nichts zustande, so lange B sich nicht zustimmend geäußert hat (gegebenenfalls wird Schweigen als Zustimmung gewertet).

(5) A: Bring bitte morgen Zimtsterne mit.
    B: Okay. / (schweigt zustimmend)

Mit diesem Austausch wird der Vertrag etabliert: ‚B bringt am folgenden Tag Zimtsterne mit'. B hat eine Verpflichtung übernommen, über deren Durchführung A und ggf. andere Beobachtende wachen. Bei Nichteinhalten der Verabredung droht dem B zwar keine Geld- oder Gefängnisstrafe, aber der Verlust von Glaubwürdigkeit in seiner sozialen Gruppe oder Vertrauensverlust bei A. Die Sanktionen sind vielfältiger und variabler als im Fall von rechtsgültigen Verträgen, aber sie sind im Normalfall offenbar ausreichend dafür, dass sich direktive Sprechakte etabliert haben.

B kann auf die Aufforderung von A aber auch mit einer Zurückweisung reagieren:

(5') B: Nein, das mach ich nicht!

In diesem Fall gerät der Austausch in einen Krisenzustand. A und B müssen sich austauschen, ob eine Zustimmung doch noch gegeben wird – eventuell indem A seine Machtposition ausspielt oder B moralisch unter Druck setzen kann. Im Extremfall kommt der Vertrag nicht zustande. Dann gibt es auch keine Verpflichtung für B, im Sinne der Aufforderung zu handeln.

Wiederum gibt es Aufforderungen in zweierlei Sinn: In einem Sinn kann man die Äußerung von A schon als ‚Aufforderung' bezeichnen. Eine erfolgreiche Aufforderungsvereinbarung ist aber erst dann etabliert, wenn der Angesprochene B die Absicht gezeigt hat, ihr nachzukommen. Unter manchen Umständen wird die Zustimmung von B fast automatisch zu erwarten sein. Ähnlich wie im Table-Modell für Assertionen führt Verweigerung zu einer Art Krise und die Annahme der Verpflichtung ist der Default-Fall. Eigentlich müsste nun genauer untersucht werden, wie ein bestehendes Autoritätsverhältnis zwischen A und B die Möglichkeiten zum Widerspruch einengen kann. Schon Searle beobachtet, dass *Befehlen* der Versuch ist, B zu einer Handlung zu bewegen auf der Basis, dass A Autorität über B hat. Es ist zu vermuten, dass alle Formen von Autorität hier auf die eine Konsequenz hinauslaufen, dass eine Ablehnung des Befehls für B extrem unangenehme Konsequenzen hätte und damit praktisch ausgeschlossen ist. Die juristische Debatte um die Befehlsverweigerung im Fall von Kriegsverbrechen zeigt aber, dass jedenfalls theoretisch die Möglichkeit zur Verweigerung immer besteht und sogar im Nachhinein als die rechtlich richtige Reaktion behauptet werden kann.

Deklarativa: *Schiffstaufe*. Aufgrund der Vielfalt von deklarativen Akten ist es hier nicht möglich, alle in Begriffen des Vertragsmodells zu untersuchen. Als Testfall soll ein relativ einfacher deklarativer Akt, nämlich der Brauch der *Schiffstaufe* besprochen werden. Der Gegenstand des Vertrags ist eine linguistische Vereinbarung, nämlich die Referenz des Namens ab dem Moment der Taufe. Die Taufe ist als Abfolge von Gesten und Äußerungen festgelegt, von denen keine die Möglichkeit des Widerspruchs zulässt. Dies bedeutet aber nicht, dass das gegenseitige Einvernehmen nicht in einer Reihe von Vorbereitungen gesichert worden ist. Zunächst müssen die dafür zuständigen Menschen (zum Beispiel der Schiffseigner) einen Namen festlegen. Eine Taufpatin wird ernannt, die die Zeremonie durchführen muss. Sie sollte nach traditioneller Vorstellung nicht rothaarig sein und bei der Zeremonie keine grüne Kleidung tragen.[3] Der Akt besteht aus dem „Taufen" des Wasserfahrzeugs mit Sekt oder Champagner und einer entsprechenden Äußerung wie in (6).

(6)   A: Ich taufe Dich auf den Namen Titanic.

Diese Äußerung sieht in der Tat wie Austins ‚saying so makes it so'-Modell aus. Dies liegt aber nicht nur wesentlich daran, dass es die Institution der Schiffstaufe gibt und dass die Taufende vorher ernannt wurde und dass sich alle Beteiligten auf das genaue Wording der Zeremonie (‚Titanic') geeinigt haben. Damit wurde der vorher von allen gutgeheißene Vertrag unter den Beteiligten genau abgesprochen. Der Vertrag besagt, dass alle Sprecher der Gemeinschaft ab sofort das Wort *Titanic* mit Referenz auf ein bestimmtes Schiff verwenden werden.[4]

In der Vertragssicht bestehen deklarative Akte allgemein darin, dass es festgelegte Arten von Verabredungen gibt, die im Rahmen geeigneter Institutionen getroffen werden können. Vorbereitend wird geprüft, ob die Beteiligten die beabsichtigte Vereinbarung treffen dürfen und welche individuellen Parameter gewünscht sind. Daraus ergeben sich die auszutauschenden Sprechhandlungen, mit denen (auch) die allseitige Zustimmung zu der Vereinbarung ausgedrückt wird. Daher ist nach korrekter und vollständiger Durchführung der Sprechhandlungen die Vereinbarung etabliert.

Zur Diskussion: Welche rechtliche Situation kommt zustande, wenn der Bürgermeister vor dem Museum die rote Schleife durchschneidet und sagt: „Ich erkläre die Ausstellung für eröffnet"? Welche Vorbereitungen sind vermutlich nötig und welche Formen von Zustimmung präsupponiert der (geglückte) Sprechakt?

Obwohl eine umfassende Diskussion deklarativer Akte hier unterbleiben muss, ist doch plausibel, dass das Vertragsmodell für viele Beispiele angewendet werden kann. Das Modell erlaubt es, die Gemeinsamkeiten und die Unterschiede zwischen nicht-institutionellen und institutionell verankerten Sprechakten klarer zu benennen. Es wird erklärbar, warum in vielen solcher Akte die institutionelle Einbindung einzelner Teilnehmer so wichtig ist: Eine Verheiratung etwa wird nicht deshalb von Standesbeamten durchgeführt, weil unsere Gesellschaft bürokratieverliebt ist, sondern vor allem, weil nur ein offizieller Vertreter der Gemeinschaft einen Vertrag im Namen der ganzen Gemeinschaft abschlie-

---

3 Laut Wikipedia-Artikel *Schiffstaufe* (abgerufen am 1.2.2021); es wird nicht angegeben, ob die Taufe ungültig ist, falls eine dieser Bedingungen nicht erfüllt wurde.
4 Auch hier handelt es sich also nicht um den Tausch von materiellen Gütern, sondern um die Verpflichtung auf eine linguistische Konvention. Inwieweit Taufnamen weitere rechtliche Auswirkungen haben, würde hier zu weit führen.

ßen darf. Bach und Harnish sind der Ansicht, dass Deklarativa einerseits und Kommissiva und Direktiva andererseits so wenig gemeinsam hätten, dass eine gemeinsame Analyse nicht nötig erscheine (Bach und Harnish 1979). Dem setzt die Theorie der Sprechakte als Vertragsangebote ein zwar ambitioniertes, aber auch einheitliches Modell entgegen.

Fragen und Aussagen. Für die Akte des Fragens und Aussagens besitzen wir mit dem Table-Modell aus Kapitel 7 bereits eine Modellierung, die mit den möglichen Gesprächszügen die vertraglichen Regeln des Assertierens und Fragens beschreibt. In Kapitel 7 wurden sie als eine Art Spielregeln dargestellt, wir können sie aber auch als allgemein bekannte Verhaltensregeln betrachten: Eine Aussage bleibt auf dem Table, bis alle Beteiligten ihrem Inhalt zugestimmt haben. Die Information kommt dann in den Common Ground, und die Aussage kann vom Table genommen werden. Eine Frage bleibt so lange auf dem Table, bis die Beteiligten sich auf eine Antwort geeinigt haben. Dann kommt die Antwort in den Common Ground, die Frage sowie alle Aussagen bis zur Einigung können vom Table genommen werden. In beiden Fällen sind auch Nicht-Default-Reaktionen möglich: Einer Aussage kann widersprochen werden, eine Frage kann nicht beantwortet bleiben. In diesen Fällen kommen die Äußerungen vom Table, wenn das Gespräch nicht mehr konstruktiv weitergehen kann (,Krise').

Das gemeinsame Ziel der Gesprächspartner ist es, den stabilen Zustand des *leeren Table* herbeizuführen. Daraus ergibt sich indirekt, dass eine Frage eine Aufforderung zu einer Antwort darstellt. Nur wenn der Angesprochene antwortet, besteht die Möglichkeit, dass die Frage vom Table kommt und der stabile Zustand erreicht wird. Fragen sind keine Befehle, sie lösen Antworten aus, weil alle Beteiligten wissen, wie die Regeln des Konversationsspiels funktionieren.

Mögliche Formalisierungen. Eine mögliche Implementierung des Vertragsmodells könnte ungefähr so aussehen: Auch Vertragsangebote sollten, wie Aussagen und Fragen, auf den Table kommen. Sie kommen vom Table, wenn ein entsprechender Vertrag geschlossen ist oder es sich herausstellt, dass zwischen den Sprechern keine Einigung erzielt werden kann. Der Vertrag wird durch Propositionen dargestellt, die das verabredete zukünftige koordinierte Handeln von A und B (und eventuell weiteren Parteien) zum Inhalt haben. Da es sich nicht um eine Prophezeiung, sondern eine Verpflichtung handelt, sollte die Proposition nicht im Common Ground, sondern in einem extra Speicher für ,common plans' aufgenommen werden.

Bei ausgewählten Vertragsvorschlägen wie z. B. *versprechen* und *befehlen* ist die schweigende Zustimmung eine Default-Reaktion. Analog zum projected set könnte ein projected plan set die wahrscheinlichsten kommenden Pläne aufnehmen, auf die der Austausch hinausläuft, falls keine Krise eintritt. Das projected plan set kommt also dem nahe, was Searle und Austin im ,saying-somakes-it-so'-Modell über das Glücken von Sprechakten annehmen. Unter der Voraussetzung, dass alle nötigen Verabredungen getroffen sind, können auch deklarative Akte ohne weitere Interaktion zu einem common plan führen: Sie spezifizieren den Plan und setzen gleichzeitig voraus, dass alle Beteiligten sich in dem Plan einig sind. In den meisten Fällen aber folgt das koordinierende und verabredende Sprechen keinen festen Regeln und führt erst dann zu Verträgen, wenn eine Einigung der Partner erzielt ist. Solche Beispiele werden in nächsten Abschnitt diskutiert.

10.3 Koordinative Sprechakte

Wie wir bereits im letzten Kapitel gesehen haben, erfassen Searles Sprechaktkategorien nur Sprechakte, die einseitige Verträge anbieten: nur A ist verpflichtet, oder nur B ist verpflichtet, etwas zu tun. Akte wie das *Wetten, Einladen, Kaufen, Verkaufen, Borgen, Schwören* usw. sind als Mischformen des Sich-Verpflichtens und des den-anderen-Verpflichtens nicht überzeugend in Searles Kategorien einzuordnen. Es ist auch gut, sich klar zu machen, dass es sich in der Regel nicht um unabhängige Pakete von Verpflichtungen für A und für B handelt. Vielmehr handelt es sich oft um konditionale Verpflichtungen, die einerseits vom Verhalten des Partners, andererseits auch vom Lauf der Welt abhängen können. Freie Verträge, für die die Umgangssprache ein Verb bereitstellt, sind in der Regel von überschaubarer Komplexität. Deklarative wie *heiraten* dagegen können ein ganzes Vertragspaket umfassen, das mit einem einzigen Akt in Kraft gesetzt wird und nicht nur Verpflichtungen der Anwesenden sondern auch der Gesellschaft (Steuerklassen, Bahnfahrkarten-Vergünstigungen usw.) impliziert. Als Beispiele für koordinative Sprechakte sollen hier die Verben *wetten, einladen* und *schwören* diskutiert werden.

Koordinative Akte: *wetten*. Kommen wir zurück zu einem Beispiel, das in Kapitel 8 die Probleme der Searl'schen Kategorien illustriert.

(7) A: Ich wette mit Dir um einen Kasten Bier, dass der SC Freiburg am Samstag gewinnt.

A spricht ein Wettangebot aus. Wir unterstellen, dass die Randbedingungen der Äußerungssituation angemessen sind: der SC Freiburg spielt am folgenden Samstag tatsächlich, A meint seine Wette ernst und A ist alt genug, um einen Kasten Bier kaufen zu dürfen. Soweit A sich an Glückensbedingungen für das Wetten halten muss, hat er seine Aufgabe also erfüllt. Dennoch kommt mit der Äußerung allein noch keine Wette zustande. Schlimmer noch: je mehr sich A und

B einig sind, was die Fähigkeiten des SC Freiburg angeht, desto unwahrscheinlicher wird es, dass B die Wette annimmt. Der Gesprächsverlauf ist offen für jede der beiden Fortsetzungen in (8).

(8) a. B: Topp, die Wette gilt.
   b. B: Da wette ich nicht dagegen – ich glaube ja auch, dass sie gewinnen.

Wenn B wie in (8a) reagiert, kommt die Wette zustande. Eine Wette ist ein konditionaler Plan, bei dem je nach Verlauf der Ereignisse B zum Schuldner von A wird oder A zum Schuldner von B. (Außerdem verpflichten sich beide nur deswegen dazu, weil der andere die dazu symmetrische Verpflichtung auch übernimmt; eine Modellierung dieser Motive steht noch aus.) Die Menge der gemeinsamen Pläne von A und B umfasst diesen Plan und beide können erwarten, dass der Verlierer der Wette seine Wettschulden erbringt. Bei Verstoß gegen diese Vereinbarung drohen keine rechtlichen Schritte, aber der Gewinner wird zögern, weitere Wetten mit dem Verlierer einzugehen und insgesamt seine Zuverlässigkeit in Zweifel ziehen.

Wenn B wie in (8b) reagiert, gibt es keinen gemeinsamen Plan. Die Ablehnung geschieht ohne Gesichtsverlust bei B und der Dialog gerät in keine Krisensituation. B kann die Wette ablehnen, weil er sich mit A über die Chancen des Matches einig ist – in diesem Fall sind seine Motive zur Ablehnung über jede Kritik erhaben. Wetten können aber auch abgelehnt werden, weil der Einsatz für den Partner zu hoch wäre oder weil er grundsätzlich keine Wetten abschließen möchte.

In Searles Begriffen würde man sagen, dass (7) ein geglücktes Wettangebot ist und (8a) eine geglückte Annahme einer Wette. Searles Modell sieht nicht vor, dass die geteilten Pläne gemeinsam abgespeichert werden. Neuere Analysen von Imperativen bieten hier möglicherweise einen geeigneten Hintergrund. Der Semantiker Paul Portner schlägt vor, die Bedeutung von Imperativen durch To-do-Listen zu modellieren (Portner 2004, 2007, 2016). Er nimmt an, dass die Verpflichtungen des Sprechers zu zukünftigen Handlungen in seiner To-do-Liste stehen, deren Einhaltung von der Sprechergemeinschaft kontrolliert wird. Das könnte auch für eine Wette angemessen sein: Wie wir gesehen haben, muss je nach Verlauf des Spiels letztlich tatsächlich *nur* A etwas tun oder *nur* B etwas tun. Die individuellen Pflichten könnten beide individuell verwalten. Die Handlungen von A und B sind nicht vernetzt. Dies ist im nächsten Beispiel anders.

Koordinative Akte: *einladen*. Vereinbarungen des Typs *Einladen* scheinen auf den ersten Blick durch das einseitige Aussprechen einer Einladung durch Sprecher A zustande zu kommen. Bei näherer Betrachtung stellt sich heraus, dass die Vereinbarung mit Pflichten für beide Beteiligte einhergeht. Daher ist auch hier eine ausdrückliche Annahme durch Sprecher B nötig, damit die Vereinbarung in Kraft tritt.

(9) A: Ich lade Dich morgen Abend um 7 zum Essen ein.
    B: Danke, ich komme gerne.

Die Kategorisierung des *Einladens* in Searles System ist wieder problematisch. Einerseits fordert der Einladende den Adressaten auf, zu einer bestimmten Zeit an einem Ort zu sein. Hier gleicht *Einladen* den Direktiven. Andererseits verspricht A, dort für B zu sorgen (mit Essen, Kinokarten, oder anderem Erfreulichem). In dieser Hinsicht gleicht *Einladen* den Kommissiva. Auch dieser koordinative Akt passt also nicht richtig in Searles System.

Die Vertragssicht kann den Akt ohne Probleme erfassen. Sobald die Vereinbarung zustande kommt, haben beide Beteiligten Pflichten. A verpflichtet sich, am kommenden Abend zuhause zu sein, in angemessener Form für Essen und Getränke zu sorgen, B hereinzulassen und die Anwesenheit von B nicht als Störung zu betrachten. B verpflichtet sich, zum vereinbarten Ort zu kommen und sich bewirten zu lassen. Es wäre beispielsweise nicht im Sinne des Plans, wenn B kurz vorher schon gegessen hätte und A mit seinen leckeren Häppchen sitzen lässt. Die Sanktionen beim Nichteinhalten des Plans sind sozialer Art und für beide Beteiligte unangenehm. Gesichtsverlust droht sowohl A, wenn die Vorbereitungen nicht angemessen im Rahmen seiner Möglichkeiten sind als auch B, falls die Einladung vergessen oder ignoriert wird. Wie im Eingangsbeispiel des Autokaufs sehen wir also gegenseitige Gläubigerverhältnisse.

Wenn B nicht vorhat zu kommen, sollte der Dialog wie in (10) verlaufen.

(10) A: Ich lade Dich morgen Abend um 7 zum Essen ein.
     B: Da habe ich leider keine Zeit.

Mit diesem Austausch kommt keine Einladung zustande. Es wird kein Vertrag etabliert. In der Praxis könnte der Eindruck entstehen, dass Einladungen eher wie in (9) als wie in (10) verlaufen. Das kann daran liegen, dass der Einladende oft vorher mit dem Einzuladenden bespricht, wann beide Zeit haben. Dabei hätte B auch die Gelegenheit, ausweichend zu reagieren, wenn er grundsätzlich nicht von A eingeladen werden will. Mit solchen Vorbereitungen wird die Einladung ähnlicher zu anderen vorbereiteten Akten wie Taufen, Verheiraten oder dem Eröffnen von Ausstellungen. Mit der Vorbereitung wird die Ablehnung wie in (10) unwahrscheinlicher, eine kurze oder vielleicht sogar stillschweigende Annahme wahrscheinlicher. Das darf aber nicht darüber hinwegtäuschen, dass der Vertrag beide Parteien in die Pflicht nimmt und daher von beiden bestätigt werden muss.

In diesem Fall sind die Pflichten von A und B vernetzt. Sie hängen davon ab, ob der jeweils andere seinen Pflichten nachkommt. B ist verpflichtet, zum vorgesehenen Zeitpunkt bei A einzutreffen, *außer* er hätte beobachtet, dass A seiner Pflicht nicht nachkommen wird – wenn A beispielsweise kurz vorher in einen Zug nach Berlin einsteigt. In diesem Fall lösen sich die Verpflichtungen von B auf. Ebenso ist A nur dann verpflichtet, Vorbereitungen zu treffen, wenn er davon ausgehen kann, dass B tatsächlich kommt. Falls er B beobachtet, wie dieser nach Berlin abreist, lösen sich die Verpflichtungen für A auf. Es ist noch unklar, wie die konditionalen Verpflichtungen bei einer Einladung als Schritte einer To-do-Liste notiert werden würden.

Koordinative Akte: *schwören vor Gericht*. Die Aussage unter Eid ist ein Sprechakt, den Austin ausdrücklich zu den Kommissiva zählt. Der Schwörende verspricht, während der folgenden Befragung die ganze Wahrheit und nichts als die Wahrheit zu sagen. Diese Formel ist uns in Kapitel 3 bereits begegnet: sie umreißt etwa die Grice'schen Maximen der Qualität und Quantität. Damit sagt der Sprecher eigentlich nur zu, dass er sich so verhält wie er das der Kooperationsmaxime von Grice zufolge sowieso tun würde. Eines allerdings ändert sich in dieser Situation: Wenn der Sprecher unter Eid steht, dann führen falsche oder unvollständige Aussagen nicht nur zum Gesichtsverlust in seiner Sprechergemeinschaft, sondern haben rechtliche Folgen. Damit tritt als Vertragspartner der Staat, vertreten durch den Richter, in Erscheinung. Der Staat steht für Bestrafungen bei Vertragsbruch ein.

(11) A: Ich schwöre, die Wahrheit zu sagen, die volle Wahrheit und nichts als die Wahrheit.
A: Mike war am Sonntagabend bei mir zuhause.

Die zweite Aussage von A unter Eid geschieht mit der Versicherung, dass sie wahrheitsgemäß und ausreichend detailliert ist. Formal unterscheidet sie sich nicht von Assertionen, wie wir sie bereits im Kapitel 7 anhand des Table-Modells analysiert haben. Wie zuvor würde diese Aussage, falls unwidersprochen, in den Common Ground aufgenommen werden, und wie vorher besteht auch hier die Möglichkeit, dass ein späterer Zeuge dem A widerspricht. Anders als im normalen Dialog wird damit aber eine „Krise" ausgelöst, die nicht nur die Regeln des Table-Modells an ihre Grenzen bringt, sondern darüber hinaus unangenehme Folgen für A hat. Wir können daher davon ausgehen, dass A es möglichst vermeiden wird, dass ein solcher Fall eintritt. Die Gesetze erkennen aber ausdrücklich an, dass persönliche Bindungen stärker sein können als die Furcht vor Strafen. In Anerkennung der Tatsache, dass man auch unter Eid noch lügen kann, sind z. B. enge Verwandte von Angeklagten von der Aussage unter Eid entbunden.

Diese Sicht der Aussage unter Eid als Verabredung zwischen Sprecher A und dem Staat fasst die Natur des Eides klarer als Austins pauschale Klassifizierung als Äußerung vom Typ Versprechen. Immerhin gibt es viele praktische Unterschiede: Dieses spezielle Versprechen kann nur in sehr speziellen Situationen gegeben werden, es wird nicht freiwillig gegeben, sondern geschieht auf Befehl, Nichtbeachtung hat drastischere Folgen als bei normalen Versprechen, es sind Institutionen beteiligt und rechtliche Grundlagen dafür müssen vorhanden sein. Eine Verpflichtung des Sprechenden auf die Wahrheit ist Teil der Vereinbarung, aber diese gehen weiter und betreffen andere Beteiligte. Dem wird die Vertragssicht besser gerecht.

10.4 Mehr koordinative Akte

Im Zentrum des Interesses der Sprechakttheorie stehen typischerweise einzelne Aussagen, mit denen neue soziale Fakten geschaffen, Akte vollzogen, oder in unseren Worten Verträge angeboten werden. Austins Anliegen ist aber allgemeiner eine Theorie für alle Äußerungen, die nicht das Behaupten einer Wahrheit sind. Bei näherer Betrachtung gibt es davon mehr als gedacht. Betrachten wir folgenden Dialog.

(12) A: Ich lade Dich für morgen um 7 zum Abendessen ein.
B: Oh – ich kann aber erst um 9 abends kommen.
A: Geht in Ordnung. Dann ess ich halt nachmittags noch einen Kuchen.
B: Abgemacht.

Mit Austin und Searle können wir sagen, dass A mit der ersten Äußerung eine Einladung anbietet. Mit seiner Antwort sagt B nicht zu, sondern liefert mit einer Assertion Information, die begründet, warum er dem Plan nicht zustimmen kann. Darüber hinaus legt B mit der Information einen modifizierten Plan nahe, den A ihm vorschlagen könnte. A macht aber keine neue Äußerung des Typs Einladung, sondern stimmt zu: und zwar dem Gegenvorschlag von B, dass A diesen neuen Vorschlag nun machen könnte. Die letzte Äußerung von B unterstellt schließlich, dass ein entsprechender neuer Vorschlag von A tatsächlich auf dem Tisch liegt, denn B stimmt diesem neuen Vorschlag zu.

Intuitiv ist dieser Dialog eine natürliche Art, zu einem Vorschlag zu gelangen und nicht etwa eine extreme Verkürzung des normalen Gesprächsverlaufs. Wären Sprechakte tatsächlich Rituale, mit denen ein Angebot gemacht und angenommen würde, so fehlte in (12) mindestens (a) der Vorschlag von B, dass A eine neue, modifizierte Einladung aussprechen sollte und (b) die neue, modifizierte

Einladung durch A, der B dann im letzten Schritt zustimmen kann. Eine volle Ausformulierung müsste dieser Sichtweise nach aussehen wie in (13). Tatsächlich ist (13) aber alles andere als ein normaler Gesprächsverlauf.

(13) A: Ich lade Dich für morgen um 7 zum Abendessen ein.
B: Oh – ich kann aber erst um 9 abends kommen. Schlag mal vor, dass ich morgen um 9 komme.
A: Geht in Ordnung. Dann ess ich halt nachmittags noch einen Kuchen. Also: Ich lade Dich für morgen um 9 zum Abendessen ein.
B: Abgemacht.

Die Sicht von Sprechakten als Vertragsangeboten bietet uns eine alternative Deutung von (12). Nach dem ersten Angebot von A liegt ein Vertragsangebot vor, und die nächsten Äußerungen betreffen eine Anpassung des weiter bestehenden Vertragsangebots. Die Äußerung von B ist zwar eine Assertion, gewinnt aber nur an Relevanz, wenn man sie als indirekten Sprechakt der Modifikation des offenen Angebots interpretiert. Mit seiner Zustimmung zum modifizierten Angebot *hält* A das Angebot *offen*: Es gilt nicht als abgelehnt, obwohl B der ersten Äußerung von A nicht zustimmt. Indem immer noch ein offenes Angebot auf dem Tisch liegt, ist die abschließende Äußerung von B auch sinnvoll: Damit stimmt B dem Plan zu, und dieser kann zu den common plans der beiden Sprecher aufgenommen werden.

Die Theorie von Sprechakten als Vertragsangebot trennt klar zwischen Angebot und dem resultierenden Vertrag. Insbesondere kann diese Theorie nachvollziehen, wie ein Vertragsangebot vorliegt, diskutiert und entwickelt wird und schließlich der Vertrag abgeschlossen wird. Zum gegenwärtigen Zeitpunkt haben wir noch keine vollständige Theorie dieser Art, aber es zeichnet sich ab, dass die Begriffe ‚Vertrag' und ‚Vereinbarung' sehr nützlich sind, um zu beschreiben, was in Situationen wie (12) geschieht.

Wie könnte man das Beispiel in der klassischen Sprechakttheorie von Searle beschreiben? Laut Searle kommt der Sprechakt durch einerseits den propositionalen Inhalt p des Akts und andererseits der Force zustande. Die Force soll bestimmen, ob p z. B. auf Befehl oder als Eigenverpflichtung zustande kommt. Im Beispiel (12) könnte ein Searle'scher Sprechakttheoretiker annehmen, dass der propositionale Inhalt der Einladung $p =$ ‚B kommt abends um 7 zu A zu Besuch' der Gegenstand der Debatte sei. Es gibt aber keine etablierte Theorie, wie dieser Inhalt modifiziert werden kann, während die Force latent im Hintergrund bestehen bleibt: Searles Terminologie erlaubt eigentlich nur festzustellen, dass die erste ursprüngliche Einladung nicht zustande kommt. Im Übrigen bliebe der klassischen Terminologie der Verweis auf sogenannte indirekte Sprechakte. Diese Sicht ist aber in (12) ebenfalls nicht angemessen, da es sich intuitiv nicht um eine indirekte Weise handelt, die Einladung zustande zu bringen – denn was wäre in dem Fall der wörtliche Sprechakt?

Koordinative Akte: *Vorschläge für kooperatives Handeln.* Bis zu diesem Punkt haben wir Sprechakte betrachtet, für die das Deutsche ein entsprechendes Verb besitzt: *einladen* für die Verabredung eines Besuchs, *taufen* für die Verabredung eines Namens, *wetten* für das Angebot einer Wette. Die neue Sicht auf Sprechakte als Vertragsangebote stellt aber die angestrebte Vereinbarung ins Zentrum anstelle einer einzelnen Äußerung. Damit wird klar, dass Sprecher auch jenseits von kulturell vereinbarten Verabredungstypen Vorschläge für kooperatives zukünftiges Handeln machen können. Eine nützliche Phrase für den Anfang bietet die Phrase *lass uns.* Der Plan in (14) hat die gemeinsame Organisation einer Party zum Gegenstand.

(14) A: Lass uns nächsten Samstag eine Party machen!
B: Wen würdest Du denn einladen?
A: Na, ich dachte an Gabi und Hans.
B: Ich würde noch Silke und Rainer einladen.
A: Gut! Was sollen wir kochen? ...

Die erste Äußerung ist eine Aufforderung und eine Verpflichtung; das Vertragsangebot lautet etwa: „Wenn Du Dich an der Planung einer Party beteiligst, dann mach ich auch mit." Das Angebot ist noch zu unspezifisch (schließlich sind nur gelungene Partys den Aufwand wert) und B fragt nach Details des Plans. Die folgenden beiden Äußerungen sind möglicherweise als verkürzte konditionale Assertionen zu betrachten: *Wenn wir eine Party machen würden, würde ich Gabi und Hans/Silke und Rainer einladen.* Allerdings sind die Konditionale anders als die beim Beispiel der Wette. Ob der SC Freiburg das Spiel gewinnt, können die beiden Sprecher nicht beeinflussen, wohl aber ob sie sich auf den Partyplan einigen. In der letzten Äußerung signalisiert A Zustimmung und sagt damit, dass er die Aussage *Wenn wir eine Party machen würden, würde ich Silke und Rainer einladen* nicht nur für wahr hält (= sie kommt in den Common Ground), sondern auch den vorgeschlagenen Teil des Plans gutheißt. Damit können weitere Details besprochen werden wie etwa das Essen.

Offenbar wird in solchen Gesprächen erst nach einigen Gesprächszügen ein Plan etabliert und akzeptiert. Diese Gespräche sind nicht kulturell vorgeformt und es gibt kein spezielles Verb, was den ersten Satz als Auftakt zu einem Sprechakt benennen könnte. Wenn die beiden Sprecher sich am Ende einigen (*Abgemacht? – Abgemacht.*), könnte man im Deutschen vom Sprechakt des *Abmachens* reden. Aber dieser Akt ist so allgemein, dass sein propositionaler Inhalt, die vorbereitenden Bedingungen und die essenzielle Bedingung nicht recht beschrieben werden können, ohne über die vorherigen nicht-assertiven *Angebots*-Akte zu reden. Es bestätigt sich wiederum, dass eine Theorie des sprachlichen Handelns beide Gesprächspartner umfassen muss.

10.5 Sprechakte als Vertragsangebote – Zusammenfassung

In diesem Kapitel wurde ein Gegenentwurf zur klassischen Sprechakttheorie nach Austin und Searle skizziert. Grundlegend ist die Idee, dass Äußerungen ein Vertragsangebot machen können. Im Fall, dass das Angebot angenommen wird, kommt eine Vereinbarung zwischen den Sprechern zustande, die für beide bindend ist. Die Vereinbarung kann einseitig Pflichten des ersten Sprechers festlegen, wie die Kommissiva. Die Vereinbarung kann einseitig Pflichten des zweiten Sprechers festlegen, wie die Direktiva. Die Vereinbarung kann aber auch beidseitige Pflichten festlegen, wie in den Fällen, die mit den fünf Kategorien nach Searle nicht erfasst werden.

Deklarativa sind dabei Vereinbarungen, die mindestens einer der Sprecher in Vertretung der ganzen Gemeinschaft oder einer Institution oder Gruppe treffen kann. Deklarative Sprechakte sichern oft in Vorbesprechungen, dass die Zustimmung aller Beteiligten vorliegt und sind dann tatsächlich Äußerungen, die die Vereinbarung in Kraft setzen.

Das Angebot, Aushandeln und Annehmen einer Vereinbarung könnte das Table-Modell aus Kapitel 7 erweitern. Wenn eine Äußerung ein Angebot darstellt, dann bleibt die Äußerung so lange auf dem Table bis klar ist, ob das Angebot (a) angenommen, (b) modifiziert und dann angenommen oder (c) abgelehnt wird. Alle drei Ergebnisse erlauben es, den Table zu leeren. Im Fall (a) und (b) wird die getroffene Vereinbarung in einen Speicher der *gemeinsamen Pläne* (,common plans') aufgenommen, der analog zum Common Ground, dem Speicher des geteilten Wissens ist (siehe Kapitel 6).

Ein Plan ist eine Beschreibung für zukünftiges koordiniertes Handeln beider Sprecher und eventuell anderer Personen. Ein Plan ist dann als ,accepted plan' etabliert, wenn alle Beteiligten ihn akzeptiert haben. Er kommt zu den common plans. Solange der Plan dort ist und niemand dagegen verstoßen hat, gehen alle Beteiligten davon aus, dass er weiterverfolgt wird.

Die Untersuchung spezifischer Sprechakte wird – wie in früheren Analysen – zeigen müssen, wie weit die Idee reicht. Das Table-Modell ist aber ein günstiger Ausgangspunkt für dieses Modell, denn es sieht vor, dass Schweigen eine Form der Zustimmung sein kann. Im Bereich der ursprünglichen Theorie wird angenommen, dass eine Behauptung durch Schweigen akzeptiert werden kann. Dieser Default-Fall wurde im projected set kodiert. Analog kann sich erweisen, dass bestimmte Äußerungen ein Vertragsangebot machen, dem wir im Default-Fall schweigend zustimmen. Dies bietet sich vor allem für die intensiv untersuchten Akte des *Befehls / Bitte / Aufforderung* sowie die Akte des *Versprechens, Anbietens, Zusagens* an. Wir haben geprüft, dass die Angesprochenen jeweils Widerspruch einlegen und eine Vereinbarung verhindern können. Andererseits ist auch die klassische Sicht plausibel, dass im Normalfall ein Versprechen bzw. eine Verpflichtung etabliert wird. Im Rahmen eines verallgemeinerten Table-Modells könnten beide Beobachtungen vereint werden.

Fingerübungen

(1) Geben Sie eine Analyse von Bitten im Rahmen des Vertragsmodells an. Drohen dem Sprecher B Sanktionen, wenn er sich der Bitte widersetzt?

(2) Portner (2004, 2007, 2016) schlägt vor, dass jeder Sprecher eine To-do-Liste hat, in der die Imperative gespeichert werden. Wenn A zu B sagt: *Öffne das Fenster!*, dann hätte dies den Effekt, dass auf der To-do-Liste von B die Proposition ‚B öffnet (in der nächsten Zeit) das Fenster' steht. Wie könnten die folgenden Äußerungen die To-do-Listen der Partner verändern? Wo gibt es Schwierigkeiten?
A zu B: Ich geh nachher noch Brot kaufen, versprochen!
A zu B: Ich fordere Sie auf, das Auto zu verlassen!
A zu B: Lassen Sie uns einen Tango tanzen!

(3) Betrachten Sie folgende Äußerung:
A zu B: Ich borge Dir hiermit mein silbernes Tafelbesteck bis zum Sonntag.
   a) Welcher Vertrag wird angeboten? Gilt er automatisch als angenommen?
   b) Welche Informationen muss A über B plausiblerweise vorher haben?
   c) Wie könnte eine Searle'sche Regel für den Sprechakt des *Borgens* aussehen?

(4)* Informieren Sie sich, wie in Ihrer Stadt oder Gemeinde neue Regelungen zustande kommen; denken Sie konkret an Regeln wie „Nach 22 Uhr ist die Bewirtung im Freien verboten". Genügt es, dass der Bürgermeister aufsteht und die neue Regel verkündet? Muss ein Kollektiv die Regel beschließen? Wie wird die genaue Wortwahl der Regel gefunden?

Diskutieren Sie, wie das Verfahren so gestaltet werden kann, dass keine schriftlichen Urkunden dabei benötigt werden! Welche Sprechakte sehen Sie dabei vor?

Teil III: **Pragmatik und Prosodie**

11 Informationsstruktur I: Fragen und Fokus

Der Äußerungstyp ‚Frage' hat sich bereits mehrfach als interessant für die Pragmatik erwiesen. Fragen helfen uns, Dialogmodelle zu verstehen. Fragen sind ein relativ simpler nicht-assertiver Sprechakt. Am Ende des letzten Abschnitts wurde sogar argumentiert, dass direktes Fragen für den Angesprochenen bedrohlich wirken kann. Positiver aber gibt jede Frage dem Adressaten die Gelegenheit, sich zu einem Thema zu äußern, das den Sprecher interessiert. Im Folgenden untersuchen wir Fragen als Mittel der Themensetzung und Gedankenführung im Gespräch. Wir erarbeiten die These, dass Gespräche sich entlang eines Gerüstes von Hintergrundfragen entwickeln. Das Kinderbuch *Tante Thea* illustriert das Prinzip mit expliziten Fragen.[1]

(1) Das ist Tante Thea. Wohin geht Tante Thea? – Sie geht ins Dorf. – Was will sie im Dorf? – Sie will beim Kaufmann einkaufen. – Was kauft sie denn? ... usw.

In realen Gesprächen wäre diese Struktur freilich sehr ermüdend. Trotzdem kann man die Präsenz von Hintergrundfragen indirekt erschließen. Denn es zeigt sich, dass Aussagesätze, die auf eine Frage reagieren, noch eine Art Schattenbild der Frage durchscheinen lassen. Wir können oft am Satzbau ablesen, welche Frage dem Sprecher vorschwebt. Im Beispiel (2) zeigt der Satzbau, dass der Satz nur die Antwort auf eine bestimmte (relativ spezielle) Frage sein kann.

(2) Es war Bello, der das Schnitzel geklaut hat.
    a. Wer hat das Schnitzel geklaut? – Es war Bello, der das Schnitzel geklaut hat.
    b. #Was hat Bello gemacht? – Es war Bello, der das Schnitzel geklaut hat.

Der Dialog (2a) wirkt relativ natürlich. Dagegen klingt das Gespräch (2b) inkohärent.[2] Die Frage und die Antwort passen nicht zueinander. Dies wird mit der Markierung # angezeigt, die bedeutet: „Diese Folge von Äußerungen ist pragmatisch unangemessen, obwohl alle Teile grammatisch korrekt sind."

---

[1] Grete Janus Hertz: *Tante Thea*. Pixi-Bücher 111, Nr. 945. Hamburg, Carlsen Verlag (1971).
[2] Das heißt nicht, dass (2b) nie vorkommen könnte, aber es braucht eine ganz bestimmte Art von Gesprächskontext darum herum, damit der Minidialog wieder natürlich wirkt. Versuchen Sie, so ein Gespräch zu finden!.

Das Schattenbild der vorhergehenden Frage kann sich in der Syntax zeigen – beispielsweise durch Linksversetzung, Topikalisierung oder Spaltsätze (wie (2)). Aber das zuverlässigste und universellste Abbild einer vorangehenden Frage sehen Sie in der Prosodie der Antwort, d. h. den Akzenten im Satz. Damit werden wir uns gleich näher befassen.

Zuerst aber soll die Leitfrage vorgestellt werden, die im Teil ‚Pragmatik und Prosodie' verfolgt werden wird: Wie kann die Struktur von Texten erfasst werden? Und was unterscheidet einen guten Text von einem unklaren oder inkohärenten Text?

- Die aufeinander folgenden Sätze eines Textes beantworten eine Serie von expliziten oder impliziten Fragen.
- Ein guter Text beantwortet mit jedem Satz eine Frage, die sich an diesem Punkt des Textes einigermaßen natürlich stellt.
- Wenn ein Satz im laufenden Text nur eine Frage beantworten kann, die sich an diesem Punkt gar nicht stellt, dann ist der Text an dieser Stelle unklar / inkohärent.

Der letzte Punkt lässt sich ganz einfach illustrieren, indem wir die Geschichte von Tante Thea etwas verändern wie in (3b) oder (3c).

(3) Das ist Tante Thea. Wohin geht Tante Thea? – Sie geht ins Dorf.
    a. Was will sie im Dorf? – Sie will beim Kaufmann einkaufen.
    b. # Wer besucht Tante Thea morgen? – Birte und Jakob besuchen sie morgen.
    c. ## Was macht der Bürgermeister am Donnerstag? – ...

Es ist intuitiv wahrscheinlicher, dass wir uns am Punkt (3) der Geschichte fragen, was Tante Thea weiter tut, als zu erraten, dass jemand sie besucht oder plötzlich ein Interesse am Bürgermeister zu entwickeln.

Allerdings sind nur wenige Texte durch explizite Fragen strukturiert; die Leitfragen sind normalerweise implizit. Wir haben also bei der Suche nach dem roten Faden durch den Text einige Flexibilität: es gibt an fast jeder Textstelle viele implizite Fragen, die unterstellt werden könnten. Das sehen wir, wenn wir (3) variieren. Der Text in (4) ist stringent, obwohl er von der Fragefolge in (3) abweicht.

(4) Das ist Tante Thea. Sie geht ins Dorf. Birte und Jakob besuchen sie morgen.

Wir könnten beispielsweise unterstellen, dass der letzte Satz einen Grund dafür angibt, warum Tante Thea ins Dorf geht. *Warum*-Fragen sind sehr oft plausible Fragen.

(5) Das ist Tante Thea. Sie geht ins Dorf.
(Warum geht sie ins Dorf?) Birte und Jakob besuchen sie morgen.

Die Frage *Wer besucht Tante Thea morgen?* ist nicht so naheliegend. Das wird deutlich, wenn wir versuchen, in der Geschichte in (4) einen Satz einzubauen, der dasselbe bedeutet wie *Birte und Jakob besuchen sie morgen*, aber durchscheinen lässt, dass es die Antwort auf *Wer besucht Tante Thea morgen?* sein muss.

(6) Das ist Tante Thea. Sie geht ins Dorf.
(Wer besucht Tante Thea morgen?) Es sind Birte und Jakob, die morgen Tante Thea besuchen.

Wenn wir die Frage in Klammern streichen, ergibt sich ein relativ unsinniger Text.

(4') Das ist Tante Thea. Sie geht ins Dorf. # Es sind Birte und Jakob, die morgen Tante Thea besuchen.

Die Gedankenführung in Texten wird auch als *Informationsstruktur* bezeichnet. In Schulgrammatiken findet dieses Thema keine Beachtung, obwohl sich viele Regeln über den Satzbau des Deutschen nur fassen lassen, wenn man die wichtigsten Begriffe der Informationsstruktur kennt. Das kann daran liegen, dass sich die Informationsstruktur einer Äußerung im normalen Fall in der **Prosodie** des Satzes zeigt; also an Akzenten und an der Satzmelodie. Diese Aspekte von Äußerungen werden beim Aufschreiben kaum notiert, und Grammatikschreiber haben immer dazu tendiert, vor allem schriftliche Sprache zu untersuchen. Wahrscheinlich liegt es daran, dass wichtige pragmatische Phänomene in der Prosodie weitgehend unentdeckt geblieben sind, bis in den 1980ern ihre systematische linguistische Erforschung begann.

11.1 Frage-Antwort-Kongruenz

Dieser Abschnitt beleuchtet, wie Antworten und Fragen prosodisch zueinander passen müssen: die sogenannte Frage-Antwort-Kongruenz. Es wird also darum gehen, wie ein Satz beim lauten Lesen akzentuiert würde. Da wir keine Einführung in die Phonologie einlegen können, müssen wir uns mit ein paar notationellen Regeln helfen. Wenn ein Wort oder eine Silbe relativ zu den benachbarten akzentuiert (= betont) gelesen werden soll, dann sind sie mit Großbuchstaben notiert. Bei mehrsilbigen Wörtern liegt in der Regel auf genau einer Silbe der Wortakzent, z. B.

(7) MOnika, APfelkuchen, BeTOnungsregel, AkKORdeon

In Satzgefügen gibt es ebenfalls Konstruktionen, die eine Betonung von einzelnen Wörtern erfordern.

(8) Leg den Löffel nicht IN die Tasse, sondern NEben die Tasse.

Wenn die Wörter mehrsilbig sind, zeigt sich der Akzent entsprechend auf der Silbe im Wort, die sowieso die betonteste wäre.

(9) Ein BAYrischer Bauer sagt zu einem PREUssischen Bauern ...

Wenn im Folgenden von betonten Wörtern oder Wörtern mit Akzent die Rede ist, ist damit gemeint: das jeweilige Wort wird auf seiner akzentuierten Silbe etwas lauter betont als die Wörter in der näheren Umgebung. Der besseren Sichtbarkeit halber schreiben wir das betonte Wort auch im Ganzen in Großbuchstaben (*BAYRISCHER*), womit gemeint ist, dass die lauteste Silbe lauter betont wird als die Wörter in der Umgebung. Um Missverständnissen vorzubeugen: Das Wort „Akzent" hat in diesem Kapitel nichts damit zu tun, ob jemand z. B. Deutsch mit einem französischen Akzent spricht. Nach diesen Vorbemerkungen können wir uns dem eigentlichen Thema, Fragen und Antworten, zuwenden.

Sehen wir uns folgenden Satz an.

(10) Anke soll den Hund morgen zum Tierarzt bringen.

Der Satz könnte die Antwort auf eine ganze Reihe von Fragen sein, wie etwa die in (11).

(11) a. Wer soll den Hund morgen zum Tierarzt bringen?
b. Welches Tier soll Anke morgen zum Tierarzt bringen?
c. Wann soll Anke den Hund zum Tierarzt bringen?
d. Wohin soll Anke den Hund morgen bringen?

Zwar bleibt die Syntax und Semantik von (10) dabei jedes Mal dieselbe, aber die Betonungsmuster ändern sich, je nachdem auf welche Frage (10) eine Antwort gibt. Wenn (10) als Antwort auf (11a) geäußert wird, wird *ANKE* betont. Wenn (10) als Antwort auf (11b) geäußert wird, wird *den HUND* betont, usw. Wenn Sie den Akzent in (10) an einer unpassenden Stelle setzen, dann klingt der so entstandene Frage-Antwort-Dialog inkohärent.

(12) # Welches Tier soll Anke morgen zum Arzt bringen? – Anke soll den Hund MORGEN zum Arzt bringen.

Je nachdem, wie musikalisch Ihr Ohr ist, wird es Ihnen leichter oder schwerer fallen, etwas falsch zu betonen und sich selbst dabei zu beobachten. Falsche Prosodie ist fast noch schwerer als einen ungrammatischen Satz zu äußern, denn die korrekte Akzentsetzung ist Teil unserer mündlichen Sprachkompetenz. Spracherwerbsforscher gehen davon aus, dass die prosodischen Muster der Erstsprache bereits sehr früh erworben werden, teilweise schon vor der Geburt (Schröder und Höhle 2011). Daher ist es wenig erstaunlich, dass es uns schwerfällt, diese Muster zu durchbrechen. Teil der Sprecherziehung beim Schauspielunterricht befasst sich mit der bewussten Steuerung von Akzenten. Auch sind wir sehr treffsicher darin, bei anderen zu hören, wenn die Prosodie nicht recht stimmt. Für die Zwecke dieses Themas wäre es also das Beste, wenn Sie einen Lernpartner oder Partnerin finden, mit denen Sie sich so gut verstehen, dass Sie einander Kommentare wie „Das klang jetzt total schräg" nicht übel nehmen.

Kommen wir zurück zum Befund 1: In einer Frage-Antwort-Sequenz bestimmt die Frage, wo in der Antwort Akzente liegen. Grob gesagt liegt der Akzent auf der Konstituente, die der Fragephrase in der Frage entspricht. Der Akzent wird **Fokus-Akzent in der Antwort** genannt.

Ist der Fokus-Akzent in Antworten ein reines Echo-Phänomen? Es könnte ja eine sinnvolle Regel sein, wenn alle Sprecher den Teil einer Antwort lauter sprechen, der noch nicht in der Frage vorkam. So einfach ist die Sache aber nicht. Zwei Beobachtungen sind hier wichtig.

Zum ersten findet man, dass der neue Informationsteil in der Antwort größer sein kann als das akzentuierte Wort.

(13) Was soll Anke mit dem Hund machen?
Sie soll den Hund morgen zum TIERarzt bringen.

In der Antwort in (13) entspricht eine längere Konstituente dem W-Wort in der Frage. Es wird eine Tätigkeit erfragt, die mit der Verbalphrase [$_{VP}$ *den Hund morgen zum Tierarzt bringen*] beantwortet wird. Wäre der Fokus-Akzent ein reines Echophänomen, so würde man erwarten, dass alle Wörter dieser Konstituente akzentuiert werden. Tatsächlich aber ist der einzige wirklich obligatorische Akzent der Antwort auf dem Wort *Tierarzt*. Eine Antwort, in der alle Wörter im neuen Teil lauter gesprochen würden – wie in (13′) – wäre unnatürlich.

(6') Was soll Anke mit dem Hund machen?
Sie soll den Hund MORGEN ZUM TIERARZT BRINGEN.

Versuchen Sie es. Man bekommt den Eindruck, dass die Frage von einem Schwerhörigen gestellt worden sein muss. In einer normalen Dialogsituation reicht ein einzelner Akzent auf *Tierarzt* aus.

Eine zweite Beobachtung spricht ebenfalls gegen die Idee, Akzente seien ein reines Echophänomen. Manchmal haben Satzteile einen Akzent, ohne dass eine Frage direkt vorangeht. Diese Akzente können auch bedeutungsstiftend sein. Man sieht das vor allem dann deutlich, wenn man denselben Satz in verschiedenen Akzentmustern vergleicht.

(14) a. Anke bringt morgen nur den DICKEN Hund zum Arzt.
     b. Anke bringt morgen nur den dicken HUND zum Arzt.

Das Wort *nur* trägt bei, dass andere Alternativen nicht der Fall sind und der Akzent gibt an, welcher Art die anderen Alternativen sind. In (14a) geht es um *dicke, dünne, normale* ... Hunde. Unter den Hunden kommt nur der dicke zum Arzt. Der Satz wäre auch in Situationen wahr, in denen nur ein dicker Hund und keine anderen Hunde, aber außerdem ein übergewichtiger Kanarienvogel zum Arzt gebracht werden.

In (14b) geht es darum, dass Anke nur ein dickes Tier zum Arzt bringt: nämlich den dicken Hund. Der Satz würde nicht zutreffen in Situationen, in denen auch der dicke Kanarienvogel mit zum Tierarzt gebracht wird.

Die beiden Sätze haben unterschiedliche Wahrheitsbedingungen. Deswegen können die beiden Sätze nicht synonym sein. Sie bedeuten nicht dasselbe. Die beiden Sätze sind aber aus genau den gleichen Wörtern aufgebaut! Der einzige Unterschied ist die unterschiedliche Betonung. Wir können also schließen: Akzente wie die Betonung in (14) beeinflussen die Bedeutung!

Wir sollten uns also von der Bedeutungsseite her mit Akzenten befassen. Wir werden demnächst unterscheiden zwischen dem **Fokus** einer Äußerung und dem **Fokus-Akzent**, der diesen Fokus anzeigt. (Die Frage „Was zum Teufel ist ein Fokus?" wird dabei auch zu beantworten sein.) Zunächst gehen wir noch einmal zurück zu den Frage-Antwort-Paaren und untersuchen die Passung von Frage und Antwort-mit-Fokus etwas genauer.

11.2 Die Bedeutung von Fragen

Es war von der Bedeutung von Fragen schon einmal die Rede, nämlich im Table-Modell für Fragen und Antworten in Kapitel 7. Wir haben dort angenommen, dass die Bedeutung einer Frage in der Menge der möglichen Antworten besteht. Dort war vor allem von polaren Fragen die Rede und die möglichen Antworten waren überschaubar: *ja* oder *nein*.

(15) Ist der Kater daheim?
mögliche Antworten: Ja (der Kater ist daheim) / Nein (der Kater ist nicht daheim).
⟦ Ist der Kater daheim? ⟧ = { ‚der Kater ist daheim', ‚der Kater ist nicht daheim' }

In (16) wird gezeigt, wie sich diese Idee auf Konstituentenfragen verallgemeinern lässt.

(16) Wo ist der Kater?
mögliche Antworten: Der Kater ist im Bad, Der Kater ist im Keller, Der Kater ist im Garten, Der Kater ist beim Nachbarn ...

Wie fassen wir diese möglichen Antworten zusammen? Es sind **Propositionen**, die man herleitet, indem man alle Teile der Frage zusammenbaut: *Der Kater ist ...* und an Stelle der *W-Phrase* eine Adverbialphrase des Ortes einbaut: *im Keller, beim Nachbarn, dort, wo der Pfeffer wächst ...* Dabei sind alle möglichen deutschen Ortsadverbiale grundsätzlich grammatisch möglich. Diese Auswahl wird aber situativ beschränkt: Realistisch beschränken wir uns auf Antworten mit Ortsadverbialen, die einen Ort benennen, wo der Kater vernünftigerweise sein kann.

⟦ Wo ist der Kater? ⟧
= { $p \mid p$ ist eine Proposition, die einem Satz der Form *Der Kater ist am Ort X* entspricht } =
{ ‚Der Kater ist im Keller', ‚Der Kater ist im Garten', ‚Der Kater ist im Bad' ...}

Wir lassen es hier offen, wie man die Bedeutung von *wo* so anlegt, dass sich diese Antworten-Menge ergibt (siehe dazu die Einführung in Dayal 2016). Ehe wir wieder zum Fokus zurückkommen, soll noch auf einen Aspekt der Fragebedeutung hingewiesen werden, der am Ende von Kapitel 7 schon kurz erwähnt wurde.

Einfache und erschöpfende Antworten auf Fragen. Unsere Beispielfrage bisher war *Wo ist der Kater?*. Da das Tier immer nur an einem Ort sein kann, schließen sich die möglichen Antworten gegenseitig aus. Anders gesagt: Wenn der Sprecher *eine* Antwort gibt, dann wissen wir gleichzeitig, dass alle *anderen* möglichen Antworten nicht zutreffen.

Zur Diskussion: Wann sind die folgenden Fragen jeweils erschöpfend beantwortet?
i. Wo steht der Eiffelturm?
ii. Wer will einen Kaffee?
iii. Wer ist der Vater von Wolfgang Amadeus Mozart?
iv. Wo kann ich ein Skateboard kaufen?

Fragen (i) und (iii) verhalten sich genau wie unsere Modellfrage. Es kann zwar viele mögliche Antworten geben, aber nur jeweils eine einzige kann zutreffend sein. Bei den Fragen (ii) und (iv) ist das anders. Wenn Frage (ii) an die Gruppe aus Fred, Pit und Bob gestellt wird, könnte Fred sagen: „ICH will Kaffee" und damit eine Antwort geben. Diese Antwort ist aber nicht erschöpfend, denn es könnte sein, dass tatsächlich *Fred und Pit* Kaffee wollen, *Fred und Bob* Kaffee wollen, alle drei Kaffee wollen oder *Fred* Kaffee will, die anderen aber nicht.

Ebenso ist es mit der Frage (iv). Nehmen wir an, in Konstanz kann man an genau drei Orten ein Skateboard kaufen: bei Sport-Gruner, bei Karstadt und am Münsterplatz. Könnte man dann (iv) beantworten mit „Du kannst am Münsterplatz ein Skateboard kaufen", oder müsste man eine erschöpfende Antwort geben? Wir haben die Wahl zwischen partiellen und exhaustiven Antworten. Unter den partiellen Antworten wollen wir die **einfachen Antworten** herausheben, die aus der Nennung genau einer Möglichkeit bestehen. Die Unterscheidung ist unabhängig davon, ob es sich um zutreffende oder nur mögliche Antworten handelt.

Einfache wahre Antwort auf (iv): *Man kann am Münsterplatz ein Skateboard kaufen.*

Einfache mögliche Antwort auf (iv): *Man kann bei Obi ein Skateboard kaufen.*

Exhaustive wahre Antwort auf (iv): *Man kann am Münsterplatz, bei Gruner und bei Karstadt ein Skateboard kaufen, und nirgends sonst.*

Exhaustive mögliche Antworten auf (iv): *Man kann am Münsterplatz und bei Obi ein Skateboard kaufen, und nirgends sonst.*

Dies bringt uns an einen Punkt bei der Definition von Fragebedeutung, der bisher noch offen ist. Wir werden verabreden, dass die Bedeutung einer Frage modelliert wird als die Menge aller möglichen einfachen Antworten auf die Frage (die sogenannte *Hamblin-Semantik*).[3] Noch einmal für Beispiel (iv) dargestellt:

---

[3] Sie wurde zum ersten Mal in Hamblin (1973) formuliert. Zugänglichere Einführungen geben beispielsweise Dayal (2016: 5–11) und Beck und Gergel (2014: Kap. II.5).

⟦ Wo kann man ein Skateboard kaufen? ⟧
= { ‚Man kann bei Sport-Gruner ein Skateboard kaufen',
‚Man kann bei Obi ein Skateboard kaufen',
‚Man kann bei Karstadt ein Skateboard kaufen',
‚Man kann am Bahnhofsbüdchen ein Skateboard kaufen' ... }

In vielen Fällen sind diese einfachen Antworten dann **partielle Antworten** auf die Frage. Das ist aber für unsere Zwecke hier nicht weiter störend. Eine andere Form der Fragebedeutung geht zurück auf Groenendijk und Stokhof (1984), die vorschlagen, dass die Bedeutung einer Frage mit der Menge aller exhaustiven Antworten dargestellt werden sollte. Diese Darstellung hat zwar elegantere logische Eigenschaften und ist deswegen für einige Zwecke besser. Sie ist aber auch ziemlich schreibintensiv und für die erste Exploration von Fokusphänomenen nicht so praktisch.

11.3 Fokus und mögliche Fokuseffekte

Gehen wir zurück zu unseren Akzenten. Wir bleiben beim Beispiel des verschwundenen Katers. Wie in den Eingangsbeispielen wird auch in den Antworten auf die Frage (17) die neue Adverbialphrase akzentuiert – genauer gesagt, das Nomen, falls es eine PP ist, bzw. das Adverb, falls es nur ein Adverb gibt.

(17) Wo ist der Kater?
      Der Kater ist im BAD
      Der Kater ist beim übernächsten NACHBARN
      Der Kater ist HIER
      Der Kater ist unter dem TISCH

Die Frage wirft mögliche Orte auf, wo das Tier sein könnte. Die Fragebedeutung besteht aus der Menge aller möglichen Antworten, wie in (17) aufgelistet. Mit der Antwort hat sich der Sprecher für eine dieser Alternativen entschieden. Wir könnten annehmen, dass der Fokus auf der PP (der von dem Akzent an der ‚wichtigsten' Stelle in der PP angezeigt wird) noch einmal dieselben Alternativen signalisiert und damit eine Art semantisches Echo der Frage darstellt.

Dafür spricht, dass Akzente auch in anderen Zusammenhängen oft Kontraste signalisieren.

(18) Ist der Kater im Bad? – Nein, er ist unter dem TISCH.
      Der Kater ist nicht im GARTEN, sondern beim NACHBARN.
      Der Kater ist im Garten. – Nein, er ist HIER.

Damit kommen wir zu einem Modell, das den Zusammenhang zwischen Fokus und Akzent, Frage und Antwort beschreibt. Es wurde erstmals 1985 in der Dissertation *Association with Focus* von Mats Rooth vorgeschlagen und gilt bis heute als eine Standardanalyse im Gebiet der Informationsstruktur. Hier sind seine wichtigsten Annahmen.

1. **Fokus:** In einer Äußerung können Bauteile des Satzes (Wörter, Satzteile) als Fokus ausgezeichnet sein.
2. **Fokusmarkierung:** Der Fokus-Teil des Satzes wird durch einen Akzent auf seinem prominentesten Element angezeigt.
3. **Fokus-Bedeutung:** Fokus hat den Effekt, dass **Alternativen** zum fokussierten Teil des Satzes evoziert werden. Auf der Satzebene werden alle diejenigen alternativen Propositionen evoziert, die wir bekämen, wenn wir den fokussierten Teil durch eine der Alternativen ersetzen würden.
4. **Fokus-Pragmatik:** Wenn der Sprecher mit dem Fokus diese Alternativen evoziert, dann muss diese Alternativen-Semantik einen Grund haben. Es muss ein Wort oder eine Konstruktion im Kontext geben, die den Fokus nutzen und etwas über die Alternativen sagen.

Wir befassen uns an dieser Stelle vor allem mit den ersten beiden Punkten. In Kapitel 12 werden wir auf Rooths Vorschläge zur Fokusbedeutung eingehen.

11.4 Fokusprojektion

Zum Abschluss müssen wir das Verhältnis von Fokus zu Akzent beleuchten. Viele Frage-Antwort-Paare zeigen, dass die Antwortkonstituente nur einen Akzent enthält, der ausreicht, um die ganze Konstituente als neue Information zu markieren.

(19)   Was macht der Kater gerade? – Er zerfetzt ein SOFAkissen.

Der neue Teil (= der Fokus) der Antwort ist die Konstituente. Wir werden das im Folgenden mit einem Subindex F an der entsprechenden Konstituente notieren, also [$_{VP}$ *zerfetzt das Sofakissen*]$_F$. Akzentuiert ist jedoch nur das Objektsnomen. Alle anderen Akzentuierungen wären inkohärent.[4]

---

[4] Sie können diese Dialoge retten, wenn Sie eine geeignete Geschichte hinzufügen. Das Rautezeichen (#) ist zu lesen als „inkohärent ohne weiteren Gesprächshintergrund."

(20) #Was macht der Kater gerade? – Er ZERFETZT ein Sofakissen.

(21) #Was macht der Kater gerade? – Er zerfetzt EIN Sofakissen.

Die Markierung von fokussierten Satzteilen geschieht also nach festen Regeln, und es gibt zahlreiche Vorschläge, wie diese Regeln genau formuliert sind (z. B. Chomsky und Halle 1968; Höhle 1982; Selkirk 2011). Diese Regelwerke gehen von der Syntax aus und versuchen, syntaktisch zu beschreiben, welches Wort den Fokus-Akzent tragen wird. Für (19) bräuchten wir also eine Regel, die beschreibt: Wo ist der Akzent, wenn der Fokus eine VP mit transitivem Verb und Objekt ist? In diesem Fall ist die Antwort im Deutschen relativ einheitlich: auf dem Kopfnomen der Objekt-NP. Man spricht auch von **Fokusprojektion**, denn die Vorstellung ist, dass das hörbare Fokusmerkmal **Akzent** bis zur VP weitergegeben („projiziert") werden kann und dann die VP als Fokus auszeichnet. Es hat sich inzwischen herausgestellt, dass ein vollständiges Regelwerk der Fokusprojektion im Deutschen viele Teilfälle unterscheiden muss und neben der Syntax auch von anderen, weniger gut verstandenen Faktoren abhängt (eine klassische Diskussion von scheinbaren Ausnahmefällen gibt Bolinger (1972); seine Kritikpunkte treffen auch auf das Deutsche zu). Wir verzichten deswegen hier auf den Versuch, die Regeln für die Fokusprojektion des Deutschen zu formulieren.[5] Wir werden für unsere Zwecke die Regeln der Fokusprojektion folgendermaßen vorläufig festlegen.

(22) a. Frage-Antwort-Paare dienen als der Normfall der Fokusmarkierung. Wir nehmen an, dass diejenige Konstituente in der Antwort im Fokus ist, die der w-Konstituente in der Frage entspricht. Wir nennen sie auch **Antwortkonstituente**.
b. Das Wort, auf dem in der Antwortkonstituente der Akzent sein muss, ist der Ort, an dem markiert wird, dass diese Konstituente im Fokus ist.
c. Mit demselben Akzent kann auch in anderen Gesprächskontexten als dem Frage-Antwort-Kontext markiert werden, dass diese Konstituente im Fokus ist.
d. In einzelnen Fällen können auch mehrere Akzente nötig sein, um eine Konstituente als im Fokus zu markieren. Das soll uns nicht weiter stören.

---

[5] Ein wichtiger Vorschlag dazu findet sich in Höhle (1982).

Wichtig ist also, dass ‚akzentuiertes Wort' und ‚Fokus' unterschieden werden müssen. Unter Umständen kann der Fokus im Satz sehr viel weiter sein als nur das akzentuierte Wort. Hier ist noch ein Beispiel, das diese Redeweise illustriert.

(23) Was hat Anke gemacht?
Anke hat [den Hund zum TIERarzt gebracht.]$_F$

Wenn wir unserem bekannten Frage-Antwort-Schema auch hier vertrauen, dann sehen Sie, dass die gesamte Verbalphrase im Fokus stehen muss. Sie liefert die Antwort auf die Frage „Was hat Anke gemacht?". Wenn Sie Ihrem Ohr vertrauen, dann merken Sie, dass nur *ein* Akzent in der VP wirklich zwingend vorhanden sein muss: der auf *TIER-* . Dieser Akzent ist normalerweise auch deutlich lauter als alle anderen Wortakzente in diesem Satz.

Fairerweise sollte darauf hingewiesen werden, dass manche Sprecher weitere Akzente für zwingend halten. Wenn Sie mit Beispiel (23) länger herumprobieren, werden Sie vielleicht finden, dass es neben dem Akzent auf der Silbe *TIER* auch andere mögliche Akzente gibt. Man tendiert beispielsweise dazu, einen weiteren, etwas leiseren Akzent (Nebenakzent) auf das Nomen *Hund* zu legen. Allerdings sind nicht beliebige weitere Akzente erlaubt: Sowohl Akzente auf den Funktionswörtern *den* und *zum* wären sehr markiert als auch ein Akzent auf dem Verb *gebracht*. Die Akzentuierung von Sprecher zu Sprecher kann ziemlich variieren, und je nach Gelegenheit werden Sprecher überdeutlich akzentuieren oder aber die Akzente fast verschwinden lassen. Es wird auch untersucht, ob Längen oder Pausen dazu genutzt werden können, neben Akzentuierung als Fokusmarkierung zu dienen. Es liegt in den Händen der Phonologie herauszufinden, nach welchen Regeln der Fokus-Akzent im fokussierten Satzteil positioniert wird; wir unterstellen hier einfach, dass es solche Regeln gibt, über die Sie implizites Wissen haben.

Mit (23) lässt sich noch eine weitere Tatsache zeigen. Dasselbe Akzentmuster kann bei unterschiedlichen Fokussierungen auftreten. In den Fragen (24)–(26) ist jeweils die Antwortkonstituente durch Klammern markiert. Wir sehen also drei unterschiedliche Foki. Alle drei werden aber mit dem Akzent auf TIER(-arzt) angezeigt.

(24) Was hat Anke gemacht? – Anke [hat den Hund zum TIERarzt gebracht.]

(25) Was hat Anke mit dem Hund gemacht? – Anke hat den Hund [zum TIERarzt gebracht.]

(26) Wohin hat Anke den Hund gebracht? – Anke hat den Hund [zum TIERarzt] gebracht.

In unseren Testkontexten (24)–(26) ist das nicht schlimm, denn (laut Definition) zeigt uns die vorangehende Frage bereits, wo der Fokus in der Antwort liegt. Komplizierter liegen die Dinge, wenn wir Fokus in anderen Konstruktionen betrachten werden. Beispielsweise wird oft behauptet, dass die neue Information in einem Satz einen Akzent trägt (Prince 1981; Krifka 2006; Musan 2010, Kap. 2). Fragen und Antworten entsprechen diesem Muster: die fehlende (also neue) Information wird vom Frage-Antwort-Fokus bereitgestellt. Die Verallgemeinerungen erweist sich allerdings als schwammig, denn „neu" wird dann als „nicht vorher erwähnt" gelesen. Aber auch vorerwähnte Wörter können wichtige neue Informationen versprachlichen – daraus entsteht eine Quelle von verwirrenden Gegenbeispielen. Deshalb ist die Frage-Antwort-Kongruenz ein zwar langweiliger, aber wichtiger Grundlagenfall, von wo aus wir den komplexen Zusammenhang der Begriffe ‚ist neu', ‚ist akzentuiert' und ‚Fokusprojektion' entwickeln können.

Wenn Sie die Unterscheidung von **Fokus** und **Fokus-Akzent** verwirrt, dann hilft vielleicht abschließend folgendes Bild: Stellen Sie sich vor, im Meer gibt es Inseln und auf jeder Insel ist an geeigneter Stelle ein Leuchtturm. Jeder Leuchtturm zeigt also eine Insel an, ist aber nicht dasselbe wie die Insel. Die Insel kann größer sein als nur der Fels, auf dem der Leuchtturm steht. Ebenso gibt es in Äußerungen einen Fokus (fokussierten Teil) und jeder Fokus ist mit einem Akzent markiert. Jeder Akzent zeigt also einen Fokus an, ist aber nicht dasselbe wie der Fokus. Der Fokus kann größer als das akzentuierte Wort sein.

Zusammenfassung

Wir haben die Grundbegriffe Fokus, Akzent und Fokusprojektion mit Hilfe der Frage-Antwort-Kongruenz definiert. Der Akzent in einer Antwort entspricht der erfragten Konstituente in der Frage. Fokusprojektion sagt, dass ein einzelner Akzent auf einem Wort ausreichen kann, um eine größere Konstituente als fokus zu Markieren. Mit dem Frage-Antwort-Test lässt sich feststellen, welcher Akzent welche Konstituente als fokussiert markieren kann. Im nächsten Kapitel untersuchen wir die Bedeutungseffekte, die mit Fokus zu erzielen sind.

Fingerübungen

(1) Schreiben Sie die Bedeutung der folgenden Fragen als Menge der möglichen Antworten. Sie können die Elemente der Menge als Liste (...) schreiben.
   a. Wer unterrichtet (an Ihrer Universität) Syntax I?
   b. Wann kommt der Nikolaus?
   c. Was macht die Maus am Donnerstag?
   d. Was gibt es heute in der Mensa?

(2) Wann sind die folgenden Fragen jeweils erschöpfend beantwortet?
   (i) Wo in Paris steht der Eiffelturm?
   (ii) Wo in Paris kann man eine französische Zeitung kaufen?
   Beschreiben Sie den Unterschied zwischen (i) und (ii)?

(3) Nicht immer entspricht die W-Frage einem bestimmten Satzteil. Was sind mögliche Antworten auf diese Frage?

   Welche Art Bratwurst mag Opa am liebsten?

(4) Wo würden Sie in den jeweiligen Antworten einen Akzent setzen? (Stellen Sie sich dabei vor, dass Sie pro Akzent 10 € zahlen müssten: Was wäre die sparsamste Art, die Antwort einigermaßen natürlich zu akzentuieren?)
   a. Wer hat an der Uhr gedreht? – Mein kleiner Bruder hat an der Uhr gedreht.
   b. Wann kommt Oma zu Besuch? – Oma kommt am übernächsten Donnerstag.
   c. Wer spielt am Samstag im K9? – Am Samstag spielen sieben Hippies.
   d. Wie viele Hippies spielen diesmal in der Band? – Am Samstag spielen sieben Hippies.
   e. Was macht der Kater? – Er jagt gerade Mäuse.
   Unterstreichen Sie jeweils den Fokusteil der Antwort. Wo ist der Fokus größer als nur das akzentuierte Wort?

(5) Auf welche Fragen wäre die folgende Äußerung (mit Akzent) eine kohärente Antwort?
   (i) Karl hat dem Kind ein BUCH geschenkt.
   Welche Fokusmarkierungen kann der Satz also illustrieren?

(6) Beantworten Sie dieselben Fragen wie in (5) für folgenden Satz.
   (i) Karl hat dem KIND ein Buch geschenkt.
   Welche Ihrer Beobachtungen zu (6) finden Sie – nach den Daten in (5) – überraschend?

12 Informationsstruktur II: Assoziation mit Fokus

Im letzten Kapitel haben wir gesehen, dass ein Satz mit einem mitgemeinten Fokus geäußert werden kann. Der Fokus wird im Deutschen mit Akzenten angezeigt, wie in (1) illustriert.

(1) Freddie mag [PAPrika]_F

Da aber Akzent und Fokus nicht identisch sind, werden wir weiterhin den Fokus in Sätzen mit Klammern markieren, die Akzente dagegen durch Großbuchstaben angeben. Fokussierung kann zum Beispiel durch eine vorangehende Frage ausgelöst werden.

(2) Was mag Freddie? – Freddie isst [grüne BOHNEN]_F.

Bislang haben wir uns nur der Bedeutung von Fragen zugewandt. Nach gängigen Annahmen kann die Semantik einer Frage durch die Menge aller möglichen (einfachen) Antworten angegeben werden. Für das Beispiel in (2) erhalten wir also folgende Menge.

(3) 〚 Was mag Freddie? 〛 =
  { ‚Freddie mag Paprika', ‚Freddie mag Gurken', ‚Freddie mag Nudeln', ‚Freddie mag Torte' ... }

Die Beschäftigung mit Fragebedeutung ist eine sehr gute Vorbereitung für das Thema dieses Abschnitts. Trägt Fokus etwas zur Bedeutung von Äußerungen bei? Wenn ja, dann was? Und wie kann man überhaupt empirisch beobachten, was die Bedeutung eines Fokus ist?

Mats Rooth hat in seiner Dissertation (Rooth 1985) einen Vorschlag für die Interpretation von Fokus entwickelt, der sich als einfach, allgemein und tragfähig erwiesen hat. Eine konzise Zusammenfassung finden Sie in Rooth (1992). Hier sind seine vier Punkte genannt.
1. **Fokus:** In einer Äußerung können Bauteile des Satzes (Wörter, Satzteile) als Fokus ausgezeichnet sein.
2. **Fokusmarkierung:** Der Fokus-Teil des Satzes wird durch einen Akzent auf seinem prominentesten Element angezeigt.
3. **Fokus-Bedeutung:** Fokus hat den Effekt, dass **Alternativen** zum fokussierten Teil des Satzes evoziert werden. Auf der Satzebene werden alle diejenigen

alternativen Propositionen evoziert, die wir bekämen, wenn wir den fokussierten Teil durch eine der Alternativen ersetzen würden.
4. **Fokus-Pragmatik:** Wenn der Sprecher mit dem Fokus diese Alternativen evoziert, dann muss diese Alternativen-Semantik einen Grund haben. Es muss ein Wort oder eine Konstruktion im Kontext geben, die den Fokus nutzen und etwas über die Alternativen sagen.

Zur Bedeutung schlägt Rooth konkret vor, dass jeder Satz, der einen Fokus enthält, außer der normalen Bedeutung auch eine **Fokus-Bedeutung** hat (offiziell: ‚fokussemantischer Wert', *focus semantic value*). Der fokussierte Teil im Satz führt Alternativen ein, die dort anstelle von dem stehen könnten, was tatsächlich dasteht. Daraus errechnet sich die Fokus-Bedeutung folgendermaßen:

> Die Fokus-Bedeutung des Satzes ist die Menge aller Propositionen, die man erhält, wenn man statt des Fokus eine seiner Alternativen einsetzt.

Wir werden diese Annahmen mit Beispiel (4) illustrieren.

(4) Freddie mag [PAPrika]$_F$

Der Fokus liegt auf der Objektphrase *Paprika*. Laut Rooth geht es also um Alternativen zu ‚Paprika', beispielsweise ‚Gurken', ‚Nudeln', ‚Torte' usw.

Diese alternativen Objektphrasen erlauben uns, alternative Propositionen herzuleiten: Alle die Satzbedeutungen, die wir erhalten würden, wenn wir *Paprika* durch eine der Alternativen dazu ersetzen. Hier ergibt sich folgende Menge von alternativen Propositionen (die Ausgangsproposition ‚Freddie mag Paprika' zählt nach allgemeiner Verabredung dabei auch als eine Alternative):

> { ‚Freddie mag Paprika', ‚Freddie mag Gurken', ‚Freddie mag Nudeln', ‚Freddie mag Torte' ... }

Diese Menge sollte Ihnen bekannt vorkommen: Es ist genau die, die der Bedeutung der Frage *Was mag Freddie?* entspricht. Allgemein gilt: Die Fokusbedeutung des Satzes entspricht der Bedeutung der Frage, die den Fokus im Satz erlauben würde.[1] Der Frage-Antwort-Test ermöglicht uns immer einen Sicherheitscheck mit dem man sich vergewissern kann, ob man sich irgendwo vertan hat.

---

1 Die genaue Beziehung zwischen Fragebedeutung und Fokusbedeutung ist etwas komplizierter: siehe Krifka (2001, 2007). Formale Probleme können sich z. B. dadurch ergeben, dass ‚mögliche

Spielen wir die Anweisungen für ein weiteres Beispiel durch.

(5)   Freddie mag [ROTE]_F Paprika.

Wenn das Adjektiv *rot* im Fokus ist, dann erinnert es an Alternativen zu ‚rot', wie etwa ‚grün', ‚gelb', ‚braun' ... Auf dieser Grundlage können wir alternative Propositionen aufbauen und erhalten folgende Fokusbedeutung des Satzes:

> { ‚Freddie mag grüne Paprika', ‚Freddie mag gelbe Paprika', ‚Freddie mag rote Paprika' }

Diese Menge entspricht wieder dem Fragekontext: *Was für eine Art Paprika mag Freddie?* Lassen Sie uns sicherstellen, wie die Herleitung für größeren Fokus gehandhabt wird. In Beispiel (6) soll die Objektphrase fokussiert sein, was sich in einem Akzent auf *Paprika* zeigt.

(6)   Freddie mag [rote PAPrika]_F.

Hier geht es dem Sprecher um Alternativen zu ‚rote Paprika', also DP-Alternativen, die die Phrase *rote Paprika* im Ganzen ersetzen könnten. Wieder könnten ‚Gurken', ‚Salat', ‚Torte', ‚grüne Paprika', ‚gelbe Bohnen' ... gemeint sein. Auf dieser Grundlage kommen wir zu folgenden alternativen Propositionen:

> ‚Freddie mag grüne Paprika', ‚Freddie mag Gurken', ‚Freddie mag Salat', ‚Freddie mag Torte' ... }

Wir würden also erwarten, dass dieser Fokus wieder zur Frage *Was mag Freddie?* passt. Und das ist tatsächlich der Fall.

12.1 Von speziellen Alternativen und Alternativ-Typen

Bei der Bestimmung von Alternativen arbeiten Sprachstruktur und Kontext Hand in Hand. Mit seiner Äußerung gibt der Sprecher vor, wo ein Fokus sein soll. Damit legt er grundsätzlich fest, welche Arten von Alternativen in Frage kommen. Ist

---

‚Antworten' und ‚mögliche Fokusalternativen' bei verschiedenen Autoren nicht immer ganz deckungsgleich sind. Für unsere Zwecke ist dies aber eine brauchbare Arbeitsversion.

beispielsweise eine Präposition im Fokus, dann kommen als Alternativen nur andere Präpositionen in Betracht.

(7) Der Kater ist UNTER dem Tisch, nicht AUF dem Tisch.

Allerdings ist diese Beschränkung recht unspezifisch. Für Nomina kommen etwa ‚alternative Nomina' in Betracht, und damit eröffnen wir einen ungeheuer großen Alternativenraum. Im jeweiligen Äußerungskontext können Sprecher und Adressat davon ausgehen, dass die möglichen Alternativen weitaus enger eingegrenzt sind. Im Eingangsbeispiel (4) haben wir stillschweigend angenommen, dass der Sprecher daran Interesse hat, was Freddie *zum Essen* mag. Die Liste der genannten Alternativen umfasst konsequenterweise nur Lebensmittel. (Die Pünktchen „ ... " waren also im Sinne von ‚andere Lebensmittel' gemeint.)

Wenn allerdings Frage (3) vor dem Hintergrund gestellt wird, was wir Freddie zu Weihnachten schenken, dann liegen andere Alternativen nahe: Es kommen auch *Ritterromane, rosa Krawatten* und *Motto-Tassen* in Betracht. Besonders deutlich ist die kontextuelle Eingrenzung auch, wenn es um *Wer*-Fragen geht. Die Frage *Wer will Kaffee?* ist in der Regel keine Bitte um die Liste aller Kaffeedurstigen weltweit, sondern erkundigt sich nach den Kaffeewünschen in der Runde, in der Gruppe, am Tisch. Ebenso würde auch der Fokus in der Äußerung *FREDDIE will Kaffee* nur relevante alternative Personen einführen, nicht an die gesamte Menschheit.

Zusammenfassend kann man also sagen: Die Satzumgebung legt den logischen Typ der Alternativen fest: Sind es nominale Eigenschaften, präpositionale Relationen, Personen, adjektivische Eigenschaften? Der Redekontext schränkt diese Domäne weiter ein. Der Verweis auf Alternativen ist sowohl semantisch als auch pragmatisch gesteuert. Dass dies eine vernünftige Annahme ist, wird im nächsten Abschnitt deutlich.

12.2 Assoziation mit Fokus: *nur*

Fokussierung tritt nicht nur bei Fragen und Antworten auf. Sie kann auch wesentlich zur Satzbedeutung beitragen. Es gibt viele Wörter, die einen Fokus im Satz verlangen. Sie arbeiten mit Fokus zusammen. Sie tragen Bedeutung bei, die mit Fokus spielt. Dieses Phänomen wird auch als **Assoziation mit Fokus** (*Association with Focus*) bezeichnet. Eine erste Klasse sind die fokussensitiven Partikeln, und das Wort *nur* ist ein wichtiges Beispiel.

(8) Freddie mag nur [PAPrika]$_F$.
  = ‚Freddie mag Paprika, aber nichts anderes.'

Sicher werden Sie keine Mühe haben, Satz (8) zu verstehen und ihn so oder ähnlich zu paraphrasieren. Sie können auch logische Folgerungen korrekt ziehen. Aus (8) folgt zum Beispiel: *Freddie mag keine Gurke* (falls Gurke im Kontext eine relevante Alternative zu Paprika war). Nun ist (8) ein recht einfaches Beispiel, und es ist nicht unmittelbar klar, wieso zum Verständnis der Fokus wichtig sein soll.

Traditionelle Beschreibungen stellen für *nur* eine assertierende und eine ausschließende Komponente fest. Es wird assertiert, dass der Satz zutrifft, und alles andere wird ausgeschlossen. Die Frage ist: was ist alles andere? Wir sollten noch einige Beispiele Revue passieren lassen.

(9) Freddie mag nur [ROTE]$_F$ Paprika.
    = ‚Freddie mag rote Paprika, aber nichts anderes.'

Auch in diesem Fall bewährt sich die Paraphrase; allerdings ist das ausgeschlossene Andere hier anderer Art. Der Sprecher will andersfarbige Paprika ausschließen; um Lebensmittel im Allgemeinen geht es ihm nicht. Konsequenterweise folgt aus (9) auch nicht *Freddie mag keine Gurke*. (9) könnte wahr sein und Freddie trotzdem ein Riesen-Gurkenfan sein. Das ist in (8) ausgeschlossen.

Überprüfen wir ein letztes Beispiel, so wird der Einfluss von Fokus deutlich. In (10) soll die Objekt-DP im Fokus stehen. Mit Ihrer Erfahrung können Sie an diesem Punkt bestätigen, dass dann ein Akzent auf dem Nomen *Paprika* stehen muss. (Sie würden im Zweifel den Frage-Antwort-Test durchführen.)

(10) Freddie mag nur [rote PAPRIKA]$_F$.
    = ‚Freddie mag rote Paprika, aber nichts anderes.'

Nehmen wir an, die Alternativen zur *roten Paprika* sind allgemein andere Esswaren.[2] Der Satz in (10) stellt also fest: Freddie mag rote Paprika, aber keine anderen Esswaren. Es kann aus (10) logisch geschlossen werden: *Freddie mag keine Gurke*. Das Beispiel mit der Fokusstruktur (9) dagegen war kompatibel damit, dass Freddie ein Gurkenfan ist. Damit haben wir gezeigt, dass (9) und (10) nicht dieselbe Bedeutung haben können. (Dieser Test war einer der kniffligeren Tests für Bedeutungs-ungleichheit aus Kapitel 2.)

Das ist überraschend, denn (9) und (10) sind aus genau denselben Wörtern mit genau denselben syntaktischen Strukturen gebaut. Fokus ist also ein eigenständiger Bestandteil der Äußerung, und trägt zur Bedeutung – dem propositionalen Inhalt – der Äußerung bei. In (9) und (10) sehen wir, wie verschiedene

---

[2] Wir unterstellen also weiterhin einen Kontext, in dem es darum geht, was Freddie gerne isst.

Foki zu verschiedenen Bedeutungen führen. Rooths Fokusbedeutung haben wir bereits kennen gelernt. Die oben gegebene Definition muss nun zeigen, was sie leisten kann: Wenn sie ihr Geld wert ist, sollten wir damit auch angeben können, wie das Wort *nur* mit dem Satz und seiner Fokusbedeutung interagiert.

Sie sind vermutlich daran gewöhnt, dass Wortbedeutungen in Wörterbüchern aufgeschrieben werden. Das würde man also auch für Funktionswörter wie *nur*, *bloß*, *auch* und *sogar* erwarten. Von dieser Vorstellung werden wir uns im Folgenden verabschieden. Wir sollten uns Funktionswörter eher wie Minions vorstellen: kleine Serviceleister, deren Arbeit darin besteht, andere Satzteile nach bestimmten Mustern zusammenzubauen. Wir könnten uns vorstellen, dass sie für diese Arbeit eine Arbeitsanweisung in der Hand haben, nach der sie in jeder Äußerung vorgehen müssen, in der sie stehen. Die Anweisung enthält auch Teile, die beschreiben, wie der Satz um das Wort herum gebaut sein muss.

Das Wort *nur* stellt vor allem eine wichtige Bedingung an sein syntaktisches Umfeld:

nur will einen Fokus in seinem Satz S haben.[3]

Es gibt außerdem syntaktische Bedingungen, die festlegen, dass der Fokus nicht *irgendwo*, sondern in bestimmten Positionen neben der Partikel *nur* stehen muss (Büring und Hartmann 2001; Reis 2005). Diese Bedingungen blenden wir hier aus.

Die zweite Anweisung an *nur* sagt, dass es im Wesentlichen um den Satz *ohne* die Partikel darin geht:

Betrachte den Satz S, der sich ergibt, wenn man *nur* mal beiseitelässt.

Aus diesem S und seiner Fokusbedeutung baut *nur* folgende Gesamtinformation zusammen:
a. Der Satz S (minus *nur*) trifft zu.
b. Alle Fokusalternativen zu S ($\rightarrow$ siehe Fokusbedeutung von S) treffen nicht zu.

Semantiker und Pragmatiker haben sich auf Notationen geeinigt, mit denen man solche Rezepte kürzer aufschreiben kann. Das hat viele Vorteile: Die Notationen sind präziser; sie sind kürzer und man kann deshalb schnell unterschiedliche mögliche Bedeutungen vorschlagen und vergleichen; die Theorie kommt ohne die

---

[3] Genau gesagt muss die Partikel *nur* einen Fokus in ihrem Skopus (logischen Einflussbereich) haben. In der Praxis ist der Fokusakzent irgendwo in der Konstituente direkt nach *nur*; der Akzent kann dann engere oder weitere Fokusbereiche markieren, siehe voriges Kapitel.

Annahme aus, dass Partikeln die Minions des Satzes sind ... Im letzten Abschnitt dieses Kapitels wird die Notation der aktuellen Literatur vorgestellt. Das kann Ihnen erleichtern, sich in der Fachliteratur zurechtzufinden. Aber das Ziel dieses Buchs ist, Ihnen die Grundgedanken der Pragmatik zu vermitteln und Ihre Experimentierfreude im Umgang mit den Daten des Deutschen und anderen Sprachen zu wecken. Wenn Sie tiefer in das Gebiet einsteigen, gibt sich die Gelegenheit, notationell sicher zu werden. Wir reden also weiter von Minions und ihren Rezepten.

Wenden wir das *nur*-Rezept auf unsere Beispiele an. Im ersten Fall hat es *nur* mit dem Satz *Freddie mag [PAPRIKA]$_F$ zu tun*. Unser Minion **nur** wird hervorgehoben.

(11)   Freddie mag **nur** [PAPRIKA]$_F$
    nur + FREDDIE MAG [PAPRIKA]$_F$

Die Fokusbedeutung des Satzes kennen wir schon. Es geht um die alternativen Propositionen

> { ‚Freddie mag Paprika', ‚Freddie mag Gurken', ‚Freddie mag Nudeln', ‚Freddie mag Torte' ... }

Die Bauanleitung von *nur* setzt daraus folgende Mitteilung zusammen:
- ‚Freddie mag Paprika'
- *nicht*: ‚Freddie mag Gurken'
    nicht: ‚Freddie mag Nudeln'
    nicht: ‚Freddie mag Torte' ...

Wie Sie sehen, muss die Partikel *nur* nichts über den Kontext wissen, in dem die Äußerung stattfindet. Nur der Fokus des Satzes und die Fokusalternativen werden vom Kontext (mit-) bestimmt.

Die Arbeitsanweisung von *nur* bewährt sich auch in den beiden anderen Fällen. Hier ist einer davon, jetzt etwas kürzer dargestellt.

(12)   Freddie mag **nur** [ROTE]$_F$ Paprika.
    nur + Freddie mag [ROTE]$_F$ Paprika

Alternative Propositionen:

> { ‚Freddie mag grüne Paprika', ‚Freddie mag gelbe Paprika', ‚Freddie mag rote Paprika' }

Gesamtmitteilung:
- ‚Freddie mag rote Paprika'
- *nicht*: ‚Freddie mag grüne Paprika'
- *nicht*: ‚Freddie mag gelbe Paprika'

Assertion und Präsupposition von *nur S*. Bei der Untersuchung des Wortes *nur* haben wir bislang stillschweigend angenommen, dass es zu einer Doppelbehauptung komme: *S trifft zu, und alle Alternativen von S treffen nicht zu*. Wir werden diese Annahme nun überprüfen, und in diesem Fall gibt es bei negierten Sätzen einen überraschenden Effekt. Sehen wir uns ein Beispiel an.

(13) Freddie hat nicht nur [PAPRIKA]$_F$ gekauft.

Unsere Gebrauchsanweisung liefert hier folgende Vorhersage. Die Partikel *nur* tritt erst einmal neben den Satz. Es ergibt sich

(13) a. *nur* + Freddie hat nicht [PAPRIKA]$_F$ gekauft.

(Vermeiden Sie es, den zweiten Teil laut zu lesen.)[4] Laut Gebrauchsanweisung sollte sich die Doppelbotschaft ergeben:
- Freddie hat nicht Paprika gekauft.
- *nicht*: ‚Freddie hat nicht Gurke gekauft.'
  nicht: ‚Freddie hat nicht Salat gekauft.'
  usw.

Diese Vorhersage trifft aber nicht das, was mit (13) tatsächlich mitgeteilt wird. Nach der Äußerung (13) wissen wir: Freddie hat durchaus Paprika gekauft, *und das war nicht das Einzige*. Die Proposition ‚Freddie hat Paprika gekauft' überlebt also die Negation. Das führt uns zu folgender Vermutung: *nur* + *S* präsupponiert, dass *S* zutrifft. Wenn der Teilsatz [*nur* + *S*] negiert wird, wird diese Präsupposition weiterbestehen, denn Sie erinnern sich: Präsuppositionen sind Informationsteile, die auch unter Negation oder in Fragen erhalten bleiben. Probieren wir das für die entsprechende Frage (14) zu Satz (11).

(14) Hat Freddie nur [PAPRIKA]$_F$ gekauft?

---

[4] Der Teilsatz in (13a) enthält einen Fokus, der für die Interaktion mit *nur* bestimmt ist. Allerdings kann Fokus auch mit Negation *nicht* interagieren, und diese Lesart wird prominent, wenn man den Teilsatz laut liest. Hier ist er aber nur ein Bauteil des Gesamtsatzes (13).

Wenn jemand diese Frage stellt, dann setzt diese Person voraus, dass Freddie Paprika gekauft hat. Mit der Antwort *ja* würde gesagt: Er hat Paprika gekauft, und nichts anderes. Mit der Antwort *nein* würde *ebenfalls* mitgeteilt: Er hat Paprika gekauft. Es wird nur abgestritten, dass es das Einzige war. („Freddie hat auch Schokolade gekauft."). Unser Ausgangsbeispiel (11) besteht tatsächlich also aus folgenden Bedeutungsteilen.

(15) a. Fokusalternativen von *S*.
b. *nur* + *S* präsupponiert: *S* ist der Fall.
c. *nur* + *S* assertiert:
nicht: ‚Freddie hat Salat gekauft'
nicht: ‚Freddie hat Gurke gekauft'
nicht: ‚Freddie hat Torte gekauft' ...

Hier ist noch einmal die Arbeitsanweisung für *nur* zusammengefasst. In Abschnitt 12.5 finden Sie die Anweisung in der offiziellen Notation, die auch in der Fachliteratur benutzt wird.

(16) Bedeutungsbeitrag von *nur*
a. *nur* muss in einem Satz *S* stehen, in dem eine Konstituente im Skopus von *nur* fokussiert ist. (Diese Konstituente muss in einer geeigneten syntaktischen Umgebung von *nur* stehen; s. Büring und Hartmann 2001).
b. Zunächst wird die normale Bedeutung [[S]] und die Fokusbedeutung [[S]]^f des Satzes berechnet. (Dabei bleibt *nur* erst einmal außen vor.)
c. *nur* + *S* präsupponiert: [[S]] ist wahr.
d. *nur* + *S* assertiert: Unter den alternativen Propositionen [[S]]^f ist der Ausgangssatz [[S]] der Einzige, der wahr ist. (Alles andere ist falsch.)

Zur Diskussion: Wenden Sie die Anweisungen in (16) auf folgenden Satz an. Welche alternativen Propositionen stehen im Raum? Worin besteht die Gesamtmitteilung? (Nehmen Sie konkret an, dass Freddie bei der Zubereitung eines Salats hilft.)

(17) Was hat Freddie gemacht? – Freddie hat nur [die rote PAPrika geschnippelt]$_F$.

12.3 Mehr Beispiele für Assoziation mit Fokus

Es gibt noch viele weitere Wörter, die mit Fokusalternativen spielen. Nicht alle davon fordern im strengen Sinn, dass ein Fokus in ihrem logischen Einflussbereich sein muss, aber alle betroffenen Wörter können mit Fokusalternativen, so wie sie von Rooth definiert wurden, zu einer Gesamtaussage führen. In diesem Abschnitt führen wir einige dieser Beispiele vor. Weitere Fälle im Deutschen beschreiben Geilfuß-Wolfgang (1996), Musan (2010); der systematische Überblick in der Einführung von Beaver und Clark (2008) ist ebenfalls aufs Deutsche anwendbar.

Die Partikeln *selbst* und *sogar* im Deutschen assoziieren mit Fokus (es sind also Fokuspartikeln). Welche Information liefert folgender Satz?

(18)   Freddie hat sogar Champagner serviert.

Es wird offenbar mitgeteilt, dass Freddie Champagner serviert hat. Außerdem suggeriert der Satz, dass das etwas Besonderes ist, und dass das Besondere mit dem Champagner zu tun hat. Wenn Sie den Satz laut lesen, werden Sie merken, dass Sie einen Akzent auf *Champagner* legen. Ein Akzent auf *Freddie* wäre unangemessen. Wenn wir das Wort *sogar* an den Anfang stellen, ist hingegen ein Akzent auf *Freddie* zwingend.

(19)   Sogar FREDDIE hat Champagner serviert.

Wie (17) teilt auch dieser Satz mit, dass Freddie Champagner serviert hat. Auch hier wird suggeriert, dass das etwas Besonderes ist, diesmal aber hat das mit Freddie zu tun: „Freddie wäre der Letzte, von dem man erwarten würde, dass er Champagner serviert". Das Wort *sogar* drückt aus, dass der Sprecher die Fokusalternativen zu S für wahrscheinlicher (oder erwartbarer) hält, und dass der mitgeteilte Sachverhalt unter den Alternativen der unwahrscheinlichste ist. Insgesamt ergeben unterschiedliche Fokussierungen wieder unterschiedliche Mitteilungen. Das zeigen die folgenden Gesprächsverläufe.

(20)   Freddie hat sogar [CHAMPAGNER]$_F$ serviert. – Na klar, wenn einer sowas auftischt, dann ist es Freddie, der alte Angeber.

(21)   Sogar [FREDDIE]$_F$ hat Champagner serviert. – #Na klar, wenn einer sowas auftischt, dann ist es Freddie, der alte Angeber.

Satz (20) ist damit vereinbar, dass grundsätzlich am ehesten Freddie Champagner servieren würde, Satz (21) nicht. Ähnliches gilt auch in die andere Richtung. Dazu müssen wir das Beispiel leicht ändern. Nehmen wir an, dass Ihre Oma bisher noch nie als Verkäuferin tätig war, sondern ein ruhiges Leben als Rentnerin geführt hat. Nun aber ist sie im Oktoberfest-Rausch und hat einen Weißwurststand vor dem Haus aufgebaut. In dieser Situation ist (23) angemessen, (22) ohne weitere Angaben dagegen nicht.

(22) Meine Oma verkauft jetzt sogar [WEISSwürste]$_F$.

(23) Sogar [meine OMA]$_F$ verkauft jetzt Weißwürste.

Im beschriebenen Kontext trifft zu, dass meine Oma in der Gemeinde die Letzte wäre, von der man erwartet, dass sie Weißwürste verkauft. Darauf bezieht sich (23), nicht aber (22). Satz (22) suggeriert stattdessen, dass meine Oma alles andere eher verkaufen würde als Weißwürste. Möglicherweise versteht man, dass sie tatsächlich andere Dinge verkauft. – Diese Präsupposition wäre in der hier beschriebenen Situation unplausibel. Wie in Kapitel 5 beschrieben, könnte der Hörer also protestieren *Äh, Moment mal ... !*

Eine letzte Überlegung, ehe wir uns dem Bedeutungsbeitrag von *sogar* zuwenden. Vielleicht haben Sie Satz (22) nicht gänzlich unangemessen gefunden? Der Sprecher könnte ja meinen: Meine Oma ist im Oktoberfest-Rausch, sie hört im Radio Blasmusik, sie trägt ein Dirndl und jetzt ... Damit unterstellen Sie einen Fokus auf der ganzen Verbalphrase. Die Verb-Endstellung in (25) zeigt die Verhältnisse deutlicher.

(24) Meine Oma [verkauft]$_F$ jetzt sogar [WEISSWÜRSTE]$_F$.

(25) (weil) meine Oma jetzt sogar [WEISSWÜRSTE verkauft]$_F$.

Hier sehen wir, dass unterschiedliche Fokussierungen im gleichen Satz zu unterschiedlichen Informationen führen. In (23) wurde vorausgesetzt, dass meine Oma andere Sachen verkauft (und das ist unpassend), in (24)/(25) wird vorausgesetzt, dass meine Oma andere verrückte Dinge macht (und das könnte zutreffen).

Mit diesen Vorüberlegungen können wir den Bedeutungsbeitrag von *sogar* folgendermaßen beschreiben.

(26) Bedeutungsbeitrag von *sogar*
  a. *sogar* muss in einem Satz S stehen, in dem eine Konstituente fokussiert ist. (Diese Konstituente muss in einer geeigneten syntaktischen Umgebung von *sogar* stehen).
  b. Zunächst wird die normale Bedeutung ⟦ S ⟧ und die Fokusbedeutung ⟦ S ⟧^{f} des Satzes berechnet. (Dabei bleibt *sogar* erst einmal außen vor.)
  c. *sogar* + S präsupponiert: Unter allen alternativen Propositionen ⟦ S ⟧^{f} ist der Ausgangssatz ⟦ S ⟧ am unwahrscheinlichsten. (Es würde den Sprecher am meisten überraschen, wenn ⟦ S ⟧ wahr ist.)
  d. *sogar* + S assertiert: der Ausgangssatz ⟦ S ⟧ ist wahr.

Wenn Sie (26) und (16) vergleichen, fragen Sie sich vielleicht, wieso einmal *S* die Assertion beiträgt, einmal die Präsupposition. Überprüfen wir die Richtigkeit von (26c, d) mit dem Fragetest für Präsuppositionen.

(27)   Verkauft sogar Deine Oma jetzt Weißwürste?

Wenn jemand diese Frage stellt, dann setzt die Person voraus, dass meine Oma die Letzte ist, von der man erwarten würde, dass sie Weißwürste verkauft. Hingegen ist für die Person offen, *ob meine Oma das wirklich tut*. Mit der Antwort *ja* würde bestätigt: die Oma verkauft Weißwürste. Mit der Antwort *nein* würde mitgeteilt: die Oma verkauft keine Weißwürste. Zum Vergleich noch einmal der Fall, wenn wir denselben Test für *nur* durchführen würden.

(28)   Verkauft nur Deine Oma Weißwürste?

Wenn jemand die Frage in (28) stellt, setzt die Person voraus, *dass meine Oma Weißwürste verkauft*. Die Antwort *ja* würde bestätigen, dass sie es tut und die Einzige ist. Die Antwort *nein* würde ebenfalls mitteilen, dass sie Weißwürste verkauft – es wird aber abgestritten, dass sie die Einzige ist. („Der Sepp verkauft auch Weißwürste.") In jedem Fall gilt ‚meine Oma verkauft Weißwürste'. Kombiniert mit *nur* trägt der Satz *S* also eine Präsupposition bei. Der Unterschied zwischen den Rezepten (16) und (26) war gerechtfertigt.

Auch Quantoren können mit Fokusalternativen interagieren. Das sieht man an Beispielen wie folgenden (die Verb-Endversion zeigt wieder die fokussierte Konstituente.)

(29)   Meine Oma geht immer [SAMSTAGS]$_F$ einkaufen.
         (weil) meine Oma immer [SAMSTAGS]$_F$ einkaufen geht.

(30)   Meine Oma [geht] immer samstags [EINKAUFEN]$_F$.
         (weil) meine Oma immer samstags [EINKAUFEN geht]$_F$.

Satz (29) bezieht sich auf die Gelegenheiten, bei denen meine Oma einkauft. Er sagt, dass alle davon an Samstagen sind. Satz (30) bezieht sich auf Tätigkeiten, die meine Oma samstags ausführt. Er sagt, dass es sich dabei immer ums Einkaufen handelt. Um sich klar zu machen, dass diese beiden Aussagen nicht synonym sind, hilft folgende Überlegung: Nur der zweite Satz ist kompatibel damit, dass meine Oma manchmal auch an anderen Tagen einkaufen geht. (30) sagt nichts über die anderen Wochentage. Satz (29) hingegen schließt das aus. Damit können die beiden nicht synonym sein. (Überdies gehören die beiden Sätze natürlich in

ganz unterschiedliche Gesprächskontexte. Aber das allein ist noch nicht ausreichend, um zu zeigen: Der propositionale Inhalt von (29) und (30) ist verschieden.)
Sehen wir uns schließlich das Adverb *dummerweise* an.

(31) Dummerweise hat Freddie [PAPRIKA]$_F$ gekauft.

(32) Dummerweise hat Freddie [ROTE]$_F$ Paprika gekauft.

Wie im Fall von *nur* teilen auch hier die Sätze erst einmal den Bedeutungsbeitrag mit, der sich ergibt, wenn wir *dummerweise* beiseitelassen.

(31) a. Freddie hat Paprika gekauft.

(32) a. Freddie hat rote Paprika gekauft.

Wie im Fall von *nur* bietet es sich an, routinemäßig die Fokusalternativen der jeweiligen Äußerung zu berechnen.

(31) b. {‚Freddie hat Paprika gekauft', ‚Freddie hat Salat gekauft', ‚Freddie hat Gurke gekauft' ... }

(32) b. {‚Freddie hat grüne Paprika gekauft', ‚Freddie hat gelbe Paprika gekauft', ‚Freddie hat rote Paprika gekauft' ... }

Mit diesem Material kann *dummerweise* nun arbeiten. Wir könnten z. B. folgende Arbeitsanweisung für *dummerweise* annehmen:

(33) *dummerweise* + S
  a. Der Satz S, in dem *dummerweise* steht, trifft zu.
  b. Es gibt mindestens eine Alternative zu S, die klüger/besser gewesen wäre als S.

Damit sagen wir voraus: Der Sprecher in (31) meint, dass es besser/klüger gewesen wäre, wenn Freddie Salat gekauft hätte, oder wenn Freddie Gurke gekauft hätte.
  Für den Sprecher von (32) sagen wir voraus, dass er meint, es wäre besser gewesen, wenn Freddie grüne Paprika gekauft hätte, oder wenn Freddie gelbe Paprika gekauft hätte.
  Wir müssten nun abwägen, ob diese Paraphrasen den Kern der Aussage treffen. Vielleicht finden Sie es plausibler zu sagen: „Der Sprecher findet, dass *einfach alles andere* besser/klüger gewesen wäre." Hier beginnt die Fußarbeit des

Linguisten – denn was immer wir hier vorschlagen, es sollte nicht nur aus dem Bauchgefühl des Autors heraus kommen, sondern wir sollten konkrete Daten finden, die uns helfen zu entscheiden, welcher der beiden Vorschläge der tragfähigere ist. Wie in allen vorigen Beispielen müssten wir also einen Beispielsatz angeben können, in dem *dummerweise* vorkommt, und der mit unterschiedlichen Fokussierungen in verschiedenen Situationen wahr/falsch/angemessen ist. Ich überlasse diese Überprüfung Ihrem Forscherdrang. Wichtig aber ist hier folgende Erkenntnis: Ein einfacher Lexikoneintrag wie folgender: „*dummerweise*: Der Sprecher meint, S sei blöd gelaufen" unterschätzt massiv, wie differenziert die Inhalte von Sätzen in Wirklichkeit sind. Speziell wird oft unterschätzt, wie ungeheuer präzise Satzbau, Prosodie und Kontext zusammenarbeiten, um genau die intendierten Inhalte zum Ausdruck zu bringen. Abschnitt 12.4 wirft noch einen Blick auf das Verhältnis von Satzbau und Fokus, und 12.5 fasst etwas formale Notation zusammen. Nun aber ist ein guter Punkt für eine Bestandsaufnahme.

Eine kurze Zusammenfassung:

- Wenn ein Satz einen fokussierten Teil hat, dann hat der Satz außer der „normalen" Bedeutung auch eine Fokus-Bedeutung.
- Die Fokus-Bedeutung berechnet sich aus den Alternativen zum fokussierten Teil.
- Faustregel: Wenn Sie dabei keine Fehler gemacht haben, entspricht die Fokusbedeutung des Satzes der Bedeutung der Frage, auf die der Satz als Antwort passt.
- In Sätzen der Form *nur S, sogar S, dummerweise S, fälschlich S* usw. beziehen sich die Wörter *nur, sogar, dummerweise, fälschlich* auf einen Fokus in S. Auch Quantoren *immer, oft, meistens* ... können mit Fokus assoziieren. Hier haben wir keine Anweisungen formuliert, weil wir dazu mehr Vorkenntnisse über Quantifikation brauchen würden.

12.4 Zum Verhältnis von Prosodie und Syntax

Akzente geben uns Hinweise, wo der Sprecher einen Fokus setzen möchte, aber in der Regel bleiben Mehrdeutigkeiten. Das Akzentmuster in (34) kann, wie wir gesehen haben, zweierlei Fokussierungen anzeigen: (34a) oder (34b).

(34) Freddie hat die PAPrika gewaschen.
    a. Freddie hat [die PAPrika]$_F$ gewaschen.
    b. Freddie hat [die PAPrika gewaschen]$_F$.

Bei der Auflösung solcher Mehrdeutigkeiten hilft einerseits der Redekontext. Oft ist beiden Sprechern klar, dass eine bestimmte Frage oder ein Thema im Raum steht, um das es geht. Diese Hintergrundfrage macht es möglich zu rekonstruieren, welchen Fokus der Sprecher machen will. Im Deutschen steht den Sprechern aber eine weitere Möglichkeit zur Verfügung, den gewünschten Fokus leichter rekonstruierbar zu machen: auch die Syntax gibt Hinweise auf die Fokusstruktur. Im Beispiel (34) war die Syntax nicht so hilfreich: mehrere Fokussierungen wären möglich. In den folgenden Beispielen sehen Sie, wie Wortstellung die möglichen Fokussierungen eingrenzt.

Die **Spaltsätze (cleft sentences)** bieten eine erste Möglichkeit, den Fokus vorzugeben.

(35)   Paprika war es, was Freddie gewaschen hat.

Die NP in der *es war- ... -*Konstruktion muss einen Fokus enthalten. Spaltsätze haben eine Existenzpräsupposition: Es ist bereits bekannt, dass genau eine der Fokusalternativen zutrifft – in Beispiel (35) etwa, dass Freddie irgendetwas gewaschen hat. Der Satz gibt an, welche der Alternativen zutrifft.

In Spaltsätzen liegt der Fokusbereich einigermaßen fest, aber andererseits sind Spaltsätze offenkundig von beschränkter Nützlichkeit. Nicht an jeder Stelle eines Gespräches lässt sich natürlicherweise ein solcher Satz verwenden. Das Deutsche bietet noch mehr Möglichkeiten, die Fokus-Nichtfokus-Aufteilung im Satz mit Hilfe der Wortstellung zu klären. Deutsch gehört zu den Verb-Zweit-Sprachen (V2-Sprachen). In einer V2-Sprache steht im Hauptsatz an zweiter Position im Satz das finite Verb, und davor kann eine x-beliebige Hauptkonstituente stehen. Deutsche Sätze *können* mit dem Subjekt anfangen, *müssen* es aber nicht. Beliebige Satzteile können vor das Verb gestellt werden, wie in den folgenden Sätzen illustriert.

(36)   Die Uhr hat ein Einbrecher geklaut.

(37)   Ein Einbrecher hat die Uhr geklaut.

Beide Sätze sind grammatisch korrekt; beide informieren über einen Uhrendiebstahl. (36) und (37) unterscheiden sich darin, in welchen Gesprächskontexten sie kohärent geäußert werden können. Wie gewohnt werden wir als Standardtest die Fragekontexte heranziehen. Welcher Satz eignet sich besser als Antwort auf die

Frage *Was ist passiert?* – Wenn Sie die möglichen Frage-Antwort-Dialoge ausprobieren, sehen Sie rasch: Nur Satz (37) kann diese Frage beantworten.[5]

Auf welche Fragen könnte mit (36) geantwortet werden? Passende Fragen wären diese: *Was ist mit der Uhr passiert?* oder *Wer hat denn nun die Uhr geklaut?* In allen diesen Fällen wird (36) mit einem Fokusakzent auf *Einbrecher* geäußert.

Eine zweite Verwendungsmöglichkeit für Satz (36) sind Kontexte, in denen mehrere mögliche Gegenstände zur Debatte stehen, die geklaut sein könnten. Hier kann (36) zur Korrektur fehlerhafter Meinungen benutzt werden: *Die UHR hat ein Einbrecher geklaut, und nicht die PERLENKETTE. (Die Perlenkette hatte sich Tante Amalie ausgeborgt.)* Die deutsche Syntax legt also nicht eindeutig fest, wo ein Fokus sein muss. Trotzdem signalisiert der Sprecher mit dem Satzbau in (36), dass er nun zu einer relativ spezifischen Frage beitragen möchte und nicht zur allgemeinsten Frage *Was ist passiert?*

Das folgende Satzpaar illustriert eine noch deutlichere Abweichung vom Satzbauplan Subjekt-Verb-Objekt. Das Deutsche erlaubt auch, infinite Verben an den Satzanfang zu stellen.[6]

(38)   Geklaut hat der Mann die Uhr.

(39)   Der Mann hat die Uhr geklaut.

Lassen Sie uns wieder die Verwendungsmöglichkeiten der beiden Varianten prüfen. Welcher Satz eignet sich besser als Antwort auf die Frage *Was ist passiert?* Hier ist eindeutig nur Satz (39) angemessen.

Auf welche Fragen könnte mit (38) geantwortet werden? Eine Situation könnte beispielsweise so aussehen: Die Polizei verhört Herrn Tischbein, in dessen Tasche sich Emils goldene Taschenuhr findet. Herr Tischbein behauptet hartnäckig, Emil habe ihm die Uhr selber übergeben mit der Bitte, auf sie aufzupassen. Das streitet Emil ab: *Quatsch! GEKLAUT hat der Mann die Uhr!* – Mit dieser Antwort korrigiert Emil die Behauptung, Herr Tischbein sei auf legale Weise an

---

[5] Vor allem, wenn die Frage aus heiterem Himmel gestellt wird. Vielleicht sind Sie sehr schnell im Ausdenken von Gesprächssituationen, in denen auch mit (36) auf die Frage geantwortet wird. Prüfen Sie dann: In solchen Gesprächen wird einiges an Wissen vorausgesetzt. In Ihrem Beispiel ist wahrscheinlich schon bekannt, dass die Uhr verschwunden ist; höchstwahrscheinlich sind auch andere Gegenstände abhandengekommen – diese Informationsverteilung wird im nächsten Kapitel genauer untersucht.

[6] Einen systematischen Überblick über die deutsche Syntax finden Sie am Ende des nächsten Kapitels.

die Uhr gekommen. Das Verb *geklaut* trägt dabei einen Akzent und ist der Fokus der Äußerung. Andere einfache Fragen bieten sich für (38) nicht an.

Wenn Sie weiter herumprobieren, in welchen Zusammenhängen (38) stehen könnte, finden Sie vielleicht auch noch Äußerungen, in denen es um verschiedene Aktionen rund um die Uhr geht: „Geklaut hat der MANN die Uhr, aber kaputtgemacht hat sein HUND die Uhr". Diese Beobachtung können wir auf unserem jetzigen Wissensstand zwar festhalten, aber noch nicht so recht einordnen. Wir werden im nächsten Kapitel die komplexeren Gesprächssituationen kennen lernen, die hier von Syntax und Prosodie angezeigt werden.

Vorläufig können wir den Zusammenhang zwischen Wortstellung und Informationsstruktur so zusammenfassen: Sätze, die mit dem Subjekt anfangen, sind sehr flexibel einsetzbar. Praktisch jeder Teil solcher Sätze kann der Fokus der Äußerung sein (und ist dann entsprechend mit Akzent markiert). Der Fokus kann sehr große Teile des Satzes umfassen. Insbesondere können diese Sätze auf die Frage *Was ist passiert?* antworten. Wenn diese Frage beantwortet wird, tragen alle Teile des Satzes Neues bei – wir können also sagen: Der Fokus der Äußerung erstreckt sich auf den ganzen Satz.[7]

Deutsche Sätze in der Wortstellung Subjekt–Verb–Objekt sind also tatsächlich besonders flexibel einsetzbar und passen für besonders viele Gesprächssituationen. Deshalb sagt man in der Syntax: Diese Wortstellung ist die **normale Wortstellung** des Deutschen. Wenn jemand Deutsch als Fremdsprache lernt, ist es eine gute Idee, mit dieser Wortstellung anzufangen, denn er ist dem Sprecher in jeder Situation nützlich. Das bedeutet aber nicht, dass die un-normalen Wortstellungen schlechter wären.

Sätze in den un-normalen Satzstellungen sind nicht so flexibel einsetzbar. Der Satzbau gibt hier vor, dass der Fokus der Äußerung zur Gänze vor dem finiten Verb liegt, oder aber zur Gänze nach dem finiten Verb. Das finite Verb legt hier gewissermaßen eine Grenze durch den Satz. Vor allem sind diese Sätze nicht mehr als Antwort auf die Frage *Was ist passiert?* verwendbar, ebenso scheiden sie als Antwort auf *Warum*-Fragen aus. (Auch Antworten auf *Warum?* tragen völlig neue Inhalte bei und der Fokus erstreckt sich deshalb auf den ganzen Satz.) Der Vorteil der un-normalen Satzstellung liegt darin, dass der Sprecher damit passgenauer auf den Gesprächskontext reagieren kann. Die un-normalen Satzstellungen machen es für den Hörer leichter, den Fokus der Äußerung zu erkennen. Das ist offenbar so nützlich, dass die Sprecher des Deutschen über viele Jahrhunderte

---

[7] Hier müssen Sie sich endgültig vom Alltagswort „Fokus" verabschieden! Während der Alltagsbegriff voraussetzt, dass es neben dem „Fokus" auch Nebensächlicheres gibt, ist das beim Fachbegriff in der Pragmatik nicht der Fall.

die Vielfalt der Wortstellungen beibehalten haben. Die Verb-Zweit-Syntax finden wir auch in anderen germanischen Sprachen: Holländisch, Friesisch, Schwedisch, Norwegisch, Dänisch und Isländisch. Lediglich das Englische erlaubt heute nur noch das Muster Subjekt–Verb–Objekte (SVO). Es ist eine ebenso spannende wie ungelöste sprachgeschichtliche Frage, warum das Englische die Verb-Zweit-Syntax aufgegeben hat.

12.5 Zur Formalisierung und Notation

Dieser Abschnitt führt die Notation ein, die in der Fachliteratur zu Fokus und Informationsstruktur verwendet wird. Er soll als Lesehilfe dienen, falls Sie weiter zum Thema arbeiten möchten. Es werden keine neuen sprachlichen Daten behandelt.

Fokus in der Äußerung
Der Fokus in einer Äußerung wird mit Klammern notiert und mit dem Subskript F versehen. Am Beispiel:

(40)   Dummerweise hat Freddie [PAPRIKA gekauft]$_F$

(41)   Dummerweise hat Freddie [ROTE]$_F$ Paprika gekauft

Im Deutschen werden fokussierte Verbalphrasen in der Regel mit Verb-Endsyntax illustriert, um die Konstituentenstruktur klarer zu machen. Hier ist ein Beispiel aus dem Text.

(42)   (weil) Freddie dummerweise [rote PAPrika gekauft hat]$_F$

Normale ('ordinary') Satzbedeutung
Die Bedeutung eines Satzes wird in Doppelklammern notiert. Das entspricht der Notation in Kapitel 2. In Aufsätzen zur Fokussemantik wird zusätzlich notiert, dass es sich um die *normale* Bedeutung handelt, im Gegensatz zur fokussemantischen Bedeutung (s. u.). Daher haben die Klammern das Superskript o wie *ordinary semantic value*.

(43)   ⟦ Freddie hat [ROTE]$_F$ Paprika gekauft. ⟧^{o}
         = die Proposition ‚Freddie hat rote Paprika gekauft'

Die normale Bedeutung wird so berechnet, wie es semantische Theorien vorgeben. Wir nehmen insbesondere an, dass sich die Bedeutung eines komplexen

Satzteils [α β] durch eine geeignete Operation ⊕ aus den Bedeutungen von α und β zusammensetzen lässt (Kompositionalität). Wir werden aber nicht im Einzelnen darstellen, welche Operation wo benutzt wird. Damit folgen wir den gängigen Definitionen von Fokussemantik (z. B. Rooth 1996; Beaver und Clark 2008), die ebenfalls die Basissemantik als gegeben betrachten. Das hat für Sie den Vorteil, dass Sie sich nicht mit Details herumschlagen müssen.

Fokussemantik unterhalb der Satzebene
Neben der normalen Bedeutung von Satzteilen hat auch jeder Satzteil und Satz eine fokussemantische Bedeutung. Sie unterscheidet zwischen nicht-fokussierten und fokussierten Teilen und ihrer Kombination und wird folgendermaßen berechnet.
- Wenn α ein einfacher Satzteil ist, der nicht im Fokus steht, dann ist 〚 α 〛^{f} = { 〚 α 〛^{o} }
- Wenn α der Fokus der Äußerung ist, dann ist
- 〚 α 〛^{f} = { α' | α' ist eine Alternative zu α, die im Kontext evoziert wird }
- Dabei zählt auch α als eine dieser Alternativen.
- Wenn ein Satzteil [α β] aus den Teilen α und β zusammengesetzt ist, dann ist
- 〚 α β 〛^{f} = { α' ⊕ β' | α' ∈ 〚 α 〛^{f} und β' ∈ 〚 β 〛^{f}, ⊕ die geeignete Operation }

Fokussemantik von Sätzen (vor Assoziation mit Fokus)
Für Sätze, die einen Fokus enthalten, errechnet man mit dieser Definition eine Menge alternativer Propositionen als Fokusbedeutung. Diese lassen sich in der Regel so verbalisieren, dass man alternative Sätze mit entsprechend anderen Teilen an der fokussierten Stelle bildet.

〚 S 〛^{f} = { p' | p' ist eine Proposition, die dem Inhalt eines Satzes entspricht, der entsteht, wenn man im Ausgangssatz den Fokus durch eine Fokusalternative ersetzt }

Assoziation mit Fokus
Wenn ein Satz einen Fokus enthält, dann müssen die Fokusalternativen semantisch oder pragmatisch genutzt werden (engl. ‚discharged'). Fokusalternativen werden z. B. von Partikeln wie *nur, auch, sogar, selbst* und von Adverbien wie *dummerweise, mindestens, wenigstens* genutzt. Auch Quantoren (*immer, meistens, alle, kein*) und Negation (*nicht*) können Fokusalternativen nutzen. Eine pragmatische Nutzung liegt ebenfalls vor, wenn die Fokusalternativen der Bedeutung einer direkt vorangegangenen Frage im Diskurs entsprechen. Eine weitere pragmatische Nutzung ist das Anzeigen einer Korrektur von vorher gemachten Aussagen.

Die Bedeutung einiger fokussensitiver Wörter

(44) 〚 nur S 〛°:
- präsupponiert 〚 S 〛°
- assertiert: Für alle $p \in$ 〚 S 〛^{f}: Wenn $p \neq$ 〚 S 〛°, dann ist p falsch.
- kurz: für alle $p \in$ 〚 S 〛^{f}: $p \neq$ 〚 S 〛° $\to \neg p$

(45) 〚 sogar S 〛°
- präsupponiert:
  für alle $p \in$ 〚 S 〛^{f}: Wenn $p \neq$ 〚 S 〛°, dann ist p wahrscheinlicher als 〚 S 〛°.
  kurz: für alle $p \in$ 〚 S 〛^{f}: $p \neq$ 〚 S 〛° $\to$ (prob(p) > prob(〚 S 〛°))
- assertiert: 〚 S 〛°

(46) 〚 auch S 〛°
- präsupponiert:
  es gibt ein $p \in$ 〚 S 〛^{f}, für das gilt: $p \neq$ 〚 S 〛° und p ist wahr.
  kurz: es gibt ein $p \in$ 〚 S 〛^{f}: $p \neq$ 〚 S 〛° & p ist wahr.
- assertiert: 〚 S 〛°

(47) 〚 dummerweise S 〛°
- präsupponiert:
  es gibt ein $p \in$ 〚 S 〛^{f}: $p \neq$ 〚 S 〛° und der Sprecher würde p besser finden als 〚 S 〛°.
- assertiert: 〚 S 〛°

Fingerübungen

(1) Geben Sie die Fokusbedeutung der folgenden Sätze an. Der Fokus ist in Klammern angegeben.
  (i) Freddie hat [die PAPrika gemopst]$_F$
  (ii) [FREDDIE]$_F$ hat die Paprika gemopst.
(2) Was ist die Information, die der folgende Satz mitteilt? Stellen Sie den Beitrag von *nur* mit der Fokusbedeutung des Satzes dar!
  (i) Nur [FREDDIE]$_F$ hat die Paprika probiert.
(3) Diskutieren Sie für folgende Sätze: Auf welche Fragen könnte damit eine Antwort gegeben werden? Wie müsste diese Antwort jeweils akzentuiert werden?
  (i) In den Kühlschrank hat Manfred seine Brille gelegt.
  (ii) Verloren hat Alfi den Geldbeutel.

(iii) Alfi hat den Geldbeutel verloren.
(iv) Grün war der Geldbeutel.

Hier gibt es nicht immer eine „vollständige, richtige" Lösung. Wichtig ist, dass Sie sensibel werden für die Fragekontexte, in denen ein Satz stehen kann. Überprüfen Sie Ihre Intuitionen mit einem Partner: Was für Dialoge sind akzeptabel sind und welche klingen schräg? (Gehen Sie anschließend gemeinsam was trinken.)

(4) Analysieren Sie folgende Beispiele anhand Regel (26).
    (i)   Freddie isst sogar [ROHEN]$_F$ Fisch.
    (ii) Freddie hat sogar [den HAUPTPREIS]$_F$ gewonnen.

Folgt aus (ii) Ihrer Meinung nach, dass Freddie auch andere Preise gewonnen haben muss? (Begründen Sie Ihre Meinung mit geeigneten Verwendungssituationen.)

(5)* Betrachten Sie Sätze mit *Gott sei Dank* und einem Fokus.
    (i)   Gott sei Dank ist Freddie mit der BAHN gefahren!
    (ii) Gott sei Dank hat Freddie [die TÜR geöffnet]$_F$!
    (iii) Gott sei Dank hat [FREDDIE]$_F$ die Tür geöffnet.

Beschreiben Sie, wie das emotive *Gott sei Dank* mit Fokusalternativen assoziiert. (Sie können dabei den Bedeutungsbeitrag von *Gott sei Dank* als zweite Assertion behandeln.) Illustrieren Sie Ihre Analyse mit weiteren Beispielen!

13 Textstruktur: Questions under Discussion

Wir wissen nun schon einiges darüber, wie eine Frage die Form einer Äußerung beeinflusst, die als Antwort gegeben wird. Die Prosodie der Äußerung mit den Fokusakzenten gibt eine Art Fingerabdruck der Frage. Das Spektrum möglicher Fokussierungen kann man weiter eingrenzen, wenn man die Wortstellung geeignet wählt.

In expliziten Frage-Antwort-Dialogen ist die Fokusmarkierung in der Antwort redundant. Jeder, der wissen möchte, was die zugrundeliegende Frage war, muss sich nur erinnern, was gerade eben gefragt worden ist – weiterer detektivischer Scharfsinn ist nicht vonnöten. Ginge es nur um diese Fälle, so wären die Muster, wie Frage und Antwort zueinander passen müssen, ein zwar schönes aber vielleicht wenig nützliches Forschungsfeld. Dieselben Muster treten aber auch auf, wenn der Sprecher etwas sagt, was eine Frage beantwortet, die ihm nur im Stillen im Kopf herumgeht. Dies wurde zuerst von Dwight Bolinger festgestellt, der in seinem Aufsatz „Accent is predictable (if you are a mind reader)" folgende Beobachtung diskutiert: In einem Satz, der nur aus Subjekt und Verb besteht, scheint es im Englischen gleich normal, einen Akzent auf das Subjekt zu setzen oder auf das Verb (Bolinger 1972).

(1)   Johnson DIED.

(2)   TRUMAN died.

Dennoch würde man als Sprecher nicht beliebig Muster (1) oder (2) wählen. Die Äußerung (1) geschieht vor dem Hintergrund, dass den Gesprächspartnern schon länger bekannt ist, dass es Johnson nicht so gut geht. Mit anderen Worten: die Frage *Wie geht es Johnson?* beschäftigt die Sprecher und sie werden unbewusst davon ausgehen, dass auch ihr Gesprächspartner an dieser Frage interessiert ist. Hier wäre es normal, etwas zu äußern wie: *Did you hear? Johnson DIED.* Die Äußerung in (2) setzt dagegen nicht voraus, dass Truman und seine Gesundheit bereits ein Thema sind. Es wird im Gegenteil eine Sensationsmeldung übermittelt, die am ehesten die Frage *Was ist passiert?* beantwortet. Der Sprecher würde die Neuigkeit am ehesten so mitteilen: *Hey, did you hear? TRUMAN died!* Bolingers Beobachtungen lassen sich auch im Deutschen machen. Zu der Zeit, als er diese Beobachtung veröffentlichte, arbeiteten viele Phonologen an einer allgemeinen Theorie der Satzakzente, die aus der Syntax den ‚richtigen' Ort für den Satzakzent herleiten sollte. Für dieses Projekt schienen Bolingers Daten sehr bedenklich. Seine Beobachtungen waren der Grund, die feste Routine zur Fokusfestlegung in Kapitel 11 einzuführen: Nur in expliziten Frage-Antwort-Dialogen kann man sicherstellen, welche Frage tatsächlich adressiert wird.

In freien Diskursen dagegen können den Sprechern Fragen im Kopf herumgehen, die nicht immer einfach vorherzusagen sind. Allerdings gibt es implizite Fragestrukturen, die ziemlich klare Spuren in Äußerungen hinterlassen – prosodische, und im Deutschen auch syntaktische. Solche **Questions under Discussion (QuD)** werden in diesem Kapitel beleuchtet (Roberts 2012). Dabei werden nicht nur die Fragen ein wenig komplexer, sondern wir müssen uns im Deutschen auch etwas genauer in die möglichen Akzente einhören. Damit fangen wir im nächsten Abschnitt an.

13.1 Steigende und fallende Akzente

Fingerverse wie der folgende erzählen sehr kurze Geschichten, deren Mitspieler die fünf Finger einer Hand sind. Sie kennen den Vers in (3) vielleicht.

(3) Da-s ist der Daumen
der schüttelt die Pflaumen
der liest sie auf
der bringt sie nach Haus
und der kleine Butzewackel isst sie alle auf.

Lesen Sie (3) laut – und stellen Sie sich dabei vor, dass Sie tatsächlich das Fingerspiel für einen kleinen Zuhörer vorspielen. Wo würden Sie Akzente setzen? Hören sich alle gleich an?

Es gibt sicher Spielraum für individuelle Gestaltung, aber folgendes Muster finden die allermeisten Sprecher akzeptabel: Erstens tragen die Pronomina *Das*, *der*, sowie das Nomen *Butzewackel* einen Akzent. Zweitens sollte auch in jeder Zeile das letzte Wort betont sein: *Daumen*, *Pflaumen*, *auf*, *Haus* und *auf*. Außerdem unterscheidet man hörbar zwischen Akzenten, bei denen die Stimme nach oben geht und Akzenten, bei denen die Stimme fällt. Notiert man Steigakzent als „ / " und Fallakzent als „ \ ", dann kann man folgende Prosodie für (3) angeben.[1]

---

[1] Offiziell wird im Deutschen zwischen hohem Ton H und tiefem Ton L unterschieden; akzentuierte Töne werden mit * markiert. Daher finden Sie in der Fachliteratur die üblichere Notation H*L für fallende Akzente und L*H für steigende Akzente (Selkirk 1995).

(4) DAS/ ist der DAU\men
DER/ schüttelt die PFLAU\men
DER\ liest sie AUF/
DER\ bringt sie nach HAUS/
und der kleine BUTZE/wackel isst sie alle AUF\.

Obwohl scheinbar einfach, ist der Fingervers prosodisch ziemlich knifflig. Aber wir können Folgendes vermuten: Die Akzente auf den Pronomina und dem *Butzewackel* haben damit zu tun, dass die Finger miteinander kontrastiert werden, während sich die Geschichte entlang der Leitfrage „Was tut welcher Finger?" entwickelt.

Der linguistische Anlass zur Beschäftigung mit steigenden und fallenden Akzenten war aber ein anderer. Unter deutschen Sprachwissenschaftlern war lange ein scheinbar paradoxer Typ von Satz bekannt, der als **Hutkontur-Satz** bezeichnet wird. Ein Beispiel sehen Sie in (5); ohne Redekontext, aber mit einer Anweisung zur Akzentuierung.

(5) ALLE / Filme hat er NICHT\ gesehen.

Lesen Sie (5) wieder laut, und überlegen Sie: Wie viele Filme hat der Unbekannte *er* nun gesehen? Und in welcher Situation würde man die Äußerung (5) wohl machen?

Die Diagnose lautet: Der Satz spielt in einer Situation, wo von mehreren Filmen die Rede ist, nennen wir sie die Kino-Situation. Mit (5) will der Sprecher mitteilen, dass *er* zwar nicht alle, aber immerhin einige Filme gesehen hat. Außerdem hat die Äußerung etwas leicht Entschuldigendes – vermutlich wäre es besser gewesen, wenn *er* alle Filme gesehen hätte, aber das ist nicht passiert. So weit, so gut.

Paradox ist an diesem Beispiel, dass die Reihenfolge der logischen Wörter im Satz überhaupt nicht der Reihenfolge entspricht, in der sie logisch stehen. Wenn Sie die Wortstellung in (5) wörtlich nehmen würden, würden Sie folgenden Inhalt erwarten: *Für alle Filme f gilt: er hat Film f nicht gesehen.* Das hieße aber, dass er keinen Film gesehen hat. Und das ist ganz offenbar nicht die Botschaft von (5). Wenn wir die gemeinte Mitteilung von (5) schematisch darstellen wollten, so wäre eher Folgendes angemessen: *Es ist nicht so, dass er alle Filme gesehen hat.* (Hintergedanke: aber manche Filme dann doch. Das lässt sich als skalare Implikatur vorhersagen, s. Kapitel 4). Die syntaktische Abfolge und die logische Abfolge der Wörter im Satz passen also nicht zueinander.[2]

---

2 In der Semantik spricht man vom Skopus der logischen Wörter, wie in Kapitel 2 schon kurz eingeführt. Es wird angenommen, dass Sätze in eine Art logische Form (LF) gebracht werden,

Spielt man weiter mit Beispiel (5), so stellt man fest, dass der Satz notfalls auch die Mitteilung „Er hat keinen Film gesehen" übermitteln kann. Allerdings muss dann die Stimmführung ganz anders sein. Zu erwarten wäre eine Betonung auf *alle*, etwa in einer Korrektur einer vorherigen Behauptung.

(6) A: Freddie schien nicht völlig über die Filmfestspiele informiert. Einige Filme hatte er wohl nicht gesehen.
    B: Ha, was heißt „einige"! ALLE Filme hat er nicht gesehen.

Sie erinnern sich, dass Objekte unter anderem deshalb vor dem finiten Verb stehen, weil sie kontrastiv fokussiert sind (Kapitel 12). Der Akzent in (6) ist ein solcher Kontrastfokus. Die andere, paradoxe Lesart entsteht dann, wenn ein Steigton auf *alle* und ein fallender Ton auf *nicht* gesetzt wird. Wenn Sie mit einer Linie malen, wie die Stimme hoch und wieder runter geht, dann ähnelt das Ergebnis entfernt einem Hut – daher die Bezeichnung ‚Hutkontur-Satz'.

Im Deutschen hängen die beiden möglichen Lesarten des Beispiels (5)/(6) eindeutig mit der Prosodie zusammen. Diese Daten waren lange Zeit ebenso offensichtlich wie unerklärlich. Germanistische Seminare zum Thema „Hutkontur" hinterließen regelmäßig seelische Schäden bei den Teilnehmern. Erst als die Instrumente zur Beschreibung von Fokus, Frage und Antwort zuverlässig verstanden waren, konnte der komplexe informationelle Hintergrund der Hutkontur befriedigend beschrieben werden. Verschiedene Autoren untersuchten die Rolle von Ober- und Teilfragen als Leitfaden durch ein Gespräch, darunter der Semantiker Daniel Büring. Seine Überlegungen werden in diesem Kapitel vorgestellt.

13.2 Fragen und Antwortstrategien

Bürings (2003) Untersuchung der Hutkontur geht erst einmal von Beispielen ohne Quantoren aus, weil sie semantisch weniger komplex sind. Er fragt: Unter welchen Umständen würde folgender Satz mit der angegebenen Intonation geäußert werden?

(7) FRED/ hat die BOHNEN\ gekocht.

---

ehe die eigentliche Interpretation stattfindet. In (5) unterscheiden sich logischer und sichtbarer Skopus.

Er nimmt an, dass Akzente in Äußerungen immer einen Bezug zu einer geeigneten Hintergrundfrage herstellen. Allerdings kann es im Falle von (7) keine einfache w-Frage sein, denn unser Überblick über die einfachen Frage-Antwort-Muster hat gezeigt, dass hier andere Fokusakzente zu erwarten sind, nämlich die in (8) und (9).

(8) Wer hat die Bohnen gekocht?
 FRED\ hat die Bohnen gekocht.

(9) Was hat Fred gekocht?
 Fred hat die BOHNEN\ gekocht.

Selbst wenn eine Doppelfrage gestellt und beantwortet würde, wäre das prosodische Muster nicht das von (7). Die beiden Akzente in (8) und (9) sind jeweils fallende Akzente, und auch in (10) würde man die beiden Antwort-Bestandteile fallend akzentuieren. (Da Doppelfragen insgesamt etwas ungewöhnlich sind, gibt es hier mehr Kontext.)

(10) (Am Telefon, die Verbindung ist schlecht.)
 A: Ich hab nicht richtig verstanden, nochmal: Wer hat was gekocht?
 B: FRED\ hat BOHNEN\ gekocht.

Der steigende Ton auf *Fred* in (7) hingegen scheint zu signalisieren, dass es um eine Aufzählung von Personen geht, die jeweils andere Gerichte gekocht haben. Die Frage *Wer hat was gekocht?* steht auch hier im Hintergrund, aber der Sprecher signalisiert, dass es darauf eine ganze Reihe von Antworten gibt, und dass diese Antworten nach Personen sortiert sein werden. In den nächsten Äußerungen wird es um andere Personen als Fred gehen, beispielsweise um Pia und Bob.

(11) Oberfrage: Wer hat was gekocht?
 Teilfrage 1: Was hat FRED gekocht?
  FRED/ hat die BOHNEN\ gekocht.
 nächste Was hat PIA gekocht?
 Teilfragen: Was hat BOB gekocht?

Die Art, wie die Oberfrage beantwortet wird, wird auch **Strategie** (oder Antwortstrategie) genannt. Die beiden Akzente in der Antwort (11) zeigen folgendes an: Die Oberfrage wird in Teilfragen zerlegt. Jede Teilfrage wird nacheinander beantwortet. Wenn alle Teilfragen beantwortet sind, wäre auch die Oberfrage beantwortet.

Eine so allgemeine Oberfrage wie „Wer hat was gekocht" kann mit verschiedenen Strategien abgearbeitet werden. Wenn sie angesichts des reichlichen Partybuffees gestellt wird, bietet es sich an, nach Speisen vorzugehen und nicht nach Personen. Dazu gibt eine Äußerung wie in (12) den Auftakt.

(12) Die BOHNEN/ hat FRED\ gekocht.

Welche Oberfrage steht hier im Raum und welche Teilfragen werden hier beantwortet? Im Deutschen lässt sich der Sortierschlüssel bereits mit der Frage vorgeben, und (12) passt in einen Kontext wie in (13).

(13) Oberfrage: Welche Speise hat wer gekocht?
      Teilfrage 1:   Wer hat die BOHNEN gekocht?
                      Die BOHNEN/ hat FRED\ gekocht.
      nächste   Wer hat die PILZE gekocht?
      Teilfragen: Wer hat die NUDELN gekocht?

Wir stellen also fest: Die zwei Akzente der Hutkontur setzen unterschiedliche pragmatische Signale. Beide Akzente zusammen zeigen, um welche Oberfrage es im Diskurs gerade geht. Die Oberfrage wird **Question under Discussion**, kurz **QuD** genannt. Die mit einem steigenden Akzent „ / " markierte Konstituente X signalisiert Folgendes:
– Die Oberfrage wird in Teilfragen zerlegt;
– jede Alternative zu X gibt eine Teilfrage vor.

X wird das **kontrastive Topik** (*contrastive topic*) des Satzes genannt, abgekürzt CT.
Die mit einem fallenden Akzent „ \ " markierte Konstituente Y ist der Fokus des Satzes. Der Fokus verhält sich genau so, wie wir das in den letzten Kapiteln gesehen haben. Es wird signalisiert:
– Der Satz beantwortet eine Teilfrage, die einen Fokus auf Y braucht.

Wir werden diese Ideen an weiteren Beispielen erproben, ehe wir zu einer formalen Definition der CT-Bedeutung von Sätzen kommen. Stellen Sie sich folgende Situation vor, die Sie sicher schon erlebt haben. Frieda sitzt mit Freunden an einem Tisch im Lokal; eine Servicekraft kommt mit einem Salatteller. Frieda schaut hoch und äußert entweder (14) oder (15).

(14) ICH/ wollte SCHNITZEL\.

(15) Ich wollte SCHNITZEL\.

Sie sind inzwischen ausreichend geübt im Realisieren von Akzenten, dass Sie die Szene sicher in beiden Varianten zur Aufführung bringen können. In welcher Variante wirkt Frieda kooperativer? In welcher macht sie einen eher brüsken Eindruck?

Sie werden vermutlich denselben Eindruck gewinnen, der von vielen Sprechern geteilt wird: Die Frieda in (15) hat etwas Zurückweisendes, während Frieda in (14) freundlicher scheint. In der Äußerung (14) benutzt Frieda eine Hutkontur. Das Wort *ich* ist das kontrastive Topik der Äußerung, *Schnitzel* ist der Fokus. Die Äußerung evoziert also die Oberfrage *Wer hat was bestellt?* und Frieda liefert die Antwort auf die Teilfrage *Was hat Frieda bestellt?*. Indem Frieda diese Strategie in den Raum stellt, schafft sie eine Art fiktiven Dialog: Die Servicekraft braucht die Antwort auf die Frage *Wer hat was bestellt?*. Frieda leistet dazu einen Beitrag, sie gibt über ihre Bestellung Auskunft. Zwar wird die Bedienung damit den Salat nicht los, aber Frieda signalisiert, dass sie das Problem verstanden hat und hilft, so gut sie kann.

In der Äußerung in (15) kann Frieda eigentlich nur die Frage im Kopf haben: *Was habe ich bestellt?* Der angebotene Salatteller ist die falsche Antwort auf diese Frage. Frieda weist ihn zurück. In dieser Variante kümmert sich Frieda weder darum, was das eigentliche Problem der Bedienung ist, noch darum, dass links und rechts von ihr noch andere Gäste sitzen. Wir sehen hier eine auf sich selbst bezogene Frieda.

Hier ist ein Beispiel (nach Büring 2003: 523), in dem ein fiktiver Dialog evoziert wird. Angesichts einer zerdepperten Vase wird das Kind von seiner Mutter streng befragt und antwortet wie in (16).

(16) ICH/ wars NICHT \.

Dieses Kind reagiert relativ clever, denn mit seiner Antwort erinnert es die Mutter daran, dass es noch andere Personen im Haus gibt, deren Unschuld zu überprüfen wäre. (Der Akzent auf *nicht* fokussiert auf die sogenannte Polarität der Antwort: Es stehen die Alternativen *Ich WAR es – Ich war es NICHT* zur Diskussion.)

Bei so vielen Beispielen scheint es nötig, wieder einmal ein festes Rezept anzugeben, das in allen denkbaren Hutkontur-Äußerungen zuverlässig die Bestandteile des Dialogs liefert, der in den Raum gestellt wird. Eine solche Anweisung finden Sie in Büring (2003: 519), wo er die CT-Bedeutung einer Äußerung definiert. Die Bezeichnung „CT-Bedeutung" bezieht sich auf das kontrastive Topik (*contrastive topic*) in der Äußerung, das mit Steigakzent „ / " markiert ist. Daneben muss ein Fokus vorhanden sein, der durch einen Fallakzent „ \ "

ausgezeichnet ist. Wir gehen davon aus, dass auch das kontrastive Topik sich auf Alternativen bezieht. Die CT-Bedeutung der Äußerung S ist wie folgt definiert:

CT-Bedeutung von S
1. Ersetze den Fokus im Satz durch eine passende W-Phrase (*wer, was, wem, wann* ...). Baue den Satz so um, dass eine grammatisch richtige Frage dasteht.
2. Erstelle eine Liste von Fragen, indem Du das kontrastive Topik durch seine Alternativen ersetzt.

Wir illustrieren am Beispiel (7), wie diese Instruktion ausgeführt wird.

(17) [FRED/]$_{CT}$ hat [die BOHNEN\ ]$_F$ gekocht.

Zuerst ersetzen wir den Fokus (= die Konstituente *die Bohnen*) durch das passende Fragewort *was*, und erhalten den etwas schrägen Satz: *Fred hat was gekocht?* Indem wir Subjekt und Fragewort vertauschen, erhalten wir eine grammatisch korrekte Frage:

Was hat Fred gekocht?

Im zweiten Schritt identifizieren wir das kontrastive Topik in (17), *Fred*, und ermitteln, was für Alternativen zu Fred im Kontext gemeint sein könnten. Nehmen wir an, es seien seine Freunde Pit und Bob. Wir erstellen nun eine Liste von Fragen, indem wir Fred durch Pit und Bob ersetzen. Die ursprüngliche Frage kommt mit auf die Liste.

{ ‚Was hat Fred gekocht?', ‚Was hat Pia gekocht?', ‚Was hat Bob gekocht?' }

Mit der Äußerung in (17) signalisiert der Sprecher, dass diese Teilfragen im Raum stehen und eine gemeinsame Oberfrage (QuD) aufspalten. Oft kann die Oberfrage auch expliziert werden; in unserem Beispiel böte sich an zu fragen: *Wer hat was gekocht?*

Büring nimmt an, dass eine Hutkontur (CT und F-Akzent) in einer Äußerung genau dann angemessen ist, wenn folgende Bedingungen erfüllt sind.
1. Die Äußerung bezieht sich auf eine Oberfrage (QuD).
ii. Die Äußerung gibt eine Antwort auf eine Teilfrage der QuD.
iii. Auch Antworten auf die alternativen Teilfragen der CT-Bedeutung würden zur QuD beitragen.
iv. Redundanzverbot: Die QuD wird mit der Äußerung nicht schon vollständig beantwortet. Eine Fortsetzung mit weiteren Antworten wäre also nicht redundant.

Diese Annahmen lassen CT- und F-Markierungen in sehr vielen Gesprächskontexten zu. Es wird beispielsweise *nicht* behauptet, dass die Oberfrage (QuD) tatsächlich geäußert worden ist. Wie wir im Beispiel mit dem Schnitzel gesehen haben, kann Frieda eine QuD neu in den Raum stellen, wenn die Gesamtsituation dazu passt. Es wird ebenfalls *nicht* behauptet, dass der Sprecher vorhat, die QuD tatsächlich ganz zu beantworten. Sowohl in Beispiel (14) wie auch in (16) kann der Dialog nach der Äußerung beendet werden, ohne dass das Gespräch defekt wäre. Andererseits kann ein Sprecher auch einen langen Gesprächsbeitrag machen, bei dem er eine Oberfrage in Teilen beantwortet, wie Büring mit seinem *Popkonzert*-Beispiel illustriert (nach Büring 2003: 514).

(18) Wie war das Konzert?
      War der Sound gut? – Der Sound war furchtbar.
      Wie waren die Besucher drauf? – Die Besucher waren in Superstimmung.
      Wie war die Band?
         Wie war der Drummer? – Der Drummer war fantastisch.
         Wie war der Sänger? – Der Sänger war besser denn je.
      Haben sie nur alte Songs gespielt? – Sie haben lauter neue Songs gespielt.
      ...

Der Bericht über das Konzert könnte tatsächlich in Frage-Antwort-Form entwickelt werden. (In dem Fall würde der zweite Sprecher vermutlich Kurzantworten geben.) Aber es wäre auch vorstellbar, dass der erste Sprecher nur die QuD äußert: *Wie war das Konzert?* Der zweite Sprecher äußert nacheinander die Assertionen in (18). Diese sind gedanklich an den Teilfragen entlang organisiert, aber die Teilfragen müssten nicht laut geäußert werden. Wenn der Bericht eine Teilfrage verlässt und zur nächsten übergeht, dann würden die Hörer annehmen, dass zur vorigen Teilfrage alles gesagt worden ist. Wenn der Sprecher zu einer Teilfrage zurückkommen will, müsste er das explizit sagen – oder wirkt ein wenig verwirrt.

Die letzte Bedingung dafür, dass eine CT + F-Markierung erlaubt ist, sagt: Die Äußerung darf noch keine vollständige Antwort auf die QuD sein. Diese Bedingung kommt unerwartet, denn bisher haben unsere Daten noch keine Hinweise darauf gegeben, dass eine solche Bedingung sinnvoll sein könnte. Lassen Sie uns überprüfen, wie ein Dialog klingt, der die Bedingung verletzt. Wir stellen die Oberfrage *Wer hat welche Meinung zu dem Konzert?* in den Raum – oder etwas weniger geschraubt ausgedrückt: *Wie fanden die Besucher das Konzert?* Wir könnten nun antworten:

(19)   Die MEISTEN/ Besucher waren BEGEISTERT\.

Diese Antwort ist völlig in Ordnung und lässt offen, dass es noch einige Besucher gibt, die eine andere Meinung zu dem Konzert hatten. Merkwürdig wäre dagegen folgende Antwort:

(20)   # ALLE/ Besucher waren BEGEISTERT\.

Warum? Intuitiv ist mit (20) alles über die QuD gesagt. Mögliche weitere Teilfragen wären solche wie *Wie viele Besucher waren gelangweilt?*, *Wie viele Besucher waren mäßig glücklich?* ..., jedoch folgt die Antwort auf diese Teilfragen bereits *logisch* aus der Antwort in (20). Der Sprecher hat keine Chance mehr, seinen Gesprächsbeitrag fortzusetzen, ohne redundant zu sein.

Das Redundanzverbot ist dabei strikt logisch gemeint. Es wird nur verboten, dass aus der Äußerung die Antworten auf weitere Teilfragen logisch ableitbar sind, so wie in (20). Es ist hingegen nicht verboten, dass Antworten auf weitere Teilfragen pragmatisch erschlossen werden könnten. Die Antwort in (19) legt natürlich nahe, dass die übrigen Besucher nicht so begeistert gewesen sind. Wenn Sie in Kapitel 4 nachsehen, wie skalare Implikaturen entstehen, können Sie diese Implikatur hier tatsächlich vorhersagen. Aber es handelt sich eben um eine Implikatur und nicht um eine logische Folgerung. Wir haben in den Kapiteln 3 und 4 gesehen, dass Implikaturen zurückgenommen werden können und deshalb eine ausdrückliche Bestätigung der Implikatur in Gesprächen nicht redundant ist. Diese Beobachtung wird an Bürings Beispielen bestätigt.

Das Redundanzverbot ist eine wichtige Beschränkung an mögliche Strategien: Hier liegt der Schlüssel zum Verständnis des Film-Beispiels, das wir am Anfang gesehen haben. Um diesen Punkt bis zum Ende zu verfolgen, müssen wir jetzt ein kleines Intermezzo über die Wortstellung des Deutschen einlegen, die mit der Hutkontur sozusagen kooperiert.

13.3 Deutsche Syntax im Dienst der Informationsstruktur

Die Bezeichnung ‚Hutkontur' für gewisse deutsche Prosodiemuster fasst sehr einprägsam zusammen, was auch für Laien deutlich hörbar ist: Die Sprecher gehen mit der Tonhöhe zuerst rauf, und dann runter. Dazwischen bleibt die Stimme in einer hohen Lage. Die prosodische Untersuchung des Musters ergibt, dass es sich im Wesentlichen um einen Steigakzent und einen Fallakzent handelt. Beide signalisieren, dass der Sprecher auf Alternativen hinweist. Aber ihre pragmatische Funktion ist dennoch unterschiedlich. Der Steigakzent markiert ein kontrastives Topik, der Fallakzent einen Fokus. Das kontrastive Topik gibt einen Sortierschlüssel für eine Serie von Fragen (die CT-Bedeutung des Satzes), der Fokus zeigt, wie die Fragen konkret aussehen.

Dabei haben deutsche Sprecher eine starke Präferenz, dass Steig- und Fallton zusammen eine Hutkontur ergeben. Mit anderen Worten ergibt sich folgende grammatische Bedingung: Das kontrastive Topik muss im Satz *vor* dem Fokus stehen. Nicht alle Sprachen haben so eine Regel. Büring (2003) diskutiert vor allem englische Daten, wo kontrastive Topiks *vor* oder auch *hinter* dem Fokus stehen können. Auch sind die Akzente andere als im Deutschen (und für deutsche Ohren am Anfang nur sehr schwer unterscheidbar), obwohl ihre pragmatische Funktion im Englischen genau dieselbe wie im Deutschen ist. Der tiefere Unterschied zwischen Englisch und Deutsch ist vermutlich der, dass die Wortfolge im Englischen relativ fest ist, während das Deutsche als V2-Sprache mehr Freiheiten erlaubt: Beliebige Konstituenten können im Vorfeld stehen. Das ist im Deutschen unproblematisch, denn egal, was Sie als CT markieren wollen – im Vorfeld sitzt es *immer* vor dem Fokus.

Wir werden die syntaktischen Muster hier kurz wiederholen. Falls Sie tiefer in die Wortstellung des Deutschen einsteigen möchten, bieten Meibauer et al. (2015) und Wöllstein (2010) gute Einführungen. Die meisten Syntaktiker gehen davon aus, dass die Wortstellung im deutschen *Nebensatz* den Grundbauplan zeigen. Im Nebensatz steht das finite Verb am Satzende, zusammen mit den infiniten Verbteilen (falls es welche gibt). Der Bereich, wo die infiniten Verbteile stehen, wird als *rechte Satzklammer* bezeichnet. Der Bereich zwischen der subordinierenden Konjunktion, also *dass, weil, ob, obwohl, wenn ...*, und der rechten Satzklammer heißt das *Mittelfeld*. Im Nebensatz stehen alle Satzteile im Mittelfeld, die nicht zum Verbkomplex gehören. Die Position der Konjunktion nennt man die *linke Satzklammer* (s. Überblick in (21)).

Einige Satztypen des Deutschen beginnen mit dem finiten Verb: Polarfragen, Imperative und Nebensätze in einer Art von Konditionalkonstruktion (*Kommt Hans, dann gehe ich!*). Diese Wortstellung lässt sich herstellen, indem die „nicht benötigte" Konjunktion aus der linken Satzklammer entfernt wird, und dort stattdessen das finite Verb zu stehen kommt.

Hauptsätze schließlich stellen eine beliebige Konstituente aus dem Mittelfeld oder der rechten SK in die Position vor der linken Satzklammer: das *Vorfeld*. Die Möglichkeiten sind in (22) gezeigt, wobei für unsere Überlegungen das Nachfeld keine Rolle spielt und daher seine Nutzung nicht illustriert wird.

(21)

Vorfeld	linke SK	Mittelfeld	rechte SK	(Nachfeld)
	(dass)	Anke den Hund zum Arzt	gefahren hat	
	hat	Anke den Hund zum Arzt	gefahren?	
Anke	hat	– den Hund zum Arzt	gefahren	
Den Hund	hat	Anke – zum Arzt	gefahren	
Zum Arzt	hat	Anke den Hund –	gefahren	
Gefahren	hat	Anke den Hund zum Arzt	–	

Die Vorstellung, dass V2-Sätze abgeleitete Satztypen sind, wird auch dadurch markiert, dass in den V2-Sätzen jeweils ein Gedankenstrich „–" anzeigt, wo die Ausgangsposition der Konstituente im Vorfeld war. Auch im Mittelfeld sind Umbauten möglich, aber wir werden uns auf die Vorfeldposition und ihre Besetzung konzentrieren.

Nehmen wir an, der Sprecher hat eine QuD im Sinn und möchte die Äußerung als *Teilantwort* auf diese QuD, genauer als Teil einer Strategie für die QuD markieren. Mit der Strategie liegt fest, welcher Teil der Äußerung das kontrastive Topik CT sein soll, und wo ein Fokus gesetzt werden muss. Mit dem CT im Vorfeld kann man in jedem Fall sicherstellen, dass die Regel „CT vor F" eingehalten wird. Umgekehrt können wir für jeden der vier Hauptsätze in (22) überprüfen, dass er in einem Redekontext erlaubt wäre, wo die Konstituente im Vorfeld ein kontrastives Topik bildet.

(22)

(1) Anke	hat	– den Hund zum Arzt	gefahren	
(2) Den Hund	hat	Anke – zum Arzt	gefahren	
(3) Zum Arzt	hat	Anke den Hund –	gefahren	
(4) Gefahren	hat	Anke den Hund zum Arzt	–	

Die folgenden Oberfragen mit Teilfrage 1 und weiteren Teilfragen geben jeweils einen Kontext vor, in dem die Wortstellung der Varianten (22.1) – (22.4) akzeptabel sind. Für (22.1) ist diese Feststellung vielleicht wenig aufregend, aber spätestens (22.4) ist ein Satzbau, der nicht mehr in jedem beliebigen Gesprächskontext akzeptabel ist. Jedes Beispiel geht auch von einem Fokus aus, der im Mittelfeld steht. (Es sind jeweils auch andere Fokus-Orte möglich, und der Gesprächskontext wäre dann jeweils ein anderer – probieren Sie es aus!)

(22.1) QuD: Wer hat den Hund wohin gefahren?
Teilfrage: Wohin hat ANKE den Hund gefahren?
weitere Fragen: Wohin hat Martin den Hund gefahren?
Wohin hat Otto den Hund gefahren?

Das Gespräch unterstellt einen Fokus auf *zum Arzt*. (22.1) müsste in diesem Gespräch also einen steigenden Akzent auf *Anke* und einen fallenden Akzent auf *Arzt* tragen. Insgesamt wird der Hund in dieser Situation ziemlich viel in der Gegend herumgefahren.

(22.2) QuD: Welches Tier hat Anke wohin gebracht?
Teilfrage: Wohin hat Anke den HUND gefahren?
weitere Fragen: Wohin hat Anke die Katze gefahren?
Wohin hat Anke den Sittich gefahren?

Hier ist der Fokus auf *zum Arzt* und das kontrastive Topik ist die Objekt-NP *den Hund*. Die Akzente wären entsprechend zu setzen. Wieder sehen wir eine Situation, in der Anke viel herumfährt. Allerdings hat sie jedes Mal einen anderen Passagier, neben dem Hund auch Alternativen zum Hund: Katze, Sittich.

(22.3) QuD: Wer hat den Hund wohin gefahren?
Teilfrage: Wer hat den Hund zum ARZT gefahren?
weitere Fragen: Wer hat den Hund zum Friseur gefahren?
Wer hat den Hund zum Training gefahren?

Die Konstituente *zum Arzt* im Vorfeld ist wieder kontrastives Topik, und das Gespräch erfordert einen Fokus auf *Anke*. Der Hund ist dauernder Passagier bei wechselnden Fahrern und beim Transport zu Orten, die Alternativen zu *zum Arzt* sind. Zuletzt kommen wir zu Beispiel (22.4) wo das Verb kontrastives Topik ist, denn es stehen unterschiedliche Transportmethoden im Raum, die mit unterschiedlichen Verben bezeichnet werden könnten.

(22.4) QuD: Wie hat Anke den Hund wo-hin transportiert?
Teilfrage: Wohin hat Anke den Hund GEFAHREN?
weitere Fragen: Wohin hat Anke den Hund getragen?
Wohin ist sie mit dem Hund spaziert?

Der Fokus ist hier *zum Arzt*. – Als Fazit können wir festhalten: Syntaktisch kann ein deutscher Hauptsatz mit einer beliebigen Konstituente anfangen. Und ein guter Grund, diese Konstituente ins Vorfeld zu stellen, kann der sein, dass der Sprecher sie als kontrastives Topik markieren möchte.

Diese einfache Regelmäßigkeit erfasst sicher nicht alle Gründe, eine Konstituente ins Vorfeld zu stellen. Aber der Überblick in (22) demonstriert, dass es sich um ein sehr robustes syntaktisch-pragmatisches Muster im Deutschen handelt. Wenn Sie beim Studium der Beispiele (22.1)–(22.4) Langeweile überfallen hat, dann haben Sie begriffen, was mit den Beispielen illustriert werden sollte: Wir sehen ein so zuverlässiges und einfaches Muster, dass ein Ansammeln von Beispiel über Beispiel keinen weiteren Erkenntnisgewinn mehr bietet. Das Muster greift.

Damit wird auch klarer, in welchem Sinn der Sprecher einen Satz „konstruiert, damit ein kontrastives Topik ins Vorfeld kommt" und „damit eine Hutkontur entsteht". Es handelt sich auf keinen Fall um einen bewussten Gestaltungsakt, mit dem eine möglichst elegante Formulierung erreicht werden soll. Unser Syntaxprozessor im Gehirn ist uns vielmehr immer drei Schritte voraus, und oft beginnen wir einen Satz – korrekt und mit einem kontrastiven Topik – noch bevor wir genau entschieden haben, wie das Satzende aussehen wird. Die Kompetenz deutscher Muttersprachler liefert viele Belege dafür, dass die Informationsstruktur ein sehr wichtiger Faktor beim Sprechen und Verstehen ist. Umso wesentlicher ist es, die wichtigsten Zusammenhänge und Muster zu verstehen und im Alltag parat zu haben – beispielsweise als Grundlage für das Nachdenken über Sprache sowohl im Deutsch- wie auch im Fremdsprachenunterricht.

Kommen wir nun zurück zu der Sache mit dem Kino.

13.4 Hutkontur: Die Sache mit dem Kino.

Zum Abschluss werden wir zeigen, wie mit den erarbeiteten Begriffen und Gesetzmäßigkeiten der „paradoxe" Satz vom Kino erklärt werden kann.

(23) ALLE/ Filme hat er NICHT\ gesehen.

Dabei wollen wir zwei Aspekte beleuchten. Erstens: Welche Strategie signalisiert der Satz in der angegebenen Hutkontur, welche Oberfrage und welche Teilfragen stehen im Raum? Zweitens: Warum kann der Satz mit dem Hutkontur-Muster nicht so gedeutet werden, wie es die Abfolge der Wörter im Satz nahelegt – denn (23) kann nicht meinen ‚Für alle Filme f gilt: er hat f nicht gesehen'.

Der Fokus des Satzes liegt auf der Negation *nicht*. Die Alternative dazu ist die affirmative Äußerung: *Er HAT die Filme gesehen* und die passende Frage ist die ja/nein-Frage: *Hat er alle Filme gesehen?* Diesen sogenannten **Verum-Fokus** haben wir bisher nicht ausführlich besprochen und werden das auch hier nicht tun. Eine Darstellung der deutschen Daten finden Sie in Höhle (1992), und Gutzmann und Castroviejo Miró (2011) stellen die deutschen Daten in einen sprachvergleichenden Überblick.

Die Anweisung zur Berechnung der CT-Bedeutung von (23) sagt nun, dass das kontrastive Topik gefunden und durch saliente Alternativen ersetzt werden muss. Es geht also um *alle Filme, die meisten Filme, einige Filme, einen Film* usw. Ersetzen wir in der ja/nein-Frage diese Alternativen für das kontrastive Topik, dann erstellen wir folgende Liste von Teilfragen in (24).

(24) { ‚Hat er alle Filme gesehen?', ‚Hat er die meisten Filme gesehen?', ‚Hat er einige Filme gesehen?', ‚Hat er einen Film gesehen?' ... }

Diese Teilfragen tragen bei zur Oberfrage ‚Wie viele Filme hat er gesehen?'. Der Sprecher signalisiert also, dass er die Oberfrage ‚Wie viele Filme hat er gesehen?' beantworten will, indem er Antworten auf diese Teilfragen gibt. Die Teilfrage ‚Hat er alle Filme gesehen?' scheint dabei eine gewisse Wichtigkeit zu haben, denn sie wird ausdrücklich adressiert. Wäre die Antwort positiv (‚Er hat alle Filme gesehen'), dann wären auch alle weiteren Teilfragen logisch damit beantwortet. Aber die Antwort ist negativ und damit bleiben noch Teilfragen offen: Die Äußerung in (23) implikatiert, dass „er" durchaus ein paar Filme gesehen hat, und sie weckt die Erwartung, dass der Sprecher sich nun näher dazu äußert. Damit ist die Redundanzklausel nicht verletzt.

Da der Sprecher nun aber die Objekt-NP *Alle Filme* zum kontrastiven Topik machen will, ist es am elegantesten, das Objekt ins Vorfeld zu stellen. Diese Voranstellung ist zwar *pragmatisch* wichtig, aber *semantisch* wirkungslos. Die wörtliche Bedeutung des Satzes bleibt weiterhin dieselbe wie die von *Er hat nicht alle Filme gesehen*. So weit, so stimmig.

Wenden wir uns dem zweiten Punkt des Puzzles zu und sehen wir noch einmal den Ausgangssatz an, diesmal ohne Akzentmuster.

(25) Alle Filme hat er nicht gesehen.

Dieser Satz ist tatsächlich ambig. Man kann ihn auch in dem Sinn lesen, dass *er* überhaupt keinen Film gesehen hat. (Wenn Sie Schwierigkeiten haben, sehen Sie den entsprechenden Kontext noch einmal in 13.1 nach.) In dieser Lesart macht der Satz eine umfassende Aussage über den Filmkonsum des unbekannten *er*. Der Satz beantwortet die Frage *Hat er alle Filme gesehen?* (nämlich mit *nein*), aber auch die Frage *Hat er die meisten Filme gesehen?* (auch *nein*), und die Frage *Hat er einige Filme gesehen?* (ebenfalls *nein*) usw. Mit anderen Worten: In dieser Lesart wird die Frage *Wie viele Filme hat er gesehen?* erschöpfend beantwortet.

Warum aber verschwindet diese Lesart völlig, wenn der Satz mit einer Hutkontur geäußert wird? Als Teil einer Strategie verstößt die Lesart gegen das Redundanzverbot, welches sagt: Nach der Äußerung müssen noch Teilfragen offenbleiben, die im weiteren Gespräch beantwortet werden könnten. Und weil unser Gehirn darauf trainiert ist, das Redundanzverbot zu überprüfen, schließt es diese Lesart des Satzes von vornherein aus: so kann die Äußerung nicht gemeint sein, denn das verstößt gegen die pragmatischen Regeln zur Verwendung der Hutkontur.

Diese Erklärung für das Rätsel der Hutkontur-Sätze ist ziemlich raffiniert. Sie setzt ein sicheres Verständnis von Fokussierung und dem Bezug auf Fragen voraus. Sie setzt weiterhin voraus, dass die Verbindung von Strategien und steigenden/fallenden Akzenten verstanden wurde. Die Erklärung besteht keineswegs aus einer direkten einfachen Beziehung zwischen Akzenten und dem Skopus der Negation im Satz. Das ist auch gut so, denn alle solche Versuche, den Effekt direkt zu erklären, sind in den 1980er Jahren kläglich gescheitert. Die Erklärung basiert auf unabhängig motivierten Theorien, deren Nützlichkeit mit vielen anderen Daten klar belegt wurden. Die schlussendliche Erklärung des Rätsels nennt Daniel Büring eine „Verschwörungstheorie" (*conspiracy theory*, Büring 1997), denn verschiedene prosodische, syntaktische und pragmatische Effekte arbeiten so zusammen, dass eine Lesart, die ein Satz eigentlich haben sollte, auf einmal verschwindet. Die Prosodie der Fokussierung ist also nicht nur melodischer Teil unseres Sprechverhaltens, sondern gehört zum Kern des Systems Sprache als Kommunikationsmittel.

Fingerübungen

(1) Was macht die Hutkontur in diesem Satz?
 (i) Am MONTAG/ gibt es KÄSSPÄTZLE\.
 Berechnen Sie die CT-Bedeutung der Äußerung! Stellen Sie sicher, dass Sie alle Teilschritte der Anweisung verstanden haben. Welche QuD könnte im Raum stehen?

(2) Folgende Äußerung:
 (i) [Die MEISTEN/]$_{CT}$ Filme haben mir [GUT\]$_F$ gefallen.
 – Welche Liste von Fragen steht hinter der Äußerung in (i)? Zeigen Sie, wie Ihre Liste mit der CT-Regel zusammengebaut werden kann.
 – Was wäre eine naheliegende Oberfrage (QuD)?

(3) Folgende Situation:
 Die Oma bewundert drei Bilder der Enkel Fred, Bob und Pit. Der Vater der drei weiß: Fred hat die Kuh gemalt, Bob den Vogel und Pit den Goldfisch.

Oma fragt: *Mei, wer hat denn welches von diesen schönen Bildern gemalt?*
– Welche Strategien hätte der Vater, um zu antworten?
– Zeigen Sie, wie er jeweils mit seiner ersten Teilantwort bereits signalisiert, wie er die QuD abarbeiten will.

(4) Erfinden Sie weitere Beispiele für QuD und Teilantwort, die eine Strategie signalisiert!
Versuchen Sie, folgende Satzteile als kontrastives Topik ins Vorfeld zu bringen: PP, Dativobjekt, Akkusativobjekt, Adverb, Verb.

(5)* Die einzigen Wörter, die nicht im Vorfeld stehen können, sind die Modalpartikeln des Deutschen, zum Beispiel die Partikel *ja*, die wir schon betrachtet haben. Könnte man diese Beschränkung damit begründen, dass im Vorfeld nur Fokus oder kontrastive Topiks stehen können? Diskutieren Sie, welche Alternativen *ja* evozieren könnte!

(6) Suchen Sie in einem Zeitungsausschnitt oder Romanabschnitt alle Sätze, in deren Vorfeld nicht das Subjekt steht. Welche anderen häufigen Satzteile finden Sie? Finden Sie Fälle, in denen eine Strategie angezeigt wird? (Bei dieser Übung stellen Sie wahrscheinlich fest, dass der Satzbau in unterschiedlichen Zeitungen unterschiedlich stereotyp ist.)

Teil IV: **Pragmatik und Sprachwandel**

14 Pragmatik im Sprachwandel

Am Ausgangspunkt der Pragmatik stand eine Art linguistische Arbeitsteilung: Jeder Satz hat eine wörtliche Bedeutung, jedoch kann mit einer Äußerung des Satzes viel mehr gemeint sein, als die wörtliche Bedeutung hergibt. Inzwischen haben wir einen guten Eindruck davon, wie groß das Ausmaß an mitgemeinter Information einer Äußerung sein kann. Mit **Implikaturen** kann der Sprecher den Adressaten einladen, bestimmte Schlüsse zu ziehen und diese als mit gemeint zu betrachten. Durch **Präsuppositionen** können viele Fakten als bekannt markiert werden, was die eigentliche Mitteilung entlastet. Mit **emotiven** und **kontextbezogenen Partikeln** gibt der Sprecher dem Adressat Feedback über die aktuelle Gesprächssituation. Die **Informationsstruktur** erleichtert es dem Adressaten, die Mitteilung effizient in den Wissenshintergrund einzuordnen. Neben dem offiziellen Mitteilungskanal der wörtlichen Bedeutung wird auf vielen Kanälen kommuniziert und die Hauptmitteilung in den Kontext eingebettet.

Damit gewinnt der Informationsaustausch in menschlichen Sprachen ein hohes Maß an Flexibilität. Die erstaunliche Wandelbarkeit menschlicher Sprache(n) ist eine Folge dieser Flexibilität. Es braucht nicht viel, um Beispiele für Wandel zu finden. Vor hundert Jahren hätte der Satz *Der Sänger war geil* über den sexuellen Erregungszustand eines Sängers informiert – heute teilt er harmloser mit, dass der Künstler dem Sprecher gefallen hat. Wenn vor sechshundert Jahren eine Mutter sagte: „Wie gerne ich dicke sähe die liebe Tochter mein", dann teilte sie mit, dass sie die Tochter gerne häufiger treffen würde.[1] Heute dagegen würden Sie vermuten, dass die Mutter entweder findet, die Tochter sei zu dünn, oder aber gerne ein Enkelkind hätte. Weitere Beispiele werden wir im Verlauf der nächsten Kapitel sehen.

Vermutlich finden Sie solche Beispiele zwar kurios, aber nicht unbedingt verblüffend. Wir sind daran gewöhnt, dass sprachliche Kommunikation flexibel und robust ist. Erstaunlich ist allerdings schon, dass Veränderungen sich ohne ausdrückliche Verabredungen einbürgern: es ist eben nicht die Duden-Redaktion, die uns Jahr für Jahr vorschreibt, welche Änderungen das Deutsche im neuen Jahr vornehmen soll. Allenfalls können Redakteure aufzeichnen, auf welche Änderungen sich wir Sprecher im vergangenen Jahr geeinigt haben. Andere Kommunika-

---

1 Die Stelle findet sich im Nibelungenlied über Königin Ute: *do sprach div chveneginne / des en mach niht gesin. swie gerne ich dicke saehe / di lieben tohter min* ... ‚da sprach die Königin: das kann nicht sein. So gerne ich häufiger die liebe Tochter mein sähe ...' (Nibelungenlied, V. 1454). Auf die scheinbar doppelte Negation *en mach niht gesin*, wörtlich ‚nicht-kann-nicht-sein', kommen wir in Kapitel 16 zurück.

tionssysteme sind weniger robust. Neuerungen in Programmiersprachen müssen ausdrücklich mitgeteilt werden. Neue Verkehrsschilder bürgern sich nicht ein, sondern werden von Behörden beschlossen. Auch Abkürzungen in Mails wie LOL oder ROFL sind nicht verständlich, wenn sie nicht wenigstens einmal erklärt worden sind.

Über lange Zeit wurde der Bedeutungswandel der Sprache als selbstverständlich hingenommen und nicht weiter untersucht. Aber nicht alles, was uns Menschen mühelos gelingt, ist deshalb keiner Erklärung wert. In den letzten Jahrzehnten wurde deutlich, dass die Wandelbarkeit unserer Sprache auch darauf beruht, dass Semantik und Pragmatik in genialer Weise Hand in Hand arbeiten. Die Pragmatik schafft Raum für neue, als wichtig empfundene Mitteilungsbestandteile. Falls diese häufig benötigt werden, kann die Semantik – die wörtliche Bedeutung von Wörtern und Sätzen – entsprechend so umgebaut werden, dass der neue Inhalt regulärer Teil der wörtlichen Bedeutung wird. Diese Zusammenarbeit soll hier genauer beleuchtet werden.

14.1 Allgemeines zum Bedeutungswandel

Es gibt nach traditioneller Sicht vier zentrale Muster des Bedeutungswandels: **Verengung, Erweiterung, Metapher** und **Metonymie**. Als Hintergrund für das Folgende werden diese traditionellen Muster kurz vorgestellt.

Bedeutungsverengung sehen wir dort, wo ein Wort früher eine weitere Verwendung erlaubte und heute in einem engeren Sinn benutzt wird. (In den Worten von Kapitel 2 würden wir sagen: der Bereich möglicher Referenten hat sich verkleinert.) Zum Beispiel konnte das Wort *Fass* (geschrieben „Fasz") im Mittelhochdeutschen noch Gefäße beliebiger Form bezeichnen. Unter dem Stichwort ‚Fasz' zitiert das *Deutsche Wörterbuch* (DWB) von Jacob und Wilhelm Grimm beispielsweise folgende Anweisung, die das Zubereiten eines Teiges einleitet:

(1)   so nim nu zu dir weizen, gersten, bonen, linsen, hirs und spelt und thu es alles in ein fasz ...
(DWB, Bd. 3, Sp. 1358)

Da diese Zutaten anschließend geknetet werden sollen, wäre ein heutiges „Fass" als Behälter gänzlich ungeeignet, und das Grimm'sche Wörterbuch übersetzt den Ausdruck mit ‚einen Trog'. Wir können annehmen, dass sich mit der Zeit andere Bezeichnungen für solche Behältnisse durchsetzten, sodass schlicht vergessen wurde, dass das Wort *Fass* früher einmal dafür verwendet werden konnte. Es bleibt zwar eine spannende Frage, warum – wieder ohne ausdrückliche Absprachen – das moderne Wort *Fass* genau die Behälter bezeichnet, die für Flüssigkeiten geeignet sind und eine bestimmte Tonnenform haben (egal, ob sie aus Holzteilen gemacht oder aus Kunststoffen hergestellt sind), wir werden das aber hier nicht weiterverfolgen.

Bedeutungserweiterungen zeigen den gegenteiligen Fall, wenn nämlich ein Wort auf neue Gegenstände ausgedehnt wird, für die eine frühere Sprechergeneration es nicht benutzt hätte. Das Wort *Wand* bezeichnet heute die Bauteile, die Räume in einem Gebäude voneinander trennen oder das Gebäude umschließen. Ursprünglich aber waren mit *Wand* ausschließlich geflochtene Konstruktionen gemeint, bei denen man zwischen senkrechte Stangen weichere Holzteile wand. Wenn das Geflecht mit Mörtel verputzt wurde, war diese Konstruktion nicht mehr sichtbar. Jedoch war den Baumeistern der bauliche Unterschied bewusst, als sie von den Römern das Errichten von steinernen Mauern (lat. *murus*) übernahmen. Heute bohren wir zu Hause Löcher in die Wand, und es ist dabei egal, ob es sich um gegossene Betonteile, gemauerte Ziegelwände oder Holzwände handelt. (Es ist aber unwahrscheinlich, dass wir heute dabei auf Weidengeflecht stoßen.) Auch hier spielen unterschiedliche Kategorisierungen eine Rolle. Was für den mittelalterlichen Fachmann noch kategorisch unterschieden war – gewundenes Holz oder geschichtete Steine – sah für Laien ununterscheidbar gleich aus und wurde insgesamt mit dem vermutlich häufigsten Wort benannt. Unsere kognitiven Routinen, die uns beim Einteilen der Welt in Kategorien helfen, sind dabei so ähnlich, dass offenbar alle Sprecher dieselben architektonischen Teile als natürliche Klasse empfanden, die eine gemeinsame Bezeichnung verdient. (Die Baufachleute müssen diese pauschale Zusammenlegung als schlimmen Sprachverfall beklagt haben.)

Eine **Metapher** liegt vor, wenn eine Bezeichnung von einer wörtlich gemeinten auf eine neue, als ähnlich empfundene Domäne übertragen wird. Wenn etwa ein Auto als *heißer Schlitten* bezeichnet wird, dann meint der Sprecher vermutlich, dass dieses Fahrzeug so rasant und mühelos, eventuell auch halsbrecherisch, über die Straßen flitzt wie ein Rodelschlitten in einer gefrorenen Bobbahn. Die **metonymische** Bedeutungsübertragung liegt dort vor, wo zwischen Dingen in der Welt eine materielle Verbindung vorliegt und daher die Bezeichnung für das eine auch für das andere benutzt werden kann. Zum Beispiel gehört zu einer ‚Schule' mehreres: wir haben üblicherweise ein Haus, in dem der Unterricht stattfindet, wir brauchen die Schüler und Lehrpersonal, es gibt regelmäßigen Unterricht und eine Institution, die offiziell für die Durchführung aller Aktivitäten verantwortlich ist. Alle diese Aspekte können mit dem Wort *Schule* bezeichnet werden, obwohl sehr unterschiedliche Dinge gemeint sein können.

(2) Die Schule wird frisch gestrichen. (= das Haus)

(3) Die Schule beginnt um 8 Uhr. (= der Unterricht)

(4) Die Schule macht heute einen Ausflug. (= Schüler und Lehrer)

Dieses Verwendungsspektrum sieht nicht besonders überraschend aus, und Sie können hier das Gefühl haben, dass eine Beschränkung des Wortes eher unnatürlich wäre. Allerdings wissen wir implizit, dass *Schule* nicht einfach nur ein Wort mit einem sehr breiten Spektrum möglicher Referenten ist. Wir können es im selben Moment nicht in zweierlei Sinn meinen. Das sieht man in folgendem Beispiel

(5) *Die Schule machte einen Ausflug und wurde gelb gestrichen.

Obwohl *Schule* sowohl die Schülerschaft als auch das Gebäude bezeichnen kann, muss sich der Sprecher für jeweils eine der Bedeutungen entscheiden. Es ist nicht möglich, zugleich beides zu meinen.

Mit Hilfe der Metonymie können wir also alte Wörter mit neuen Bedeutungen versehen, und zwar nach Mustern, die es Gesprächspartnern einfach machen, mit unserer Innovation Schritt zu halten. Metaphern und Metonymien lassen uns ahnen, wie unser Nachdenken über die Welt mental organisiert ist, und sind daher wichtige und spannende Forschungsthemen. Für uns sind sie aber vor allem deswegen wichtig, weil wir uns im Kommenden mit Sprachveränderungen befassen wollen, die *nicht* zu diesen Grundtypen gehören und also eine andere Erklärung brauchen.

Bevor wir an die Arbeit gehen, sollten wir noch einen kurzen Blick auf die Verbindung zwischen der sprachlichen Form (Wörtern, Sätzen) und ihrer Bedeutung werfen. Unsere bisherigen Beispiele für Bedeutungswandel ließen die grammatische Natur des Wortes unangetastet: *Fasz* war ein Nomen und blieb auch nach der Verengung ein Nomen.[2] Tatsächlich aber verschiebt sich beim Sprachwandel sehr oft nicht nur die Bedeutung einer Äußerung, sondern parallel dazu auch der morphosyntaktische Aufbau. Ich möchte das mit zwei einfachen Beispielen illustrieren, die zwar aus dem Englischen kommen, aber auch Teil des Deutschen geworden sind. Das erste Wort ist sogar einmal hin- und wieder zurückgewandert.

Das Adjektiv *Hamburger* bezeichnet ursprünglich beliebige Gegenstände, die aus Hamburg kommen.[3] Speziell im Nahrungsmittelbereich aber war Hamburg

---

2 Wir übergehen hier die Komplikation, dass *dicke* im Mittelhochdeutschen als Adverb verwendet werden konnte, heute aber ein Adjektiv ist.
3 Es handelt sich eigentlich um ein sogenanntes Stadtadjektiv, siehe dazu Fuhrhop (2003).

offenbar im 18. Jahrhundert für eine besondere Art von belegtem Brötchen bekannt. Wenn also von einem *Hamburger* (Nahrungsmittel) die Rede war, bezeichnete dies die bekannte Schichtung aus Brot, Hackfleischbrätling und Brot. Nun legt das Sprachgefühl (auch) englischer Sprecher nahe, dass das Wort *Hamburger* in zwei Teile aufgespalten werden könnte und ein Kompositum aus *Ham* und *Burger* ist. Zwar wird ein Hamburger praktisch nie mit *ham* (‚Schinken') belegt, aber bei der Bezeichnung von Fleischteilen waren die Sprecher offenbar gewisse Laxheiten gewohnt. Und wenn man annimmt, dass *Ham* die Fleischfüllung meint, dann bleibt für *Burger* die Bedeutung ‚belegtes Brötchen, das mit X gefüllt ist' – wobei X vom ersten Teil des Kompositums geliefert wird. Das eröffnet nicht nur linguistisch, sondern auch kulinarisch neue Möglichkeiten wie *Cheeseburger, Veggieburger, Chickenburger* oder *Tofuburger*. Anders gedacht: Die **Reanalyse** des ursprünglichen Wortes liefert die Grundlage für die Systematik neuer Namen für ein ganzes Burgeruniversum. Dabei ist hilfreich, dass die Bedeutung von Komposita sich nur ungefähr aus den Teilen ergeben muss (sonst wäre bei *Cheeseburger* mit einem belegten Käsebrot zu rechnen).[4]

Ein zweites Beispiel liefert das Wort *Watergate* mit Referenz auf die politische Affäre, die US-Präsident Nixon das Amt kostete. Die ursprüngliche Prägung geht auf ein Gebäude zurück (der sogenannte *Watergate-Komplex*), in dem wesentliche Teile der Handlung stattfanden und das deswegen zur Bezeichnung *Watergate-Affäre* (im Unterschied zu anderen Affären) benutzt wurde. Auch hier haben die Sprecher das Potenzial zu einer morphologischen Zerlegung gesehen: *Water-Gate*. Dem unterstellten Kopfnomen *Gate* wurde die Bedeutung ‚Skandal von großer Tragweite' zugeschrieben, dem vermuteten Modifikator *Water* die Spezifizierung ‚Skandal, der zum Rücktritt von Nixon führte'. In diesem Beispiel hat die Bedeutung von *water* im Englischen nur noch wenig mit der speziellen Art des Skandals zu tun. Allerdings war auch der Sinn der ursprünglichen Bezeichnung nur für diejenigen Sprecher transparent, die sich in Washington D.C. sehr gut auskannten und denen also bewusst war, dass (a) eine bestimmte Gegend am Ohio River als *Watergate* bezeichnet wird, (b) dort ein Gebäude desselben Namens errichtet worden war und (c) in genau diesem Gebäude die illegalen Vorgänge stattfanden. Mit anderen Worten: für die große Zahl der Sprecher war die Bezeichnung *Watergate* in der Struktur *water + gate* nicht intransparenter als in der Struktur *watergate (affair)*. Die Aufteilung in *water + gate* hatte aber grammatisch das größere Potential: Sie lieferte mit dem neuen Wortteil *gate* eine Ableitung für ‚Skandale

---

4 Sie können mit Recht einwenden, dass die leckere Burgervielfalt auch ohne sprachliche Reanalyse erfunden worden wäre. Aber wie man sie nennen würde? Stellen Sie sich vor, das erste belegte Brötchen wäre aus Kiel gekommen!.

von großer Tragweite'; auf Wikipedia finden Sie unter dem Stichwort ‚-gate' eine lange Liste von -gate-Skandalen größeren und kleineren Ausmaßes, die alle durch die Bezeichnung XY-gate zu Superskandalen gehypt wurden.[5]

Wenn die sprachliche Struktur eines Wortes oder Satzes so umgedeutet wird, sprechen wir von **Reanalyse**. Reanalyse wird oft so behandelt, als sei es in erster Linie eine Sache der Morphologie oder Syntax. Unsere beiden Beispiele zeigen aber, dass die Frage „Welche Wortteile hat das Wort?" ganz wesentlich davon abhängt, welche *bedeutungstragenden* Teile ein Wort hat und *welche* Bedeutung den Teilen zugeschrieben wird. Das Wort *watergate* ist auch in seinem traditionellen Sinn ein Kompositum des Englischen (etwa: *Wassergrenze* ≈ Ufer). Die Innovation kam erst dadurch zustande, dass eine einfache Bedeutung ‚eine bestimmte Ereigniskette in der US-Politik' zu einer komplexen Bedeutung präzisiert wurde ‚Skandal, und zwar ein bestimmter' die sich auf zwei Teilbedeutungen zurückführen lässt. Diese beiden Teile können den vorliegenden Wortteilen *water + gate* neu zugewiesen werden. Man kann also argumentieren, dass die Reanalyse eigentlich auf der Bedeutungsseite stattfindet. Alles andere sind Konsequenzen der Neuinterpretation der Bedeutung. Mindestens aber können wir feststellen, dass Reanalyse in vielen Fällen ein Wandel an der Schnittstelle zwischen Morphosyntax und Semantik/Pragmatik ist, der beide Hälften gleichermaßen betrifft. Damit kommen wir zurück zur Ausgangsfrage: Welche Rolle spielt die Pragmatik beim Sprachwandel?

14.2 Pragmatik im Sprachwandel: eingeladene Inferenzen

Die Sprachhistorikerin Elizabeth C. Traugott wies als Erste auf die Rolle der Pragmatik im Sprachwandel hin (Traugott 1988; Traugott und König 1991). Sie diskutierte das Fallbeispiel des englischen *going-to*-Futurs, das sich aus der älteren Bewegungsbedeutung entwickelt hat. Folgende Beispiele zeigen die ältere und die neuere Verwendung.

(6) Lilly was going to London. (Bewegung)

(7) The bomb was going to explode in 5 seconds. (Futur)

Traugott argumentierte, dass dieser Wandel, anders als traditionell behauptet, keine Bedeutungserweiterung sein kann. Zwar können in der neuen Bedeutung

---

[5] https://de.wikipedia.org/wiki/-gate (abgerufen am 1.2.2021).

mehr Objekte ‚gehen', unter anderem Bomben und andere fußlose Dinge und sogar Zustände. Dafür kann das neue *going to* nicht mehr benutzt werden, um reine Fortbewegung zu berichten. Wir kommen am Ende dieses Abschnitts in (14)/(15) darauf zurück, wie man dies anhand der Daten beweisen kann. Für den Moment können wir aber feststellen, dass es beim futurischen *going-to* nicht mehr wichtig ist, ob und wie sich ein Lebewesen auf Beinen von Ort zu Ort bewegt. Traugott stellt fest, dass die neue Bedeutung von *going-to* aus der alten durch eine Verschiebung hervorgeht; sie in mancher Hinsicht weiter, in anderer Hinsicht enger. Diese Diagnose allein ist noch nicht besonders hilfreich, denn man kann für praktisch jede beliebige Bedeutungsveränderung sagen, dass sich etwas „verschiebt".

Die Veränderung von *going-to* im alten Sinn zum neuen fußt aber offensichtlich auf einem Sachverhalt, der in der Redeweise von „enger" und „weiter" Bedeutung gar nicht benannt wird. Wenn jemand mit dem alten Bewegungsverb *going-to* mitteilt *Lilly is going to study in London*, dann ist ein sehr naheliegender Schluss, dass Lilly bald in London ist und dort studieren wird. Der Sprecher teilt uns das zwar nicht wörtlich mit, wir haben aber allen Anlass, das zu folgern. Die Äußerungssituation kann so sein, dass der Sprecher uns praktisch dazu auffordert, diese Implikatur des Gesagten mit zu verstehen

(8) Where will Lilly be next year? – She is just going to study in London.

Wir haben nun bereits Übung darin, kritische situative Faktoren zu benennen, die eine Implikatur auslösen. In einem Dialog in (8), der auf dem alten Bewegungsverb *go* beruht, möchte der Sprecher eine Frage beantwortet haben. Die Antwort ist unterinformativ und damit eigentlich irrelevant, aber eine relevante Antwort lässt sich als Schlussfolgerung aus der wörtlichen Antwort ableiten. Man kann also mit der Grice'schen Relevanzmaxime erklären, wie es zu der Inferenz ‚Lilly wird in London studieren' kommt. Erst mit der regelmäßigen Nutzung genau dieser Implikatur – so die Idee von Traugott – kommt ein Bedeutungswandel zustande.

Ähnliche Beispiel sind auch im Deutschen bekannt. Das moderne Wort *weil* schließt einen begründenden Nebensatz an einen anderen Satz an.

(9) Ich konnte nicht schlafen, weil mein Nachbar eine laute Party veranstaltet hat.

Das moderne Wort *weil* verbindet zwei Propositionen: *S, weil G* und behauptet, dass der Sachverhalt *S* durch *G* verursacht wurde. So verwenden alle Sprecher des Deutschen dieses Wort und mehr müssen wir auch nicht wissen, um das Wort richtig zu beherrschen. Aber das war nicht immer das gängige Wissen deutscher Sprecher. Wie man im DWD nachlesen kann, geht die Konjunktion auf eine komplexe Präpositionalphrase zurück: *S, zu der Weile dass G* mit der Bedeutung ‚*S fand statt zu der Zeit, als G der Fall war'*. Das Nomen *Weile* kennen wir heute noch in *nach einer Weile* oder im Ausdruck *Langeweile haben*. Es meint eigentlich *Zeitspanne, Zeitraum*. Die mittelhochdeutsche Phrase *zu der Wile dasz* würde man heute als *während* übersetzen. Das DWD informiert, dass schon beim Wort *Wile* häufig Artikel, Präposition und das einleitende *dass* ausgelassen wurden.

Es ist eine immer wiederkehrende Beobachtung, dass Ursache und Wirkung oft zeitgleich oder zeitnah geschehen. Beispiel (9) wäre auch in der alten Bedeutung sinnvoll: *Ich konnte nicht schlafen, während mein Nachbar eine laute Party veranstaltete*. Es sind aber auch Beispiele belegt, die mit Ursachen wirklich nichts zu tun haben.

(10) dasz wir sollend alpä, almeinen und wäld gmein han bis in ewigkeit, wil grund und grat steht und wärt
(DWD, Bd. 28, Sp. 762)
'(dass) wir Almen, Allmenden und Wälder gemeinsam haben bis in Ewigkeit, solange Grund und Grat steht und währt.'

Der Schreiber kann nicht gemeint haben, dass das Bestehen der Erde die Ursache für die gemeinsame Nutzung der Güter ist, er macht eine temporale Aussage. Andere Beispiele lassen mehr Deutungsspielraum. Das DWD führt ein hypothetisches Beispiel für den möglichen Umschlagpunkt zwischen alter und neuer Bedeutung an.

(11) die weile, die der meister die werkstatt verliesz, arbeitete der gesell lässiger.
(DWD, Bd. 28, Sp. 771)

Der Sprecher sagt wörtlich *während*, lädt aber die Inferenz ein, dass die Abwesenheit des Meisters auch der Grund für die Nachlässigkeit des Gesellen ist. Wir wissen, dass solche Verwendungen ab 1500 vermehrt zu finden sind. Über mehrere Jahrhunderte wurde die Kurzform *weil* in beiderlei Sinn benutzt – was zeitgenössische Schreiber so verwirrend fanden, dass es sogar Bemühungen gab, die beiden Wörter wenigstens orthographisch zu unterscheiden in *weil* (zeitlich) und *weyll* (kausal). Seit ca. 1800 ist die temporale Verwendung nicht mehr möglich; die neuere Bedeutung hat also die ältere vollständig abgelöst.

Für die Erforschung der Sprachgeschichte sind die ersten klaren Belege des Wortes in der neuen Bedeutung natürlich interessant: Sie zeigen, dass in der Sprechergeneration zu der Zeit die neue Bedeutung des Wortes gebräuchlich war. Aber noch interessanter ist die Frage, wie die ersten Sprecher dieses Wort lernen konnten, wenn sie doch nur Sprecher der älteren Generation beobachten konnten, die diese Möglichkeit eben noch nicht nutzten. Mit Hilfe der Pragmatik lässt sich dieses Henne-Ei-Problem elegant lösen. Auch ein Sprecher der alten Generation kann *S, während G* mitteilen und dabei als Inferenz nahelegen ‚*G* ist der Grund für *S*'. Das DWB nennt folgenden Beleg aus einer Mainzer Städtechronik vor 1484 für die temporale Verwendung.

(12) als diese ... begerten ... das sie solten dem hern Adolfen von Nassaw hüldigen ... gaben sie zur antwort, weil sie dem von Isenburg noch mit pflicht verbunden, könten sie so leichtlich niht einen anderen annehmen
(DWB, Bd. 28, Sp. 770)

Es liegt nahe, dass die Mainzer 1484 zwar sagten „*solange* wir noch dem Herrn von Isenburg dienen, können wir nicht noch einem anderen huldigen", aber eigentlich meinen: ‚weil ...'. Solche Belege werden in der historischen Sprachwissenschaft als **Brückenkontexte** (*bridging contexts*) bezeichnet. Sie illustrieren den Weg von der alten zur neuen Verwendung. In manchen Fällen sind wir in der glücklichen Lage, ausreichend Brückenkontexte in den Quellen zu sehen. In anderen Fällen – wie beispielsweise auch beim *going-to*-Futur – ist es sehr schwierig zu belegen, in welchen Situationen eine zuverlässige Inferenz zu erwarten war. Hier behelfen sich Philologen auch mit hypothetischen Übergängen wie dem in (11).

Die Sprachentwicklung folgt in der Regel dem häufigen Sprachgebrauch. Eine konversationelle Implikatur hängt dagegen von situativen Faktoren ab, die vielleicht nur selten gegeben sind. Elizabeth Traugott spricht daher von **generalized invited inferences** im Gegensatz zu ‚invited inferences' (was bei ihr den konversationellen Implikaturen in Kapitel 4 entspricht). Erst die generalized invited inferences führen dazu, dass die Inferenz als Teil der wörtlichen Bedeutung der Äußerung reanalysiert wird und sich die Bedeutung der Wörter entsprechend verändert. Den Unterschied zwischen konversationeller Implikatur und einer Art fest einkalkulierten Version davon sieht man sehr gut, wenn man das englische *going-to* und die deutsche Parallelkonstruktion *etwas tun gehen* vergleicht.

(13) a. Lilly is going to buy beer.
     b. Lilly geht Bier kaufen.

Der englische Satz (13a) hieß im 14. Jahrhundert genau dasselbe wie der deutsche Satz (13b). Keiner von beiden drückt wörtlich etwas über Futur aus, aber beide haben unter geeigneten Umständen die Implikatur, dass Lilly in naher Zukunft

Bier kaufen wird. Aber nur im englischen Sprachraum wurden solche Sätze häufig genug mit der Implikatur geäußert: ‚Lilly wird Bier kaufen', dass sich der wörtliche Beitrag von *is going to* veränderte. Im deutschen Sprachraum dagegen kam keine solche Reanalyse zustande: Wir können *gehen* in (13b) bis heute nur als Bewegungsverb verwenden. Und wir verstehen bis heute, dass es nicht der wörtliche Inhalt der Aussage ist, über Lillys zukünftige Handlungen zu informieren.[6] Mit Traugott würden wir feststellen: (13b) kann zwar die Implikatur auslösen, dass Lilly Bier kaufen wird, aber diese Implikatur ist noch keine *generalized invited inference* der Konstruktion.

Niemand hat je die erste Reanalyse einer Konstruktion gesehen. Aber wir sehen es oft im Formenbestand, wenn zeitgenössische Sprecher das Bewusstsein haben, es mit einer neuen Verwendung zu tun zu haben. Sie erinnern sich: Im 16. Jahrhundert wurde versucht, die beiden *weil* durch zwei Schreibungen *weill/weyll* zu unterscheiden. Dieser Versuch war offenbar erfolglos. Die Futurverwendung von *going to* ist im modernen Englisch aber unter anderem dadurch von der Bewegungsverwendung unterschieden, dass nur als Futur eine Kontraktion zu *gonna* erlaubt ist.

(14)   Lilly is gonna study in London. = 'Lilly wird in London studieren.'

(15)   *Lilly is gonna London. = 'Lilly geht nach London.'

Dem liegt das Muster zugrunde, dass Tempora im Englischen mit Hilfsverben und Modalen ohne *to*-Infinitiv gebildet werden. Das *to* in *going to* passt also weder semantisch noch morphosyntaktisch mehr zu der neuen Form und schwindet deswegen. Übrigens bleibt die englische Sprachgemeinschaft bei dieser Angleichung nicht stehen. Auch das zusätzliche Hilfsverb *be* macht das *going-to*-Futur komplexer als andere Tempora. Und wie Sie auf den Seiten der BBC nachlesen können, ist tatsächlich das Hilfsverb *be* auf dem Rückzug.[7] In Fragen kann es zum Teil bereits ausfallen, wie etwa in *What we gonna do now?* Die Entwicklung lässt sich auf Seiten des Internet hervorragend belegen, aber es ist offenbar kein ‚Sprachverfall im Internet'. Das Netz bietet uns heute die einmalige Gelegenheit, Sprachwandel in Echtzeit nachzuvollziehen.

Zur Diskussion: Suchen Sie online nach Belegen für die Konjunktion *von daher* (wie z. B. in „Das ist für mich ein Foul, von daher muss man abpfeifen", Schlot-

---

[6] In meinem eigenen Sprachgebrauch kommt die Wendung *X geht jetzt y tun* vor allem vor, wenn ich sagen will: *X ist eine Zeitlang nicht hier.*

[7] http://www.bbc.co.uk/worldservice/learningenglish/grammar/learnit/learnitv165.shtml (abgerufen am 1.2.2021).

terbeck auf www.sportschau.de) Ist sie in Ihrem eigenen Sprachgebrauch schon synonym zu *darum*? Was können Sie über den Sprachstand Ihrer Zeitgenossen online sagen?

14.3 Die Neo-Grice'schen Maximen

Die Verzahnung von Pragmatik und Sprachwandel führt uns zurück zu den Grice'schen Maximen und ihrer Neudeutung. In seinem Buch *Presumptive Meanings* widmet sich Stephen Levinson der Frage: Wie kam es, dass das Englische sich neben den Personalpronomina (*he, she, it*) die Reflexivpronomina angeeignet hat *himself, herself, itself*? Und was lernen wir daraus, dass die Sprecher des Englischen genau diese Serie komplexer Pronomina etabliert haben, um Reflexivität auszudrücken? Das Deutsche besitzt mit *selb(er)* und den Pronomina *er, sie, es* ... zwar die Rohbestandteile des englischen Systems, aber in der deutschen Sprachgeschichte ist kein Wandel in Gang gekommen; stattdessen nutzen wir die Unterscheidung *sich* versus *ihn, sie, es*. Hier soll es aber um das Englische gehen (Levinson 2000). Zunächst müssen wir uns dafür die Verzahnung der Grice'schen Maximen noch einmal vor Augen führen. Levinson argumentiert nämlich, dass die originalen Maximen zwar ihren Dienst tun, aber noch nicht optimal die pragmatischen Abwägungen ans Licht bringen. Diese Überlegungen sollen hier nachvollzogen werden, ehe wir zurück zu den Pronomina gehen.

Die Grice'schen Maximen helfen uns zu verstehen, wie die wörtliche Bedeutung von Äußerungen angereichert werden. Wir haben gesehen, dass das Mehr-Verstehen nicht völlig beliebig ist, sondern pragmatischen Mustern folgt, auf die sich Sprecher und Hörer verlassen. Aber vielleicht erinnern Sie sich, dass die Maximen (*Qualität, Quantität, Relevanz, Art und Weise*) in der Formulierung von Grice nicht ganz passgenau waren. Idealerweise würden wir uns Prinzipien wünschen, die erstens voneinander unabhängig, und zweitens klar und stringent sind. Levinson zufolge erfüllen die vier Maximen dieses Ideal noch nicht.

Erstens sind die Maximen **nicht unabhängig** voneinander: Die Quantitätsmaxime fordert, dass der Sprecher nicht weniger und nicht mehr Information als nötig übermitteln soll. Aber eigentlich verpflichtet doch die Relevanzmaxime den Sprecher darauf, „das Nötige" beizutragen. Dieser Querverweis ist verwirrend.[8] Während die englischen Linguisten Dan Sperber und Deidre Wilson ein neues System vorschlagen, das nur auf der Relevanzmaxime beruht (Sperber und

---

[8] Ich danke Celal Yildirim, der mir mit seinen bohrenden Rückfragen die Schwäche der originalen Theorie eindringlich vor Augen geführt hat.

Wilson 1986), hat Stephen Levinson die beiden Forderungen in eine gemeinsame Maxime verschmolzen, wie wir uns gleich ansehen werden.

Zweitens hat die Maxime der Art und Weise der Fachwelt einiges Kopfzerbrechen verursacht. Einerseits ist die Formulierung einer Aussage manchmal wirklich ein Hinweis darauf, dass hier mehr gemeint als gesagt wurde. Andererseits aber sind Forderungen wie „sei kurz" und „sei ordentlich" ganz offenbar zu einfach. Man findet viele Beispiele, die gegen diese Forderung zu verstoßen scheinen. Sollten wir zum Beispiel unsere Freunde immer in alphabetischer Reihenfolge aufzählen, oder ihrem Alter nach? Beides wären mögliche Ordnungsprinzipien, aber beide spielen für die natürliche Sprache ganz offensichtlich keine Rolle: Wir verstoßen eben nicht gegen die Teilmaxime „sei ordentlich", wenn wir über unsere Bekannten in bunter Reihenfolge sprechen. Sollen wir also die Teilmaxime „sei ordentlich" deuten als „sei ordentlich, wenn nötig"? Und dabei unterstellen, dass es nötig ist, wenn es nötig ist? Ein so aufgeweichtes Regelsystem bietet offensichtlich keinen großen Erkenntnisgewinn. Levinson schlägt ein System von drei **Heuristiken** oder **Prinzipien** vor: Das Q-Prinzip, I-Prinzip und M-Prinzip. Sie gliedern sich jeweils in eine **Maxime** für den Sprecher und ein **Korollar** für den Hörer. (Der Begriff ‚Korollar' bezeichnet in der Mathematik die einfachen, aber oft nützlichen Folgerungen aus einer größeren Theorie.) Die originalen Formulierungen finden Sie in Levinson (2000: Kap. 2.2–2.4).

14.3.1 Die Q-Heuristik: „Was nicht gesagt wurde, ist auch nicht der Fall"

Q-Prinzip

Sprechermaxime: Mache keine Aussage, die weniger Information übermittelt, als Dein Wissen über die Welt Dir erlaubt – außer, wenn eine logisch stärkere (= informativere) Aussage das **I-Prinzip** verletzt. Insbesondere wenn es verschiedene ähnlich komplexe Aussagen gibt, die Dir zur Verfügung stehen, dann wähle die logisch stärkste Aussage, die mit den Fakten übereinstimmt.

Hörerkorollar: Nimm an, dass der Sprecher die logisch stärkste Aussage macht, die seines Wissens nach mit den Fakten übereinstimmt.

Das Q-Prinzip fasst die Qualitäts- und Quantitätsmaxime des Grice'schen Systems zusammen. Die Formulierung legt bereits an, dass skalare Implikaturen erklärt werden sollen – dieser Aspekt von Grice's Theorie hat sich über viele Jahre als wirkmächtiger Erklärungsansatz bewährt. Es wird ausdrücklich darauf hingewiesen, dass „so viel wie möglich Information" sich nicht darauf bezieht, wie viel Information der Sprecher mit beliebig längeren Sätzen und Texten übermitteln könnte, sondern wie viel Information mit ähnlichem Aufwand transportiert werden kann: also wenn man beispielsweise das Wort *einige* durch das Wort *alle* ersetzen würde. Levinson spricht von „paradigmatic alternate", meint aber offensichtlich nicht nur grammatische Paradigmen (*du – ihr* oder *und/oder*), sondern auch inhaltlich motivierte Alternativen, wie wir sie in den Horn-Skalen in Kapitel 4 gesehen haben.

14.3.2 Die I-Heuristik: „Was einfach ausgedrückt wurde, entspricht auch in der Sache dem Normalfall"

I-Prinzip

Sprechermaxime: Die Maxime für Minimalismus „Sag so wenig wie nötig", das heißt, drücke mit so einfachen und knappen Worten wie möglich das aus, was ausreicht, um Deine Kommunikationsziele zu erreichen (unter Berücksichtigung des Q-Prinzips).

Hörerkorollar: Die Anreicherungsregel „Verbessere den Informationsgehalt der Äußerung deines Gegenübers, indem Du Dir den Inhalt so spezifisch wie möglich interpretierst, im Lichte dessen, was Du glaubst, dass der Sprecher Dir mitteilen wollte." Die Anreicherung sollte nur dann unterbleiben, falls der Sprecher die Minimierungs-Maxime verletzt, indem er eine ungewöhnliche, markierte oder weitschweifige Ausdrucksweise verwendet.

Diese Heuristik zielt darauf ab, dass ein Satz eine große Vielfalt von Sachverhalten abdecken kann. Im Normalfall gehen wir aber davon aus, dass Sprecher die üblicheren der abgedeckten Sachverhalte meinen. Wenn mir jemand mitteilt: *Da steht ein Fahrrad vor dem Haus.* dann gehe ich davon aus, dass es sich nicht um ein Tandem, ein Hochrad oder ein Liegerad handelt, sondern um ein übliches Fahrrad. In dieser Maxime steckt eine Menge kultureller Zündstoff: Nur wenn Sprecher und Hörer auf einigermaßen gleichem Wissensstand sind, kann sich der Sprecher darauf verlassen, dass der Hörer die richtigen normalen Fälle erkennt. Diese Voraussetzung wird in der Praxis bestätigt. Das erkennen Sie überall dort, wo Kommunikation zwischen Fachleuten und Laien stattfindet. Kochbücher für Anfänger sind ein exzellentes Beispiel. Die Anweisung *Schlagen Sie 3 Eiweiß in einer Schüssel steif ...* unterstellt von Koch zu Koch, dass eine normale, für den Zweck geeignete Schüssel gemeint ist. Für einen Anfänger muss hingegen mehr Information verpackt werden, um zu verhindern, dass dieser mit einer Müslischale (= zu klein) oder einer Salatschüssel (= zu unhandlich) loslegt. Anreicherung fußt auf gemeinsamem Vorwissen darüber, was normal ist. In vielen Lebenslagen aber teilen wir dieses Vorwissen, und die I-Heuristik erlaubt eine knappe effiziente Kommunikation.

14.3.3 Die M-Heuristik: „Was mit unnormalen Worten berichtet wird, ist nicht normal; oder: markierte Botschaften signalisieren markierte Sachverhalte"

I-Prinzip

Sprechermaxime: Signalisiere ungewöhnliche, nicht-stereotype Situationen indem Du markierte Ausdrücke benutzt, die sich von denen abheben, mit denen Du normalerweise eine normale Situation dieses Typs berichten würdest.

Hörerkorollar: Was auf eine nicht-normale Weise assertiert wird, das verweist auf eine nicht-normale Situation. Merkwürdige Aussagen signalisieren merkwürdige Inhalte.

Hier sehen wir Levinsons Neudeutung der Maxime der Art und Weise. Wie Sie sehen, ist sie nicht mehr in Begriffen des Wohlverhaltens formuliert, sondern fußt auf der Unterscheidung zwischen *üblicher* und *nicht-üblicher* Ausdrucksweise. Das sieht zunächst wie ein Rückschritt aus. Universelle Prinzipien der Kommunikation werden durch Verweis auf Konventionen ersetzt. Aber die Neudeutung entspricht besser dem Wesen der Kommunikation: Wenn mir mitgeteilt wird *Da steht ein Fahrzeug vor der Türe,* stelle ich mir ein ungewöhnliches Fahrzeug vor – ein Lastwagen, ein Traktor oder ein Schneepflug? – und eher nicht ein normales Fahrzeug wie ein Fahrrad oder ein Auto.[9]

Ein umfangreicher Teil von Levinsons Monographie widmet sich dem Vergleich des neuen Maximensystems mit der Originaltheorie und einigen wichtigen Neuinterpretationen. Wir lassen diese Überlegungen hier aber beiseite und gehen zu Levinsons Anwendung der Neo-Grice'schen Maximen im Sprachwandel.

14.4 Die Entstehung des englischen Pronominalsystems

Viele Sprachen besitzen zwei Arten von Pronomina, nämlich Reflexivpronomina und normale Pronomina. Im Deutschen sieht man den Unterschied nur in der dritten Person.

(16) Hans$_i$ wäscht sich$_i$ / ihn$_k$.

---

9 Es gibt übrigens einen belegten Zusammenhang zwischen der Häufigkeit, mit der ein Ausdruck benutzt wird, und seiner Länge: Häufig genutzte Wörter werden gerne abgekürzt: *Auto* statt *Automobil.* Für solche Fälle trifft Grice' eigene Formulierung *be brief* die Präferenz für eingebürgerte Ausdrücke doch überraschend genau. Aber der Witz ist, dass wir das Wort *Auto* nicht präferieren, weil es so schön kurz ist, sondern weil es *eingebürgert* ist. Die Kürze ist quasi nur ein Nebeneffekt.

Das Reflexivpronomen *sich* in (16) kann sich nur auf *Hans* beziehen, das normale Pronomen *ihn* dagegen muss auf jemand anderen als *Hans* referieren. Generell muss ein Reflexivpronomen gewählt werden, wenn das Antezedens (hier: *Hans*) lokal, d. h. im selben Teilsatz steht. Wenn das Antezedens weiter weg steht, dann muss ein normales Pronomen gewählt werden. Das Pronomen *ihn* in (16) könnte z. B. auf jemand referieren, der im Satz vorher erwähnt wurde oder auch auf jemand, auf den der Sprecher mit einer Geste verweist.

Das Englische hat für alle Personen sowohl ein Reflexivpronomen als auch ein normales Pronomen. Die Reflexive: *myself, yourself, himself, herself, itself* ... brauchen ein lokales Antezedens. Die Pronomina *me, you, him, her, she, he* ... werden benutzt, wenn auf ein nicht-lokales Antezedens referiert wird. In (17)–(19) sind einige Konstellationen illustriert. (18) zeigt, dass *Peter* als Subjekt des Matrixsatzes bereits zu weit weg von *himself* im eingebetteten Satz ist, um noch als lokales Antezedens zu gelten.

(17)   Peter$_i$ washed him$_{*i/j}$ / himself$_{i/*j}$

(18)   Peter$_1$ said that Karl$_2$ should wash him$_{1/*2}$ / himself$_{*1/2}$.

(19)   Peter$_1$ promised Karl$_2$ to wash himself$_{1/*2}$ / him$_{*1/2}$.

Das Beispiel (19) ist ein wichtiger Beispieltyp in der Syntaxtheorie, denn hier sieht es paradoxerweise so aus, als ob das Subjekt *Peter* im Matrixsatz näher an den Pronomina in *to wash him(self)* sei als das Objekt *Karl*. Tatsächlich wird vorgeschlagen, dass der Infinitiv *to wash X* ein stummes Subjekt trägt, das speichert, wer sich waschen wird. Die zugrundeliegende Struktur muss also korrekt wie in (19a) aussehen.

(19)   a.   [Peter$_1$ promised Karl$_2$ [PRO$_1$ to wash himself$_1$]]

Weil sich beim Versprechen der Sprecher verpflichtet, etwas zu tun (siehe die Abschnitte über Sprechakte), ist dieses stumme Subjekt PRO von *wash* in (19) eben *Peter*, und nicht *Karl*.

Zur Diskussion: Verändern Sie Beispiel (19) so, dass Sie *promise* durch ein Verb des Befehlens ersetzen! Was ändert sich dann bei den Pronomina am Satzende?

Es gibt verschiedene denkbare Erklärungsansätze für die Verteilungsmuster von Reflexivpronomina gegenüber normalen Pronomina. Von der Bedeutungsseite her könnte man vorschlagen, dass reflexive Handlungen (Agens und Patiens sind identisch) anders versprachlicht werden als normale Handlungen. Von syntaktischer Sicht aus würde man eher annehmen, dass die strukturellen Verhältnisse in der Syntax die Wahl von Reflexiv- bzw. normalem Pronomen steuern. Syntaktische Regeln wären eher wie folgt formuliert: „Wenn das Antezedens eines Pronomens im selben Satz steht und ... (hier weitere geeignete Bedingungen an die Syntax) ..., dann muss ein Reflexivpronomen benutzt werden." Tatsächlich gibt es für das moderne Deutsche und Englische Daten, die eine syntaktische Erklärung nahelegen. Eine Art von entscheidendem Beispiel sind Sätze wie in (20).

(20) Only Karl voted for himself.
      Nur Karl hat für sich gestimmt.

Nehmen wir an, es geht um eine Vereinsabstimmung, bei der Karl neben zwei anderen Kandidaten zur Wahl steht. Es gibt in diesem Verein mehr Wähler als Kandidaten. Nehmen wir an, es stellt sich nach der Abstimmung heraus, dass Karl nur eine einzige Stimme bekommen hat, und die hat er selber für sich abgegeben. Alle übrigen haben für einen der anderen Kandidaten gestimmt. Dieser Sachverhalt kann mit (20) zutreffend beschrieben werden.

Dass keiner außer Karl für Karl gestimmt hat, wird durch *nur* in Interaktion mit Fokus auf *Karl* ausgedrückt. Wir haben in Kapitel 12 gesehen, wie dieses Zusammenspiel funktioniert. Die Aussage ‚Karl hat für sich gestimmt' wird assertiert[10] und alternative Aussagen werden negiert. Die alternativen Aussagen sind von der Form ‚X hat für Karl gestimmt', wobei X alle Personen durchläuft, die in der Situation Alternativen zu Karl sein könnten; zum Beispiel hier alle Wahlberechtigten. Jetzt kommt der knifflige Teil der Überlegung. Wenn mit *himself* semantisch ausgedrückt würde, dass das reflexive Abstimmen zur Debatte steht, dann müsste es in (20) zwingend darum gehen, welche Personen Folgendes gemacht haben: ‚X hat X seine Stimme gegeben'. Darum aber geht es in der Situation nicht, die wir gerade betrachten. Dort geht es darum, wer seine Stimme *Karl* gegeben hat. Die Verbalphrase in (20) muss also die Bedeutung ‚X stimmt für Karl' haben. Wenn es der semantische Job von Reflexivpronomina wäre, sicherzustellen, dass eine reflexive Handlung passiert, dann wäre Satz (20) nicht dazu geeignet darüber zu reden, wer alles für *Karl* gestimmt hat – denn das ‚Für-Karl-Stimmen' ist für praktisch alle Beteiligten keine reflexive Handlung. Wir können schließen: Reflexivpronomina tragen nicht die Bedingung bei, dass reflexiv gehandelt wird.

---

10 Genauer gesagt wird präsupponiert Karl hat für sich gestimmt. Das ist aber für den momentanen Gedankengang nicht wichtig.

Wenn also die Verteilung von Reflexivpronomina sich nicht damit steuern lässt, dass sie nur und immer für reflexive Aktionen benutzt werden können, dann ist es wohl eine Regel der Morphosyntax, dass man in (20) nun just das Spezialpronomen *himself/sich* benutzen muss, um sich auf Karl zu beziehen. Es hat nicht den semantischen Grund, dass es um reflexives Handeln geht, denn darum geht es in (20) in der gegebenen Situation nicht. (Das Für-sich-selber-Stimmen ist eine zweite mögliche Lesart von (20), von der wir uns jetzt aber nicht verwirren lassen wollen.) Wir können festhalten, dass es die Aufgabe der Syntaktiker sein sollte, die genauen syntaktischen Konstellationen zu beschreiben, unter denen ein Antezedens nahe genug am Pronomen ist, um als lokales Antezedens zu gelten. Diese Beschreibung ist beispielsweise Teil der Rektions-Bindungs-Theorie, deren Anfänge Sie in Chomsky (1981) finden können.

Wenn wir in die Geschichte des Deutschen und Englischen sehen, dann finden wir, dass die Trennung zwischen Reflexivpronomen und normalen Pronomen nicht immer schon gemacht wurde. Die deutschen Reflexivpronomen entsprechen dem Lateinischen *se* und werden bereits in den ältesten deutschen Quellen benutzt – aber wir finden auch normale Pronomina, die ein lokales Antezedens habenT. Zum Beispiel konnte Otfrid von Weißenburg in seinem Evangelienbuch (9. Jahrhundert) noch folgendermaßen schreiben:

(21)
Joh	*er*	*ouh*	*íro*	*worto*	*gilóbot*	*werde*	*hárto,*
ja	er	auch	in-ihren	worten	gelobt	werde	sehr
ther	*sie*	*z'ímo*	*holeta,*	*zu*	*gilóubon*	*sinen*	*ládota*
der	sie	zu **sich**	holte	zu	Glauben	seinem	(ein)lud

'sondern er auch in ihren Worten (= nämlich in deutschen Worten) sehr gelobt werde, der sie zu **sich** holte, zu seinem Glauben einlud'
(Otfrid, I, 117–118)

Es ist in der Passage von Gott die Rede, der nun auf Deutsch gelobt werden solle, und der die Deutschen zu sich holte und im Christentum vereint hat. Obwohl die Präpositionalphrase *zu X* offenbar nahe genug am Antezedens steht, um im modernen Deutschen das lokale Reflexivpronomen zu erlauben, nutzt Otfrid nicht *sih* ('sich'), sondern *imo* ('ihm'). Wir können also festhalten, dass sich entweder die Kriterien für syntaktische Nähe im Lauf der Geschichte geändert haben oder aber Otfrieds Grammatik noch nicht die strenge Trennung der beiden Pronomina erzwungen hat.

Im Englischen sind die Verhältnisse ähnlich. Auch hier finden sich in den Quellen vor dem Jahr 1000 normale Pronomina in Sätzen, in denen sie ein lokales Antezedens haben. Folgende Beispiele sind aus den Anglo Saxon Laws, einer

Reihe von erhaltenen Gesetzessammlungen, die alle auf die Zeit vor der Eroberung Englands durch William II. im Jahr 1066 zurückgehen.[11]

(22) 7   gif   man   hwlicne   man   téo,   þæt   he   þone
      und wenn   man   irgendeinen Mann   zeihe dass   er   einen
      man   féde, þe   ures   hlafordes grið   tóbrocen habbe,
      Mann   speise der unsres   Königs   Fried   en gebrochen habe
          ladige   **hine** mid   þrinnaXII; ...
      (der) reinige **sich** mit   dreien12;
      'Und wenn irgendein Mann beschuldigt wird, dass er einen Menschen
      beköstige, der den von unserem Herrn [König verliehenen] Sonderschutz
      gebrochen hat, so reinige er sich mit drei[mal] 12 [Geldstücken]; ...'
      (ÆTHELRED: Zu Wantage, § 13 – Liebermann, Bd. I, S. 230–231)

Im letzten Teilsatz ist davon die Rede, dass der Angeklagte *sich* reinigen (d. h. büßen) soll. Æthelred benutzt aber nicht etwas, was aussieht wie das moderne *himself*, sondern das alte Akkusativpronomen *hine* (ähnlich dem modernen *him*). Dabei war damals das Adverb *self* durchaus bekannt, und zwar sowohl den englischen Sprechern in Britannien wie auch den deutschen Sprechern auf dem Kontinent. Wir finden es in verschiedenen Schreibungen *sylf*, *selb* ... und es wurde in dem Sinn benutzt, wie Sie auch das moderne *selber* im Deutschen verwenden würden. Das Wort *selber* in markiert intuitiv einen Kontrast zwischen ‚jemand anderes tut' gegenüber ‚X tut etwas selber'. Es wird in der Literatur auch als **Intensifier** bezeichnet.[12] Dieses *selber* kann sowohl mit Nomina kombiniert werden (*Der König selber zerlegte den Truthahn*) als auch mit Pronomen (*Wen hat der König den Brief schreiben lassen? – Er (selber) hat den Brief (selber) geschrieben*). Auch das Altenglische kannte diese Möglichkeiten.

(23) 7   gyf   mon   ðone   hlaford   téo,   þæt   he   (be)   his
      und wenn   man   den   Lord   zeihe dass   er   (durch) seinen
      ræde   utleope, ladige   **hine** mid   fíf   ðegnum   7
      Rat   entlaufe (er)einige **sich** mit   fünf   Thegnen   und

---

11 Nach der Eroberung wurde die Regierung auf Latein und Französisch erledigt und damit auch die Gesetzestexte auf Latein festgehalten.
12 Einen Vorschlag zur Bedeutung von *selber* finden Sie in Eckardt (2001).

beo	**him**	**sylf**	sixta.
sei	**er**	**selber**	sechster.

'Und wenn der Herr beschuldigt wird, dass auf seinen Rat jener entflohen sei, reinige er sich mit fünf Thegnen und sei selbst Sechster [im Eide].'
(Thegnen: rechtlich zulässige Zeugen)
(ÆTHLRED: Zu Woodstock, § 1,12 – Liebermann, Bd. I, S. 218–219)

Die Passage basiert auf der gängigen Praxis, dass mit einer bestimmten Zahl von Zeugen durch Schwur die Wahrheit einer Aussage rechtskräftig belegt werden konnte. Dabei wurde angegeben, ob der Betroffene selber Teil der genannten Zahl sein konnte oder nicht: Hier sind beispielsweise sechs Zeugen einschließlich des Angeklagten nötig. Sprachlich können wir notieren, dass *him sylf* benutzt wurde, um den Angeklagten von den anderen fünf Zeugen abzusetzen: er selber sei der Sechste. Hier hat die Verwendung von *sylf* nichts damit zu tun, ob das Antezedens lokal ist – in dem Satz „er sei der Sechste" kommt „er" weiter nicht vor, und im modernen Sinn wäre ein Reflexivpronomen hier nicht erlaubt. Es geht um die Kontrastierung, die mi-t *sylf* wie dem modernen *selber* beigetragen wird.

Ganz offensichtlich wurde im Englischen aus zwei getrennten Wörtern (Pronomen und *selber*) allmählich ein einzelnes Wort, nämlich das entsprechende Reflexivpronomen. Dieser Vorgang sieht zwar plausibel aus, aber gerade weil der Wandel im Deutschen nicht eingetreten ist, können wir zu Recht fragen, was da im englischen Sprachraum passiert ist.

Zunächst kann man beobachten, dass in vielen historischen Beispielen schwer zu erraten ist, ob mit dem altenglischen Morphem *selb* ein Kontrast ausgedrückt wird oder nicht. Das folgende Beispiel illustriert diese Vagheit, und ähnliche Beispiele sind über viele Jahrhunderte zahlreich zu finden.

(24)	7	ealle	mæssepreostas	we	biddað	7	læreið,
	und	alle	Messepriester	wir	bitten	und	lehren
þæt	hy	beorgan	**heom sylfum**	wið	Godes	yrre.	
dass	sie	bergen (= hüten)	sie **selber / sich**	vor	Gottes	Zorn	

'Und alle Priester bitten wir und weisen wir an, dass sie sich selbst vor Gottes Zorn hüten.'
(ÆTHELRED, c. 1008, § 8 – Liebermann, Bd. I, S. 238–239)

Möchte Æthelred betonen, dass die Priester bitte schön selber für ihren Schutz vor Gottes Zorn sorgen sollen, weil er, der König, hier machtlos ist? Ist gemeint, dass sie nicht nur ihre Gemeinde, sondern auch sich selber vor Gottes Zorn schützen sollen? (Da nirgends vorher von den Gläubigen die Rede war, ist diese

Begründung eher unwahrscheinlich.) Oder nutzt Æthelred einfach ein schickeres Pronomen an der Stelle des einfachen *heom*?

Für diese Passage kann aus rein zeitlichen Gründen angenommen werden, dass Æthelred *heom sylfum* nicht als *ein* Pronomen betrachtet hat. Die regelmäßige Verwendung von Reflexivpronomina im Englischen kommt erst etwa dreihundert Jahre später zwischen 1300 und 1500 auf. Unsere Verwirrung als Leser aus dem 21. Jahrhundert wurde von Æthelreds Lesern nicht geteilt, denn sie sahen *heom sylfum* genauso zuverlässig als zwei distinkte Wörter an, wie Sie das im Deutschen bei *er selber* tun würden. Aber das Beispiel illustriert, dass für Hörer solcher Äußerungen grundsätzlich nicht unbedingt klar ist, welchen Kontrast der Sprecher im Sinn hat und ob überhaupt ein Kontrast gemeint ist. Wir finden also viele Brückenkontexte, in denen mit *heom-sylfum* sowohl zwei als auch ein Wort gemeint sein könnte.

Nehmen wir also an, dass irgendwann im Lauf der Jahrhunderte genügend Sprecher des Englischen unsicher waren, ob die Morphemfolge *him self* möglicherweise manchmal ein einziges Wort ist. Solche Sprecher hatten also folgendes grammatisches Wissen: „Die anderen Sprecher um mich herum benutzen zwei Arten von Pronomina. Manchmal sind sie kürzer: *he, she, we, they* ... und manchmal sind sie länger, besonders in Objektpositionen: *himself, herself, myself* ... Die anderen Sprecher um mich herum nehmen aber nicht immer in Objektposition die langen Pronomina, die kurzen sind auch erlaubt." Der Sprecher selber würde sein Wissen vermutlich nicht so zusammenfassen, aber wir als Linguisten können ihm die richtigen Beschreibungen in den Mund legen.

Unser hypothetischer Sprecher des Mittelenglischen sollte sich nun wundern. Warum benutzen seine Partner manchmal komplexere, manchmal aber einfachere Pronomina? Nach Levinson haben die Sprecher sich diese Frage mit Hilfe pragmatischer Kompetenz folgendermaßen beantwortet:

1. Transitive Verben bezeichnen in der Regel Aktionen, die das Agens an einem anderen Objekt oder einer anderen Person ausführt.
2. Im Normalfall sind Agens und Person, an der etwas ausgeführt wird, verschieden.
3. In besonderen Fällen allerdings können Agens und Patiens auch dieselbe Person sein.
4. M-Maxime: Wenn der Sprecher eine besondere Art von Pronomen benutzt, dann will er vermutlich einen besonderen Fall beschreiben.
5. Weltwissen: ... Nämlich den besonderen Fall, in dem Agens und Patiens der Handlung identisch sind.

Levinson schlägt also vor, dass im Urzustand eines Pronominalsystems die normalen Pronomina für jede Art von Rückverweis benutzt werden, sowohl auf lokale als auch entfernte Referenten. In diesem System treten vor allem dann Missverständnisse auf, wenn auf ein lokales Antezedens verwiesen wird, denn genau dann benennt der Sprecher einen unüblichen Sachverhalt. Um dem entgegenzusteuern werden weitere sprachliche Markierungen genutzt, zum Beispiel *selb*. So kann auch erklärt werden, dass die neuen, komplexeren und schickeren Pronomina nicht einfach überall und x-beliebig verwendet wurden, sondern in komplementärer Verteilung zu den normalen Pronomina stehen.

Levinson weist auf eine weitere Entwicklung im Englischen hin, die bestätigt, dass die Reflexivpronomina *pro-self* für markierte Sachverhalte eingesetzt werden. Es gibt einige Verben, die zwar ursprünglich transitiv waren, aber in der Regel nur einen Handelnden brauchen: Haltungsverben wie *(sich) setzen, (sich) stellen, (sich) legen*, aber auch Handlungen wie *(sich) waschen, duschen, rasieren* oder psychologische Verben wie *sich wundern, sich schämen, sich benehmen*. Diese Verben waren im Altenglischen transitiv (wie es viele deutsche Entsprechungen heute noch sind). Mit den neuen Regeln für die Verwendung von Reflexivpronomina wäre es syntaktisch ein Leichtes gewesen, auch in diesen Fällen die Reflexivformen beizubehalten, und in modernem Englisch (ModE), wie auf Mittelenglisch (ME) und Deutsch (D), Äußerungen wie (25c) zu nutzen.

(25) a. He sat hym self on a chair. (ME)
     b. Er setzte sich auf einen Stuhl. (D)
     c. *He sat himself on a chair. (ModE)
     d. He sat (down) on a chair. (ModE)

Die Sprecher des Englischen um 1500 herum fanden nun aber offenbar, dass (25c) nicht den Regeln entsprach, die sie für die Nutzung von *hym-self* intuitiv anwandten. Denn Reflexivpronomina signalisierten eine unübliche Form des Sitzens oder Setzens. Der in (25) berichtete Sachverhalt aber ist die weitaus häufigste Form, in der eine Person verursacht, dass eine Person sitzt: Üblicherweise setzen wir uns selber. Es ist also konsequent, wenn die Verwendung von Reflexivpronomina in diesem Fall vermieden wird. Levinsons Hypothese über die Entstehung des Reflexivsystems erklärt also auch, warum (25c) heute ungrammatisch ist.

Man sieht an diesen Daten gut, wie die Unterscheidung normaler/markierter Sachverhalt sich verallgemeinert in die syntaktische Unterscheidung normale/markierte Referenzsituation. Wenn Sprecher wirklich der Ansicht waren, dass das Sich-selber-Setzen normaler sei als das Jemand-anderen-Setzen, dann hätten sie weiterhin das einfache Pronomen nutzen können: *Karl sat him on a chair*. Dieses Muster hat sich aber nicht herausgebildet. Zu dem Punkt, so Levinson, hatte sich bereits die Erwartung etabliert, dass normale Pronomen in Objektposition nicht mit dem Subjekt im Satz koreferent sein dürfen, *egal* welcher Sachverhalt bezeichnet wird. Hier sind wir schon sehr nahe an einem System, in dem die syntaktischen Strukturen alleine entscheiden, ob Reflexiv- oder normale Pronomen benutzt werden müssen. Es ist nicht ungewöhnlich, dass im Lauf der Sprachentwicklung ehemals semantisch/pragmatische Verwendungsmuster durch grammatisch/syntaktische Regeln ersetzt werden. Im nächsten Kapitel 15 werden wir die *negativ-polaren Elemente* kennen lernen, deren merkwürdige syntaktische Verteilung sich elegant durch ihren pragmatischen Ursprung erklären lässt. Kapitel 16 zeigt, wie sich darauf ein weiterer Fall von Sprachwandel aufbaut: In vielen europäischen Sprachen wurde die Negation (*nicht, not, non* ...) in den letzten Jahrhunderten radikal umgebaut. Die Entwicklung wird als Jespersen-Zyklus der Negation bezeichnet und zeigt eine weitere wichtige Sprachveränderung, bei der pragmatische Muster sich zu syntaktischen Regeln festigen.

14.5 Zusammenfassung

Bedeutungsverengung, **Bedeutungserweiterung**, **Metapher** und **Metonymie** sind vier klassische Muster des Bedeutungswandels. Sie sagen aber nichts darüber, warum und wie Sprecher ihre Sprache verändern.

Sprachwandel geschieht als Teil des normalen Miteinander-Sprechens. Es gibt keine expliziten Absprachen oder Neuregelungen. Durch **pragmatische Anreicherung** kommen neue Bedeutungsbestandteile hinzu. Ehemalige Implikaturen können Teil der wörtlichen Bedeutung werden.

Bedeutungswandel geht oft mit einem Wandel des syntaktischen oder morphologischen Aufbaus einher. Dieser strukturelle Umbau wird als **Reanalyse** bezeichnet. Sprecher und Hörer könnten dieselbe Äußerung im älteren oder in einem neuen Sinn interpretieren.

Nach der Reanalyse von Wörtern oder Phrasen hat die Sprache neue Morpheme, aus denen sich neue Wörter/Phrasen und Sätze bauen lassen. Ein Sprachwandel ist dort vollzogen, wo ein Satz nur noch in der neuen Grammatik, nicht aber in der alten analysiert werden kann. In historischen Quellen findet man Belege, in denen ein Wort gemäß einer älteren Grammatikregel und Bedeutung, oder aber gemäß einer neueren Grammatikregel und Bedeutung analysieren ließe. Solche Belege nennt man **Brückenkontexte** (*bridging contexts*).

Levinson (2000) reformuliert die Grice'schen Maximen als **Theorie der drei Heuristiken (Q, I, M)**. Sie sagt unter anderem voraus, dass unerwartet komplexe Formulierungen auf einen unerwarteten Inhalt schließen lassen.

Aus pragmatischen Mustern werden syntaktische Regeln: Levinson erklärt damit die Entstehung der englischen Reflexivpronomen (*myself, yourself, herself* ...).

Sprecher haben mit steigender Häufigkeit komplexe (reflexive) Handlungen mit komplexeren (-*self*) Ausdrücken beschrieben. Das pragmatisch motivierte Muster wurde Teil der englischen Syntax.

Fingerübungen

(1) Sehen Sie im DWB die Einträge zu *trotzdem* nach.
   a) Machen Sie einen Vorschlag, wie aus einer Konstruktion mit dem Nomen *Trotz* sich die Konjunktion entwickelt haben könnte.
   b) Schlagen Sie vor, wie Brückenkontexte ausgesehen haben könnten (wo *trotz(-)dem* auf zwei Arten analysiert werden kann).
   Sie brauchen Ihre Vorschläge nicht mit echten Belegen zu illustrieren.
   (DWB online: http://woerterbuchnetz.de/cgi-bin/WBNetz/wbgui_py?sigle=DWB)
(2) Erklären Sie mithilfe von Levinsons Heuristiken, warum folgende Sätze verschiedene Informationen übermitteln, obwohl sie wörtlich denselben Sachverhalt beschreiben könnten.
   (i) Auf dem Tisch steht ein Glas Wasser.
   (ii) Auf dem Tisch steht ein Glas mit einer klaren, durchsichtigen und geruchlosen Flüssigkeit.
(3) Levinson zitiert auch *He clædde hine* ('er zog sich an') als Beispiel für ein Verb, das allmählich intransitiv benutzt wurde (heute ersetzt durch *He dressed*). Wie würde er argumentieren, dass ein Reflexivpronomen, kombiniert mit diesem Verb, gegen die Regeln der Sprecher um 1300 verstößt?
(4) Auch das folgende Beispiel spricht dafür, dass Reflexivpronomina im modernen Englisch nicht notwendig mit reflexiven Handlungen übereinstimmen:
   (i) Everybody hates Karl. Even Karl despises himself.
   Zeigen Sie mithilfe der Fokussemantik (Kapitel 12), warum im zweiten Satz nicht vom reflexiven Selbsthass die Rede sein kann. (Hinweis: *even* assoziiert mit einem Fokus auf *Karl*.)
(5)* Diskutieren Sie deutsch – englische Unterschiede im Pronominalsystem. Ist *se/sih* komplexer als *ihn, sie, es*? Wie könnte Levinson erklären, dass das heutige Deutsche sehr viel mehr reflexive Verben hat als das Englische (z. B. *sich waschen, sich rasieren, sich schämen, sich wundern*)?

15 Pragmatik und Grammatik: Negativ-polare Elemente

Dieses Kapitel beschreibt, wie die Pragmatik auch die grammatischen Regeln des Deutschen formt. Dazu werden wir zunächst einen Datenbereich der deutschen Grammatik betrachten, der Ihnen vielleicht noch nicht bekannt ist, die sogenannten negativ-polaren Elemente. Abschnitt 15.1 beschreibt, was es damit auf sich hat und Abschnitt 15.2 fasst den ersten erfolgreichen Beschreibungsversuch von William Ladusaw (1980, 1996) zusammen. Diese Theorie macht sehr viele richtige Vorhersagen – sie lässt nur offen, *wieso* Sprechergemeinschaften auf die Idee kommen könnten, dieses sehr abstrakte logische Regelwerk anzuwenden.[1] Kapitel 15.3. stellt die pragmatische Analyse negativ-polarer Elemente (NPE) vor. Diese Analyse sagt vorher, dass die NPE aus einer Art pragmatischer *sogar*-Konstruktion hervorgegangen sind. Zwar wird der heutige Sprachgebrauch von NPE im Deutschen teilweise syntaktisch geregelt, aber der Ursprung der Regeln liegt in der Pragmatik.

15.1 Was sind negativ-polare Elemente?

Das Adverb *jemals* im Deutschen hat eine überraschende grammatische Verteilung. Anders als andere Adverbien kann es nicht überall verwendet werden.

(1) Keiner aus der Familie war jemals in Rom.

(2) *Alle aus der Familie waren jemals in Rom.

(3) *Anette war jemals in Rom.

(4) Peter hat nicht behauptet, dass er jemals in Rom gewesen sei.

Die Beispiele (1) und (4) sind völlig korrektes Deutsch, (2) und (3) dagegen sind ungrammatisch. In einem Schüleraufsatz würden sie rot angestrichen; die korrekte Version müsste lauten: *Alle aus der Familie waren schon mal in Rom* oder *Anette war mal in Rom*. Auf den ersten Blick sieht es aus, als ob *jemals* nur in

---

[1] Nach Kapitel 15.2 wird diese Kritik vermutlich plausibler sein. Sie können im Übrigen 15.2 überspringen und sofort zur pragmatischen Theorie gehen.

Sätzen vorkommen kann, in denen eine Negation steht. Bei weiterer Überlegung allerdings findet man noch mehr Sätze, in denen *jemals* erlaubt ist.

(5) Alle, die jemals in Rom waren, kennen das Kolosseum.

(6) Wenn Anette jemals in Rom war, kennt sie sicher das Kolosseum.

(7) Wenig Chinesen waren überhaupt jemals in Rom.

(8) Cäsar war der größte Imperator, der jemals in Rom regiert hat.

(9) Höchstens 100 Chinesen waren jemals in Rom.

Andere, sehr ähnlich aussehende Sätze hingegen sind ungrammatisch.

(10) *Cäsar war ein Imperator, der jemals in Rom regiert hat.

(11) *Mindestens 100 Chinesen waren jemals in Rom.

(12) *Weil Anette jemals in Rom war, kennt sie das Kolosseum.

Die Herausforderung ist also, zu beschreiben und zu erklären, in welchen Satzkontexten man *jemals* benutzen kann und wo nicht. Es müssen simple Regeln sein, denn die Benutzung von *jemals* macht deutschen Sprechern keine Mühe, auch nicht im Spracherwerb. Allerdings können Sie sich vielleicht an das Problem mit *any – some, (anybody – somebody, anywhere – somewhere)* im Englischunterricht erinnern. Die Satzkontexte, in denen *any* anstatt *some* verwendet werden muss, sind fast dieselben wie die, in denen *jemals* anstelle *einmal* oder *mal* benutzt werden muss. Die Beispiele in (1)–(4) sind analog zu Folgenden.

(13) Nobody in the family had any money.

(14) *Everyone in the family had any money.

(15) *Anne had any money.

(16) Peter didn't claim that he has any money.

Auch das Englische *ever* hat dieselbe Verteilung wie das deutsche *jemals*. Über die Jahre ergab sich eine längere Liste von Satzkontexten, in denen NPE erlaubt

(‚lizenziert') sind. Sie stehen im Skopus der Negation, im Skopus von Quantoren, die ‚kaum, selten, maximal eine kleine Zahl von ...' bedeuten, unter Verben, die sagen ‚etwas ist nicht passiert, unterblieben', Ausdrücke des Zweifelns und Abstreitens, Verben des Überrascht-Seins, im Skopus von Allquantoren und in *wenn*-Sätzen der *wenn-dann*-Konstruktion, in Superlativen, in der Konstruktion *zu* < Adjektiv > *sein, um* ..., mit den Präpositionen *ehe* und in *ohne-zu*-Infinitiven, und in Fragen. Die Liste ist ebenso lang wie inhomogen und vermutlich auch nicht vollständig. Umso überraschender ist es, dass sich in unterschiedlichen Sprachen sehr ähnliche Listen von erlaubten Satzkontexten für NPE ergeben.

Neben den NPE *jemals* im Deutschen, *any* und *ever* im Englischen gibt es noch weitere Ausdrücke, die denselben Beschränkungen im Satz unterliegen. Sie werden oft als Idiome betrachtet, hier ist eine kleine Auswahl.[2]

(17) Idiomatische NPE des Deutschen:
einen Mucks, eine müde Mark wert sein, einen Funken Verstand, einen Deut Interesse, sich scheren um, mucksen, mit der Wimper zucken, einen Roten Heller (haben, wert sein), einen Finger krumm machen, eine Miene verziehen ...

Anders als *jemals* werden diese Idiome mit rhetorischen Hintergedanken eingesetzt. Auf den ersten Blick drücken viele aus, dass ‚überhaupt nicht das Geringste' passiert ist, dass etwas ‚ganz und gar nichts wert ist' oder dass etwas ‚nicht im mindesten vorhanden ist' (z. B. *keinen Funken Verstand haben*). Obwohl sie aber in vielen Wörterbüchern mit Negation genannt sind, können sie neben negativen Satzkontexten wie (18) und (21) auch in weiteren Kontexten stehen wie (22)–(26), aber nicht in allen, siehe (27)–(29). Oft ist der Zusatz *auch nur* nötig, damit das Beispiel ganz glatt klingt, siehe (21)–(26). Dieses *auch nur* tritt seinerseits nur in NPE-Kontexten auf und zählt daher ebenfalls zu den NPE des Deutschen.[3]

Vergleich negative und positive Satzkontexte für *mit der Wimper zucken*:

(18) Keiner aus der Familie hat mit der Wimper gezuckt.

(19) *Alle aus der Familie haben mit der Wimper gezuckt.

(20) *Anette hat mit der Wimper gezuckt.

---

[2] Vollständigere Listen von NPE finden Sie bei von Bergen und von Bergen (1993), Richter und Soehn (2006).
[3] Davon zu trennen ist *auch nur* im Sinne von ‚ebenfalls lediglich': *Hans ist arm, und Franz hat auch nur 50 Euro auf dem Konto.* In dieser Lesart kann *auch-nur* überall benutzt werden.

(21) Peter hat nicht behauptet, dass Anette auch nur mit der Wimper gezuckt hätte.

Weitere NPE-lizensierende Satzkontexte für *mit der Wimper zucken*:

(22) Alle, die auch nur mit der Wimper zucken, haben sofort verloren.

(23) Wenn Du auch nur mit der Wimper zuckst, bist Du sofort entlarvt.

(24) Wenig Chinesen haben auch nur mit der Wimper gezuckt.

(25) Spock ist so ein cooler Typ – der hat nie auch nur mit der Wimper gezuckt.

(26) Hat Spock jemals auch nur mit der Wimper gezuckt?

In den folgenden Beispielen sind NPE nicht lizensiert.

(27) *Cäsar war ein Imperator, der (auch nur) mit der Wimper gezuckt hat.

(28) *Mindestens 100 Chinesen haben auch nur mit der Wimper gezuckt.

(29) *Weil Anette auch nur mit der Wimper gezuckt hat, wurde sie sofort entlarvt.

Die Klasse der negativ-polaren Elemente ist also potenziell groß. Die idiomatischen NPE (auch *minimizer* genannt) fügen dem Satz neben der wörtlichen Bedeutung eine emotive Zusatzbedeutung hinzu. Es gibt pragmatische Nebeneffekte – die Frage (26) kann eigentlich nur als rhetorische Frage verwendet werden. Dennoch ergibt sich eine große Klasse von NPE, die auf dieselben Kontexte beschränkt sind wie *jemals*. Wir werden uns vorläufig auf diese Klasse beschränken. Bei der Suche nach den Regeln hinter der Beschränkung diente Linguisten also *jemals* und englisch *any* und *ever* als das Musterbeispiel.

(30) Vorläufige Definition von **negativ-polarem Element**:
Ein NPE ist ein Wort oder eine Phrase, die nur in denselben Satzkontexten vorkommen kann wie *jemals*.

Der nächste Abschnitt konzentriert sich auf das Adverb *jemals*. Es wird allerdings etwas technisch werden. Sie können ihn aber auch überspringen und direkt in

15.3 die pragmatische Theorie der NPE-Lizensierung ansehen. Diese fußt nur auf Begriffen, die Sie aus den vorigen Kapiteln bereits kennen.

15.2 Ladusaws Theorie der negativ-polaren Elemente

Was ist die gemeinsame Eigenschaft aller NPE-lizensierenden Satzkontexte? Was in unserem Gehirn kann so schnell und verlässlich prüfen, ob wir *jemals* oder *mal* benutzen müssen? Welche Regel erlaubt uns, *jemals* im Skopus von *alle N* zu benutzen, nicht aber mit *viele N* oder *einige N*? In den späten 1970ern bereitete diese Frage dem Doktoranden William Ladusaw in Stanford schlaflose Nächte.

Seine bahnbrechende Idee kann sehr gut anhand von Determinierern (*alle, jeder, die meisten, ein, viele, kein* ...) erklärt werden. Sie sind einerseits syntaktisch und semantisch relativ ähnlich. Typischerweise sagen sie von zwei Kategorien A und B aus, wie viele As auch Bs sind. A entspricht dem Nomen in der NP, B könnte das verbale Prädikat sein. Hier sind einige Beispiele.[4]

ALLE(A, B) ist wahr ⇔ A ist Teilmenge von B
Die-MEISTEN(A, B) ist wahr ⇔ die Menge $A \cap B$ ist größer als Menge $A \setminus B$
EIN(A, B) ist wahr ⇔ A und B haben mindestens ein Element gemeinsam ($A \cap B \neq \emptyset$)
KEIN(A, B) ist wahr ⇔ A und B haben kein Element gemeinsam ($A \cap B = \emptyset$)
HÖCHSTENS-3(A, B) ist wahr ⇔ die Menge $A \cap B$ hat höchstens 3 Elemente

Dennoch erlauben nur die Determinierer *alle, kein, höchstens 3* das Wort *jemals* im nominalen Teil A, nicht die anderen Determinierer. Diese Beobachtung wollte Ladusaw verstehen. Die damals gängigen Erklärungen von NPE-Lizensierung gingen alle von der Syntax aus. Sie basierten auf dem Grundmuster „NPE müssen syntaktisch unterhalb einer Negation stehen", aber es erwies sich als schwierig, die richtige Art von ‚syntaktisch unterhalb' zu definieren. Ebenso enthielten manche Kontexte einfach keine Negation, und daher war die Liste der Wörter, die als ‚Negation im weiteren Sinn' zählten, ebenfalls recht beliebig. Ladusaw hingegen konzentrierte sich auf die semantischen Eigenschaften von Determinierern,

---

4 Hier wird die übliche Mengennotation verwendet. $A \cap B$ ist die Schnittmenge aus A und B (die Menge, die alles enthält, was sowohl in A als auch in B ist). $A \setminus B$ ist die Menge A ohne die Elemente, die auch in B sind. $\emptyset$ steht für die leere Menge.

die in (31) sichtbar werden. Die Wörter, die die Menge A beitragen, sind jeweils hier groß geschrieben.

(31) a. Jeder JUNGE war wach.
b. Jeder BLONDE JUNGE war wach.
c. Jedes KIND war wach.

Ladusaw sammelte Muster wie folgendes: Wenn wir wissen, dass ‚alle A sind B', und wenn wir weiter wissen, dass A* Teilmenge von B ist, dann wissen wir automatisch auch ‚alle A* sind B'. Wenn wir (31a) wissen, und außerdem, dass blonde Jungen auch Jungen sind, dann können wir (31b) automatisch schließen. Allgemein gilt folgende Beobachtung über *jeder*.

(32) Wenn wir wissen, *jeder A ist B*, und wenn wir wissen, dass *A* Teilmenge von A* ist, dann können wir schließen: *jeder A* ist B*.

Nicht alle Varianten solcher Ersetzungsregeln funktionieren. In (31) beispielsweise kann man *JUNGE* nicht durch eine größere Menge *KIND* ersetzen und danach automatisch auf Wahrheit schließen: (31c) kann zufällig wahr sein, muss aber nicht. Auch für den B-Teil von *Jeder A ist B* gilt die Ersetzungsregel „kleinere für größere Menge" nicht, wie (33) zeigt.

(33) a. Jeder Junge war aus ÖSTERREICH.
b. Jeder Junge war aus WIEN.
c. Jeder Junge war aus EUROPA.

(33a) impliziert (33c), aber nicht (33b); ‚aus Österreich sein' denotiert eine Teilmenge von ‚aus Europa sein', und ‚aus Wien sein' ist eine Teilmenge von ‚aus Österreich sein'. Schematisch gesagt: Wenn *Jeder A ist B* wahr ist und $B \subseteq B^*$, dann ist auch *Jeder A ist B** wahr. Aber wenn *B** eine Teilmenge von *B* ist, dann folgt nicht aus *jeder A ist B* dass *jeder A ist B**.

Die Ersetzungseigenschaft in (32) trägt den Namen **abwärts-monoton**. Der Determinierer *jeder* ist abwärts-monoton im A-Teil (= dem Nomen in der DP) aber nicht im B-Teil (= z. B. der VP). Zusammengefasst:

(34) Für Quantifikation *jeder A ist B* gilt:
Wenn *jeder A ist B* wahr ist, und $A^* \subseteq A$, dann folgt logisch: *jeder A* ist B* ist wahr. Man sagt: der Determinierer *jeder* ist abwärts-monoton in seinem ersten Argument.

Aber: Wenn *jeder A ist B* wahr ist, und $A \subseteq A^*$, dann ist nicht der Fall, dass *jeder A* ist B* automatisch wahr ist. *jeder* ist also nicht abwärts-monoton in seinem zweiten Argument.

(Ladusaw spricht von „abwärts-monotonen Kontexten", gemeint sind damit „Satzkontexte". Da in diesem Buch aber von so vielen anderen Arten von Kontexten die Rede ist, werde ich die Bezeichnung „Satzumgebung" verwenden.) Es stellte sich heraus, dass die Eigenschaft ‚abwärts-monoton' auch für die Verwendung von *jemals*, *any* und *ever* in anderen Fällen interessant ist. Betrachten wir den Determinierer *kein*.

KEIN(A, B) ist wahr $\Leftrightarrow$ A und B haben kein Element gemeinsam (A $\cap$ B = $\varnothing$)

Der Determinierer *kein* ist in beiden Argumenten abwärts-monoton. Sowohl der Schluss in (35) als auch in (36) ist gültig.

(35) *blonder Junge* denotiert eine Teilmenge von *Junge*.
Aus *Kein Junge schläft* folgt logisch *Kein blonder Junge* schläft.

(36) *schläft auf dem Sofa* denotiert eine Teilmenge von *schläft*.
Aus *Kein Junge schläft* folgt logisch *Kein Junge schläft auf dem Sofa*.

Das passt zur Verteilung von NPE im Deutschen wie im Englischen. Sowohl *jemals* als auch *any/ever* können sowohl im Nominal von *jede/r N* als auch in der folgenden Verbalphrase benutzt werden.[5]

(37) Kein Mensch, der jemals in Rom war, kann das Kolosseum vergessen.

(38) Kein Mensch war jemals in Rom.

Auch bei anderen Determinierern passt die Korrelation. Beispielsweise kann *jemals* nirgends in einem Satz der Form *viele A sind B* verwendet werden. Und wenn man die logische Seite betrachtet, ist *viele* in keinem Argument abwärts monoton. Das wird hier illustriert.

(39) *blonder Junge* denotiert eine Teilmenge *von Junge*.
Aber aus *Viele Jungen schlafen* folgt **nicht** *Viele blonde Jungen schlafen*.

---

5 Satz (38) ist zwar höchstwahrscheinlich falsch, aber grammatisch korrekt.

(40) *schläft auf dem Sofa* denotiert eine Teilmenge von *schläft*.
Aber aus *Viele Jungen schlafen* folgt **nicht** *Viele Jungen schlafen auf dem Sofa*.

Je mehr Quantoren Ladusaw untersuchte, desto sicherer wurde er sich seiner Hypothese, die als **Ladusaws Generalisierung** bezeichnet wird (Ladusaw 1980). Die einfache Version lautet:

(41) Ein Quantor erlaubt ein NPE in seinem ersten Argument genau dann, wenn der Quantor abwärts-monoton im ersten Argument ist.

Ein Quantor erlaubt ein NPE im zweiten Argument genau dann, wenn der Quantor abwärts-monoton im zweiten Argument ist.

Diese These wird durch die Beispiele in weiten Teilen bestätigt. (Abschnitt 15.3 wird kurz auf die Ausnahmen eingehen.) Daraufhin formulierte Ladusaw eine allgemeine Version des ‚Abwärts-monoton-Seins', die auf beliebige Satzpositionen angewandt werden kann.

(42) Abwärts-monotone Satzumgebung
Ein Ausdruck A steht in einer abwärts-monotonen Satzumgebung [$_S$ ... A ...] genau dann, wenn Folgendes gilt:
Wenn Ausdruck A durch A* ersetzt wird, und A* $\subseteq$ A ist, dann folgt aus [$_S$ ... A ...] logisch, dass [$_S$ ... A* ...].

Ladusaws Generalisierung (allgemeiner Fall):
Ein NPE ist erlaubt, wenn es in einer abwärtsmonotonen Satzumgebung steht.

Damit gibt Ladusaw uns ein einheitliches **logisches** Kriterium, das vorhersagt, wo das Wort *jemals*, aber auch Ausdrücke wie *einen Finger krumm machen, mit der Wimper zucken* usw. erlaubt sind. Das Attraktive an diesem Ansatz ist, dass eine Vielzahl möglicher Satzumgebungen erfasst wird, die in den früheren syntaktischen Theorien in langen Listen von Unterfällen genannt werden mussten. Ladusaws Kriterium hat Vollständigkeitsanspruch – wir erhalten damit eine stärkere Theorie als die früheren, die auf Listen basieren und einfach ergänzt werden können. Die Voraussage der Daten trifft nicht zu 100% richtig zu (wenn Sie herumprobieren, kommen Sie vielleicht auf Gegenbeispiele), aber man hoffte lange, die Eleganz des Kriteriums zu erhalten und durch kleinere Verfeinerungen zu verbessern (s. etwa von Fintel 1999). Niemand stellte je die Frage, durch welche kommunikativen Akte sich eine derart abstrakte Definition wie (42) als Teil der Grammatik etablieren konnte. Diese Frage muss sich die synchron arbeitende

Linguistik auch nicht stellen. Interessant ist sie trotzdem, und es gibt gute Antworten darauf, wie wir im nächsten Abschnitt sehen werden.

15.3 Minimizers – die Pragmatik von *(k)ein bisschen*

Bisher haben wir pragmatischen Kategorien wie Kontrast, Fokus, Alternativen und Informativität als eigenständige Phänomene untersucht. Der Semantiker Manfred Krifka schlug eine Theorie der NPE vor, die aus diesen pragmatischen Prozessen aufgebaut ist (Krifka 1995). Er nimmt an, dass NPE-Lizensierung durch die Pragmatik der **emphatischen Assertion** gesteuert wird. Ich werde die Analyse am Beispiel von *ein Krümel* (lat. *mica*, altfrz. *mie*) illustrieren.[6] Obwohl diese Wendung im Deutschen nicht besonders etabliert ist, verstehen Sie sicher, was mit (43) gesagt werden soll.

(43) Peter hat keinen Krümel Verstand.

Hier wird *kein Krümel Verstand* so wie *kein Funken Verstand* benutzt. Dieser Typ von Idiom findet sich in allen Sprachen, die je daraufhin untersucht worden sind. Man könnte sagen, dass es ein sprachliches Universal ist, dass Ausdrücke für ‚kleine Dinge' in solchen Wendungen vorkommen.

Krifka nimmt an, dass Ausdrücke wie *ein Krümel* Besonderheiten haben. Einerseits haben sie in dieser Verwendung nicht mehr ihre ursprüngliche Bedeutung (hier etwa ‚sehr kleiner Teil eines Gebäckstücks') sondern sind zu einem allgemeinen Maßausdruck geworden. Zweitens müssen sie auf alle Fälle im Fokus stehen. Diese pragmatische Angabe ist Teil ihres Lexikoneintrags.[7]

(44) Lexikoneintrag von *ein Krümel*:
    1. ist immer fokussiert (auch wenn man keinen Akzent hört), d. h. evoziert Fokusalternativen.
    2. assoziiert mit einem Operator **Emp.Assert**, der Folgendes beiträgt:
    Emp.Assert($[\![S]\!]^o$, $[\![S]\!]^f$):
    Assertion: $[\![S]\!]^o$
    Präsupposition: Für alle Propositionen p in $[\![S]\!]^f$ gilt: $[\![S]\!]^o \to p$

---

[6] Das Beispiel verweist auf das folgende Kapitel zum Jespersen-Zyklus.
[7] In Kapitel 12 haben Sie schon Wörter kennen gelernt, die Informationen über Fokus in ihrem Lexikoneintrag hatten.

Die Wendung *ein Krümel* wie in (43) unterscheidet sich also in zwei Punkten vom normalen deutschen Wort ‚Krümel'.

Die Fokussierung hat den üblichen pragmatischen Effekt: Der Sprecher verweist auf Alternativen, die im Satz an der Stelle von *ein Krümel* stehen könnten. Hier sind dies alternative Maßangaben wie *ein wenig, normal viel, sehr viel* ... Der Adressat wird also mit der Aussage *Peter hat keinen Krümel Verstand* konfrontiert und an die alternativen Aussagen *Peter hat nicht ein-wenig Verstand, Peter hat nicht normal-viel Verstand, Peter hat nicht brillant-viel Verstand* ... erinnert. Diese Alternativen müssen nun irgendwie sinnvoll eingesetzt werden, denn wir erinnern uns: Jeder Fokus braucht irgendeinen Operator, eine Frage oder einen Kontrast, der motiviert, welchen Informationsbeitrag die alternativen Aussagen liefern sollen.

Krifka schlägt den unhörbaren Operator des **emphatischen Assertierens (Emp.Assert)** vor, der diese Arbeit leistet. **Emp.Assert** präsupponiert: Die geäußerte Behauptung ist *logisch stärker* als alle Fokusalternativen. Logisch stärker heißt hier, dass alle salienten Alternativen logisch aus der tatsächlichen Behauptung folgen. Das lässt sich am Krümel-Beispiel illustrieren.

(45) Peter hat keinen Krümel Verstand → Peter hat nicht ein-wenig Verstand
Peter hat keinen Krümel Verstand → Peter hat nicht normal-viel Verstand
Peter hat keinen Krümel Verstand → Peter hat nicht brillant-viel Verstand

Um die Folgerungen jeweils nachzuvollziehen sollten Sie berücksichtigen, dass ‚ein Krümel viel Verstand' hier in dem losen Sinn ‚mindestens einen Krümel viel, eventuell auch mehr' verstanden werden soll.

Krifkas Analyse des Satzes *Peter hat keinen Krümel Verstand* sieht also formal folgendermaßen aus: Der Ausdruck *einen Krümel* wird als Maßangabe zu *Verstand* gelesen und hat als Alternativen andere Maßangaben. Die Maßangabe ist so winzig, dass ich die wörtliche Bedeutung des Satzes als ‚Peter hat keinen Verstand' angebe. (Ich trenne der größeren Klarheit halber die morphologische Verschmelzung *k-ein* in *nicht + ein* auf.)

(46) a. Peter hat nicht [einen Krümel]$_F$ Verstand.
b. $[\![$ Peter hat nicht [einen Krümel]$_F$ Verstand $]\!]^f$
= { ‚Peter hat keinen Verstand', ‚Peter hat nicht ein-wenig Verstand', ‚Peter hat nicht normal-viel Verstand', ‚Peter hat nicht brillant-viel Verstand' ... }
c. **Emp.Assert**($[\![$ S $]\!]^o$, $[\![$ S $]\!]^f$):
Assertion: $[\![$ S $]\!]^o$ ‚Peter hat keinen Verstand'
Präsupposition: Für alle Propositionen p in $[\![$ S $]\!]^f$: $[\![$ S $]\!]^o \to p$
Aus ‚Peter hat keinen Verstand' folgt logisch ‚Peter hat nicht ein-wenig Verstand', ‚Peter hat nicht normal-viel Verstand' usw.

Emp.Assert leistet dasselbe wie normales Assertieren, es macht nur bestimmte Voraussetzungen. In unserem Beispiel treffen diese Voraussetzungen zu. Das haben wir in (44) gesehen. Umgangssprachlich lässt sich **Emp.Assert** ungefähr so umschreiben: ‚Hey, ich behaupte p, und das ist die informativste Alternative, die hier überhaupt wahr sein kann.' In der Literatur wird oft von ‚emphatischer Negation' gesprochen. Ich weiß nicht, ob traditionelle Autoren mit ‚emphatischer Negation' oder ‚verstärkter Negation' dasselbe meinen, denn aus semantischer Sicht kann man nicht mehr tun, als eine Behauptung eben zu verneinen. Aber die Analyse in (46) erklärt, dass die Aussage einen gewissen *Hey!*-Wert erhält.

Andererseits macht die Theorie auch klare Vorhersagen darüber, wann solche emphatischen Assertionen inakzeptabel sind. Sie kann also NPE-Lizensierung vorhersagen. Sehen wir uns an, was in einem nicht-negierten Beispiel mit dem Ausdruck *ein Krümel* passiert.

(47)   Peter hat einen Krümel Verstand.

Vielleicht geht es Ihnen wie mir: Ich kann (47) lesen und verstehe jedes einzelne Wort, aber diese Worte zusammengenommen ergeben keinen Sinn. Könnte Peter denn einen Krümel Verstand haben? Wie sieht so ein Krümel aus? Kann man überhaupt nur so wenig Verstand haben? Merkwürdigerweise treten diese Sorgen beim negativen Satz (43) nicht auf. Nun wissen wir, dass der Ausdruck *ein Krümel* hier nicht wörtlich, sondern nur in der verallgemeinerten Weise gemeint sein kann. Also müsste der Ausdruck Alternativen einführen und (47) eine emphatische Assertion sein. Dies ist in (48) aufgeschlüsselt.

(48)   a.   Peter hat [einen Krümel]$_F$ Verstand.
       b.   [Peter hat [einen Krümel]$_F$ Verstand]^f
            = { ‚Peter hat keinen Verstand', ‚Peter hat mäßig-viel Verstand', ‚Peter hat normal-viel Verstand', ‚Peter hat brillant-viel Verstand' ... }
       c.   **Emp.Assert**([S]^o, [S]^f):
            Assertion: [S]^o
            Präsupposition: Für alle Propositionen $p \in$ [S]^f: [S]$^o \to p$

Was würde also in (47) vorausgesetzt? Wir und der Sprecher müssten der Überzeugung sein, dass aus ‚Peter hat einen Krümel Verstand' *logisch* zu schließen ist: ‚Peter hat mäßig-viel Verstand', ‚Peter hat normal-viel Verstand' und ‚Peter hat brillant-viel Verstand'. Das kann aber keiner von uns glauben. Wir kennen alle genügend Personen, vielleicht auch Peter, die vielleicht etwas, aber nicht normal-viel Verstand haben, oder die normal-viel aber nicht genial-viel Verstand haben. Wenn schon ein Krümel Verstand das Genie ausmachen würde, dann müsste die Welt von Genies überschwemmt sein.

Die in (47) enthaltene Präsupposition ist also kontradiktorisch. Um das zu akkommodieren, müssten wir Sachen glauben, die wir schlicht nicht glauben können. Und ein Sprecher, der diese Präsuppositionen als wahr unterstellt, ist ebenfalls irrational. Deswegen, so schließt Krifka, ist (47) keine akzeptable Äußerung. Der Satz ist nicht grammatisch falsch, er ist semantisch defekt. Bei dieser Art von skalarer Aussage macht die Anwesenheit oder Abwesenheit einer Negation im Satz einen Riesenunterschied dafür, ob eine rationale Botschaft übermittelt wird.

Die Theorie von Krifka macht aber noch weitere interessante Voraussagen. Die Negation ist nicht der einzige Satzbaustein, der die Benutzung von *ein Krümel* im Sinn einer sehr kleinen Maßangabe erlauben sollte. Die Wendung sollte auch in anderen Kontexten auftreten und eine rationale Botschaft übermitteln. Wir sehen uns einige dieser Kontexte an. (Wenn Ihnen der Umgang mit den Krümeln langsam unheimlich wird, können Sie im Folgenden auch *ein Funken* ersetzen.)

(49) Ich habe nie einen Ostfriesen gesehen, der auch nur einen KRÜMEL Verstand hatte.[8]

(50) Jeder Hund, der einen KRÜMEL Verstand hat, weiß, wo die Leckerlis sind.

(51) Wenn Ihr Hund einen KRÜMEL Verstand hätte, würde er nicht so herumkläffen.

Diese Beispiele klingen nicht so übel wie der positive Satz in (47). Wir werden nun überprüfen, ob die stillen Voraussetzungen von **Emp.Assert** sinnvoll sind. Mit dem Satz (49) wird Folgendes vorausgesetzt.

(49) a. Aus der Aussage:
Ich habe noch nie einen Ostfriesen gesehen habe, der einen Krümel Verstand hatte
kann gefolgert werden:
‚Ich habe noch nie einen Ostfriesen gesehen, der mäßig-viel Verstand hatte.'

---

[8] Ich möchte ausdrücklich festhalten, dass dieses Beispiel nur zur Illustration dient und keinen Wahrheitsgehalt hat. Wenn Sie sich dennoch betroffen fühlen, möchte ich Sie auf Kaptitel 19 verweisen, wo Sie – kurz gesagt – Recht erhalten werden.

,Ich habe noch nie einen Ostfriesen gesehen, der normal-viel Verstand hatte.'
,Ich habe noch nie einen Ostfriesen gesehen, der genial-viel Verstand hatte.'

Jeder dieser Ostfriesen hätte dann auch mindestens einen Krümel Verstand, das kann aber wegen a. nicht sein. Damit ist die Verwendung von *,ein Krümel'* erlaubt, denn (48) werden nur logische Folgerungen präsupponiert, die tatsächlich zutreffen.

Wie ist es im Beispiel (50)?

(50) a. Aus der Aussage:
Jeder Hund, der einen Krümel Verstand hat, weiß, wo die Leckerlis sind
kann gefolgert werden:
,Jeder Hund, der mäßig-viel Verstand hat, weiß wo die Leckerlis sind.'
,Jeder Hund, der normal-viel Verstand hat, weiß wo die Leckerlis sind.'
,Jeder Hund, der brillant-viel Verstand hat, weiß wo die Leckerlis sind.'

Nach allem, was wir über Hunde, Leckerli-Verstecke und die Intelligenz, die nötig ist, diese aufzufinden, wissen, ist das ebenfalls eine sinnvolle Präsupposition. Ähnlich verhält es sich in (50) – wobei der Sprecher hier außerdem präsupponiert, dass nur sehr dumme Hunde in der Situation Anlass zum Bellen sehen. Diese Präsupposition kann der Hörer akkommodieren, sie ist nicht irrational.

Krifkas Theorie ergibt also ebenfalls, dass Ausdrücke wie *ein Krümel / ein Funken (Verstand)* in manchen Satzumgebungen akzeptabel sind, in anderen aber nicht. Genauer sagt er vorher, dass die Art von kleinste Maßangaben wie *ein Funken, ein Krümel* in folgendem Spektrum von Umgebungen zu gebrauchen sind: Im Bereich der Negation, im Skopus von Quantoren wie *kein, nie, wenige, selten*, im Komplement negativer Verben wie *bezweifeln, überrascht sein*, im ersten Argument von Allquantoren wie in (50), im *wenn*-Satz von *wenn-dann*-Gefügen, im Skopus von *nur*, in Superlativen – wir finden wieder die Liste der NPE-lizensierenden Satzumgebungen aus Abschnitt 15.1. Ladusaws Charakterisierung der abwärts-monotonen Satzumgebung in Abschnitt 15.2. konnte durch eine pragmatische Analyse ersetzt werden. Aus dieser ergibt sich: In manchen Umgebungen ist die Verwendung eines Ausdrucks mit *diesen speziellen Alternativen* und *dieser speziellen Präsupposition* irrational. Darüber hinaus erklärt Krifkas Analyse auch, wieso viele dieser idiomatischen Wendungen einen emphatischen Charakter haben: Die Äußerung wird mit alternativen Äußerungen kontrastiert, die logisch weniger stark sind. Der Inhalt des

Satzes wird als besonders informativ präsentiert. Die pragmatische Theorie sagt das vorher, Ladusaws Analyse hingegen nicht.

15.4 Polare Elemente – Pragmatik oder Syntax?

Die pragmatische Theorie für negativ polare Elemente steht nicht ohne Grund im Abschnitt über Sprachgeschichte. Bisher habe ich mich auf ideale Beispiele für NPE konzentriert und die problematischen Beobachtungen ausgeklammert. Dieser Abschnitt geht kurz auf weitere Anwendungen von Krifkas pragmatischer Theorie, aber auch mögliche Gegenbeispiele ein.

Zunächst betrachten wir Beispiele, die für die pragmatische Theorie sprechen und in alternativen Analysen als unerklärliche Ausnahmedaten betrachtet werden müssen. In einigen quantifzierenden Aussagen beispielsweise findet man NPE häufiger, als Ladusaws Generalisierung das erwarten lässt.[9]

(52) Die meisten Hunde, die auch nur einen FUNKen Verstand haben, wissen, wo die Leckerlis sind.

Das NPE *einen Funken Verstand* steht hier im nominalen Teil von *die meisten*. Das ist keine abwärts-monotone Satzumgebung, und nach Ladusaw (Abschnitt 15.2) würden wir erwarten, dass (52) unakzeptabel sein sollte. Tatsächlich ist der Satz in einem geeigneten Gesprächskontext nicht so schlecht. Es scheint um die Behauptung zu gehen, dass Hunde nicht wissen, wo die Leckerlis versteckt sind. Der Sprecher scheint zuzugeben, dass manche Hunde das wirklich nicht wissen, dass aber die meisten – und darunter selbst die dümmeren – es wohl herausfinden. Mit Krifkas Analyse ergeben sich folgende Alternativen und Assertion.

(53) a. Die meisten Hunde, die auch nur [einen Funken]$_F$ Verstand haben, wissen, wo die Leckerlis sind.
b. Alternativen:
{ 'Die meisten H, die wenig Verstand haben, wissen, wo die Leckerlis sind',
'Die meisten H, die normal-viel Verstand haben, wissen, wo die Leckerlis sind',
'Die meisten H, die sehr-viel Verstand haben, wissen, wo die Leckerlis sind'... }

---

[9] Dieser Beispieltyp wurde zuerst in Israel (1996) als Gegenbeispiel gegen logische Theorien angeführt.

c. **Emp.Assert**($[\![\ S\ ]\!]^\circ$, $[\![\ S\ ]\!]^f$):
Assertion: $[\![\ S\ ]\!]^\circ$
Präsupposition: Für alle Propositionen $p \in [\![\ S\ ]\!]^f$: $[\![\ S\ ]\!]^\circ \to p$

Die Präsupposition in (53) ist nicht automatisch logisch wahr. Wir betrachten unterschiedliche Hundemengen: alle Hunde, die Hunde mit mindestens ein wenig Verstand, usw. Was für die meisten Hunde überhaupt gilt, muss für die meisten superintelligenten Hunde nicht unbedingt wahr sein. Das konkrete Beispiel allerdings kann auf weitere Erwartungen aufbauen, z. B. *je schlauer der Hund, desto eher weiß er, wo Leckerlis sind*. Wenn also mehr als die Hälfte aller Hunde die Leckerlis finden, dann sicher auch mehr als die Hälfte – oder womöglich sogar mehr – der intelligenten Hunde.

Die pragmatische Theorie der NPE-Lizensierung macht also auch für Lizensierung ‚unter bestimmten inhaltlichen Voraussetzungen' richtige Vorhersagen. Theorien, die sich nur auf logische Kriterien oder syntaktische Strukturen stützen, können dies nicht.[10]

Andere Beobachtungen allerdings sprechen gegen die Strategie, alle NPE auf pragmatischer Grundlage zu erklären. Manche NPE kommen nur in einer Teilklasse der Satzumgebungen vor, die wir für *jemals, ever, any* und vielleicht auch *einen Funken (Verstand)* finden. Englische Sprecher urteilen beispielsweise, dass der Ausdruck *bat an eyelash* zwar unter Negation und in negativen Kontexten akzeptabel ist, nicht aber mit *few* oder *rarely*, die ebenfalls abwärts-monoton sind.

(54) No politician even bat an eyelid when Greta accused them of killing the planet.

(55) *Few politicians even bat an eyelid when Greta accused them of killing the planet.

Der Stern in (55) gibt die Intuition englischer Sprecher wieder. Im Deutschen klingt hingegen die Übersetzung von (55) nicht so schlecht (finde ich zumindest). Allerdings tritt auf Deutsch das Problem für das NPE *eine müde Mark (wert sein)* auf. Wie (57) zeigt, ist dieser Ausdruck mit *wenige* nicht akzeptabel.

(56) Kein „Strahlenneutralisator" ist auch nur eine müde Mark wert.

---

[10] Irene Heim (1987) wies als Erste darauf hin, dass NPE in Konditionalen nicht „beliebig" erlaubt sind, sondern nur, wenn sie auf einer bekannten Regel basieren.

(57)   ?? Wenige „Strahlenneutralisatoren" sind auch nur eine müde Mark wert.

Zwarts (1998) unterscheidet drei Arten von negativ-polaren Elementen. Diejenigen, die in allen abwärts-monotonen Satzumgebungen verwendet werden, nennt er *schwache NPE*. Viele Minimizer im Deutschen zählen dazu. Daneben gibt es Ausdrücke, die nur im Skopus von Negationen verwendet werden. Diese Beschränkung lässt sich auch syntaktisch fassen und braucht keine pragmatische Erklärung. Schließlich gibt es Ausdrücke, die Negationen verstärken aber auch positiv vorkommen. Ein schönes Beispiel ist das deutsche *ein bisschen*. Es stammt offensichtlich vom Nomen *ein Bisschen* = ‚ein kleiner Bissen' ab, wird aber nichtwörtlich benutzt. Wenn jemand sagt: *Ich habe ein bisschen geschlafen*, dann hat das nichts mit abbeißen zu tun. Krifkas Theorie würde uns erwarten lassen, dass mit der nichtwörtlichen Verwendung auch eine pragmatische Komponente hinzukommt, die sagt: die kleinste Maßeinheit muss mit größeren Maßeinheiten verglichen werden. Diese Erwartung kann Beispiele wie das folgende erklären.

(58)   Ich habe heute Nacht kein bisschen geschlafen!

Der Sprecher in (58) möchte eine emphatische Negation ausdrücken. Er scheint das zu erzielen, indem er die Aussage ‚Ich habe nicht ein-bisschen-viel geschlafen' kontrastiert mit ‚Ich nicht zwei Stunden geschlafen' oder ‚Ich habe nicht acht Stunden am Stück geschlafen'. Die Logik der Alternativen stimmt: Wenn man gar nicht geschlafen hat, dann hat man auch nicht zwei, drei, vier oder acht Stunden geschlafen. Ist also *ein bisschen* ein NPE? Dagegen sprechen Verwendungen wie *Ich habe gerade ein bisschen geschlafen*. Dort wird der Ausdruck nur noch als sehr kleine Maßeinheit benutzt, aber ohne weitere pragmatische Bedingungen. Vielleicht muss man also zwei verschiedene Lexikoneinträge für *ein bisschen* annehmen – aber in jedem Fall kann man sehen, dass das Negativ-polar-Sein für ein Wort oder eine Konstruktion nicht unbedingt der Endpunkt der Entwicklung ist.

Vermutlich definieren die idealen NPE Verwendungsmuster, die dann für andere Wörter und Konstruktionen übernommen werden, aber manchmal nur zum Teil oder mit etwas anderen Regeln. Nur ein Kernbereich von negativ polaren Elementen zeigen das pragmatisch gesteuerte Verhalten. Speziell sieht man gelegentlich die Entwicklung, dass Sprecher ein negativ polares Element nur noch im Zusammenhang mit der Negation sehen und verwenden. In diesem Fall kann aus dem ehemaligen pragmatischen Muster ein neuer Teil der Syntax werden. Diesem Fall wenden wir uns im nächsten Kapitel zu.

15.5 Zusammenfassung

Manche Wörter oder Konstruktionen können nur in Sätzen vorkommen, die „irgendwie negativ" sind. Sie heißen **negativ polare Elemente**.

Bei genauerer Untersuchung erlauben (mindestens) folgende Satzumgebungen negativ polare Elemente: Der Skopus der Negation und negativer Quantoren, im Skopus von Quantoren, die ‚kaum, selten, maximal eine kleine Zahl von ...' bedeuten, unter Verben, die sagen ‚etwas ist nicht passiert, unterblieben', Ausdrücke des Zweifelns und Abstreitens, Verben des Überrascht-Seins, im Skopus von *All*-Quantoren und in *wenn*-Sätzen der *wenn-dann*-Konstruktion, in Superlativen, in der Konstruktion *zu* <Adjektiv> *sein, um* ..., mit den Präpositionen *ehe* und *ohne-zu*, und in Fragen.

William Ladusaw schlägt vor, die erlaubten Satzumgebungen durch eine einheitliche semantische Bedingung zu charakterisieren und behauptet: Es sind immer **abwärts-monotone Umgebungen** (Ladusaw 1980).

Krifkas pragmatische Theorie der negativ polaren Elemente besagt, dass die Beschränkung auf abwärts-monotone Umgebungen aus der Sprecherabsicht erklärt werden kann (Krifka 1995). Er sagt: NPE führen Alternativen ein (wie fokussierte Elemente) und präsupponieren, dass alle alternativen Aussagen aus der tatsächlich gemachten Aussage folgen. Die Aussage ist also die stärkste Alternative. Krifkas Ansatz kann auch diejenigen erlaubten Verwendungen von NPE erfassen, bei denen es nicht um logische Stärke geht, sondern um inhaltliche Stärke. Dieser Beispieltyp kann von semantischen oder syntaktischen Analysen nicht erfasst werden.

Allerdings kann die pragmatische Theorie der NPE-Verwendung nicht erklären, dass manche Ausdrücke noch engeren Beschränkungen unterliegen. Für diese Fälle haben sich verfeinerte semantische Theorien hingegen bewährt. Dennoch kann nur die pragmatische Theorie erklären, wieso Grammatik so abstrakte Kriterien nutzt wie ‚abwärts-monotone Satzumgebung'. Man kann daher vermuten, dass es sich bei pragmatischem NPE-Lizensieren um das Ursprungsmuster handelt, das sich bei einzelnen NPE später zu einer syntaktischen Beschränkung vereinfacht wurde. Aus Pragmatik kann sich also Grammatik entwickeln.

Fingerübungen

(1) Suchen Sie mit Google nach den exakten Wortfolgen *müde Mark* und *Finger krumm*. Versuchen Sie eine möglichst lange Liste von Verwendungsmöglichkeiten zu machen, und vergleichen Sie die mit der obigen Liste von NPE-lizensierenden Umgebungen!

(2) Erklären Sie mit Krifka (1995), warum folgender Satz grammatisch ist.
   (i) In der Schule hat Kim nie einen Finger krumm gemacht.
   Welche Fokusalternativen zu *einen Finger krumm machen* würden Sie vorschlagen?
(3) Erklären Sie mit Krifka (1995), warum im folgenden Satz die VP *einen Finger krumm machen* nur im (etwas merkwürdigen) wörtlichen Sinn gemeint sein kann.
   (i) Gestern hat Kim einen Finger krumm gemacht, um mir zu helfen.
(4) Das negativ polare *jemals* wird wie ‚einmal/mal' interpretiert und führt die Alternativen wie mehrmals, häufig, manchmal ein. Wie sagt die pragmatische Analyse folgende Urteile vorher?
   (i) Alle Hunde, die jemals zugebissen haben, müssen einen Maulkorb tragen.
   (ii) *Waldi hat jemals den Briefträger gebissen.
   (iii) *Einige Hunde, die jemals zugebissen haben, müssen einen Maulkorb tragen.
(5) Schlagen Sie im DWB das Nomen *Heller* nach.
   a) Wie werden dort die Satzumgebungen beschrieben, in denen (*roter*) *Heller* verwendet werden kann? Welche Beschreibung würden Sie aus den Belegen im DWB herleiten?
   b) Vergleichen Sie die Beschreibung eines NPE durch Belegstellen mit der Beschreibung durch Ladusaws Kriterium oder Krifkas pragmatischer Theorie. Welche Vor- und welche Nachteile hat die jeweilige Beschreibungsart?
(6) Im *Deutschen Textarchiv* (http://www.deutschestextarchiv.de) findet sich folgendes Beispiel für die Verwendung von *roter Heller*.
   (i) Er ist ein Kerl, mit Haut und Haar für einen rothen Heller zu theuer.
   Gemeint ist etwa ‚es wäre sogar zu teuer, wenn dieser Mensch mit Haut und Haar einen roten Heller kosten würde'. Wie könnte Krifkas Theorie vorhersagen, dass dies eine erlaubte Satzumgebung ist?

16 Der Jespersen-Zyklus der Negation

In den letzten Kapiteln haben wir gesehen, wie pragmatische Bedeutungsanreicherung dauerhaft übernommen werden kann und zu Änderungen der Wortbedeutung und der syntaktischen Eigenschaften von Wörtern führt. In diesem Kapitel soll ein weiterer Fall von Sprachwandel vorgestellt werden, bei dem Pragmatik und Syntax Hand in Hand arbeiten. Es geht um den Umbau und Neubau der Negation.

Die Negation im Deutschen sieht auf den ersten Blick relativ uninteressant aus. Das Wort *nicht* ist für uns heutige Sprecher nicht morphologisch komplex, es sieht also nicht so aus, als ob es aus kleineren Teilkomponenten zusammen gesetzt sein könnte. Sie wissen vielleicht, dass die Negation im Lateinischen durch *ne* oder *non* ausgedrückt wird; diese sind dem Wort *nicht* (oder auch dem englischen *not*) ziemlich ähnlich. Man könnte also davon ausgehen, dass Lateinisch *non* relativ direkt zum Deutschen *nicht* wurde. Allerdings zeigt uns das Studium althochdeutscher und mittelhochdeutscher Quellen, dass im Gebiet der Negation sich dramatische Änderungen ereignet haben müssen, denn es gibt zu manchen Zeiten kein einfaches Wort irgendwo zwischen *non* und *nicht*, das die Negation ausdrückt. Schlimmer noch: Es gibt über lange Strecken überhaupt kein einzelnes Wort, das dem modernen *nicht* entspricht!

Auch moderne Sprachkenntnisse könnten den Verdacht aufwerfen, dass es sich mit der Negation nicht so einfach verhält wie erhofft. Wenn Sie Französisch in der Schule gelernt haben, kennen Sie die zweiteilige Negation *ne ... pas*. Beide zusammen, so lernen wir, drücken das aus, was dem deutschen *nicht* entspricht. Beide Teile müssen korrekt an verschiedenen Stellen im Satz positioniert werden, um einmal *nicht* auszudrücken. Das ist reichlich komplex. Auch die Franzosen scheinen es zu komplex zu finden und lassen das *ne* in der gesprochenen Sprache häufig weg. Diese Auslassung ist im Kanadisch-Französischen am weitesten fortgeschritten.

(1) Louise schläft **nicht**.

(2) Louise **ne** dort **pas**.   (Standardfranzösisch)

(3) Louise dort **pas**.   (Québec/Kanada)

Warum ist das Französische so kompliziert und woher kommt der zweite Bauteil *pas*, der offenbar dabei ist, das neue *nicht* des Französischen zu werden?

Wenn Sie sich im süddeutschen Sprachraum genauer auskennen, können Sie eine weitere Variante der Negation entdecken, die nicht recht zur engen Verwandtschaft von lat. *non* zu *nicht* passt. In Oberschwaben, im Allgäu und im alemannischen Sprachraum wird *it* oder *et/edda* als Negation verwendet. In diesen Dialekten sieht Beispiel (1) folgendermaßen aus.

(4) D'Luise schloft **edda**.

(5) D'Luise schloft **it**.

Haben die Menschen zwischen Schwarzwald und Alpen aus Faulheit aufgehört, den Nasal /n/ am Wortanfang zu bilden? – Wir werden in Abschnitt 16.4 sehen, dass diese dialektale Variante der Negation wahrscheinlich weniger mit Faulheit als mit logischer Klarheit zu tun hat. Die Sprecher im Südwesten waren schlicht logischer als ihre Nachbarn.

Der Entwicklungsgang der Negation ist eine komplexe Geschichte mit einigen Zwischenstadien. Deswegen werden wir uns im Abschnitt 16.1 zunächst die Kurzfassung der Story ansehen. Sie wurde zuerst vom dänischen Sprachwissenschaftler Otto Jespersen beschrieben und wird deshalb auch der **Jespersen-Zyklus** genannt. Danach nehmen wir die einzelnen von Jespersen identifizierten Zwischenstadien genauer unter die Lupe. Wenn eine Sprache den Jespersen-Zyklus durchläuft, dann muss sie zu jedem Punkt eine klare Syntax und Semantik der Negation haben, denn diese gehört zum Kernbestand menschlicher Sprachen. Komplexere Konstruktionen, die für negative Aussagen herangezogen werden, müssen aus der Logik der jeweils gültigen Grammatik zu erklären sein. Das heißt: Ein Sprecher im Jahr 1200 kann nicht nur deswegen eine komplizierte Art der Negation benutzen „weil die sowieso bald durch eine einfachere Negation ersetzt wird". Die komplizierten Satzmuster müssen für ihn – oder sie – sprachlich sinnvoll gewesen sein. Weil wir heute sehr viel mehr über Pragmatik wissen als Otto Jespersen im Jahr 1917, können wir besser beschreiben, was in den Köpfen der Sprecher früherer Jahrhunderte vorging. Und wir können auch genauer benennen, welche Teilbotschaften mit der Zeit verloren gingen und dazu führten, dass die neuen Negationsmuster in der Morphologie und Syntax festgeschrieben wurden. Wir beginnen mit dem Überblick.

16.1 Der Jespersen-Zyklus im Überblick

Jespersen (1917) stellte fest, dass Ausdrücke für *nicht* in immer gleicher Weise erneuert werden. Das bestehende Wort für Negation wird häufig verwendet und dabei verkürzt. Weil aber die Negation ein ziemlich wichtiger Teil einer Aussage ist, finden die Sprecher es mit der Zeit ungünstig, dass man die Negation so leicht überhört. Dann verstärken sie die Negation, meist mit einem zweiten Wort. Dadurch bekommen sie eine zweiteilige Negation, die besser zu hören ist. Weil aber zwei Wörter für einen Gedanken zu viel sind (und die alte Negation sowieso schon phonologisch geschrumpft ist), wird mit der Zeit das zweite, neue Wort zum Ausdruck für Negation – und damit hat die Sprache wieder ein Wort für Negation, das häufig verwendet und dabei gekürzt werden kann usw.

Den ersten Teil der Entwicklung können Sie vermutlich gut nachvollziehen. Wir tendieren tatsächlich dazu, das Wort *nicht* eher wie *nit, net, nich* oder *ni* auszusprechen. Das kann zu Missverständnissen führen. Allerdings würden Sie in dem Fall vermutlich den Satz eher wiederholen und dabei das *nicht* besonders deutlich aussprechen. Verstärkung durch ein neues Wort – das klingt wie ein Hochrisikospiel. Welches neue Wort sollte man wählen? Kann man sich einfach irgendwas ausdenken? Wie kann man wissen, dass der Adressat das richtig versteht? Sehen wir uns also Jespersens Beispiele an.

Im Altenglischen wurde die Negation durch ein *ne* am Verb ausgedrückt, so wie in (6) gezeigt.

(6) *He nolde beon cyning*
    er ne-wollte sein König
    'Er wollte nicht König sein'
    (nach Jespersen 1917: 12)

Diese Negation, sagt Jespersen, wurde verstärkt, indem die Sprecher ein zweites Wort nach dem Verb anfügten, das wie *noht* oder ähnlich aussah: *ne* + Verb + *n-oht/iht*.

(7) *He ne held it noght*
    Er nicht hielt es nicht
    'Er hielt es nicht'
    (nach Jespersen 1917: 9)

Die ursprüngliche Negation vor dem Verb wurde schließlich ganz ausgelassen und das Englische endete beim Negationsmuster Verb + *noght/nott/not*.

(8) *My wyfe rose nott*
    'Meine Gattin stand nicht auf'
    (nach Jespersen 1917: 9)

Außerdem und parallel entwickelte sich die englische Syntax so, dass Negation nur mit Hilfsverben kombiniert werden konnte – daher lautet die moderne Negation *My wive did not rise*. Dies ist aber ein Sonderweg, der nicht zum Negationszyklus dazu gehört.

Woher aber hatten die Sprecher das neue Wort in (7)? Es war in Wirklichkeit zusammengesetzt aus drei Wörtern: *ni + êo + wiht*, und zwar *ni* = die alte Negation, *êo* = ‚irgendein' und *wiht* = ‚kleiner, unbedeutender Mensch', verwandt mit dem modernen Wort *Wicht*, das wir nur noch als Teil von *Wichtelmännchen* und *Bösewicht* kennen. Das zusammengesetzte Wort liegt auch dem deutschen *nicht* zugrunde und man kann sehen, dass bei der Verkürzung im Englischen der Vokal /o/ aus *êo* übrigblieb, im Deutschen dagegen das *i* aus *wiht*. So weit, so gut – aber wie würde man als Sprecher auf die Idee kommen, die Negation zu verstärken indem man ‚nicht irgendein Wicht' in den Satz stellt? Wollten die Menschen mit Satz (7) wirklich sagen: ‚Er hielt es nicht, nicht irgendeinen kleinen Mann'? Im heutigen Deutsch wäre diese Wendung ganz sicher *kein* guter Weg, die Negation zu verstärken.

Jespersen wich diesem Problem aus, indem er behauptete, *noght* habe bereits ‚nichts' geheißen (später sicher, aber am Anfang?) und von *nichts* zu *nicht* sei übrigens nur ein kleiner gedanklicher Schritt. Letzteres stimmt vielleicht in Beispielen wie *Ich will nicht / nichts trinken*, aber bei intransitiven Verben wie *Ich kann nicht / *nichts schlafen* gibt es doch klare Unterschiede, die zu überwinden wären. Noch einmal: Auch Sprecher im Jahr 800 hatten eine funktionierende Sprache mit einer arbeitsfähigen Negation, und diese Sprecher waren keineswegs schlampiger oder ungenauer als heute. Bisher habe ich, wie Jespersen, englische Beispiele benutzt. Lassen Sie uns einen ersten Blick auf die deutsche Negation um das Jahr 800 werfen.

Der als *Tatian* bezeichnete althochdeutsche Text ist die Übersetzung einer Art Zusammenfassung des neuen Testaments, geschrieben vom Geistlichen Tatian auf Latein, etwa 200 nach Christus. Mönche aus der Gegend um Fulda schufen ca. 830 eine althochdeutsche Übersetzung des Textes. Wir haben mit dem lateinischen Original sehr gute Information darüber, was der Text sagt (im folgenden Beispiel steht der lateinische Text in der ersten Zeile in Klammern).

(9) (sine ipso factum est nihil quod factum est)
ûzzan sin ni uuas uuiht gitanes thaz thar gitan uuas
ausser sein nicht ward wiht getan das da getan ward
'ohne ihn wäre nichts (von dem) geschaffen, was geschaffen wurde'
(Tatian 1,2)

In (9) sehen wir, wie einer dieser frühesten deutschen Autoren negiert hat. Der Übersetzer schreibt *ni was wiht getanes* und benutzt dabei das Wort *wiht*, um dessen Übersetzung sich Otto Jespersen drückt. *Wiht* steht ohne negierendes *n-*. Die Negation *ni* steht grammatisch korrekt (für das 9. Jahrhundert) vor dem Verb: es wird *nicht-getan*. Was wird nicht getan? – *Alles und irgendwas*, könnte man antworten, und damit sind wir schon sehr nah an dem, was Sprecher wirklich machen, wenn sie eine Negation verstärken möchten.

16.2 Negativ-polare Elemente als Verstärker der Negation

In Kapitel 15 haben wir negativ-polare Elemente unter zwei Perspektiven kennen gelernt. Im heutigen Deutschen sind dies Ausdrücke, die nur in bestimmten Satzumgebungen benutzt werden können. Diese Umgebungen können in verschiedener Weise beschrieben werden: Die Ladusaw-Schule nutzt logische Beschreibungen, aus der Syntax kennt man syntaktische Beschreibungen, Krifka nutzte eine pragmatische Beschreibung. Wie so oft hat jede dieser Theorien Vor- und Nachteile. Aber nur die pragmatische Beschreibung kann erklären, wie aus normalen Wörtern einer Sprache plötzlich Wörter werden, die sich nur noch in bestimmten Umgebungen verwenden lassen: Sie werden Teil einer Konstruktion, die insgesamt ausdrückt, dass die Aussage „logisch besonders stark" ist. Diese Konstruktion funktioniert in den unterschiedlichsten Satzumgebungen (*wenn-dann*-Konstruktionen, Allquantoren, Komparativen usw.). Sie funktioniert auch in negierten Sätzen, wie wir gesehen haben. Aber wenn Sie sich in Abschnitt 15.3 die semantischen Bestandteile der Konstruktion in (44) ansehen, können Sie überprüfen, dass von ‚negieren' oder gar ‚stark negieren' dort nicht die Rede ist.

Man kann also vermuten, dass ein oder mehrere ursprüngliche NPE im Lauf der Jahrzehnte und Jahrhunderte so regelmäßig mit der Negation zusammen benutzt wurden, dass die Konstruktion irgendwann im Spracherwerb nicht mehr als pragmatisch besondere Konstruktion, sondern als syntaktischer Ausdruck der Negation erlernt wurde.

Im Deutschen (und Englischen) sind uns aus der Zeit des Übergangs nur sehr wenig Quellen überliefert. Deswegen ist es sehr schwierig zu erschließen, wie die damaligen Sprecher sich im Alltag ausgetauscht haben. Nun haben wir das Glück, dass dieselbe Negationsentwicklung auch im Französischen stattgefunden hat, und ihre ersten Wurzeln bereits im Lateinischen zu finden sind. In diesem Fall haben wir eine reichere Datengrundlage.

Im Lateinischen wird mit *non* negiert, was normalerweise vor dem Verb steht (nach Schwegler 1990: 152–153):

(10) *difficile est saturam non scribere*
schwierig ist Satire nicht schreiben
'es ist schwierig, keine Satire zu schreiben'

Außerdem nutzten die Sprecher Wendungen wie ‚keinen Krümel Verstand haben', ‚keinen Fingerbreit wegbewegen', um drastische negative Aussagen zu machen, die sich erstaunlich modern anhören und ans vorige Kapitel erinnern.

(11) *non   micam   mentis   sanae   habere*
     nicht Krümel Gehirn   gesundes haben
     'keinen Krümel gesundes Hirn haben' (vgl. 'keinen Funken Verstand haben')

(12) *non   licet   transversum digitum   discedere*
     nicht erlaubt Breite   (eines) Fingers weggehen
     'man darf keinen Fingerbreit weggehen'

(13) *non   vales   uno   coco*
     nicht wert-bist einen Kern
     etwa: 'Du bist keinen Zwetschgenkern wert'

Diese Wendungen sind idiomatisch und folgen wieder der Logik der minimizer. Wer nicht einmal so viel wert ist wie ein Zwetschgenkern, von dem ist sicher nicht viel zu erwarten. Es ist zu vermuten, dass es sich hier um lateinische NPE handelt, wie wir sie im letzten Kapitel untersucht haben.

Einige dieser Idiome entwickelten eine eigene Dynamik. Im Altfranzösischen finden sich die Nomina *pas* (‚Schritt'), *mie* (von *mica* ‚Krümel'), *rien* (‚Ding, Sache'), *personne* (‚Person'), *goutte* (‚Tropfen') und einige andere als regelmäßige Elemente in negierten Sätzen. Interessant ist dabei, dass sie in Sachverhalten benutzt werden, die an und für sich mit Schritten, Krümeln oder Tropfen nichts zu tun haben. Auch das deutet darauf hin, dass sich diese Nomina zu NPE entwickelt haben. Die folgenden Beispiele sind zitiert aus dem *Altfranzösisches Wörterbuch* von Tobler und Lommatzsch (LT).

(14) *Mais a   bataille n'   oset il   pas   venir*
     ber   zum Kampf   nicht wagt er   Schritt kommen
     'aber zum Kampf wagt er nicht (einen Schritt?) zu kommen'
     (LT, Bd. 6, Sp. 411,29)

(15) *Quel   part qu' il   alt, ne   poet   mie   cäir*
     welch Ort   das er   geh   nicht kann   Krümel fallen
     'An welchen Ort er auch immer geht, er kann nicht „einen Krümel" fallen'
     (TL, Bd. 6, Sp. 15, 23)

(16) Si   fait   oscur,   ne   veient   **gote**,
     so   macht   dunkel   nicht   sehen (sie) Tropfen
     ne   ne   sevent   tenir   lor   rote
     noch nicht   wissen (sie)   halten   ihren   Weg
     'Es ist so dunkel, sie sehen nichts (nicht einen Tropfen), und sie können ihren Weg nicht einhalten'
     (TL, Bd. 4, Sp. 465, 16)

Die Passagen in (14)–(16) zeigen verschiedene altfranzösische Negationsbegleiter, darunter das Wort *pas*, das wir aus der modernen französischen Negation kennen.

Es liegt die These nahe, dass die altfranzösischen Sprecher ihre Negation mit NPE kombinierten. Wir würden also vermuten, dass sie dieselben pragmatischen Mittel nutzten, die in Kapitel 15 vorgestellt worden sind. Aber können wir das überprüfen? Nutzten die Sprecher vor vielen Jahrhunderten die emphatische Assertion? Nutzen sie **Emp.Assert**, wenn sie die neuen Begleiter der Negation verwendeten, das *mica* in Latein, das *mie, pas, point, rien, personne* im Altfranzösischen, und das *wiht* im frühen Deutsch/Englisch? Wenn das der Fall wäre, dann würden wir erwarten, dass diese Wörter nicht ausschließlich mit Negation auftreten, sondern auch in den vielen anderen möglichen Kontexten, in denen sie mit **Emp.Assert** zu einer sinnvollen Aussage führen.

Spannenderweise lässt sich genau das in den historischen Quellen nachweisen. Am besten nachvollziehbar ist die Entwicklung für das Altfranzösische, denn für diese Varietät gibt es während der kritischen Entwicklungsphase genügend überlieferte Dokumente, die das ganze Verwendungsspektrum der negationsbegleitenden Wörter zeigen. Das *Altfranzösische Wörterbuch* belegt die modernen Begleiter der Negation *rien, personne, point*, wie auch einige inzwischen außer Gebrauch gekommene wie etwa *mie* (,Krümel'), *goutte* (,Tropfen'), *gant* (,Handschuh'). Es wird Folgendes berichtet: Diese Wörter treten nicht nur mit der Satznegation *ne* auf, sondern auch in weiteren negativen Kontexten, in Konditionalen, in Fragen und Superlativen ... In (17) sehen Sie eine Verwendung von *mie* in einem Superlativ, *mie* hier in der Bedeutung *jemals*:

(17)   *le plus vaillant, le plus entier c'on trovast* **mie** *en tout le monde.*
       'der alleredelste, der allergrößte, den man je auf der Welt gefunden hat'
       (TL, Bd. 6, Sp. 17, 22)

Ich verzichte auf eine umfassende Darstellung von Beispielen dieser Art (siehe dazu Eckardt 2006: Kap. 5), aber im Überblick lassen sich Negationsbegleiter in folgenden Satzumgebungen nachweisen:

Tab. 1: Auftreten von Negationsbegleitern im Altfranzösischen.

Satzumgebung	mie	goutte	point	rien	personne	pas
unter Negation und negativen Verben	√	√	√	√	√	√
mit sans („ohne")		√	√	√	√	
in rhetorischen Fragen	√		√	√	√	√
in Fragen	√		√	√	√	
in indirekten Fragen	√	√	√	√	√	
im wenn-Teil eines Konditionals	√		√	√	√	
in Komparativen	√		√		√	
in anderen diversen bekannten Lizensierungskontexten		√	√	√	√	

Tabelle 1 zeigt, dass praktisch alle sogenannten Negationsbegleiter in vielen bekannten NPE-lizensierenden Umgebungen zu finden sind. Die fehlenden Zellen könnten auch auf den begrenzten Datensatz zurückzuführen sein. Also spricht für das Französische viel dafür, dass diese Negationsbegleiter in der Tat NPE waren. Ihr Vorkommen in negierten Sätzen sind nur ein Teil eines viel breiteren Spektrums emphatischer Assertionen, in denen sie benutzt werden konnten.

Mit der Zeit sieht man Veränderungen im Sprachgebrauch. Einerseits werden die Beispiele, in denen die alte Negation *ne* alleine benutzt wird, immer seltener. Andererseits setzen sich einige wenige Negationsbegleiter durch, darunter das *pas*.[1] In diesem Stadium bedeutet das Wort nicht mehr ‚Schritt' und die negierten Beispiele haben auch nicht mehr den rhetorischen Charme von Idiomen. Die Kombination *ne + pas* ist nun die normale, einfachste Art einen Satz zu negieren.

Nach diesem Abstecher zur Negationsgrammatik des Lateinischen und Altfranzösischen kann man den Zyklus besser verstehen. Wir wissen nun, wie sich Sprecher des Altfranzösischen ein neues Negationswort bauen konnten, von dem sie noch gar nicht wussten, dass es einmal ein Negationswort werden würde. Die Sprache hatte zunächst eine einfache Negation. Damit konnte, wie in vielen allen Sprachen, ein negativ polares Element verwendet werden. Diese können relativ einfach neu geprägt werden – erinnern Sie sich an die einleuchtende neue Wendung *nicht einen Krümel Verstand haben* in Kapitel 15? Intuitiv ist klar: Jeder Sprecher kann sich solche Wendungen ausdenken, und jeder Adressat würde sie sofort verstehen. Erst aus diesen Wendungen heraus entwickelte sich dann eine neue mehrteilige Negation, weil den Sprechern der "Witz" des Idioms nicht mehr

---

[1] Sie werden in der Tabelle bemerken, dass *pas* als einziges Element schon im Altfranzösischen auf wesentlich weniger Satzumgebungen beschränkt war.

bewusst war. Wenn von dieser mehrteiligen Wendung der kleinere Teil – nämlich das alte Negationswort *ne* – verloren geht, dann kommt die Sprache wieder in den Ausgangszustand: es gibt ein einzelnes Wort für Negation. Auch dieses Wort steht dann bereit, wieder phonologisch reduziert zu werden.

16.3 Jespersen-Zyklus: Von Pragmatik zur syntaktischen Regel

Für den Ursprung der deutsch/englischen Negation ist die Datenlage etwas weniger ergiebig. Die Nutzung von *(w)iht* in emphatischen Assertionen muss vor dem 9. Jahrhundert an Fahrt aufgenommen haben, also vor der Zeit, für die Quellen erhalten sind. Dennoch gibt es einzelne Belege, in denen das NPE *iht/ wiht* in nichtnegierten Umgebungen steht, namentlich in All-Quantifikationen wie folgendem Beispiel.

(18) wer **icht** trug, dasz an die peut gehört, dem nam man dasz
 wer **irgendetwas** trug, das an die Beute gehörte, dem nahm man das
 (DWB, Bd. 10, Sp. 2033)

Das Beispiel ist aus dem *Deutschen Wörterbuch* (DWB). Unter dem Eintrag *icht* ist die Lesart *irgendetwas, irgendein, irgendwie* verzeichnet, die man unter anderem findet „in Fragen, mit Allquantoren, in Konditionalen, in Komparativen, mit diversen Negationen und so weiter". Wir können also annehmen, dass auch der Negationsbegleiter *(w)iht* im Deutschen seinen Anfang als NPE in emphatischen Assertionen nahm. Die neue Wendung war dabei für die damaligen Sprecher ebenso leicht zu entschlüsseln wie für Sie die neue Wendung ‚kein Krümel' oben.

Die erste Phase des Negationszyklus ist also anders als Otto Jespersen annimmt – nicht sprachpflegerisch motiviert. Wir sehen keine Schar besorgter Sprecher, die zur Rettung der schwindenden Negation Maßnahmen ergreifen und irgendwelche Wörter rekrutieren, um dem armen Inhalt wieder Gehör zu verschaffen. Wir sehen vielmehr Sprecher, die mit Lust an der bilderreichen Sprache neue Mitspieler in emphatischen Assertionen erfinden in einem Prozess, der lediglich eine kleine semantische Erweiterung erfordert: typischerweise werden Wörter für kleine Dinge zu Wörtern für kleine Maßeinheiten verallgemeinert.

Zur Diskussion: Krifka (1995) diskutiert, dass auch Wörter für den allgemeinstmöglichen gemeinten Bereich nützlich in emphatischen Assertionen sind. *Person* ist etwa ein sehr allgemeiner Oberbegriff für Menschen aller Art, ebenso *Ding* für Gegenstände. Aber es gibt auch idiomatische unter solchen Oberbegriffen, wie *Menschenseele* oder *Schwein* (wie in „Kein Schwein ruft mich an"). – Nehmen

Sie an, dass *Menschenseele* die Alternativen *Mann, Frau, Bürger, Kind* ... hat. Zeigen Sie, dass die Aussage *Es war keine Menschenseele auf der Straße* die logisch stärkste unter den möglichen alternativen Propositionen ist!

Wir haben gesehen, dass Sprecher produktiv neue Wendungen prägen können, um emphatische Assertionen zu machen, und dass die sinnvollen Assertionen unter anderem solche sind, die negiert sind. Der nächste Schritt im Negationszyklus muss uns dahin bringen, dass diese neuen Wendungen *nur* noch mit Negation benutzt werden und ihr ehemaliges pragmatisches Potenzial allmählich vergessen wird. Sie sehen in der Tab. 1 für das Altfranzösische, dass das Wort *pas* (ehemals ‚Schritt') offenbar schon so weit war. Aus einer ehemals bildhaften Wendung war ein Wort geworden, von dem man sich angewöhnt hatte, dass es eben nur noch in negierten Sätzen auftauchte.

Wie wir in Kapitel 15.2 gesehen haben, brauchen negativ-polare Elemente eine ziemlich ausführliche Gebrauchsanweisung. Sie müssen zwingend im Fokus stehen. Wir müssen wissen, was für Alternativen wir uns dabei vorzustellen haben. Wir müssen wissen, dass sie mit **Emp.Assert** zusammen eine spezielle Präsupposition auslösen und genau deswegen nur in manchen, aber nicht in allen Sätzen akzeptabel sind. Diese Bedingungen sind nicht nur aufwändig aufzuzählen, sondern auch leicht zu übersehen. Kinder, die eine Sprache erwerben, lernen leichter syntaktische Muster als pragmatische Zwischentöne. Erwachsene Sprachlerner lernen einfacher feste Wendungen als komplexe Konstruktionen. Und wenn Erwachsene in derselben Sprache miteinander reden, dann kann es sein, dass ein Sprecher Präsuppositionen meint, die der Adressat nicht so versteht. Solche Kontexte sind Brückenkontexte zwischen dem Stadium, in dem *pas* oder *wiht* als NPE analysiert werden – und dem Stadium, in dem sie lediglich syntaktischer Teil der Negation ohne weitere pragmatische Wirkung sind.

16.4 Mittelhochdeutsch: Negative Concord als weiterer Faktor

Das weitere Schicksal der Wörter *(w)iht, pas, personne* usw. zeigt uns, dass die Sprecher ihnen keinen eigenständigen Bedeutungsbeitrag mehr zuschreiben konnten, und dass die Sprecher als neues Muster „kommt immer mit einer Negation zusammen vor" identifizierten. Dieser Sprachzustand ist syntaktisch schwierig zu beschreiben, denn eine einzelne Bedeutungskomponente – die Negation – wird durch zwei Wörter ausgedrückt (siehe dazu Jäger 2008; Jäger und Penka 2012; Zeijlstra 2007). Dieses Problem betrifft aber nur die linguistische Fachwelt, die Sprecher der Sprache kommen damit sehr gut zurecht. Das Negieren einer Aussage ist offenbar so wichtig, dass man es ruhig mehrfach im Satz tun kann.

In vielen Sprachen und Dialekten kann man zwei oder mehr Negationen benutzen, damit aber nur einmal negieren. Anders als in der Logik, in der sich zwei Negationen auslöschen, wird hier mit zwei Morphemen eine Negation gemeint. Diese Konstruktion wird auch als **negative concord** bezeichnet. In vielen Dialekten finden sich Beispiele wie folgende.

(19) Es gab nur „Manna" – und nicht einmal Bier! Singen tat er noch nie nicht und überhaupt, ... in der Gesellschaft dieser „Durchgeistigten" fühlte er sich gar nicht daheim.
(L. Thoma, *Ein Münchner im Himmel*, in der Fassung von Adolf Gondrell, München 2005)

(20) Mir ischt no nia koi Sau verreckt! (Schwäbisch)

(21) 'e nivver said nowt neeaways ti neean of 'em. (Yorkshire English)
he never said nothing neverway to noone of them
wörtl. 'Er hat noch nie nix zu niemand gesagt'
(https://www.yorkshiredialect.com/grammar.htm; 10.02.2021)

In allen diesen Beispielen wird eine Aussage einmal verneint, obwohl zwei oder mehr Negationsmorpheme im Satz stehen. Satz (20), von einem Schwaben geäußert, bedeutet, dass dem Sprecher noch nie ein Schwein gestorben ist. Der Yorkshire-Sprecher in (21) berichtet, dass ‚er' niemandem jemals etwas gesagt habe. Eine ausführliche Beschreibung von negative concord im Bairischen gibt Bayer (1990).

Auch im Mittelhochdeutschen haben die Sprecher lieber einmal zu viel negiert als einmal zu wenig. Im Altfranzösischen ist dagegen keine ähnliche Negationsverdopplung zu beobachten. Auch im Alemannischen, wie wir unten sehen werden, fand sie wahrscheinlich nur begrenzt statt. Aber sehen wir uns die Verhältnisse um das 13. Jahrhundert im deutschen Sprachraum genauer an. In Mittelhochdeutschen Quellen finden wir einen Überfluss an Negationen. Erstens ist das alte Negationsmorphem *ne* noch am Verb zu finden. Dazu wird zweitens das Nomen *(w)iht* zusammen mit einem Artikel *êo* verwendet, bei dem sicherheitshalber ebenfalls eine Negation steht *ne*. Gemeinsam bildet *n-eo-wiht* das komplexe Ausgangswort, das sich später zu *nicht* verkürzt. Und drittens stehen auch gerne an anderer Stelle noch negierte Nominale, negative Adverbien oder andere Negationen im Satz. Die folgende Auswahl stammt aus dem Epos *Der arme*

Heinrich des Dichters Hartmann von Aue, der um das Jahr 1200 in Süddeutschland schrieb. Auf wenigen Seiten finden sich folgende Varianten negierter Sätze:[2]

(22) *ne*-Verb
 ja enmac ich
 ja nicht-mag ich
 'ich kann ja nicht'
 (Hartmann, Z. 1264)

(23) *ne*-Verb und *nicht*; außerdem *iht* unter Negation im Nebensatz
 Ich enbin nu niht müezic dar zuo, daz ich iu
 ich nicht-bin nun nicht müßig dazu dass ich Euch
 iht uf tuo.
 iht auf mache
 'Ich habe gerade keine Zeit, Euch aufzumachen'
 (Hartmann, Z. 1260)

(24) *niemand*, *ne*-Verb und zweites *ne*-Verb
 ir gebaerde wart so jaemerlich, daz si nieman hete
 ihr Gebaren war so jammervoll dass sie niemand hätte
 gesehen, im enwaere ze weinen ne geschehen.
 gesehen ihm nicht-wäre zu weinen nicht geschehen
 'Sie klagte so jämmerlich, dass sie niemand ansehen hätte können, ohne zu weinen'
 (Hartmann, Z. 1286)

(25) *niemand* + *nicht* +*en*-Verb
 daz du sunder sinen danc gerst ze lebenne einen tac,
 dass du ohne seinen Dank begehrst zu leben einen Tag
 wider den nieman niht enmac.
 gegen den niemand nichts nicht-kann
 'dass Du ohne seine Zustimmung auch nur einen Tag leben willst, gegen den doch niemand auch nur das Geringste ausrichten kann' (die Rede ist von Gott)
 (Hartmann, Z. 1245)

---

[2] Das ganze Werk können Sie z. B. auf Projekt Gutenberg lesen. Das lohnt sich schon wegen des Sex-and-Crime-Höhepunktes!

In (22) verwendet Hartmann die alte Negation. Das Negationsmorphem variiert in den Quellen zwischen *ne* und *en* und Hartmann nutzt *en*, wie in allen Beispielen hier zu sehen. Im Hauptsatz von (23) finden wir das, was nach Jespersen die zweiteilige Negation wäre: *en-bin* ‚bin nicht' kombiniert mit *niht* ‚nicht'. Es ist aber nicht so einfach zu entscheiden, ob Hartmann mit *niht* vielleicht *nicht-ein-bisschen* meinte, denn im Nebensatz von (23) benutzt er das NPE *iht* ohne die Negation – offenbar erlaubt deswegen, weil im Hauptsatz bereits ordentlich negiert wurde, aber ebenso offensichtlich ohne das *n-*. Es liegt also nahe zu vermuten, dass für Hartmann *niht* noch zweiteilig war und aus *ne + iht* bestand. In (24) enthält der negierte Nebensatz, der wörtlich meint ‚ihm wäre nicht zum Weinen gewesen', zwei Negationen, nämlich einmal *en*-Verb und einmal *ne* + Verb. Solche Beispiele bestätigen, dass Hartmann ein großer Fan der mehrfachen Negation war. Er nutzte nicht nur *en*-Verb plus *nicht*, so wie es Jespersen erwartet hätte, sondern auch mehrfache *ne/en* im selben Satz. (25) schließlich führt ein Beispiel mit drei Negationsmorphemen vor, die logisch gesehen auf eine einzige Negation hinauslaufen: ‚gegen den niemand irgendetwas machen kann'. Auch dieses Beispiel legt nahe, dass für Hartmann *nicht* noch in *ne + irgendetwas* aufgeteilt werden konnte. Wenn wir dem Autor diese Annahme zugestehen, dann würde sein Protagonist hier einen emphatischen Ausruf tun: „Wie kannst Du auch nur *einen einzigen Tag* leben wollen ohne die Zustimmung dessen (=Gott), ohne den niemand auch nur das Geringste unternehmen kann!" Diese Annahme ist pragmatisch stimmig und legt nahe, dass Autoren wie auch ihre handelnden Protagonisten im Mittelalter uns im Grund sehr ähnlich waren.

Machen wir eine kurze Bestandsaufnahme für die Negationsgrammatik von Hartmann von Aue.
– Hartmann nutzt die mehrfachen Satznegationen.
– Hartmann verwendet unter anderem auch *niht* in solchen mehrfach negierten Sätzen.
– Für ihn zerfällt *niht* höchstwahrscheinlich noch in zwei Morpheme *n-* und *iht*. Das können wir deswegen annehmen, weil er auch bloßes *iht* benutzt, allerdings nur im Skopus einer Negation höher im Satz.
– Das einfache *niht* genügt Hartmann als Negation nicht.

Um das Jahr 1200 war *niht* also ein Negationsbegleiter, aber Sprecher wie Hartmann von Aue waren gründliche Negatoren. Das Wort enthielt einerseits bereits ein Negationsmorphem *n-* als Teil, es war aber andererseits nicht Negation genug, um alleine im Satz zu stehen. Eine weitere Negation war nötig.

Weitere Beispiele aus dieser Phase können Sie selber finden, wenn Sie Spaß daran haben, mittelhochdeutsche Epen zu entschlüsseln; zweisprachige Ausgaben sind sowohl im Druck als auch online verfügbar. Deswegen soll nur noch ein kurzer Blick auf das Altenglische bestätigen, dass auch dort dieselbe Entwicklung im Gang war. Die beiden folgenden Beispiele zeigen Mehrfachnegationen im Altenglischen.

(26) ne þe non neod-þearf ne lærde to wyrcanne þæt
     nicht dir nicht Notdurft nicht lehrte zu wirken das
     þæt ðu worhtest.
     das du wirktest
     'nicht die Not lehrte Dich zu schaffen, was Du schufest'
     (nach Traugott 1992: 242)

(27) ne bið ðær nænig ealo gebrowen mid Estum
     nicht ist dort nicht-ein Ale gebraut unter Esten
     'die Esten brauen kein Bier'
     (nach Traugott 1992: 218)

Interessant ist in (27) die Verschmelzung *nænig* aus *ne* und dem negativ-polaren Element *any*.

Die Sprache bei Hartmann von Aue ist typisch für das zweite Stadium des Negationszyklus in den meisten Bereichen des deutschen und englischen Sprachraums. Die Mehrfachnegation ist sehr gebräuchlich. Negationsmorpheme stehen am Verb, am Begleitwort *iht* und gegebenenfalls auch noch an anderen Stellen im Satz. Dieser Reichtum schmilzt in den folgenden dreihundert Jahren, außer in den Dialekten, die bis heute Mehrfachnegationen nutzen. Ein Fixpunkt der deutschen Sprachgeschichte ist Martin Luther: In seiner Bibelübersetzung von 1530 sehen wir fast ausschließlich einfach negierte Konstruktionen. Es gibt allerdings Gegenden, in denen sich auch das *n-* am Wort *nicht* nicht auf Dauer etabliert hat. Die folgenden Beispiele sind grob gesprochen aus dem Südwesten Deutschlands.

(28) Westallgäu
     *Roi-Sensa. Da mäht ma einen Rain mit, einen Wiesenrand. Die ham a kürzere Klinge, dann hakts **it** so.*
     '... dann hakt es **nicht** so'
     (V. Klüpfel / M. Kobr, *Erntedank*, München 2006, S. 99)

(29) Schwäbisch
     *Gohsch Du glei do raus? D'Schpätzla werat sonsch **et** rechtzeitig ferdig, on ausserdem vrklompat se!*
     'Die Spätzle werden sonst **nicht** rechtzeitig fertig...'
     (Uderzo & Goscinny, *Asterix bei de Legionär* (Mundart Schwäbisch), Stuttgart 2004, S. 27)

(30) Seealemannisch
*Numme **it** lugg lo.*
'nur **nicht** lockerlassen'
(Interview mit dem Verein Seealemannen, *Konstanzer Anzeiger*, 29.3.2017)

Die südwestdeutschen Sprecher hatten offenbar den klareren Überblick über ihre Negationen. Entweder war bei ihnen die Mehrfachnegation von vornherein nicht so üblich und ihr Negationsbegleiter *iht* blieb in der Regel ohne weitere Negation (d. h., frei vom *n-*). Oder aber der Rückgang der Mehrfachnegation bedeutete, dass auch das zusätzliche *n-* am nun gebräuchlichen Negationswort *it/et* als überflüssig empfunden und weggelassen wurde.

Soweit ich weiß, wurde diese Entwicklung im Südwesten noch nie systematisch untersucht (die Allgäuer mögen verzeihen, dass ich sie kurzerhand zum Westen gerechnet habe). Ich kann deshalb nicht sagen, welchen genauen Verlauf der südwestdeutsche Sonderweg genommen hat. Was aber im deutschen Sprachraum ein Sonderweg war, ist im französischen Sprachgebiet die normale Entwicklung: zu keiner Zeit wurden *ne* und *pas* zu einem Wort verschmolzen.

16.5 Zusammenfassung

Hier noch einmal die Voraussetzungen und die Stadien des Zyklus. Zunächst kann potenziell jede Sprachgemeinschaft mit Hilfe von Ausdrücken für Kleines, Unwichtiges, Unwesentliches neue Wendungen erfinden, die für emphatische Assertionen geeignet sind. Es sind Ausdrücke vom Bautyp *keinen Krümel Verstand haben*, wie wir sie in Abschnitt 15.2 untersucht haben. Die allgemeine Pragmatik schafft die Grundlage für diese Art von Wendung. Die beteiligten Wörter werden auch als **negativ-polare Elemente** bezeichnet.

Negativ-polare Elemente kommen im Skopus der Negation vor, aber auch in einer Reihe von anderen Satzkontexten. Wir können negativ-polare Elemente in früheren Sprachen daran erkennen, dass sie ebenfalls nur in diesen speziellen Kontexten vorkommen. Solche Ausdrücke können insbesondere dafür benutzt werden, um **emphatisch negative Aussagen** zu machen. ‚Emphatisch negativ' heißt, dass die Aussage mit der Nebenbotschaft einher geht: ‚Ich mache die logisch stärkste aus einer Reihe von alternativen Aussagen, die ich stattdessen hätte tun können.'

Anscheinend wird dieser Typ von Aussage besonders dann genutzt, wenn die normale Negation der Sprache den Sprechern für ihre Botschaften nicht mehr ausreicht. Otto Jespersen ging davon aus, dass schlechte Hörbarkeit das Problem war. Möglicherweise war eher ein gewisser Drang zu pragmatisch aufgeladenen Aussagen der wahre Grund für die Beliebtheit von NPEs.

Die Entwicklung einer neuen Negation beruht darauf, dass die Sprecher die pragmatischen Zusatzbotschaften nicht mehr verstehen. Die neuen Teile der Negation werden syntaktisch begründet („muss da stehen") und nicht mehr pragmatisch interpretiert („macht eine besonders starke Aussage"). Die Grammatik erreicht einen Zustand, in dem mehrere Morpheme gemeinsam eine Negation ausdrücken.

Im Deutschen und Englischen konnten das zwei oder auch mehr Morpheme sein. Der Negationsbegleiter *iht* wurde vorsichtshalber auch gleich mitnegiert: *n-iht*. Im Französischen trat keine Mehrfachnegation auf und *pas* wurde zum normalen Negationsbegleitwort.

An diesem Punkt steht es den Sprechern im Prinzip offen, die Vielzahl von Negationsmorphemen wieder zu reduzieren und sich auf eines davon als neue Negation zu einigen. Die Sprecher des Englischen haben sich auf *not* geeinigt, die Sprecher des Standard-, Mittel- und Norddeutschen auf *nicht*. Die Sprecher des südwestdeutschen Sprachraums verblieben mit *it/et*. Das Standardfranzösische nutzt weiterhin *ne ... pas* als Doppelform. In mündlichen Registern wird mit einfachem *pas/point* negiert. Vor allem in Kanada wird die einfache Negation auch schriftlich benutzt, wenn die Eigenständigkeit der Varietät betont werden soll.

Graphisch lassen sich diese Stadien so zusammenfassen.

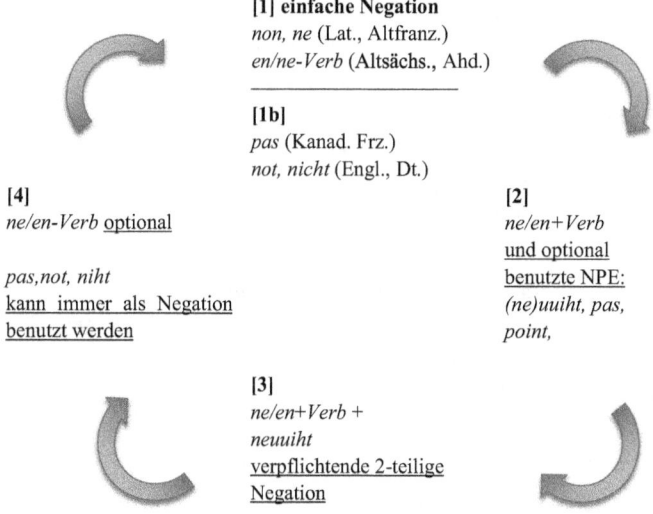

Der Negationszyklus illustriert, wie pragmatisch begründete Ausdrücke zu syntaktisch festgelegten Konstruktionen werden. Manchmal ist es offenbar einfacher, nach Mustern im Satzbau zu suchen als nach Mustern der Interaktion. Der Linguist Talmy Givón hat das so zusammengefasst: „A high-frequency pragmatically controlled behaviour can easily be grammaticalized as an obligatory 'semantic' rule" (Givón 1979: Kap. 5). Sein Kollege Ronald Langacker sagt etwas griffiger: „Semantics is grammaticalized or frozen pragmatics" (Langacker 1987). Der Negationszyklus zeigt, dass nicht nur die Semantik, sondern auch die Syntax Teil dieser Festschreibung ist, mit der unsere Sprachen laufend an neue Bedürfnisse angepasst und optimiert werden.

Fingerübungen

(1) Beschreiben Sie, wie folgender Satz als Brückenkontext zwischen NPE und einer doppelten Negation verstanden werden könnte. (Beleg aus: *Althochdeutsches Wörterbuch* (AWB), online unter http://awb.saw-leipzig.de; Lemma *iouuiht*)
ir   ni   uuizzut   iouuiht
ihr   ni   wisset   io-wiht
'Ihr wisst nichts'
(lat. *vos nescitis quicquam* Tatian 135,29)
Geben Sie dabei so genau wie möglich die Struktur und Bedeutung des Satzes vor und nach der Reanalyse an.

(2) Folgende Belege finden sich im AWB (ebenfalls unter dem Lemma *iouuiht*). Begründen Sie, warum sie zu der Annahme passen, dass *ieht* ein negativpolares Element war!
ube   ih   **ieht**   uueiz   in   presenti
ob/wenn   ich   **ieht**   weiß   in   (der) Gegenwart
'falls ich **ieht** jetzt schon weiß'
(Nb 318,21 [348,3])
niist   eo   so   listic   man,   der   dar   **iouuiht**   arliugan   megi
n-ist   je   so   listiger   Mann   der   dort **iowiht**   erlügen   vermag
'es gibt niemals einen so schlauen Mann, der dort **iowiht** zu seinem Nutzen erschwindeln könnte'
(beim Gerichtstag)
*(jeder/einer)   ter   **iehtes**   turftig   ist*
(jeder/einer)   der   **iehtes**   bedürftig ist
'ein/jeder, der **iehtes** braucht'
(Nb 141,27 [153,7])
Welches moderne Wort würden Sie zur Übersetzung von *i(w)iht* vorschlagen?

(3) Noker von Zwiefalten verfasste um 1070 ein **Memento mori.** Dort findet sich folgender Vers (online verfügbar in der *Bibliotheca Augustana*, http://www.hs-augsburg.de/~harsch/germanica/Chronologie/11Jh/Noker/nok_intr.html).

Tisiu werlt ist also getan: swer zuo ir beginnet van,
diese Welt ist so gemacht wer zu ihr beginnt fahren
si machot iz imo alse wunderlieb, von ir chom ne
sie macht es ihm so wunderlieb von ihr kommen ne
mag er niet.
mag er nicht

Zu welchen Stadien des Jespersen-Zyklus würde der Beleg passen

(4) Die Negation in der Umgangssprache ist ebenfalls manchmal morphologisch sehr schwach.
Ich kommni mit.
'Ich komme nicht mit'
Spekulieren Sie über die Zukunft – was für ein NPE würden Sie wählen, wenn Sie dem Deutschen eine neue zweiteilige Negation schenken wollten? Was wären weitere Schritte auf dem Weg Ihrer Negation?

(5)* Sind die komplexeren Negationen *gar nicht, überhaupt nicht* Stationen auf einem neuen Jespersen-Zyklus? Inwiefern gleichen sie den Stadien, die wir aus dem alten Zyklus kennen, wo sind Unterschiede?

Teil V: **Pragmatik und Gesellschaft**

17 Sprache und Emotion: Expressive Bedeutung

In Teil I dieses Buches sind wir davon ausgegangen, dass die Bedeutung von Aussagen sich durch ihre Wahrheitsbedingungen fassen lässt. Daneben können Präsuppositionen die Verwendung von Wörtern und Sätzen beschränken. Von diesem einfachen Bild sind wir nur in Teil II über das sprachliche Handeln abgewichen, wo mit deklarativen Sätzen andere Sprechakte durchgeführt werden. Bei näherer Betrachtung stellt sich aber heraus, dass auch Aussagen nicht zuverlässig nur zur Informationsvermittlung dienen. Zum Einstieg sehen wir uns einige Aussagen an, die intuitiv gemischte Botschaften vermitteln.

(1) Dieser Idiot Meier kommt zu dem Meeting.
 a. Meier kommt zu dem Meeting.
 b. Ich kann Meier nicht leiden.

(2) Mein verficktes Fahrrad hat wieder einen Platten.
 a. Mein Fahrrad hat einen Platten.
 b. Es regt mich auf, dass mein Fahrrad einen Platten hat.

(3) Mein Scheiß-Fahrrad hat wieder einen Scheiß-Platten.
 a. Mein Fahrrad hat einen Platten.
 b. Es regt mich (sehr) auf, dass mein Fahrrad einen Platten hat.

Die Bestandteile der Mitteilung sind jeweils unter dem Beispiel aufgeführt. Wahrscheinlich würden Sie das Gefühl teilen, dass nur der Teil in a. eine Tatsachenbehauptung macht. Die unter b. aufgeführten Botschaften dagegen sagen etwas über den aktuellen Gefühlszustand des Sprechers. Es ist auch nicht schwer zu erkennen, welche Morpheme den emotionalen Beitrag liefern: *Dieser Idiot, verfickt* und *Scheiß-*.

Das folgende Beispiel hat ebenfalls einen emotionalen und einen inhaltlichen Beitrag.

(4) Nachher muss ich den Köter vom Nachbarn füttern.
 a. Ich muss den Hund des Nachbarn füttern.
 b. Ich kann den Hund nicht leiden.

Hier gibt es kein Morphem, das nur und genau den emotionalen Beitrag macht. Das Wort *Köter* umfasst zwei Bestandteile: es ist von *Hunden* die Rede (inhaltliche Ebene) und der Sprecher mag Hunde nicht (emotionale Ebene). Das Deutsche kennt viele Wörter, die eine Sprechermeinung und einen Inhalt verbinden. Hundehasser können neben *Köter* auch von einer *Töle* sprechen. Wer vegetarisches Essen nicht schätzt, kann es als *Kaninchenfutter* bezeichnen. Wenn Sie finden, dass Fahrräder mehr Wertschätzung verdienen, können Sie sie liebevoll als *Drahtesel* bezeichnen. Auch für Personengruppen gibt es viele emotiv gefärbte Alternativen zu neutralen Bezeichnungen. Ein einigermaßen unkritisches Beispiel ist die Bezeichnung *Gummihals* im Schweizerdeutschen, was die wörtliche Bedeutung ‚BRD-Deutscher' und ungefähr die emotive Bedeutung ‚hört sich zu gerne selber reden' trägt.[1] Ein anderes, veraltetes Beispiel ist die Bezeichnung *Gelbfüßler*, im 19. Jahrhundert von Badenern für Schwaben benutzt. Diese Bezeichnungen haben neben dem emotionalen Inhalt noch eine besondere soziale Dynamik. Wir werden diese Beispiele deshalb zunächst beiseitelassen und kommen in Kapitel 19 über *Slurs* (zu Deutsch ‚Verunglimpfung') auf sie zurück.

Bisher haben wir vor allem emotiven nichtwörtlichen Inhalt betrachtet. Aber aus früheren Kapiteln sind Ihnen auch andere Satzbestandteile des Deutschen mit zweifelhaftem Inhalt bekannt. In Kapitel 5 haben wir einen kurzen Blick auf Partikeln geworfen.

(5) Paris liegt ja in Frankreich.

(6) Hein ist wohl auf See.

(7) Wo ist Hein wohl? – Er wird auf See sein.

(8) Hein ist halt ein Vogelfreund.

Die Wörter *ja, wohl, halt* tragen auf schwer benennbare Weise zum Inhalt der Sätze bei. Auch mit dem Futur in (7) wird sicher kein zukünftiger Sachverhalt beschrieben, sondern der Sprecher meint ungefähr ‚ich vermute, dass sich dieser Satz als richtig herausstellen wird'. In einem wichtigen Grundlagenpapier charakterisiert Christopher Potts den Inhalt solcher Ausdrücke als **unbeschreibbar** (*ineffable*, Potts 2007). Er meint damit, dass Sprecher große Mühe haben zu umschreiben, was *halt, wohl, ja* bedeuten. Sie können allenfalls Beispiele angeben, wo man diese Wörter benutzen würde. Sie können auch nicht genau sagen, warum sie diese Wörter benutzen würden.

---

[1] Als Beleg sei das Buch von Bruno Ziauddin mit dem Titel *Grüezi Gummihälse. Warum uns die Deutschen manchmal auf die Nerven gehen* genannt. Dort finden Sie Weiteres über den emotiven Bedeutungsteil.

In anderen Fällen scheint die Syntax (manchmal zusammen mit der Prosodie) solche unbeschreibbaren Bedeutungsteile zu codieren. Der Satz in (9) ist durch seine Syntax als Exklamativ charakterisiert. Aber was ist die Bedeutung des Exklamativs? Dass der Sprecher so überrascht ist, dass er schreien könnte? Was ist mit dem distanzierenden *was ... nicht alles* gemeint? Mehr über das abschätzige *dieser* findet man in Hinterwimmer und Bosch (2016).

(9) Wie groß Hein geworden ist!

(10) Was hat Meier nicht alles behauptet.

(11) Dieser Meier war beim Meeting.

Manchmal ist der Anteil von Behauptung versus emotiver Inhalt nicht ganz klar, wie man in Beispiel (9) sieht. Der Sprecher ist über die Größe von Hein überrascht, aber wird auch behauptet, dass Hein sehr groß ist? Oder wird Heins Größe eher vorausgesetzt? Auch in Beispiel (10) ließe sich fragen, was die Assertion und was die emotive Botschaft ist. Sie erinnern sich vielleicht an die Tests, mit denen in Kapitel 5 Präsuppositionen von Assertion getrennt wird. Auch für die emotiven Bedeutungsteile werden wir solche Tests kennen lernen.

Schließlich kann emotiver Inhalt auch in ein-Wort-Äußerungen wie (12) übermittelt werden, wie Kaplan (2004) beobachtet.[2]

(12) Mist! – Huch! – Mensch! – Aua!

Die Wörter in (12) tragen ausschließlich emotiven Inhalt, der ungefähr als ‚Sprecher ärgert sich', ‚Sprecher fordert Aufmerksamkeit vom Hörer' usw. umschrieben werden kann. Die Wörter können in der Peripherie von Sätzen stehen und fügen ihren emotiven Inhalt zum propositionalen Inhalt des Satzes hinzu.

(13) Mist, Meier ist bei dem Meeting.

Aber schon unser kurzer Überblick zeigt, dass emotive Bedeutung nicht auf solche ein-Wort-Äußerungen beschränkt ist. Die Erfassung all dieser Beispiele liegt an der Schnittstelle von Semantik und Pragmatik. Einerseits kann man die wörtliche Bedeutung beispielsweise von *verfickt* nicht angeben, ohne über

---

[2] Kaplans Überlegungen wurden in verschiedenen Vortragshandouts zirkuliert. Einige Autoren, so auch Potts, verweisen auch auf ein Manuskript von 1999, das aber online nicht mehr verfügbar ist.

emotive Bedeutung zu reden. Der pejorative Charakter entsteht nicht durch Implikaturen, sondern ist der wörtliche Beitrag des Adjektivs. Insofern scheinen wir uns im Bereich der Semantik zu bewegen. Andererseits ist die emotive Bedeutung **sprecherorientiert** (wie Indexikale), kann einen emotionalen Zustand des Sprechers ausdrücken (wie emotive Sprechakte) oder andere Begleitumstände des Dialogs ausdrücken. Schließlich entzieht sich die emotive Bedeutung dem logischen Teil der Semantik. Dies werden wir im kommenden Abschnitt genauer betrachten.

17.1 Eine neue Bedeutungsdimension

Dieser Abschnitt stützt sich auf die Arbeiten von Christopher Potts, der die emotiven Ausdrücke in seiner Dissertation detailliert untersucht hat (Potts 2005). Die besondere Natur der emotiven Bedeutung, aber auch die Abgrenzung zu anderen nicht-wörtlichen Bedeutungsteilen, ist in Potts (2007) zusammengefasst, was diesem Abschnitt zugrunde liegt. Die Eingangsbeispiele waren in der Fachwelt schon länger diskutiert worden, und es gab einige Versuche, den Status der emotiven Botschaft genauer zu verstehen. Eine wichtige Eigenschaft ist es, dass es schwer ist, dem emotiven Inhalt zu widersprechen.

(14)   A: Der Idiot Meier kommt zum Meeting.
       B: Nein (er hat abgesagt).
       B: #Nein (er ist kein Idiot / Du kannst ihn in Wirklichkeit gut leiden).

Auch in Fragen bleibt der emotive Inhalt erhalten.

(15)   A: Kommt der Idiot Meier zum Meeting?
       mitgemeint: A kann Meier nicht leiden.

Auch wenn der Sprecher nur mögliche Sachverhalte beschreibt, ist der emotive Inhalt von *Idiot* Teil der vergebenen Information.

(16)   A: Möglicherweise kommt der Idiot Meier zum Meeting.
       a.   ... Aber vielleicht auch nicht.
       b.   # ... Aber vielleicht kann ich ihn doch gut leiden.

Die versuchte Botschaft in (16b), nämlich zu sagen, dass der emotive Inhalt von *der Idiot* möglicherweise falsch sei, ist so inkohärent, dass das Beispiel praktisch unverständlich ist. Ausgehend von diesen Beobachtungen lag es nahe, den Bedeutungsbeitrag von *Idiot* in (14) als Präsupposition zu betrachten. Allerdings hatten viele Linguisten doch das Gefühl, dass es sich immerhin um eine merkwürdige Art von Präsupposition handeln müsse, denn es scheint unplausibel, im Common Ground vorauszusetzen, dass der Hörer weiß, dass der Sprecher Meier nicht leiden kann. Christopher Potts hat die spezielle Natur von Pejorativen wie *der Idiot Meier* präziser herausgearbeitet und charakterisiert sie durch folgende Eigenschaften.

1. Unabhängiger Inhalt: Expressive Ausdrücke tragen zu einer Bedeutungsebene bei, die unabhängig vom propositionalen Inhalt der Aussage ist. Sie tragen zu den Wahrheitsbedingungen der Aussage nicht bei.
2. Im Äußerungskontext verankert: Ihr Inhalt bezieht sich immer auf den Äußerungskontext, er kann nicht möglich, hypothetisch, oder auf andere bezogen sein.
3. Perspektive: Sie geben eine Bewertung aus Sicht einer bestimmten Person ab. (Dies ist meistens der Sprecher, und immer eine Person, die das kritische Wort geäußert hat.)
4. Schwer zu paraphrasieren (*ineffable*): Sprecher sind nicht der Meinung, dass der Inhalt expressiver Ausdrücke durch Paraphrasen befriedigend erfasst wird.
5. Unmittelbarkeit: Wie bei performativen Sprechakten wird das emotionale Urteil des Sprechers direkt ausgedrückt, nicht behauptet.[3]

Diese Eigenschaften werden wir anhand des Beispiels *der Idiot Meier* erläutern. Die Unabhängigkeit der Wahrheitsbedingungen der Aussage von ihrem expressiven Gehalt leuchtet den meisten Sprechern unmittelbar ein. Intuitiv kann man mitteilen, dass Meier zum Meeting kommt, ohne dabei seine Meinung über Meier kundzutun. Der Dialog (14) hat gezeigt, dass nur der propositionale Inhalt ‚Meier kommt zum Meeting' mit einem einfachen *Nein* abgestritten werden kann, nicht aber die Wertung. Auch die polare Frage zeigt, dass die Einschätzung Meiers nicht Teil der Frage ist. Folgender Dialog wäre unsinnig.

(17)   Kommt der Idiot Meier zum Meeting? – #Nein, er ist ein prima Kerl.

Dagegen kann man Teile einer koordinierten Frage einzeln verneinen

(18)   Kommen Meier und Müller zum Meeting? – Nein, es kommt nur Meier.

---

[3] Der Vollständigkeit halber sei auch Potts' letztes Kriterium genannt: Wiederholbarkeit; d.h. manche Expressiva können mehrfach im selben Satz benutzt werden, ohne dass Redundanz entsteht. Das sieht man im Eingangsbeispiel (3). Diese Eigenschaft teilen aber nur wenige Expressiva, und ich gehe hier nicht darauf ein.

Der Vergleich von (17) und (18) bestätigt, dass (17) nicht gleichbedeutend ist mit ‚Kommt Meier zum Meeting und findest Du ihn blöd?'

Mit der Verankerung im Äußerungskontext meint Potts, dass der Inhalt eines Expressivs immer direkt kommuniziert wird, egal wie tief der Ausdruck eingebettet ist. Das sieht man in folgenden Beispielen (nach Potts 2007: 170).

(19)   a.   Der Idiot Meier kommt nicht zum Meeting. (#Er ist ein netter Kerl.)
         b.   Es stimmt einfach nicht, dass der Idiot Meier zum Meeting kommt. (#Er ist ein netter Kerl.)
         c.   Wenn Meier meinem Rat nicht folgt, kann der Idiot Meier sein Auto nie reparieren.
         d.   Vielleicht kommt der Idiot Meier zum Meeting. Aber vielleicht ist er auch ein netter Kerl.

Wir haben oben bereits gesehen, dass der Inhalt von *Idiot* nicht negiert oder erfragt werden kann. Neu und wichtig ist aber (19c). Er kann nicht meinen: ‚Wenn Meier meinem Rat nicht folgt, dann ist Meier ein Idiot und kriegt sein Auto nicht repariert. (Wenn man (19c) überhaupt versteht, dann so, dass Meier generell ein Idiot ist.) Das ist interessant, denn unser Urteil sollte anders sein, wenn das Wort *Idiot* eine Präsupposition einführen würde. Das kann man sehen, wenn man das Konditional mit einem vergleicht, in dem ein Präsuppositionstrigger steht.

(20)   Wenn Meier ein Handy hat und zum Meeting mitbringt, dann werde ich Meiers Handy konfiszieren.

Die Phrase *Meiers Handy* präsupponiert, dass es ein eindeutiges Handy im Besitz von Meier gibt, aber der ganze Satz (20) hat diese Präsupposition nicht: Der *wenn*-Satz wirft die Möglichkeit auf, dass Meier ein Handy hat, und der *dann*-Satz bezieht sich auf diese mögliche Situation. Der Inhalt von *der Idiot Meier* kann nicht in derselben Weise als Möglichkeit aufgebracht werden. (19c) stellt fest, dass Meier ein Idiot ist, es redet nicht von der Möglichkeit, dass er einer sein könnte.

Die Perspektive von Expressiva ist in allen Beispielen einleuchtend. Die Ausdrücke geben in der Regel eine Wertung ab, und es ist eine Wertung des Sprechers. Ein schönes Beispiel von Perspektive und expressiver Bedeutung diskutiert Stefan Hinterwimmer im Artikel „Der Brenner und die Perspektive" (Hinterwimmer 2018).

Auch Modalpartikeln, die an sich nicht emotiv wertend sind, führen die Perspektive des Sprechers ein, allerdings nicht über Emotionen. Modalpartikeln teilen eine Einschätzung des Sprechers mit, oder sie beziehen sich auf sein

Wissen. Das obige (6) *Hein ist wohl auf See* teilt beispielsweise mit, dass der Sprecher glaubt, dass Hein auf See ist. Mit der Partikel *ja* teilt der Sprecher mit, dass er (= der Sprecher) meint, der Adressat könnte den Inhalt der Aussage schon wissen. Mit *halt* drückt der Sprecher ungefähr aus, dass der mitgeteilte Sachverhalt unvermeidlich und entschuldbar ist. In allen Fällen wird die Weltsicht des Sprechers wiedergegeben.

Manche Linguisten weisen allerdings darauf hin, dass es im Bereich des Redeberichts manchmal Fälle gibt, in denen die Perspektive einer anderen Person gemeint sein könnte, wie in folgendem Beispiel (Kratzer 1999).

(21) Mein Vater sagte, dass ich den Idioten Meier nicht heiraten solle, aber ich tu's trotzdem.

Das Beispiel hat eine plausible Lesart, nach der *der Vater* findet, dass Meier ein Idiot ist, aber die Sprecherin diese Meinung nicht teilt. Potts argumentiert, dass in dieser Lesart eine Art Teilzitat gegeben wird – die Sprecherin in (21) gibt die Wortwahl des Vaters wieder. Damit wäre dies ein Fall von direkter Rede, in der die expressive Bedeutung die Perspektive des berichteten Sprechers zeigt.

(22) Mein Vater sagte: Heirate den Idioten Meier nicht.

Aus (22) folgt nur, dass der Vater Meier nicht leiden kann. Ob die Sprecherin dieses Urteil teilt, bleibt offen. – Solche Beobachtungen führen Potts zu der etwas allgemeineren Formulierung von ‚Perspektive', die oben in 3. angegeben ist.

Die schier unmögliche Paraphrasierbarkeit sehen wir im Deutschen vor allem bei Modalpartikeln illustriert. Aber auch bei Expressiva wie *der Idiot Meier* sind Sprecher oft nicht zufrieden, wenn sie stattdessen die Aussage *Ich kann Meier nicht leiden* wählen sollen. Das könnte auch daran liegen, dass der Ausdruck *der Idiot Meier* mit enthält, dass der Sprecher sich im Moment akut über Meier aufregt und nicht nur allgemein eine ablehnende Haltung zu Meier hat. Und schließlich ist das Wutgefühl, das ich habe, wenn ich jemanden aus tiefem Herzen einen Idioten nenne, für mich ein erkennbares, spezielles, klar umrissenes Gefühl, während Aussagen wie „Meier ist gemein", „Meier kann ich nicht leiden", „Meier ist unintelligent in einer Weise, die mich aufregt" usw. nur unzureichende Umschreibungen für dieses Bauchgefühl sind.

Damit hängt schließlich das letzte Kriterium, die Unmittelbarkeit, zusammen. Das Verhalten eines Menschen zeigt in vieler Weise, wie er oder sie sich im Moment fühlt. Wir zucken zusammen, wenn wir uns erschrecken, wir gähnen aus Langeweile, wir niesen, wenn uns die Nase juckt, wir zittern, wenn uns kalt ist. Diese Verhaltensweisen zeigen unmittelbar etwas über unser Inneres, während wir sprachlich etwas über unsere Gefühle behauptet können, was aber nicht wahr ist. Ich kann beispielsweise behaupten: „Ich finde den Film interessant", auch wenn der Film mich in Wirklichkeit sehr langweilt. Verhalten lässt sich weniger leicht vortäuschen. Wenn ich während des Films dauernd am Gähnen bin, dann widerspricht mein Verhalten meiner Behauptung.

Expressive Ausdrücke sollen – so die Idee – über unsere emotionalen Zustände und Wertungen, unsere Glaubensinhalte und Wissen ebenso direkt Auskunft geben wie unser Verhalten. Wenn jemand (24) äußert, dann gibt er damit direkten Aufschluss über seine aktuellen Gefühle zu Meier. Potts vergleicht dies mit der illokutionären Kraft eines Sprechakts, wie z. B. dem Versprechen.

(23)   Ich verspreche, die Küche zu putzen.

(24)   Der Idiot Meier kommt zum Meeting.

Mit der Äußerung von (23) ist das bindende Versprechen gegeben, und mit der Äußerung von (24) ist die Meinung des Sprechers über Meier ausgedrückt.

Vor allem zwei weitere Beobachtungen sprechen für Potts' Diagnose. Zum Ersten verwenden wir viele Expressiva unbewusst und ohne klares Wissen über ihren Bedeutungsbeitrag. Ob ein deutscher Sprecher eine Aussage mit der Partikel *doch, wohl* oder *ja* ergänzt, wird von Teilen seiner sprachlichen Kompetenz gesteuert, zu denen er keinen bewussten Zugang hat. Beispielsweise könnte ein normaler Sprecher nicht ‚unwahre Information' in die Welt setzen, indem er bewusst anstelle der Partikel *halt* ein *doch* setzt – schon deswegen, weil ihm der Bedeutungsunterschied gar nicht bekannt ist. Wir können hingegen durchaus bewusst lügen, indem wir anstatt *geklaut* das Verb *gefunden* benutzen, oder anstatt *Freund* das Nomen *Cousin*.

Zum Zweiten ist es bei wertenden Expressiva sehr schwer, den Bedeutungsbeitrag zur Äußerung im Nachhinein zurückzunehmen. Wenn ich im Büro lautstark verkündet habe *Der Idiot Meier kommt zum Meeting* und dann erst sehe, dass Meiers bester Freund anwesend ist, dann nützt es nichts, mich zu korrigieren. Ich kann mich im Irrtum darüber befinden, ob Meier zum Meeting kommt, aber in der Wahl der Bezeichnung *Idiot* eben nicht. Meine Meinung ist entlarvt. Auch das passt zur Unmittelbarkeit.

Man sollte allerdings anfügen, dass Expressive in ihrer Unmittelbarkeit zwischen dem unbewussten Verhalten und der Assertion liegen. Immerhin kann ich emotive Ausdrücke kopieren, um mich scheinbar der Meinung meines Gegenübers anzupassen. Ich kann gegenüber Meiers Freund von *Meier, dem Teufelskerl* sprechen, aber wenn ich mit Meiers Schülern rede, und diese Meier als Lehrer nicht schätzen, kann ich über *den Idioten Meier* sprechen. Dabei könnte ich insgesamt zu Meier eine neutrale Meinung haben. – Die Frage, welche Meinungen und Haltungen mit einem Wort mitgemeint sind, wird dort besonders wichtig, wo Wörter zur Verächtlichmachung einer Gruppe benutzt werden. Muss ein Sprecher, der das Wort *Kraut* für Deutsche nutzt, die Meinungen teilen, die mit der Bezeichnung *Kraut* impliziert werden? Diese Frage wird in Kapitel 19 wieder aufgegriffen.

Abschließend eine kurze Anmerkung zur Terminologie: Viele Autoren unterscheiden zwischen expressiver Bedeutung und propositionaler Bedeutung. Wir haben festgestellt, dass die propositionale Bedeutung behauptend, die expressive Bedeutung kommentierend ist. Aber vielleicht ist Ihnen aufgefallen, dass wir auch die expressive Bedeutung mit Worten umschrieben haben – was nahelegt, dass auch dieser Teil mit einer Proposition ausgedrückt werden könnte. Beispiel (1b) paraphrasiert etwa *der Idiot Meier* als ‚ich kann Meier nicht leiden'. Ich hoffe, dass Sie das nicht weiter verwirrt. Wichtig ist, sich zu erinnern, dass expressive Bedeutungen eine zweite Bedeutungsebene darstellen. Sie unterscheiden sich vom propositionalen Inhalt des Satzes, mit dem Behauptungen, Fragen, Widersprüche usw. gemacht werden. Sie zeigen die Perspektive und die Meinungen des Sprechers. Und sie können nicht als Implikatur oder Präsupposition erklärt werden.[4]

17.2 Semantische Komposition von propositionaler und expressiver Bedeutung

Wie ist die expressive Bedeutung mit der propositionalen Bedeutung verzahnt? Überlegen wir zum Einstieg, wie eine Äußerung durch Körpersprache kommentiert werden könnte.

(25) Meier kommt zu Besuch.

Wenn Sprecher A diesen Satz äußert und dabei erfreut lächelt, werden wir das so deuten, dass A sich freut, weil (25) wahr ist. Wenn Sprecher B den Satz hingegen äußert und dabei genervt aussieht, dann verstehen wir: B ist in schlechter Stimmung, weil (25) wahr ist. Die Stimmungslage des Sprechers ist in diesem Fall nicht sprachlich übermittelt, und es ist nicht (oder nur begrenzt) Aufgabe der Linguistik, sie zu erfassen. Nun könnten die Sprecher ihre Einstellung aber auch sprachlich ausdrücken.

---

[4] Die Monographie *The Logic of Conventional Implicature* (Potts 2005) verortet die Bedeutungsebene allerdings im Bereich der Implikaturen. Inzwischen haben sich andere Bezeichnungen durchgesetzt.

(26)   A: Hurra, Meier kommt.

(27)   B: Mist, Meier kommt.

Der Bedeutungsbeitrag von *Hurra* besteht offenbar darin, dass auf der Ebene der expressiven Bedeutung mitgeteilt wird: ‚ich freue mich über p', wobei der Gegenstand der Freude vom Rest des Satzes (der propositionalen Bedeutung von *S*) beigetragen wird. Wir bleiben bei dieser groben Umschreibung und lassen beiseite, wie jemand von einer Proposition erfreut sein kann.[5] Um die beiden Ebenen zu trennen, nutzt man die Notation $<\pi \bullet \varepsilon>$, wobei π für die propositionale Bedeutung, ε für die expressive Bedeutung steht. Die Klammer soll also sagen: Der Satz übermittelt die Proposition π und den expressiven Kommentar ε. (Der Punkt dazwischen dient der optischen Trennung.) Für Satz (26) wäre folgende Gesamtbedeutung wünschenswert.

(28)   [[Hurra, Meier kommt.]]^c
        = < [[Meier kommt]]^c • $sp(c)$ freut sich über [[Meier kommt]]^c >

Der Satzteil *Hurra* hat eine offene Argumentstelle p, die darauf wartet, vom Inhalt des Restsatzes gefüllt zu werden. Man könnte die Wortbedeutung etwa so umschreiben ‚hurra zu p – und was p ist, das sehen wir dann'. Wir verwenden $sp(c)$ für den Sprecher im Kontext (s. Kap. 5) und nutzen die Paraphrase ‚$sp(c)$ freut sich über p' für den expressiven Inhalt von (28).

Nun fehlt nur noch eine letzte Überlegung. Der Beitrag von *hurra* wird expressive Bedeutung sein, nicht propositionale Bedeutung. Und das liegt am Wort *hurra* – der Restsatz kann nicht „wissen", dass noch ein Kommentar folgen wird. Also müssen wir noch dafür sorgen, dass *hurra* auf der Ebene der expressiven Bedeutung steht. Das schaffen wir wie folgt:

(29)   [[Hurra]]^c = $\lambda p. < p \bullet sp(c)$ freut sich über p >

In Worten: Der Satz *Hurra S* behauptet, dass *S* und kommentiert, dass sich der Sprecher $sp(c)$ über *S* freut. Das kleine $\lambda p.$ wird notiert, um zu signalisieren, dass diesem Wort noch etwas fehlt, nämlich eine Proposition p.[6] Wenn wir ein konkre-

---

[5] Vermutlich spielt eine Rolle, dass x glaubt, dass p wahr ist und dass x mögliche Welten, in denen p wahr ist, denen vorzieht, in denen p nicht wahr ist. Aber es könnte auch zu den Bedingungen gehören, dass x körperlich positiv darauf reagiert, wenn x glaubt, dass p wahr ist. Hier betreten wir das Feld der Kognitionspsychologie.
[6] Eine genauere Erklärung für die Lambda-Notation finden Sie in Einführungen in die Semantik.

tes *p* eingesetzt haben, lässt man das λp weg. Die Bedeutung von (26) kommt also insgesamt so zustande.

(30) ⟦ Hurra, Meier kommt. ⟧^{c}
= < ⟦Meier kommt⟧^{c} • $sp(c)$ freut sich über ⟦Meier kommt⟧^{c} >

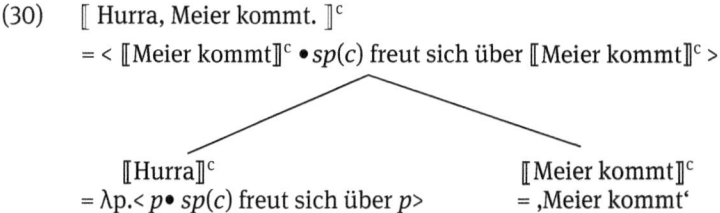

⟦Hurra⟧^{c}
= λp.< p• $sp(c)$ freut sich über p>

⟦Meier kommt⟧^{c}
= ‚Meier kommt'

Mit diesen Vorarbeiten können wir auch einen Vorschlag machen, was (27) heißt. Der Bedeutungsbeitrag von *Mist* besteht in der expressiven Bedeutung ‚$sp(c)$ ärgert sich über p'.

(31) ⟦ Mist, Meier kommt. ⟧^{c}
= < ⟦Meier kommt⟧^{c} • $sp(c)$ ärgert sich über ⟦Meier kommt⟧^{c} >

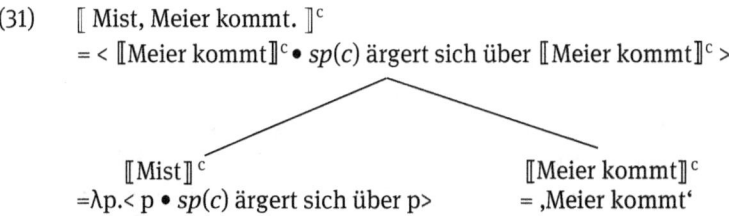

⟦Mist⟧^{c}
=λp.< p • $sp(c)$ ärgert sich über p>

⟦Meier kommt⟧^{c}
= ‚Meier kommt'

Damit haben wir den Bedeutungsbeitrag von unabhängigen expressiven Ausdrücken erfasst.

Etwas komplizierter liegt der Fall bei Kommentaren wie *der Idiot Meier* oder *mein verficktes Fahrrad*. Hier wird ein Gegenstand kommentiert, nicht der ganze Satz. Und das heißt, dass wir in Sätzen wie (32) die expressive Bedeutung parallel zur Satzverarbeitung speichern müssen.

(32) Dieser Idiot Meier kommt.

Machen wir uns zunächst den logischen Aufbau klar. Der Determinierer *dieser* gehört zu *Idiot*, nicht zu *Meier*. Sonst würde man erwarten, dass anstelle *Meier* auch ein Nomen stehen kann. Der Satz *Dieser Idiot Vorgesetzte kommt* wäre aber ungrammatisch. Wir sehen hier also eine Klammerung von NP und Eigennamen.

(33) [$_{NP}$ [$_{NP}$ dieser Idiot] [Meier]]

Auf der Ebene der propositionalen Bedeutung ist *Meier* das Subjekt im Satz und Baustein der Proposition ‚Meier kommt'. Gleichzeitig trägt die NP auf der expressiven Ebene bei: $sp(c)$ kann Meier nicht leiden. Dieser Kommentar ist der Beitrag von *dieser Idiot*. Wir können also annehmen:

(34)   ⟦ dieser Idiot ⟧^{c} = λx.< x • $sp(c)$ kann x nicht leiden >

Damit wäre die Bedeutung der ganzen NP in (33) folgende:

(35)   ⟦dieser Idiot Meier⟧^{c}
       = < ‚Meier' • $sp(c)$ kann Meier nicht leiden >

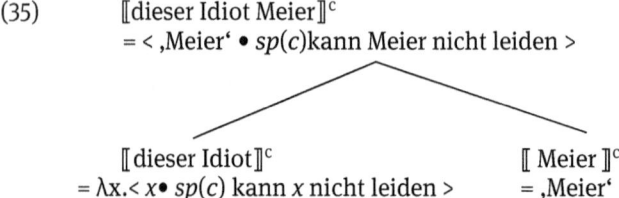

Auf der Ebene der propositionalen Bedeutung (also vor dem Punkt •) steht das Subjekt ‚Meier', das sich mit dem Verb *kommt* zur Aussage verbinden kann. Der Kommentar auf der expressiven Ebene hingegen ist *fertig*. Hier brauchen wir keine weiteren Bauteile mehr. Mehr noch: Die expressive Bedeutung ist immun gegenüber weiteren Bauteilen. Beispielsweise kann der Sprecher nicht mehr mit einer Negation ausdrücken, dass die expressive Bedeutung nicht wahr sei („Ich kann Meier nicht nicht leiden"). Die expressiven Bedeutungsteile werden bei der weiteren Satzverarbeitung weiter nach oben gereicht. Das sieht wie in (36) aus.

(36)

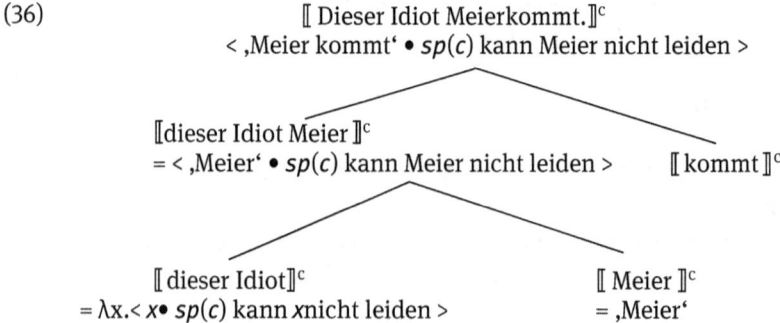

Wenn es mehrere Kommentare gibt, sammeln sie sich an. Wenn also (36) noch ein *Mist!* enthielte, ergäbe sich die expressive Bedeutung ‚$sp(c)$ kann Meier nicht leiden und ärgert sich über ⟦Meier kommt⟧^{c}'. Weil sich die expressiven

17.2 Semantische Komposition von propositionaler und expressiver Bedeutung —— 303

Bedeutungsteile im Satz ansammeln, sagt die Analyse voraus, dass es nicht glaubwürdig ist, im selben Satz expressive Kommentare zu geben, die einander widersprechen. Das ist plausibel.

Bis jetzt waren die expressiven Ausdrücke syntaktisch so verortet, dass ihr Bedeutungsbeitrag genau an der Stelle sinnvoll ist, wo sie syntaktisch stehen. Das ist aber leider nicht immer so. Betrachten wir das Beispiel *mein verficktes Fahrrad*. Der expressive Ausdruck ist – syntaktisch gesehen – ein Adjektiv. Normalerweise würde man davon ausgehen, dass Adjektive zuerst das Nomen modifizieren, und der Determinierer erst dann dazukommt. Bei NPs wie *mein rotes Fahrrad* oder *mein altes Fahrrad* ist diese Reihenfolge sehr sinnvoll. Für expressive Adjektive ist diese Reihenfolge nicht sinnvoll. Die Logik von *mein verficktes Fahrrad* ist vielmehr die: der Sprecher referiert mit *mein Fahrrad* auf ein (eindeutiges) Fahrrad **R**. Zu diesem Rad hat er eine negative Einstellung. Insgesamt wäre folgende Bedeutung der Subjekt-NP angemessen.

(37) ⟦ mein verficktes Fahrrad ⟧^{c}
 = < **R** • $sp(c)$ regt sich über **R** auf>

Für unsere Zwecke werden wir uns an solchen Stellen eine kleine syntaktische Unregelmäßigkeit erlauben und annehmen, dass die Wörter in (37) in einer logisch passenden Reihenfolge interpretiert werden. In (37) wäre die Reihenfolge in (38) passend.

(38) ⟦mein verficktes Fahrrad⟧^{c}
 = < **R**• $sp(c)$ regt sich über **R** auf>

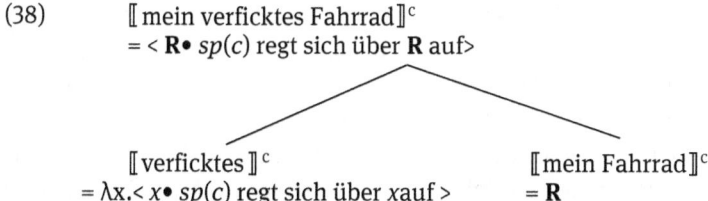

⟦verficktes⟧^{c} ⟦mein Fahrrad⟧^{c}
= λx.< x• $sp(c)$ regt sich über xauf > = **R**

Damit weichen wir etwas von der Regel ab, dass die semantische Interpretation der syntaktischen Struktur von Sätzen folgen muss. Alternativ kann man an solchen Punkten auf ausgefeiltere Formate der Bedeutungskomposition ausweichen, die mit solchen Unregelmäßigkeiten umgehen können. Wir werden diese Komplikation aussparen (s. dazu Gutzmann 2015).

Zum Schluss dieses Abschnitts werfen wir einen Blick auf einzelne Wörter, in denen expressive und propositionale Bedeutung verbunden ist, wie etwa im Wort *Köter*.

(39) Meiers Köter kommt.

Hier geht es nicht um eine Einstellung des Sprechers zu einem einzelnen Hund, sondern mit der Verwendung des Wortes *Köter* zeigt er an, dass er Hunde generell nicht leiden kann. Aber das Wort *Köter* wird auch dazu benutzt, um zu behaupten, dass Meiers Hund kommt. Das Nomen trägt also auf beiden Bedeutungsebenen bei.

(40) ⟦ Köter ⟧^{c} = < ⟦ Hund ⟧^{c} • $sp(c)$ kann Hunde nicht leiden >

Der Kommentar auf der expressiven Ebene wird bis zur Gesamtbedeutung weitergereicht. Und wir sagen vorher, dass der propositionale Inhalt des Satzes synonym ist zu *Meiers Hund kommt*. Diese Vorhersage ist angemessen.

Ich habe hier eine vereinfachte Formalisierung der zwei Bedeutungsebenen verwendet, die sich aber notationell an Theorien in der Forschung anlehnt. Die erste formale Theorie für expressive Bedeutung gibt Christopher Potts, dessen Augenmerk vor allem auf Beispielen wie *der Idiot Meier* liegt (Potts 2005). Weiterführende Untersuchungen haben gezeigt, dass dieser Ansatz für die Analyse von Wörtern mit sowohl propositionalem wie auch expressivem Inhalt nicht ausreichend ist (z. B. *Köter*), was von McCready (2010) und Gutzmann (2015) aufgegriffen wurde. Dort findet sich auch eine ausführliche Diskussion der Vor- und Nachteile der verschiedenen Formalismen, wobei Daniel Gutzmann betont, dass die wesentliche Grundidee der zwei Bedeutungsdimensionen zentral für das Verständnis expressiver Ausdrücke ist. Eine etwas anders gelagerte Form von zwei Bedeutungsebenen gibt Sarah Murray in Begriffen des Common Ground Update (Murray 2014). Sie konzentriert sich auf die diskurspragmatischen Unterschiede zwischen expressiver und propositionaler Bedeutung, vor allem die Beobachtung, dass expressive Inhalte nicht oder nur schwer angreifbar sind. Ihre Theorie modelliert die Unterscheidung zwischen offiziellen Diskurszügen (der **at-issue-Bedeutung**) und den Kommentaren nebenbei (**non-at-issue-Bedeutung**). Die von ihr benutzte Opposition von *at-issue*-Bedeutung und *non-at-issue*-Bedeutung wird in der Fachliteratur häufig verwendet und geht auf Potts (2005) zurück. Es ist nicht falsch, diese Opposition beim ersten Lesen mit der Unterscheidung zwischen propositionaler und expressiver Bedeutung gleich zu setzen, wenn sich auch die Perspektiven der Forschung im Detail unterscheiden.

17.3 Eine Anwendung: deutsche Modalpartikeln

Neben expressiven Ausdrücken, die über Emotionen des Sprechers Auskunft geben, sind Partikeln und Evidentiale weitere interessante Kandidaten, die Bedeutung in der zweiten Dimension beitragen. In Kapitel 6 haben wir die Bedeutung der Partikel *ja* untersucht. Dort wurde sie vorläufig als Präsupposition modelliert. (41) wiederholt die dort gegebene Analyse.

(41) *ja S*, geäußert in Kontext *c*
 Der Sprecher assertiert *S*
 Der Sprecher präsupponiert, dass der Adressat möglicherweise *S* schon weiß.

Tatsächlich handelt es sich um einen expressiven Bedeutungsbeitrag. Das bestätigt der Konditionaltest.

(42) A zum Musterschüler B: Morgen schreibst Du deine Klausur. #Wenn Du ja eine gute Note schreibst, kannst Du abends Party machen.

Es lohnt sich, (42) mit Bedacht durchzulesen und alles zu berücksichtigen, was wir in Kapitel 6 über *ja* gesehen haben. Denn wir sind als Leser daran gewöhnt, eine falsch verwendete Partikel erstens zu überlesen oder zweitens irgendeine Deutung für sie zu finden. Beim Lesen von (42) sind Sie aber aufgefordert, sich klar zu machen, dass der Satz so eigentlich nicht geht.

Wenn wir *ja* wie in (41) als Präsupposition interpretieren würden, dann sollte (42) aber ein völlig natürlicher Satz sein. Denn Sprecher A sollte dann folgende Aussage machen können: ‚Lieber B, wenn Du eine gute Note schreibst – und ich unterstelle dann, dass Du das dann wissen könntest (immerhin bist Du ein Musterschüler) – dann ist das ein guter Grund dafür, dass Du abends Party machen kannst.'

Tatsächlich ist das keine mögliche beabsichtigte Botschaft von (41). (Wenn Sie (41) in irgendeinem Sinn für möglich gehalten haben, haben Sie sich sicher nicht diesen Inhalt vorgestellt.) Die Klassifikation von *ja* als Präsuppositionstrigger war also problematisch. Wir haben jetzt die Ebene der expressiven Bedeutung kennen gelernt. Wenn *ja* auf dieser Informationsebene beiträgt, dann ist das mit diesen Beobachtungen vereinbar. Wir können also eine verbesserte Version von (41) geben

(43) *ja S*, geäußert in Kontext *c*, bedeutet
 < [[S]]^c • $sp(c)$ glaubt, dass $ad(c)$ schon wissen könnte, dass [[S]]^c >

Wir nehmen dabei weiterhin an, dass der Bedeutungsbeitrag von *ja* erst nach der Verarbeitung des Restsatzes geschieht – so wie beim Wort *Mist*. Ich möchte noch auf eine andere Parallele zwischen *Mist* und Partikeln wie *ja, eben, halt, doch* usw. hinweisen. Die zweidimensionale Bedeutung zeigt, dass jede Äußerung, die einen dieser Ausdrücke enthält, auch etwas über den Sprecher aussagt, *egal* ob der Satz S sehr subjektiven Inhalts ist, oder so unpersönlich wie *Paris liegt in Frankreich*. Damit kann man erklären, warum Modalpartikeln und ähnliche Wörter die Sprache „persönlicher" machen und mehr „Nähe" vermitteln.

Ich werde den Effekt an einer letzten, sehr gut untersuchten Partikel des Deutschen illustrieren, die vor allem von Malte Zimmermann detailliert beschrieben wurde, allerdings ohne Verwendung der zweiten Bedeutungsebene (Zimmermann 2004; Eckardt 2020).

(44) Hein ist wohl auf See.

(45) Hein ist auf See.

Der Unterschied zwischen Aussage (44) und (45) besteht darin, dass der Sprecher in (44) sich unsicher zu sein scheint, ob die Behauptung ‚Hein ist auf See' wirklich zutrifft. Der Sprecher in (45) dagegen zeigt diese Zweifel nicht. Entsprechend wirkt es unangemessen, wenn jemand *wohl* in einer Aussage verwendet, über deren Inhalt er sich sicher ist.

(46) A: Wie heißen Sie? – B: Mein Name ist (#wohl) Hein.

(47) #Ich weiß genau, wo Hein ist. Hein ist wohl auf See.

Bei genauer Betrachtung wird mit *wohl* ausgedrückt, dass der Sprecher etwas anderes mit Bestimmtheit weiß, was ihm erlaubt, auf S zu schließen. Das folgende Beispiel illustriert diese Art der Inferenz.

(48) A: Heins Haus ist dunkel, und die Rollos sind geschlossen. Hein ist wohl auf See.

Hier folgt zwar nicht *logisch*, dass Hein auf See sein muss. Aber für A genügt diese Evidenz, um vorläufig anzunehmen, dass es so ist. Es könnte sich aber im Nachhinein herausstellen, dass Hein tatsächlich nach Paris verreist ist. Und es ist A bewusst, dass er diesen Fall nicht ausschließen kann. Aber A hält diesen Fall für unwahrscheinlich genug, um ihn zu ignorieren. Ausdrücke, die diesen Bedeutungsbeitrag liefern, werden auch **Evidentiale** genannt. Es liegt nahe, auch diesen Bedeutungsbeitrag in der zweiten Bedeutungsdimension zu verorten.

(49) ⟦ wohl S ⟧^{c} = < ⟦ S ⟧^{c} • $sp(c)$ weiß etwas, woraus er tentativ S folgert >

Damit kann man sowohl die tentative Natur der Äußerung *Hein ist wohl auf See* erfassen, wie auch das Gefühl, dass mit (44) der Sprecher auch etwas über sich selber mitteilt, in (45) aber nicht. Hier ist die Intuition ‚es ist schwer, *wohl* zu paraphrasieren' besonders greifbar. Zimmermann (2004) benutzt noch die Umschreibung „der Sprecher nimmt an, dass S" im Gegensatz zu „der Sprecher weiß, dass S". Einige Autoren haben diesen Vorschlag verfolgt und (44) und (45) als Aussagen mit unterschiedlich sicherem Wahrheitsgehalt modelliert (McCready und Ogata 2007). Dabei tritt aber immer das Problem auf, dass auch Möglichkeitsaussagen unsichere Fakten berichten.

(50) Es ist möglich, dass Hein auf See ist.

(51) Es ist wahrscheinlich, dass Hein auf See ist.

Es gibt aber einen wichtigen Unterschied zwischen *wohl* und den Adjektiven *möglich* und *wahrscheinlich*. Die Adjektive folgen nicht den Kriterien 1–5 für expressive Bedeutung – jedenfalls nicht, wenn man sie in dem logischen Sinn von McCready und Ogata modelliert. Erst eine Interpretation von *wohl* als Träger von expressiver Bedeutung kann die persönliche Note von (44) erfassen.

Insgesamt spricht also viel dafür, dass die Modalpartikeln im Deutschen ein weiteres Beispiel für die expressive Bedeutungsdimension sind. Die besondere pragmatische Funktion von Modalpartikeln erklärt auch, warum sie nicht in jedem beliebigen Satz stehen können. Beispielsweise klingt ein *ja* in einer Frage oder einem Imperativ unangemessen (probieren Sie es aus!). Die besonderen Probleme von Partikeln in Konditionalsätzen werden in Grosz (2021) beleuchtet; Gutzmann (2015) vollzieht nach, wie verschiedene „syntaktische" Beschränkungen an Partikeln tatsächlich pragmatische Beschränkungen sind. Diese Einsicht würde auch erklären, warum traditionelle Grammatiken behaupten, dass Partikeln „frei benutzbar" sind – wenn Sie die Bedeutung erfasst haben, wissen Sie auch, in welchen Kontexten der jeweilige Bedeutungsbeitrag schlicht sinnlos ist.

17.4 Zusammenfassung

Dieses Kapitel zeigt die expressive Bedeutungsdimension. Expressive Bedeutung unterscheidet sich von assertierter Bedeutung, ebenso von Präsuppositionen (im Projektionsverhalten) und von Implikaturen (nicht streichbar, Teil der wörtlichen Bedeutung von Ausdrücken). Sie ist Teil der Pragmatik, weil nur in diesem Rahmen wichtige Begriffe wie ‚Sprechakt', ‚Perspektive' und ‚Sprecher' zur Verfügung stehen.

Nach Potts (2007) erfüllt expressive Bedeutung fünf typische Kriterien: Sie ist nicht Teil der Assertion, im Äußerungskontext verankert, perspektiviert, schwer paraphrasierbar und direkt.

Die expressive Bedeutungsebene wird parallel zur wörtlichen Bedeutungsebene im Satz verarbeitet. Expressive Inhalte, die in Teilen der Äußerung gemacht werden, sammeln sich in der gesamten Äußerung an. Die beiden Ebenen werden als $<\pi \bullet \varepsilon>$ notiert, wobei die erste Komponente π die propositionale Bedeutung, die zweite Komponente ε die expressive Bedeutung codiert.

Neben emotiven Ausdrücken sind auch Modalpartikeln des Deutschen eine weitere Wortklasse, deren Bedeutungsbeitrag auf der expressiven Bedeutungsebene liegt.

Fingerübungen

(1) Geben Sie ungefähr an, was der Inhalt folgender Ausdrücke ist. Welche sind expressiv eher negativ, welche positiv?
Rotzlöffel
Teufelskerl
abnippeln (‚sterben')
umnieten
brettern (‚fahren')
Vollpfosten
Bulle (‚Polizist')

(2) Zeigen Sie anhand von Potts' fünf Kriterien, warum der Ausdruck *der Warmduscher* (wie in *Heinz, der Warmduscher, war auch bei der Party*) einen expressiven Inhalt hat.

(3) Stellen Sie in einem Baum dar, was die Äußerung in (i) bedeutet:
(i) Hurra, morgen kommt der Weihnachtsmann!
a) Was bedeutet die Äußerung speziell, wenn sie das Kind Tobi am 5. Dezember 2020 äußert?
b) Was bedeutet die Äußerung, wenn sie das Kind Tobi am 3. April 2020 äußert? Erläutern Sie den Unterschied zwischen *wahrer Behauptung* und *expressivem Inhalt*.

(4)* Welchen expressiven Beitrag liefert *Mist* in Fragen? Wird auch hier eine Proposition (d. h. ein Sachverhalt) kommentiert, oder müssen wir Emotionen zu Sprechakten untersuchen? Betrachten Sie Beispiele wie folgende, und suchen Sie ggf. weitere.
  (i) Mist, wo ist der Hausschlüssel?
  Mist, wann kommt der Bus endlich?
(5) Die Verwendung von expressiven Ausdrücken in Konditionalen ist ein schwieriger Untersuchungsgegenstand. Für (19c) findet sich bei Potts (2007: 170) folgender Satz:
  (i) #If that bastard Kresge arrives on time, he should be fired for being so mean.
  Übersetzt wäre das etwa:
  (ii) #Wenn der Idiot Meier pünktlich kommt, sollte er wegen seiner Gemeinheit gefeuert werden.
  a) Diskutieren Sie, ob und in welchem Sinn (ii) eine rationale Aussage sein könnte.
  b) Wieso ist diese Interpretation in (19c) oben im Text kaum naheliegend?
  c) Potts' viertes Kriterium lässt bereits erwarten, dass *Meier ist gemein* und *Idiot Meier* nicht dasselbe bedeuten. Erklären Sie auf dieser Basis, warum der Präsuppositionstest „Konditionale können Präsuppositionen unschädlich machen" für Expressive schwierig zu handhaben ist.
  d) Begründen Sie mit folgendem Konditional, dass *der Idiot Meier* kein Präsuppositions-trigger ist.
  (iii) #Wenn Meier sich als Idiot herausstellt, dann kommt der Idiot Meier zum Meeting.
(6) Sind folgende Beispiele für Sie gleich akzeptabel? Falls nein, was könnte das über die Verwendungsbedingungen von Schimpfwörtern wie *Vollpfosten* sagen?
  (i) a. Hein, der Vollpfos ten, hat die Autoschlüssel liegen lassen.
      b. Hein, der Vollpfosten, ist 20 Jahre alt.
      c. Hein, der Vollpfosten, hat koffeinfreien Kaffee bestellt.

18 Höflichkeit

Wie wählen wir die Form einer Mitteilung? Schon als Kind bekommen wir beigebracht, dass man dieselbe Mitteilung höflicher und unhöflicher machen kann. Auch andere Sprechakte können in der Form höflicher und unhöflicher sein. Die richtige Wahl der Worte hängt eng mit den sozialen Bezügen zwischen Sprecher und Hörer zusammen und ist daher potenziell ein pragmatisches Phänomen. Dieses Kapitel stellt exemplarisch einige Herangehensweisen an höfliche Sprache vor, die aus der Pragmatik erwachsen sind. Das Modell von Brown und Levinson (1987) erhebt den Anspruch, die universellen Grundlagen höflicher Sprachverwendung zu analysieren. Höfliches Sprechen wird hier definiert als „bewusst getroffene Wortwahl, um die potenzielle Aufdringlichkeit eines Sprechakts zu mildern".

Häufig jedoch ist die Wortwahl weniger eine freie Entscheidung der Sprecher, sondern muss relevante soziale Fakten in der Wirklichkeit abbilden. Das deutsche *Du/Sie*-System ist ein gutes Beispiel für diese Form der Höflichkeit und wird in Abschnitt 18.2 näher beleuchtet. Interessant ist dabei, wie die Ad-hoc-Formen der Höflichkeit, wie sie Brown und Levinson beschreiben, mit der verbindlichen Grammatik der Höflichkeit zusammenhängen. Diesen Aspekt beleuchtet Abschnitt 18.3.

18.1 Höflichkeit als pragmatische Strategie

In ihrem klassischen Buch *Politeness* führen Penelope Brown und Stephen Levinson das höfliche Sprechen auf die Idee des Gesichtsverlusts bzw. des Gesicht-Wahrens zurück. Das **Gesicht** (engl. ‚face') entspricht dem öffentlichen Selbstbild jedes einzelnen und dem Respekt, den er oder sie im sozialen Umfeld genießt. Sprechakte sind potenziell dazu geeignet, das Gesicht des Adressaten zu bedrohen. Mit direktiven Sprechakten wird beispielsweise vermittelt, dass der Adressat seine Handlungen nach den Wünschen des Sprechers auszurichten hat – was die Achtung und Selbstachtung des Adressaten mindern kann. Aber auch schlechte Nachrichten („Sie sind durchs Examen gefallen"), Fragen, Kritik, Beschwerden und andere Sprechakte konstituieren mögliche Gesichtsbedrohungen. Grundsätzlich kann natürlich auch nichtsprachliches Verhalten das Gesicht bedrohen, das ist aber nicht Gegenstand dieser Theorie.

Brown und Levinson (1987) unterscheiden zwischen zwei Arten von gesichtsbedrohenden Akten (engl. ‚face threatening acts'). Die *negativ*-gesichtsbedrohenden Akte sind solche, die den Adressaten in seiner Autonomie einschränken. Der

Adressat wird z. B. genötigt, Dinge zu tun, die er oder sie eigentlich nicht tun wollte. Das **negative Gesicht** entspricht dem Wunsch nach Autonomie, selbstbestimmtem Handeln und Aktionsraum, es lässt sich ungefähr mit dem Gedanken „Lass mich in Ruhe" paraphrasieren. Die *positiv*-gesichtsbedrohenden Akte hingegen schmälern die gute Reputation, den Ruf des Adressaten. Dem Adressaten werden beispielsweise schlechte Eigenschaften zugesprochen, der Sprecher beschwert sich oder kritisiert die Arbeit der Person. Das **positive Gesicht** entspricht dem Wunsch des Individuums, beliebt, geachtet und respektiert zu sein.

Brown und Levinson gehen von der Beobachtung aus, dass Gesichtsverluste in allen Gesellschaften schmerzlich sind, und dass immer wieder ähnliche sprachliche Strategien verwendet werden, um den gesichtsbedrohenden Akt abzumildern. Dabei gibt es verschiedene Grade der Bedrohlichkeit und entsprechend verschieden elaborierte Höflichkeitsstrategien. Brown und Levinson betrachten die Nutzung von Höflichkeitsstrategien als Teil des rationalen Handelns: Ihre **ideale Modellperson** hat das rationale Anliegen, Gesichtsbedrohungen zu mildern, und das Anliegen ist rational, weil die Person damit hofft, ihrerseits höflich behandelt zu werden. Die Rationalität entspricht vereinfacht dem Gedanken „was ich nicht will, was man mir tu, das füg ich keinem anderen zu". Alle Modellpersonen sind sich klar darüber, dass ihr Gegenüber ihr eigenes Gesicht genauso bedrohen kann, wie sie das der anderen. Das Bemühen, eine für alle optimale Form der sozialen Interaktion zu pflegen steht als Motivation hinter dem höflichen Sprechen.[1]

Was passiert, wenn ein Sprecher A gegenüber Sprecher B einen gesichtsbedrohenden Akt durchführen will? Die erste Entscheidung für A lautet: Möchte ich einen offiziellen Sprechakt durchführen oder einen indirekten Sprechakt wählen? Nehmen wir etwa an, A und B sind auf dem Weg in einen Biergarten und A bemerkt, dass er kein Geld dabeihat. Er könnte das Problem lösen, indem er B anpumpt. Er kann das mit einem indirekten Sprechakt tun (*off record*), indem er sagt: „Oh je, jetzt hab ich total vergessen, meinen Geldbeutel einzustecken!" Damit spricht er offiziell keine Bitte aus, legt aber B nahe, dass er Geld geliehen haben möchte, damit aus dem Biergartenbesuch etwas wird. Andererseits kann A aber auch beschließen, dass er *on record* bittet. Das heißt, dass er nicht auf einen indirekten Sprechakt ausweicht.

Wenn A den direkten Weg wählt, dann hat er grundsätzlich die Option, einfach und direkt den gesichtsbedrohenden Akt ausführen, indem er etwa sagt: „Leih mir mal zehn Euro!" Damit würde A ohne viel Drumherum sagen, was er von B möchte.

---

[1] Mit dem Verweis auf Modellpersonen können Brown und Levinson dem Einwand begegnen, dass es durchaus Sprecher gibt, die keine Hemmungen haben, andere zu beleidigen, sondern das sogar als besonders befriedigend empfinden.

Das könnte A aber als zu riskant empfinden, weil so in die Kommunikation mit B dauerhaft ein schärferer Ton kommt. A hat aber die Option, die Bitte mit sprachlichen Mitteln zu entschärfen. Dabei kann er versuchen, das positive Gesicht von B zu stärken, oder das negative Gesicht von B zu adressieren.

Um das positive Gesicht von B zu stärken, könnte A diese Bitte mit sprachlichen Mitteln angenehmer machen. Er könnte beispielsweise seine Dankbarkeit für B betonen oder hervorheben, dass er selber B in derselben Lage auch Geld leihen würde. Aber auch Signale, die die Zugehörigkeit von A und B zur selben Peergroup betonen, können als positive Höflichkeitsstrategie verwendet werden („Hey Alter, ich brauch mal 'n Zehner").

Um das negative Gesicht von B zu adressieren kann A Signale setzen, die ausdrücklich feststellen, dass A sich des gesichtsbedrohenden Akts bewusst ist: „Hör mal, es ist mir wahnsinnig peinlich ..." Man kann auch betonen, dass es die Entscheidung des anderen ist, ob er der Aufforderung nachkommen will („Könntest Du mir vielleicht ...?"). Bereits die Nutzung von indirekten Sprechakten ist eine Strategie, dem Adressaten B mehr Autonomie zu lassen, da der eigentliche direktive Sprechakt eben *nicht* geäußert wird. Brown und Levinson stellen fest, dass viele konventionalisierte indirekte Sprechakte sich vermutlich deswegen eingebürgert haben, weil sie eine perfekte Balance zwischen dem gesichtsbedrohendem Akt und gewünschter (negativer) Höflichkeit bieten. Schon im deutschen *Bitte* steckt der ursprüngliche Hinweis, dass der entsprechende direktive Akt als *bitten* (d. h. mit schwacher Force) und nicht etwa als Befehl gemeint ist. – Als letzte, ultimative Vermeidungsstrategie steht es dem Sprecher A immer auch offen, auf den Akt ganz zu verzichten.

Brown und Levinson weisen darauf hin, dass die sprachlichen Mittel auch dadurch zur Abmilderung führen können, dass Sprecher A ebenfalls einen Gesichtsverlust erleidet. Wenn A etwa sagt: „Ich wäre Dir ewig verpflichtet, wenn Du mir 10 Euro borgen würdest", dann bietet A eine Einschränkung an eigener Autonomie (auf lange Sicht) gegen eine Einschränkung von B's Autonomie (im Moment) an. Diese Form der gegenseitigen Verpflichtung kann allerdings dazu führen, dass selbst kommissive Sprechakte gesichtsbedrohend sein können: Wenn A dem Partner B dauernd Versprechen gibt und Angebote macht, wird B langfristig durch die moralischen Verpflichtungen gegenüber A in seiner Autonomie eingeschränkt. Daher zählen Brown und Levinson auch kommissive Akte zu den potenziell gesichtsbedrohenden Akten.

Indirekte Sprechakte und Höflichkeit. Das Modell bietet einen guten Ansatz für die Beobachtung, dass indirekte Sprechakte häufig höflicher wirken als der entsprechende direkte Sprechakt. Die Frage *Können Sie mir das Salz geben?* scheint weniger übergriffig als die Aufforderung *Geben Sie mir das Salz!* Hier können wir wieder die Vertragssicht aus Kapitel 10 anwenden. Die wörtlich geäußerte Frage erlaubt Reaktionen, die nicht in der Ausführung eines Befehls bestehen. Es bleibt dem Adressaten überlassen, ob er die Aufforderung erschließt, den Befehl akzeptiert und ausführt – oder ob er diese Implikatur einfach ignoriert. Der Sprecher A gibt einen Befehl, den B auch überhören könnte, ohne direkt eine Befehlsverweigerung aussprechen zu müssen. (Außerdem zeigt es mehr Rücksicht auf den Adressaten, wenn man sich zunächst um seine Fähigkeit zur Ausführung von p kümmert, ehe man explizite Bitten um p äußert.)

Auch beim Akt des Fragens gibt es direktere oder indirektere Bitten um Information, und wieder sind die indirekten Bitten eher höflicher. Es scheint, dass das geäußerte Interesse an einem Sachverhalt den Angesprochenen weniger unter Druck setzt als eine direkte Frage, die eine Antwort einfordert. Die folgenden Varianten derselben Frage illustrieren dies.

(1) A zu B: Riesiges Haus hier.
   a. **Wohnt da der Bürgermeister?** (echte Frage)
   b. Ob da wohl der Bürgermeister wohnt? (an sich selbst gerichtete Frage)
   c. Ich möchte echt gern wissen, ob da der Bürgermeister wohnt. (Interesse)
   d. Weißt Du, ob da der Bürgermeister wohnt? (Frage über das Wissen von B)
   e. Was denkst Du, ob da der Bürgermeister wohnt? (Frage über Spekulationen von B)

Im Rahmen der Table-Theorie sieht man gut, dass die direkte Frage (a, fettgedruckt) als nächsten Zug von B eine Antwort oder das Verweigern einer Antwort erfordert. Der von A erhoffte Default-Fall ist eine korrekte Antwort auf die Frage. Wenn B diese nicht weiß, kann er den Dialog nicht in der erhofften Weise weiterführen und enttäuscht die Erwartungen von A. Damit droht für B ein Gesichtsverlust. Die alternativen Äußerungen in (b) – (e) erfordern vermutlich nicht zwingend Antworten von B als nächsten Schritt am Table. Es steht B offen, dass er aus Gründen der Kooperativität freiwillig Information über den Bewohner des großen Hauses beiträgt. Aber die Dialoge in (b) und (c) kommen auch ohne solche Informationen in einen stabilen Zustand, und die Fragen (d) und (e) kann der Adressat in jedem Fall beantworten.

Grade der Höflichkeit. Brown und Levinson stellen fest, dass Höflichkeit kein kategorisches Merkmal, sondern eine graduelle Skala ist. Je nach Schwere des gesichtsbedrohenden Akts, nach sozialer Distanz zwischen den Gesprächspartnern und nach Einfluss des Sprechers auf den Adressaten bemisst sich das geeignete Maß von Höflichkeitsmerkmalen. Letztlich stehen viele Höflichkeitsstrategien auch der Grice'schen Maxime der Art und Weise entgegen, weil nämlich die Äußerung tendenziell länger und unklarer wird. Es gilt also, das richtige Maß von Höflichkeit zu treffen. Extrempunkte auf der Skala von großer Höflichkeit bis zu der unverbrämten *bald on record*-Strategie sind beispielsweise (i) Befehle von Vorgesetzten, wo zu viel Höflichkeit für die Angesprochenen eher zeitraubend als gesichtswahrend sein kann oder (ii) kurze Direktive in Notsituationen, wo Kürze und Klarheit für das Erreichen gemeinsamer Ziele essenziell ist. Höflichkeit ist in diesem Modell also kein Selbstzweck, sondern wird von äußeren Faktoren bestimmt.

Brown und Levinson haben den Anspruch, die universalen Grundlagen der Höflichkeit zu beschreiben. Sie illustrieren die Ideen mit vielen einzelsprachlichen Beispielen, die verschiedenste gesichtswahrende sprachliche Strategien illustrieren. Zwei davon werden wir in den nächsten Abschnitten finden, wo es um Höflichkeitsformen im Deutschen geht.

18.2 Grammatisch codierte Höflichkeit

Im Deutschen finden wir, dass aus einer höflichkeitsstärkenden Strategie – die der Sprecher wählen *kann*, aber nicht *muss* – ein pragmatisch und grammatisch verpflichtendes Muster geworden ist. Solche Muster entsprechen eigentlich nicht dem Geist des Höflichkeitsbegriffs, wie ihn Brown und Levinson (1987) untersuchen. Die Wahl der höflicheren Form ist kein freiwilliges Angebot des Sprechers mehr, sondern schlicht die grammatische Norm. Allerdings tragen viele grammatische Höflichkeitsmarkierungen noch die Spuren des von Brown und Levinson beschriebenen Systems, weil man sie als Verfestigung von ehemals frei wählbaren Mustern begreifen kann. Im Deutschen lassen sich die Stadien von optionalen und verfestigten Wendungen gut nachvollziehen, mit denen Höflichkeit codiert wird. Aber beginnen wir mit dem heutigen System, das Ihnen sicher vertraut ist.

Die Verwendung von Pronomina im Deutschen hängt davon ab, wie Sprecher und Adressat zueinander stehen. Bekannte und Freunde werden mit *Du* angesprochen, Fremde oder Höhergestellte mit *Sie*. Auch die Verwendung von Eigennamen wird sozial geregelt: Freunde und Bekannte werden mit dem Vornamen angesprochen, Fremde oder Höhergestellte mit Anredeform (*Herr, Frau*), Nachnamen und ggf. Titeln. Die passende Wahl der Anrede hängt im Einzelnen von verschiedenen Faktoren ab, an denen Sprachlerner manchmal verzweifeln. Hier ist ein kleiner, unvollständiger Überblick über die aktuellen Konventionen.

- Sozial ungleicher Status: Kinder sollten ab einem gewissen Alter fremde Erwachsene mit *Sie* ansprechen, während Erwachsene Kinder immer mit *Du* anreden. Der Übergang von Kind zu nicht-Kind liegt irgendwo in der Pubertät.

- Distanzhöflichkeit: Fremde Erwachsene und Erwachsene in beruflichen und öffentlichen Situationen reden sich mit *Sie* an. Alle Beteiligten siezen sich dabei gegenseitig, die Anrede spiegelt also keine soziale Hierarchie.
- Nähe-*Du*: Erwachsene, die sich lange kennen oder die sich als derselben Gruppe zugehörig empfinden, reden einander mit *Du* an. Insbesondere gelten nahe Verwandte als Mitglieder derselben Gruppe, selbst wenn man sich zum ersten Mal trifft.
- Ein Spezialfall des Nähe-*Du* ist das Hütten-*Du*, das in den Alpen gepflegt wird: Die Faustregel lautet, dass sich über 1000 Höhenmeter alle duzen.

Das Anredesystem sieht auf den ersten Blick sehr symmetrisch aus. Beide beteiligten Personen verwenden dieselbe Anrede, die einzige Ausnahme ist (im heutigen Sprachgebrauch) der Kind-Erwachsenen-Fall. Grundsätzlich können zwei Personen vom *Sie*-Modus in den *Du*-Modus wechseln. Der Wechsel soll ausdrücklich vorgeschlagen und angenommen werden. Der Sprechakt des *Du*-Anbietens und die Zustimmung dazu ist einer der wenigen Sprechakte, die sich direkt auf Sprache beziehen. Wenn der Wechsel einmal verabredet ist, gilt es als beleidigend, wenn man wieder in den *Sie*-Modus zurückfällt. Das Hütten-*Du* bildet hier eine Ausnahme, denn Fremde können nach der Rückkehr ins Tal wieder zum *Sie* wechseln, ohne unhöflich zu wirken. Ebenfalls können zwei Personen, die sich eigentlich duzen, in einem sehr offiziellen Kontext vorübergehend zum *Sie* wechseln, anschließend aber wieder zum *Du* zurückkehren. Das könnte beispielsweise dann geschehen, wenn zwei enge Bekannte in einer öffentlich übertragenen Fernsehdebatte auftreten und sich für die Dauer der Sendung siezen, um sich dem allgemeinen Höflichkeitslevel anzupassen.

Im Zweifel hat die ältere oder höhergestellte Person das Recht und die Pflicht, das *Du* vorzuschlagen. Nur an diesem Punkt wird eine soziale Hierarchie unter den Beteiligten wirksam. In der Praxis zeigt sich diese Hierarchie auch dort, wo Person A eine bisher unbekannte Person B ohne Verabredung duzt, Person B aber findet, dass das Nähe-*Du* nicht angebracht sei, weil A und B nach B's Meinung nicht derselben Gruppe angehören. Wenn B auf dem *Sie* beharrt, wird das in der Praxis wahrgenommen als ein Insistieren von B auf höherem Status.

Vermutlich fallen Ihnen noch weitere Bedingungen ein, die die Anredeformen bestimmen, aber es geht hier nicht vorrangig um eine vollständige Beschreibung des Systems. Aus der Sicht der Pragmatik sind vor allem zwei Aspekte interessant. Zum einen spiegelt die Anredeform Fakten über die sozialen Beziehungen zwischen den Gesprächspartnern. Wie ist dieses Wissen über Fakten einzuordnen? Im Rest des Abschnitts werden wir Gründe sammeln, dass es sich um Präsuppositionen handelt. Zum anderen sind diese Anredeformen verpflichtend, nicht frei wählbar. Sehen wir hier Höflichkeit im Sinn von Brown und Levinson oder etwas anderes? Darauf geht 18.3 näher ein.

Höflichkeit als Präsupposition. Die Anrede zwischen A und B hängt davon ab, ob die gemeinsame Vorgeschichte der beiden, ihr Status und die Art des Äußerungskontexts c ein distanziertes Verhältnis oder ein Näheverhältnis ergeben. Ich kürze dies als DIST(A,B,c) und NAH(A,B,c) ab. Unser Ziel ist nicht vorrangig zu beschreiben, wann DIST(A,B,c) und wann NAH(A,B,c) der Fall ist, sondern welchen Status diese Information hat. Vieles spricht dafür, dass es sich um eine Präsupposition handelt. Intuitiv trifft zu, dass sich zwei Gesprächspartner bereits vor Beginn des Gesprächs grob einig sind, ob sie eher in einem *Du*-Verhältnis oder einem *Sie*-Verhältnis stehen. Sie wissen zum Beispiel, ob sie einander schon einmal das Du angeboten haben oder ob sie sich auf einer Berghütte oder in einer TV-Debatte befinden.

Jede Verwendung eines Pronomens der zweiten Person führt die entsprechende Präsupposition ein: *Sie* und die Varianten (*Ihnen, Ihren, Ihres* ...) tragen die Präsupposition DIST(A,B,c), und *Du* und seine Varianten entsprechend NAH(A,B,c). Die beiden Präsuppositionen widersprechen sich gegenseitig. Wir würden also erwarten, dass innerhalb einer Äußerung konsistent dieselbe Anredeform gewählt werden muss. Das trifft zu.

Der Negations-, Frage- und *möglicherweise*-Test für Präsuppositionen fällt ebenfalls positiv aus. Das wird in folgenden Beispielen illustriert.

(2) A zu B: Sie haben die Grippe.   präsupponiert: DIST(A,B,c)

(3) A zu B: Sie haben nicht die Grippe.   präsupponiert: DIST(A,B,c)

(4) A zu B: Haben Sie die Grippe?   präsupponiert: DIST(A,B,c)

(5) A zu B: Möglicherweise haben Sie die Grippe.   präsupponiert: DIST(A,B,c)

Die Negation, eine Frage oder eine Einbettung unter *möglicherweise* wird also nie die Information in Frage stellen, dass A und B sich in einem Distanzverhältnis befinden. Wenn einer der beiden Gesprächspartner sich vor Beginn des Gesprächs über die soziale Beziehung unsicher war, wird er oder sie nach der ersten Verwendung von *Du* bzw. *Sie* normalerweise akkommodieren, dass es sich um ein Nähe- oder Distanzverhältnis handelt. Wenn beispielsweise A als neues Mitglied in die Yogagruppe kommt und von den anderen geduzt wird, wird A akkommodieren, dass die Gruppe sich als eine Nähegruppe versteht, in der das *Du* gebräuchlich ist.

Eine Zurückweisung der Anredeform ist möglich, wenn A die von B unterstellte soziale Relation für unzutreffend hält. Wenn das passiert, greifen Gesprächspartner auf Varianten der *Äh-Moment-mal*-Formel zurück.

(6) Auf 2000m Höhe in den Alpen.
     A: Haben Sie eine Speisekarte? – B: Hei, hier oben wird sich geduzt!

(7) A: Wie schön, Sie zu sehen, war lang her seit dem letzten Mal.
     B: Äh, Moment, hatten wir uns nicht geduzt?

(8) A zu Chefin B: Kann ich Dich was fragen, Claudia?
     B: Für Sie bin ich immer noch Frau Schulze!

In diesem Punkt unterscheiden sich Anredeformen wesentlich von Expressiva. Während es eine private Angelegenheit des Sprechers ist, ob er Müller für einen Idiot hält (Kapitel 17), müssen sich beide Partner einig sein, auf welcher Ebene des Anredesystems sie sich befinden. Keiner der beiden Partner hat das Recht, plötzlich die Anredeform zu verändern. Gegenbeispiele sind in der Regel Fälle, wo ein sozial höhergestellter A dem Gesprächspartner B plötzlich die Näheform aufdrängt. Vermutlich wird B die neue unterstellte soziale Relation akkommodieren (schon aus Gründen der Unterlegenheit), aber es ist bezeichnend, dass dieselbe Überschreitung durch sozial Unterlegenen gegenüber Höherstehenden wahrscheinlich sofort zurückgewiesen wird.

Zuletzt zeigt sich, dass die Voraussetzungen der Anredeform sogar eine Art Blockierung erlauben, wie sie bei Präsuppositionen möglich ist. Im englischsprachigen Verkehr ist eine übliche Anredeform die mit dem Vornamen und einer Einschränkung „Dear Maria (if I may), ...". Mit dieser Anrede wird einerseits eine mäßig offizielle Interaktion vorgeschlagen, andererseits auch signalisiert, dass es dem Angesprochenen freisteht, bei der förmlicheren Anrede *Ms. Smith/Mr. Jones* zu bleiben. Auch im Deutschen gibt es ähnliche Einschränkungen. Nehmen wir an, A und B sind ähnlich alt und treffen sich das erste Mal.

(9) A zu B: Hallo, schön, dass Du kommst – wenn ich Dich duzen darf?

Bei genauer Überlegung findet sich hier ein blockierendes Konditional *Wenn wir uns duzen, dann (sage ich): schön, dass Du kommst!* Allerdings ist damit natürlich nicht gemeint: ... und wenn wir uns nicht duzen, dann lasse ich mal offen, ob ich mich freue, dass Sie kommen. In diesem Punkt unterscheiden sich Präsuppositionsblockierung bei Pronomina und die bei normalen Präsuppositionsauslösern.

Insgesamt ist es aber eine stimmige Annahme, dass die Anredeformen entsprechende Fakten über das soziale Verhältnis der Gesprächspartner präsupponieren. Eine alternative Analyse als expressive Bedeutung finden Sie bei Potts (2007). Er führt als Hauptargument an, dass sich die sozialen Bedingungen nur schwer beschreiben lassen und – wie im Fall von Expressiva – eher die Gefühlslage des Sprechers ausdrücken. Für den Fall des Deutschen schließe ich mich dieser Argumentation nicht an.[2]

18.3 Der Ursprung grammatisch codierter Höflichkeit

Die Wahl der richtigen Anrede im Deutschen ist nach allgemeiner Einschätzung eine Frage der Höflichkeit. Aber ist es auch eine Höflichkeitsstrategie im Sinn von Brown und Levinson? Auf den ersten Blick sicher nicht. Wenn es eine solche wäre, dann würden wir erwarten, dass ein gesichtsbedrohender Akt dadurch abgemildert werden könnte, dass man die Anredeform geeignet anpasst. Diese Vorhersage trifft in keiner Weise zu.

(10) gesichtsbedrohender Akt: A möchte B um 10 Euro anpumpen.
 a. A würde B eigentlich duzen, sagt aber: Leihen Sie mir 10 Euro!
 b. A würde B eigentlich siezen, sagt aber: Leih mir 10 Euro!

In keinem der beiden Fälle wird aus dem Akt ein weniger bedrohlicher, indem A die Anredeform kreativ verändert. Beide Äußerungen sind in den angegebenen Kontexten unangemessen und die Änderung der Anrede würde B zusätzlich irritieren. Deswegen müsste man im System von Brown und Levinson feststellen: Anredeformen sind keine Frage der Höflichkeit. Das ist erstens irritierend, weil es unserem Bauchgefühl über das Wesen der Anrede widerspricht. Und zweitens ignoriert diese Diagnose, dass sich in den Höflichkeitsformen immer wiederkehrende Muster zeigen, die nicht zufällig sein können.

Der Sprachwissenschaftler Horst Simon hat dieses scheinbare Paradox genauer untersucht (Simon 2003). Anhand der historischen Quellen vollzieht er nach, wie sich im Deutschen aus einem egalitären Anredesystem langsam Respektformen entwickeln. Im Althochdeutschen (ab 800 n. Chr.) lässt sich nachwei-

---

2 Zwar sind die Gründe für die Wahl von *Du* und *Sie* oft nicht einfach zu benennen, aber es trifft auch für viele andere Eigenschaften zu, dass wir sie leichter attestieren, als Gründe dafür nennen, dass wir sie für zutreffend halten. Welche Art von Haarwuchs wäre etwa noch ausreichend, um zu urteilen: Karl ist nicht kahlköpfig? – Kriterien sind hier ebenfalls schwierig, dennoch handelt es sich nicht um ein expressives Wort.

sen, dass in der Anrede von rangniedrigeren zu höhergestellten die Anredeform im Numerus schwankt: Gleichgestellte und Rangniedrigere werden mit *tu* (‚du') angesprochen, Ranghöhere ebenso wie mehrere Adressaten mit *ir* (‚ihr'). Im Nibelungenlied (ca. 1200) findet Simon jedoch interessante Schwankungen, speziell in Gesprächen zwischen den Helden Gunther und Siegfried. Diese Schwankungen ähneln nach Simon der freien Wahl der Strategie bei Brown und Levinson. Während Gespräche zwischen Gunther und Siegfried überwiegend das am Hof übliche *ir* zwischen allen Beteiligten nutzen, ändert sich die Anrede in intimeren Dialogen. Wo König Gunther sich bei Siegfried über das Scheitern seiner Hochzeitsnacht beschwert (Aventiure 10), wechseln beide Sprecher nach und nach zum *du*. Die für den Plot wesentliche Verabredung, dass Siegfried getarnt anstelle von Gunther das Bett von Königin Brünhilde besteigen wird, wird im gegenseitigen *du* getroffen.

Aus diesen Daten schließt Simon, dass im Mittelalter die Wahl der Anrede noch freier war und tatsächlich strategisch eingesetzt worden ist. Die Wahl einer Anrede im Plural lässt sich gleich zweifach als Höflichkeitsstrategie begründen: Einerseits könnte dem Angesprochenen signalisiert werden, dass sein Wert dem von mehreren normalen Personen entspräche (positives Gesicht). Andererseits lässt sich ein gesichtsbedrohender Akt im Plural auch so interpretieren, dass die Äußerung sich an Untergebene der Person richtet, nicht an den Angesprochenen selber. Damit würde das negative Gesicht des Angesprochenen gestärkt. – Die Umdeutung der Pluralanrede in förmlich-höfliche Anrede findet sich übrigens bereits im Lateinischen und in vielen weiteren Sprachen Europas. Aber auch in anderen Sprachfamilien, beispielsweise dem Persischen oder dem Tamil, gibt es die *Du/Ihr*-Höflichkeit und das spricht ebenfalls für einen Ursprung aus universell kreativem Sprachgebrauch.[3]

Zwischen 1600 und 1850 kamen in Deutschland zum ursprünglichen *du/ihr*-System weitere Stufen der höflichen Anrede hinzu, die nun Ausdrücke der dritten Person für die Anrede nutzten: *er/sie* anstelle von *du*, den Plural der 3. Person *Sie* und weitere formelhafte Anredeformen (z. B. *Dieselben*) im höfischen Briefverkehr von Bittstellern oder Untergebenen an Höherstehende. Eine detaillierte Beschreibung der zum Teil barocken Formen finden Sie bei Ankenbrand (2013). Heute hat sich die Form durchgesetzt, die aus den Pronomen der 3. Person Plural entstanden ist und die Simon ebenfalls als ein Wahren des negativen Gesichts interpretiert: Indem man *in Anwesenheit* des gemeinten Adressaten *über* ihn redet, können Auf-

---

[3] Einen Überblick gibt Wikipedia unter dem Stichwort „Pronominale Anredeformen" oder Helmbrecht (2013).

forderungen, Bitten und Kritik gewissermaßen als Sprechen mit sich selber verhüllt und ihre Bedrohlichkeit damit gemindert werden.

Simon legt großen Wert auf den Nachweis, dass die Form *Sie* in der heutigen Grammatik eine eigenständige Pronominalform mit eigener Grammatik und eigener Präsupposition ist. Die ehemalige Implikatur ‚ich sorge mich um dein Gesicht' hat sich in eine verbindliche Verwendungsbeschränkung entwickelt. Die grammatische Eigenständigkeit lässt sich zum Beispiel mit folgendem Minimalkontrast belegen.

(11) förmliche Anrede an einen Mann:
Sie, **der** Sie ein erfahrener Lehrer sind, werden das Problem schon lösen.

(12) förmliche Anrede an eine Frau:
Sie, **die** Sie eine erfahrene Lehrerin sind ...

(13) Reden über eine (dritte) Gruppe von Personen:
Sie, die erfahrene Lehrer sind, ...

Nur die Anredeform wirkt sich auch auf die Form des Relativsatzes in (11)/(12) aus, nicht so die dritte Person in (13). Die grammatische Beschreibung von Relativsätzen kann also auf die Kategorie ‚höfliche Anrede' nicht verzichten, was beweist, dass ‚Respekt' ein grammatisches Merkmal geworden ist. Weitere Belege für die grammatische Eigenständigkeit der Höflichkeitsform finden Sie in Simons Originalarbeit.

Abschließend können wir feststellen: Die deutschen Höflichkeitsformen bestätigen indirekt Brown und Levinsons Höflichkeitstheorie. Sie haben sich aus flexiblen Formen der höflichen Anrede verfestigt; die ehemaligen Implikaturen haben sich zu Beschränkungen an die Äußerungssituation verfestigt, die wir in Abschnitt 18.2 als Präsuppositionen beschrieben haben. Letztlich sehen wir wiederum einen Fall von pragmatisch gesteuertem Sprachwandel.

Fingerübungen

(1) Im Englischen wird *you* einheitlich als Anrede für alle benutzt. Recherchieren Sie das Pronomen-Paradigma im Alt- und Mittelenglischen.
Worauf geht *you* zurück? Welche anderen Formen gab es?
War die englische Sprechergemeinschaft wohl besonders egalitär oder besonders höflich, als sich *you* etablierte?

(2) Sie möchten Ihren Nachbarn auffordern, sein Fahrrad nicht immer vor Ihrer Haustür zu parken. Wie würden Sie diese (gesichtsbedrohenden) Akt in den vier Höflichkeitsstrategien formulieren?
   a. einfach/direkt
   b. indirekt (*off record*)
   c. direkt, mit Verweis aufs positive Gesicht des Nachbarn
   d. direkt, mit Verweis aufs negative Gesicht des Nachbarn
   (Manchmal sind reine Strategien schwer zu formulieren, aber versuchen Sie, den richtigen Trend zu setzen.)
(3) Was ist Ihre Reaktion auf folgende Anredeformen? Wo fühlen Sie sich als Gruppenmitglied aufgenommen, wo möchten Sie von Angestellten des Betriebs lieber anders angeredet werden?
   a. „Wohnst Du noch, oder lebst Du schon?" (IKEA)
   b. „Komm zu uns und genieße Dein easy-to-go Girokonto!" (Bank)
   c. „Wir haben den passenden Schuh für Sie."(Sneaker-Store)
   d. „Ich bin der Marcel und mache jetzt mit Dir Yoga." (Seniorengymnastik)
(4) Meine Großmutter hatte eine Streuobstwiese, *das Pfleggärtle*, die von der Familie gemeinschaftlich bewirtschaftet wurde. Gelegentlich äußerte sie gegenüber dem Schwiegersohn:
   Man sollt mal wieder das Pfleggärtle mähen.
   a) Welchen gesichtsbedrohenden Akt wollte sie durchführen?
   b) Wie lässt sich ihre Höflichkeitsstrategie mit Brown und Levinson beschreiben?
(5) Geben Sie drei Beispiele, wo ein gesichtsbedrohender Akt (trotz allem) am besten direkt/einfach (*bald on record*) formuliert werden sollte.

19 Herabwürdigende Sprache

Im vorigen Kapitel haben wir gesehen, wie Sprache für die Pflege besserer zwischenmenschlicher Beziehungen eingesetzt wird. Höflichkeit umfasst sprachliche Strategien zur Milderung gesichtsbedrohender Akte. Sprache wird jedoch auch für gegenteilige Strategien eingesetzt, zur Beleidigung, Beschimpfung und Herabwürdigung. Einerseits können Schimpfwörter im Konflikt zwischen Einzelpersonen eingesetzt werden, andererseits hinterlassen gesellschaftliche Konflikte sichtbare Spuren in der Sprache.

Sprache und Vokabular sind ein gemeinschaftliches Gut. Mit der Benutzung von herabwürdigenden Ausdrücken signalisiert jeder Sprecher sein Einverständnis mit den damit verbundenen Einstellungen und Glaubensinhalten. An diesem Punkt entwickelt herabwürdigende Sprache besondere gesellschaftliche Brisanz: Wo es Vokabular gibt, gibt es auch eine Sprechergemeinschaft, die dieses Vokabular pflegt. Und wo es eine Gemeinschaft Gleichgesinnter gibt, droht die individuelle Herabwürdigung in gesellschaftliche Diskriminierung umzuschlagen. Anders im Fall von individuellen Beschimpfungen: Sie sind für die Betroffenen zwar bedrückend und sogar bedrohlich, es handelt sich aber dennoch um Auseinandersetzungen zwischen Einzelnen, nicht um gesellschaftliche Strömungen.

Ein typischer Fall von herabwürdigendem Vokabular sind Spottnamen für Bevölkerungsgruppen, englisch *slurs*.[1] Da – wie wir sehen werden – bereits die Erwähnung der entsprechenden Bezeichnungen eine Weltanschauung evozieren kann, möchte ich hier nur zwei veraltete Beispiele nennen.

(1) *boche* = französischer Spottname für Deutsche, 19. und frühes 20. Jahrhundert

(2) *Gelbfüßler* = bis zum 19. Jahrhundert ein Spottname für Schwaben. Im *Deutschen Wörterbuch* steht unter dem Stichwort *Gelbfüszler*: „vor Zeiten ein Spottname der Schwaben bei ihren Nachbarn" (DWB, Bd. 5, Sp. 2883).
Aktuell werden damit (angeblich) die Badener von Schwaben und Kurpfälzern bezeichnet. Für jede Volksgruppe gibt es Anekdoten, die begründen, dass die so Bezeichneten den Namen aufgrund ihrer Armut oder Dummheit tragen.

Je manifester die Ungleichheit zwischen der so benannten Gruppe und den Anderen (wie auch immer sich die definieren), desto mehr gesellschaftliche

---

[1] Das Wort *slur* wird als ‚Verunglimpfung' übersetzt – ein ebenso sperriges wie vages Wort, das ich deswegen vermeide.

Brisanz haben diese Wörter. Wenn die Ungleichheit sich auflöst, verliert auch der Spottname an Brisanz, wie der alte Spottname *Gelbfüßler* illustriert. Die meisten Sprecher kennen ihn gar nicht, und die Ungleichheiten, vor deren Hintergrund die Bezeichnung geprägt wurde, sind ebenfalls nicht mehr aktuell. Ich hoffe, dass auch das neuere Beispiel in der heutigen Lebenswelt keine Rolle mehr spielt. Falls doch, dann soll dieses Kapitel dazu beitragen, die sprachlichen Wurzeln des Übels zu benennen und sich besser gegen sie zu wehren.

Die Ungleichheit ist nicht nur zeitlich sondern auch geographisch verortet. In Zeiten der globalen politischen Kommunikation kann das dazu führen, dass Wörter, die ursprünglich nur regional diskriminierende Untertöne hatten, weltweit Ächtung erfahren. Die Ureinwohner Amerikas können im Deutschen (noch) als *Indianer* oder *indianische Ureinwohner* bezeichnet werden. Da aber die englische Bezeichnung *indians* in den USA als problematisch betrachtet wird, hat sich im nordamerikanischen Diskurs *indigenious people* eingebürgert. Politisch engagierte Menschen in Deutschland fordern, auch das etymologisch verwandte Wort *Indianer* durch *indigene Einwohner (Nord-)Amerikas* zu ersetzen. Andere Sprecher weisen darauf hin, dass im deutschen Diskurs die Bezeichnung *Indianer* eher positiv konnotiert ist und immer auch die Geschichte des Völkermordes einschließt, dem die Urbevölkerung zum Opfer gefallen ist. Sollte man also dieses Wort aus dem deutschen Wortschatz streichen oder nicht?[2] Und was folgt für die Semantik und Pragmatik, wenn es Wörter gibt, die bestimmte Glaubensinhalte oder Meinungen mit beinhalten?

19.1 Pragmatische Eigenschaften von Pejoration (Slurs)

Um besser zu verstehen, was die Brisanz von Slurs ausmacht, lohnt es sich, ihr pragmatisches Verhalten genauer zu untersuchen. Speziell wurde versucht, sie als einen weiteren Fall von expressiver Bedeutung zu erfassen. Ich werde die Idee zunächst skizzieren und folge dabei Gutzmann (2015). Allerdings möchte ich anschließend argumentieren, dass einige wesentliche Eigenschaften von Slurs dabei nicht erfasst werden.

Gutzmann schlägt vor, Spott- und Schimpfnamen in der zweidimensionalen Semantik in derselben Weise zu erfassen, wie wir sie beim Wort *Köter* gesehen haben. Ich verwende weiter den Spottnamen *Gelbfüßler* zur Illustration.

---

[2] Für eine detaillierte Beschreibung des Begriffs *Indianer* und der Entsprechungen und Alternativen siehe https://de.wikipedia.org/wiki/Indianer (abgerufen 12.10.2020).

(3) 〚 Köter 〛ᶜ = < 〚 Hund 〛ᶜ • *sp(c)* kann Hunde nicht leiden >

(4) 〚 Gelbfüßler 〛ᶜ = < 〚 Schwabe 〛ᶜ • *sp(c)* findet, dass Schwaben dumm sind >

Diese Analyse würde vorhersagen, dass die Einstellung ‚Sprecher findet, dass Schwaben dumm sind' nicht im Skopus der Negation stehen kann. Das Wort signalisiert eine Einstellung, die der Sprecher nicht mehr abstreiten kann. Die schematische Paraphrase ‚*sp(c)* findet, dass Schwaben dumm sind' in (4) könnte dabei um weitere negative Stereotypen ergänzt werden, um die Art der Herabwürdigung zu präzisieren. Dass sich die Liste der Stereotypen selten umfassend und eindeutig erstellen lässt, ließe sich mit der allgemein schwer erfassbaren Natur expressiver Bedeutung begründen. Ebenso wie bei expressiven Ausdrücken zeigen auch Slurs die Einstellung des Sprechers und sind nicht verschiebbar, außer im Zitat.

Ein weiteres Indiz ist die Beobachtung, dass sich die Untertöne von Slurs nicht blockieren lassen.

(5) Wenn ich Schwaben nicht leiden könnte, dann würde ich keine Geschäfte mit den Gelbfüßlern machen.

Beispiel (5) ist nach dem Muster der Präsuppositions-Blockierung gebaut (s. Kap. 4). Wenn die negative Einstellung eine Präsupposition des Wortes *Gelbfüßler* wäre, dann sollte der *wenn*-Satz die Präsupposition lokal einführen und der *dann*-Satz sich darauf beziehen können. Insgesamt würden wir erwarten, dass mit (5) keine negativen Gefühle über Schwaben ausgedrückt sind. Tatsächlich aber macht der Sprecher in (5) einen ambivalenten Eindruck. Er scheint einerseits mit *Gelbfüßler* zu signalisieren, dass er Schwaben für dumm hält, andererseits stellt der Konditionalsatz in den Raum, dass er es offiziell nicht zugeben will. Wir sehen hier keinen gelungenen Fall von Präsuppositionsblockierung. Das ist der wichtigste Grund dafür, dass sich eine Präsuppositionsanalyse bisher nicht durchgesetzt hat.[3] In allen diesen Punkten verhalten sich Slurs also wie expressive Bedeutung in Kapitel 17.

Könnte die Analyse erklären, wieso Slurs zu den ‚schlimmen Wörtern' zählen? Man könnte folgendermaßen argumentieren: Anders als die Referenten von *Köter* können die Referenten von *Gelbfüßler* sprechen und verstehen, dass der Sprecher sie herabwürdigen will. Der perlokutive Akt des Beleidigens kann mit Spottna-

---

[3] Eine Ausnahme dazu ist Cepollaro (2020).

men effektiv erzielt werden. Slurs sind schlecht, weil sie zum Beschimpfen und Beleidigen benutzt werden.

Allerdings gehört das gegenseitige Beschimpfen zu den Grundmustern der Kommunikation und ist auf Slurs nicht angewiesen. Sigmund Freud beschrieb einen Fall, in dem ein kleiner Junge seiner Wut auf den Vater Luft verschaffen will. Da das Kind aber offenbar in einer sehr behüteten Umgebung aufgewachsen war, fehlten ihm angemessene Schimpfwörter. So begann er den Vater mit den Wörtern für Gebrauchsgegenstände zu beschimpfen, *Du Lampe!*, *Du Handtuch!*, *Du Teller!* – und der Vater verstand die Beschimpfung sehr wohl.[4] Die Semantik der *Du XY!*-Konstruktion erlaubt es, neue Schimpfwörter ad hoc zu prägen (Stanton 2020). Diese Beispiele zeigen, dass der Übelstand bei Spottnamen nicht (nur) darin liegen kann, dass sie als Beschimpfung dienen. Für die Einordnung von Slurs spielen zwei weitere Beobachtungen eine wichtige Rolle.

Beobachtung 1: Eine Analyse wie in (4) sagt zunächst nur vorher, dass der Sprechende zum Zeitpunkt der Äußerung eine negative Einstellung zur Gruppe der Schwaben hat. Dies wäre dann vor allem ein persönliches Problem des Sprechers – ebenso wie der Ausdruck *der Idiot Meier* zeigt, dass der Sprechende aktuell eine bestimmte Meinung über Meier hat. Solche persönlichen Meinungen sind nicht schön für die Betroffenen, sie stellen aber noch kein gesellschaftliches Problem dar. Die Analyse als expressive Bedeutung in der zweidimensionalen Semantik erklärt nicht die gesellschaftliche Brisanz von Slurs.

Beobachtung 2: Es gibt viele Fälle, in denen Sprecher einen Slur benutzen, jedoch versichern, dass sie das scherzhaft meinen, dass sie Nähe zum Bezeichneten herstellen wollen und dass sie die negative expressive Bedeutung *nicht* meinen. Auch das lässt sich mit *Gelbfüßler* illustrieren.

(6) Ein Badener sagt zu seinem schwäbischen Freund: „Hallo, alter Gelbfüßler, ich feiere nächsten Sonntag meinen Geburtstag. Kommst Du auch? Ich würd mich freuen."

Der Badener würde ehrlich sagen, er habe seinen Freund nicht beleidigt und teile auch keine negativen Meinungen über Schwaben. Die Äußerung macht keinen logisch inkonsistenten Eindruck – was der Fall sein müsste, wenn die Bedeutung oder Präsupposition von *Gelbfüßler* eine negative Haltung zwingend mit meint. Im Extremfall könnte der Sprecher das Wort *Gelbfüßler* als Bezeichnung

---

[4] Freud, Sigmund (1909), *Bemerkungen über einen Fall von Zwangsneurose*. Verfügbar unter https://www.projekt-gutenberg.org/freud/zwangneu/chap008.html (abgerufen 10.02.2021).

für Schwaben kennen, sich aber der Untertöne nicht bewusst sein. In diesem Fall wäre er besonders überrascht, wollte man eine Beleidigung unterstellen.

Gesellschaftlich ist diese Art der Verwendung von Slurs jedoch riskant. Die Verwendung von belasteten Bezeichnungen kann Debatten auslösen, bei denen Sprecher oft nur knapp einer juristischen Verfolgung entgehen. Offensichtlich genügt es eben *nicht*, einfach zu versichern, man wolle der betroffenen Gruppe nichts Böses, um den entstandenen Schaden zu heilen. Aber welcher Schaden ist überhaupt entstanden? Die Philosophin Elisabeth Camp schlägt vor, dass Slurs eine ‚Perspektive' mit sich bringen. Wer bestimmte Wörter verwendet, schließt sich automatisch der mitgedachten ‚Perspektive' an. Er macht sich – gewollt oder ungewollt – zum Komplizen einer Sprechergemeinschaft, deren Common Ground entsprechende Meinungen, Glaubensinhalte und Stereotypen enthält (Camp 2013). Mit ‚Perspektive' meint Camp also etwas anderes als Potts' Perspektive in Kapitel 17. Bei Potts lässt sich eine einzelne Person identifizieren, deren Perspektive man einnimmt. Bei Camp ist die ‚Perspektive' eine Art Bündel von Meinungen und Glaubensinhalten, die nicht einer einzelnen Person – und womöglich dem Sprecher – zugeordnet werden können. Teile dieser Meinungen sind womöglich gesellschaftlich unerwünscht und Einzelpersonen würden daher abstreiten, diese Meinung zu teilen. Aber sind sie dabei ehrlich?

Das Problem bei Slurs ist also weniger, was das Wort selber bedeutet, als vielmehr, auf welchen Annahmen im Common Ground es fußt und wer diesen Common Ground teilt. Die Beziehung zwischen Wortbedeutung und Weltwissen soll im nächsten Abschnitt genauer beleuchtet werden.

19.2 Wörter und Weltanschauungen

Beginnen wir mit neutralen Wortbedeutungen. Viele Inhaltswörter beziehen sich auf Gegenstände oder Kategorien, die es auch ohne diese Bezeichnung gibt. In der Biologie etwa nimmt man an, dass die Einteilung in Arten ist von der Natur vorgegeben ist. Wenn also eine neue Froschart entdeckt wird, dann kann man biologisch feststellen, dass es sich um eine neue Art handelt, schon bevor man einen neuen Namen vergibt. Die sprachliche Benennung liefert Bezeichnungen für vorher schon bestehende Arten.[5]

Allerdings gibt es auch Wörter, die ohne kulturelles Hintergrundwissen nicht sinnvoll sind. Das Wort *Junggeselle* bezeichnet ‚erwachsene, unverheiratete Männer'. Damit diese Bezeichnung sinnvoll ist, muss die Sprechergemeinschaft

---

5 Vereinzelt gibt es Ausnahmen, die dann als Problemfall diskutiert werden.

auch die Institution der Ehe kennen. Und ob man katholische Priester als Junggesellen bezeichnen will oder nicht, hängt womöglich davon ab, ob man sie als grundsätzlich heiratsfähig oder als auf göttliches Geheiß ehelos betrachtet. Das Wort *Junggeselle* setzt also eine ganze Theorie über Heirat und Ehe voraus. Diese Theorie ist nicht von der Natur vorgegeben. Sie könnte sich ändern.

Was passiert, wenn die Sprechergemeinschaft die Theorie hinter einem Wort aufgegeben hat? Ein Beispielfall wurde im Herbst 2020 diskutiert. Auf Antrag der Grünen sollte folgende Passage des Grundgesetzes der BRD geändert werden: „Niemand darf wegen seines Geschlechts, seiner Abstammung, seiner Rasse, seiner Sprache, seiner Heimat und Herkunft (...) benachteiligt oder bevorzugt werden." Der Antrag lautete, dass der Verweis auf „Rasse" gestrichen und durch eine sinngemäße Umschreibung ersetzt werden soll. Zur Begründung wurde angeführt, dass eine Unterscheidung von Menschen nach Rassen voraussetzt, dass es eine Kategorisierung von Menschen in verschiedene Rassen erst einmal gibt. Es bräuchte also eine Theorie im Hintergrund, die erklärt, nach welchen Kriterien man Menschen irgendwelchen Rassen zuordnen sollte. Es gibt keine biologisch definierten Rassengrenzen und keine Merkmalsbündel, die aus *guten Gründen* möglichst immer gemeinsam auftreten sollten. Zwar haben sich zufällig aus langer geographischer Trennung unterschiedlich aussehende Menschengruppen ergeben, aber eine Erhaltung dieser Unterschiede – womöglich mit dem Hintergedanken, dass unterschiedlich aussehende Personen unterschiedlich zu bewerten seien – hat keine Grundlage. Die Entwicklung von unterschiedlichem Aussehen etwa bei Nutztieren ist eine gewollte züchterische Anstrengung. Die Vorstellung, eine ähnliche Selektion bei Menschen sei wünschenswert oder auch nur ethisch vertretbar, ist mit unserem Weltbild nicht vereinbar. Deswegen gibt es aufgrund mangelnder Hintergrundtheorie keine Grundlage für das Wort „Rasse", angewandt auf Menschen.[6] Es gibt eigentlich keinen erfreulicheren Grund, dieses Wort außer Gebrauch zu setzen als den, dass die Hintergrundtheorien hinfällig sind.

Auf ein anderes Wort, das nur mit einer bestimmten Hintergrundtheorie verwendet werden kann, weist Heinrich Detering in seinem Buch *Was heißt hier ‚wir' – Zur Rhetorik der parlamentarischen Rechten* hin. Er zitiert den von Politikern der AfD oft evozierten Kontrast zwischen *wir, uns* und *die anderen*, wobei mit *wir* die Genossen der AfD, aber auch „das Volk" gemeint ist (alle Zitate und Hervorhebungen aus Detering 2019).

---

[6] Man könnte das Grundgesetz auch so lesen, dass Weltanschauungen, die solche Zuchtanstrengungen als möglich und wünschenswert betrachten, nicht mit dem Grundgesetz vereinbar sind.

(7) „unser liebes Volk"

(8) „wir werden uns *unser* Land und *unser* liebes Volk zurückholen"

(9) „... das Recht zu bestimmen, mit wem ich zusammenleben will" (Gauland)

(10) Darf die Landtagspräsidentin (BW) Muhterem Aras *wir* sagen, wenn sie die Deutschen (oder die Badener und Württemberger) meint? (E. Sänze, AfD BW)

Detering legt dar, dass im gegenwärtigen politischen System die Bezeichnung *das Volk* neben gut etablierten Benennungen steht, die es für ‚Menschen in der BRD' bereits gibt: *Bundesbürger, Bürger der BRD* oder auch *Einwohner der BRD* (eine etwas andere Gruppe). Wer also ausdrücklich vom deutschen *Volk* spricht, so Detering, suggeriert, dass er etwas anderes meint als einfach ‚die Bürger*innen Deutschlands'. Das neue Wort wird auf eine Art mit Inhalt angereichert, der ebenfalls weltanschaulich diskussionswürdig ist. Könnte mit dem „Volk" gemeint sein, dass es besonders „echte" Bürgerinnen und Bürger gibt – das Volk – die sich durch besonders lange historische Ansässigkeit, besonders „echte" kulturelle Praktiken oder besonders „authentisches" Gedankengut als Volk qualifizieren im Gegensatz zu denen, die – wie Herr Sänze in (10) unterstellt – nur scheinbar Bürger*innen der BRD sind? Wer „Volk" sagt, beruft sich offenbar auf irgendeine derartige Hintergrundtheorie. Dass sie nie explizit und diskutiert, sondern nur unterstellt wird, macht die Sache nicht besser.

Das Eingangsbeispiel, der Slur *Gelbfüßler*, illustriert in harmloser Weise, wie Glaubensinhalte Spottnamen motivieren. Einer Anekdote zufolge geht die Bezeichnung speziell auf die Einwohner des schwäbischen Dorfs Bopfingen zurück. Diese sollen – der Geschichte zufolge – so dumm gewesen sein, dass sie die rohen Hühnereier im Transportkorb mit den Füßen plattgetreten hätten, um mehr Eier auf einmal transportieren zu können. Daher die gelben Füße. Die weitere Hintergrundtheorie muss besagt haben, dass Schwaben insgesamt nicht nur in Dialekt und Wohnort, sondern auch intellektuell diesen Bopfingern gleichen. Hier sehen wir eine Hintergrundtheorie, die von niemandem mehr geteilt wird. Damit ist der Slur entschärft.

Eine besondere Variante von Wörtern als Signal von Glaubensinhalten sind die sogenannten *dog whistles* oder **Signalwörter.** Diesen gilt das Interesse des Philosophen Jason Stanley. Signalwörter sind Wörter, die für unterschiedliche Hörergruppen unterschiedliche Hintergrundtheorien evozieren. Ein Beispiel aus dem US-Kontext ist das Wort *welfare*, das wörtlich im Deutschen als *Sozialhilfe* übersetzt würde. Für konservative Kreise in den USA sind daran jedoch sehr spezifische Hintergrundannahmen geknüpft, die ungefähr besagen, dass hauptsächlich Afroamerikaner Bezieher von Sozialhilfe seien sowie diskriminierende Annahmen über die Gründe, warum das so sei (Stanley 2015). Ein anderer Fall von Signalwörtern, die für bestimmte Kreise eine Zusatzbotschaft senden, wird in folgendem Artikel zum US-Wahlkampf 2016 diskutiert.

> Trump accused Clinton of "meet[ing] in secret with **international banks** to plot the destruction of US sovereignty."
> (...) While many people might hear "international banks" quite literally, or maybe as an allusion to Clinton's ties to foreign financial interests in general, **anti-Semites** hear something very different. (...)[7]
> (Vox, 2016 US election, meine Hervorhebung)

Konservative Wählerkreise der USA gehen offenbar von einer Art semitischer Verschwörung gegen die USA aus, mit denen, laut Trump, Clinton unter einer Decke stecke. Signalwörter wie diese erlauben es Rednern, eine Botschaft an spezielle Hörerkreise zu senden. Diese Botschaft kann vor Uneingeweihten leicht abgestritten werden, indem sich der Sprecher auf die neutrale Lesart des Signalwortes zurückzieht. Wie im deutschen Kontext mit solchen Signalen gespielt werden kann, werden wir im nächsten Abschnitt sehen.

Signalwörter zeichnen sich durch ihren speziellen Bezug auf den Common Ground aus. Sie *können* eine kritische Hintergrundtheorie voraussetzen, haben aber auch eine neutralere Lesart. Im Schema:

(11) *welfare* CG_1: neutral
CG_2: Theorie über Schwarze, Armut, Verantwortung und Sozialleistungen

(12) *international banks* CG_1: neutral
CG_2: Theorie über Verschwörung in der Finanzwelt

(13) *Volk* CG_1: neutral
CG_2: Theorie über echte und unechte Bürger*innen Deutschlands

---

[7] Trump warf Clinton vor, sich „heimlich mit internationalen Banken zu treffen mit dem Ziel, die Unabhängigkeit der USA zu zerstören". (...) Während viele Zuhörer „internationale Banken" einfach wörtlich verstehen, oder vielleicht als Anspielung auf Clintons Beteiligung an Finanzinteressen anderer Länder im Allgemeinen, ist die Botschaft bei antisemitischen Wählern eine gänzlich andere. [Übersetzung R.E.].

(14) *Rasse* CG_1: – ? –
                          CG_2: Theorie über „richtige" Bündelungen äußerlicher Merkmale bei Menschen

Im Fall von (14) ist gemeint, dass ohne die kritische Theorie überhaupt nicht richtig gesagt werden kann, was „Rassen" bei Menschen sind. In Fall (13) haben sich AfD-Redner wiederholt darauf berufen, dass *deutsches Volk* als Synonym zu *Bürger*innen der Bundesrepublik Deutschland* gemeint sei. Diese Lesart entspricht dem neutralen CG.

Auch für Slurs lässt sich mit diesem Schema besser klären, wie ihre Doppelnatur zustande kommt. Ihr pejorativer Sinn fußt auf einer Hintergrundtheorie im Common Ground, die die Minderwertigkeit der betroffenen Gruppe herleiten will, und kontrastiert mit einem Wort, das eine neutrale Bedeutung hat.

(15) *Schwaben* CG_1: neutral
     Gelbfüßler GC_2: Theorie über geringe Intelligenz bei Schwaben.

Nunberg (2018) schlägt vor, dass die soziale Brisanz der Slurs auf der Konkurrenz zwischen neutralem und geladenem Wort beruht. Dabei argumentiert er mit Grice' Maxime der Art und Weise: Zunächst scheint es überflüssig, ein weiteres Wort zu etablieren für eine Bedeutung, die bereits durch ein bestehendes Wort ausgedrückt wird. Das Wort *Gelbfüßler* in einem neutralen Sinn würde die Maxime der Art und Weise verletzen. Daraus ergibt sich für Hörer die Implikatur, dass der Sprecher mit dem Wort mehr meinen muss als ⟦ Schwaben ⟧. Man könnte von einer Metaimplikatur „Suche nach einer Mehrbedeutung!" sprechen. Dabei bieten sich vor allem solche Mehrbedeutungen an, die bereits etabliert sind – etwa die von Schwabenkritikern geteilte Meinung, es handle sich um Menschen minderer Intelligenz.

Damit kann Nunberg auch erklären, wieso ein individueller Sprecher das Wort *Gelbfüßler* benutzen und dabei abstreiten kann, dass eine Herabwürdigung gemeint ist. Implikaturen können – anders als Präsuppositionen – im Nachhinein zurückgenommen werden. Der Sprecher würde dabei nicht irrational wirken (was der Beobachtung 2 oben entspricht). Und es gibt ein zweites Schlupfloch: der Sprecher könnte auch behaupten, eine andere Mehrbedeutung gemeint zu haben.

Allerdings stellt Nunberg fest, dass im Fall der Slurs die herabwürdigende Mehrbedeutung so offensichtlich im Raum steht, dass die Erklärungsversuche des Sprechers de facto nicht sehr plausibel sind. Nunberg spricht vom „social life of slurs" und weist darauf hin, dass pragmatische Anreicherungen, ebenso wie die wörtliche Bedeutung, ein Teil des von allen Sprechern geteilten Wissens ist. Wer einen Slur benutzt, festigt damit entsprechende Glaubensinhalte. Man kann das nicht abstreiten, ebenso wenig, wie man das Wort *Junggeselle* benutzen kann und gleichzeitig behaupten, die Institution der Ehe sei einem völlig unbekannt.[8] Slurs sind also Benennungen, die mit einem anderen neutralen Wort konkurrieren und darum eine Mehrbedeutung implikatieren. Unter den möglichen Anreicherungen ist eine gesellschaftlich brisante, und das Risiko beim Verwenden von Slurs besteht darin, dass diese brisante Anreicherung die plausibelste ist. – Im letzten Abschnitt sehen wir, wie sprachliche Innovation weitere Bestätigung für Nunbergs Thesen bieten.

19.3 Innovative Komposita: Ad-hoc-Signalwörter im Deutschen

Wenn über Slurs oder Verunglimpfung diskutiert wird, geht es in der Regel um etablierte Wörter mit einer Vorgeschichte. Aber auch mit innovativen Wortschöpfungen können Sprecher bei Hörern bestimmte Hintergrundtheorien aufrufen – und wie im Fall von Signalwörtern sendet ihre Rede zwei unterschiedliche Botschaften, eine neutrale und eine aufgeladene. Wir betrachten hier **innovative Komposita** (auch Okkasionalismen genannt), und speziell einen Subtyp, der interessantes pragmatisches Potenzial zeigt.

Folgendes Fallbeispiel wurde in meiner Arbeitsgruppe untersucht: In der ersten Corona-Welle im Frühjahr 2020 berichtete *BILD* über die Anlieferung von über 108 Millionen Hygienemasken aus China, die sich als zum Teil unbrauchbar erwiesen. Der Titel des Artikels lautete „Jede fünfte China-Maske unbrauchbar!" Im Artikel selbst fanden sich weitere Komposita wie folgende.

(16) Die meisten **Murks-Masken** wurden demnach schon in China entdeckt.

(17) Es kamen trotzdem **Schrott-Masken** in Umlauf!

Die Bedeutungen der Komposita auf *Murks-* und *Schrott-* lassen sich systematisch vorhersagen. Sie greifen bestehende Wortbildungsmuster auf und können in der mehrdimensionalen Semantik aus Kapitel 17 als Bildungsmuster für Nomina mit expressivem Inhalt analysiert werden (Meibauer 2013). Mit (16) und (17) teilt der Autor des *BILD*-Artikels auf der expressiven Ebene mit, dass er zum Sprechzeitpunkt empört über die Qualität der Masken ist. Die Bildung auf *China-* hingegen

---

[8] Um Missverständnissen vorzubeugen: Sie können natürlich umgekehrt auf die Nutzung von *Junggeselle* verzichten, weil Ihnen staatlich eingetragene Partnerschaften suspekt sind.

greift kein solches Muster auf. Das Wort *China-Maske* (das im Artikel mehrfach verwendet wird) ist ein innovatives Kompositum des Deutschen. Die Mitglieder unserer Arbeitsgruppe hatten den Eindruck, dass mit dem Kompositum mehr gemeint war als *Maske aus China*. Das Wort scheint einen Common Ground vorauszusetzen, in dem Glaubensinhalte wie ‚Produkte aus China sind von minderer Qualität' oder ‚Chinesische Geschäftsleute sind gegenüber uns unehrlich' gespeichert sind.

Interessanterweise verhielt sich unser Kompositum wie ein Signalwort. Die informelle Befragung weiterer Sprecher und Sprecherinnen ergab, dass manche von ihnen den pejorativen Subtext sofort erkannten. Andere sahen hingegen eine wenig originelle Innovation, die ungefähr dasselbe wie „Masken aus China" bedeutete.

Ein Blick in die Literatur zur Bedeutung von Komposita bestätigte unseren Eindruck, dass innovative Komposita einen Subtext tragen können. Raepsaed (2009: 47f.) nennt sie ‚stilistische Okkasionalismen', frühere Autoren sprechen auch von ‚enigmatischen Komposita' (Wildgen 1981). Die Autoren stellen fest, diese seien manipulativ, pejorativ oder ameliorativ, sie seien expressiv oder metaphorisch, und sie dienten dazu, die Meinung oder Perspektive des Autors zu übermitteln. Raepsaed stellt weiterhin fest, dass es in der Regel einen neutralen alternativen Ausdruck gibt, dessen wörtliche Bedeutung mit der des neuen Kompositums identisch sei. Das grenzt diesen Typ von anderen Komposita ab.

Um den Status von Komposita besser zu verstehen, sind ein paar grundsätzliche Überlegungen zu ihrer Bedeutung notwendig. Es ist bekannt, dass sich die Bedeutung von neuen Komposita nicht deterministisch aus den Teilen vorhersagen lässt (Olsen 2019). Ein *Weißwurstfrühstück* ist eine Mahlzeit, die aus Weißwürsten besteht, aber ein *Bauernfrühstück* ist keine Mahlzeit, bei der Bauern verspeist werden. Ein *Papiertisch* könnte ein Tisch sein, auf dem Arbeiten mit Papier ausgeführt werden, ein Tisch, auf dem Papier gelagert wird oder ein Tisch, der kunstvoll aus Papier gefaltet ist. Zwar gibt es manche häufige inhaltliche Verknüpfungen, aber letztlich wird erst in der Äußerungssituation festgelegt, welchen Inhalt ein Kompositum ausdrückt. Am Beispiel *Papiertisch* könnte man sich folgende Kontexte vorstellen, die jeweils zu einer anderen Bedeutung für das Wort *Papiertisch* führen.

(18) In einer Buchbinderwerkstatt. Es stehen Tische herum, einer davon dient zur flachen Lagerung von Papieren.
A zu B: Hol mir mal rotes Vorsatzpapier.
B zu A: Wo ist das denn?
A zu B: Auf dem Papiertisch.

(19) Beim adventlichen Basteln im Gemeindezentrum. Es gibt eine Gruppe, die Kerzen zieht, eine Gruppe, die Strohsterne bindet, und eine Gruppe, die aus Papier Sterne faltet.
Betreuer A zu B: Hilf mir mal, am Papiertisch gibt es Probleme.

Die Verarbeitung des neuen Kompositums ist für den Hörer in jedem Fall aufwändiger als die Verarbeitung eines bekannten Wortes im Deutschen. Man braucht drei Schritte:

    i. *-tisch* = es ist von einem Tisch die Rede.
    ii. *Papier-* = der Tisch kann durch eine im Kontext c offensichtliche Beziehung R zu Papier identifiziert werden.
    iii. $[\![$ Papier-Tisch $]\!]^c$ = ‚Tisch, der in Relation R zu Papier steht.'

Deswegen sind neue Komposita generell komplexer (= mehr Verarbeitung) und ambiger (= mehrere Bedeutungen möglich) als der etablierte Wortbestand. Das gilt natürlich nicht für bereits etablierte Komposita, die mit einer festen Bedeutung im Lexikon stehen – wie etwa *Teelöffel* oder *Suppenteller*.

Wir glauben, dass sich aus dieser Beobachtung die Signalwirkung von diesen innovativen Komposita folgendermaßen erklären lässt. Mit einem neuen Kompositum bereitet der Sprecher dem Hörer mehr Aufwand als mit einem bestehenden Ausdruck. Er verletzt die Maxime der Art und Weise gleich doppelt, denn das Wort ist nicht morphologisch einfach und es ist mehrdeutig. Es gibt überdies einen einfacheren Ausdruck, der denselben wörtlichen Inhalt hätte. Diesen einfacheren Ausdruck hat der Sprecher nicht benutzt. Auf der Basis der Grice'schen Maximen entsteht also eine Implikatur. Wir nehmen an, dass es wieder eine Implikatur auf der Metaebene ist: „Der Sprecher muss mehr mit dem Wort meinen, als der alternative einfache Ausdruck sagen würde. Was könnte er meinen?". Für den Hörer oder Leser ist dies die Aufforderung, eine pragmatische Anreicherung des innovativen Kompositums zu erschließen. Im Fall des Anfangsbeispiels *China-Maske* treffen diese Faktoren alle zu. Insbesondere hätte der Autor des Textes ebenso gut *Masken aus China* oder einfach nur *Masken* benutzen können. Denn dass es sich um welche aus China handelt, wird im ersten Absatz berichtet.

In unserem Fall besteht die Anreicherung darin, dass eine Hintergrundtheorie über *Chinamasken* vorausgesetzt wird. Teile einer solchen Theorie werden im *BILD*-Artikel expliziert: diese speziellen Masken sind von minderer Qualität, es handelt sich um Murks-Masken, das Coronavirus wurde von China zunächst vor dem Westen geheim gehalten. Die besondere Relevanz der Herkunft der Masken fußt aber darüber hinaus auf Stereotypen, die über das im Text Gesagte hinausgehen: z. B. dass die Masken Murks sind *weil* sie aus China kommen.

Leser, die solche Stereotypen für abwegig halten oder die womöglich gar nicht auf die Idee kommen, dass solche Annahmen denkbar sind, würden sich auf die neutrale Lesart ‚Maske aus China' beschränken. Sie würden dafür die Implikatur einfach als nicht-gemeint ignorieren. Das ist stimmig, denn wir haben bei der Untersuchung von Implikaturen gesehen, dass diese sich – anders als Präsuppositionen oder expressiver Inhalt – wieder zurücknehmen lassen. Auch der Autor des Artikels könnte sich, falls er angegriffen würde, jederzeit auf die neutrale Lesart zurückziehen. Damit würde er ausdrücklich die Implikatur ‚Suche nach Mehrbedeutung' zurücknehmen. Damit lässt sich der Signalcharakter der innovativen Komposita erklären.

Die Abstreitbarkeit kritischer Mehrbedeutungen darf nicht darüber hinwegtäuschen, dass innovative Komposita – ebenso wie Signalwörter – strategisch eingesetzt werden. Nicht nur Zeitungsartikel, auch Tweets und Posts nutzen Komposita als Mittel zur Evozierung eines *bestimmten* Common Ground, immer mit der *opt-out*-Möglichkeit der neutralen Lesart. Hier sind noch zwei weitere Beispiele. Das Erste entstammt ebenfalls der *BILD*-Zeitung.

(20)   Neue Stelle für Kopftuch-Praktikantin
Potsdam – Jetzt rudert die resolute Bürgermeisterin zurück.
Elisabeth Herzog-von der Heide (54, SPD) aus Luckenwalde (Brandenburg) hatte eine Rathaus-Praktikantin (48) am ersten Tag gefeuert, weil die Asylbewerberin ihr Kopftuch nicht abnehmen wollte. Gestern verkündete Herzog-von der Heide, dass die Palästinenserin nun bei der städtischen Wohnungsbaugesellschaft hospitiert.
Sie soll dort im Vermittlungsgeschäft und als Übersetzerin arbeiten.
(*BILD online*, 25. 08. 2016)

In der neutralen Lesart könnte *Kopftuch-Praktikantin* gleichbedeutend gemeint sein mit *Praktikantin, die (bei der Arbeit) ein Kopftuch trägt*. Mit der Bezeichnung *Kopftuch-Praktikantin* werden bei vielen Lesern aber vermutlich Stereotype evoziert, die der Autor lieber nicht explizit im Text nennen will, etwa ‚Muslima verlangen immer eine Sonderbehandlung, widersetzen sich simplen Anweisungen ohne rechten Grund ...'. Leser, die diesen Glaubensinhalten zustimmen, erkennen im Autor einen Gleichgesinnten. Leser, die die Insinuation erkennen, aber anderer Meinung sind, müssten den Autor angreifen wegen einer Position, die im Text nicht ausdrücklich geäußert wird. Ohne das pragmatische Rüstzeug (und gute Nerven) würden sie vermutlich auf verlorenem Posten stehen. Denn der Autor kann immer behaupten, er gehöre zu den unwissenden Sprechern und habe keinerlei Subtext beabsichtigt.

Übrigens ist auch das Wort *Rathauspraktikantin* in dem Text ein neues Kompositum. Mit diesem Wort wird kein herabwürdigender Hintergrund aufgerufen, vielmehr ist das Wort eine knappe Art zu sagen: „die Frau machte ein Praktikum am Rathaus". Diese Abkürzungsfunktion ist ein anderer erlaubter Grund, die Maxime der Art und Weise zu verletzen (Raepsaed 2009). Auch dieser Typ von Komposita findet sich häufig, ist aber für die Pragmatik nicht so interessant.

Schließlich noch ein Twitterpost aus 2015 mit innovativem Kompositum.

(21) (...) Auch ein Grund warum Asylanten und Flüchtlinge Österreich meiden und lieber im **Merkel-Land** einreisen wollen, denn hier dürfen Familien nachgeholt werden und der Staat versorgt dann alle. In der Regel werden 4 bis 8 Familienmitglieder nachgeholt. Und natürlich gibt es auch für alle dann Kindergeld. (...) Und unsere Rentner gucken in die Röhre.

Der Autor des Tweets scheint mit *Merkel-Land* ebenfalls mehr zu meinen als nur ‚Land, dessen Kanzlerin Merkel ist'. Es wird suggeriert, dass Merkel die Verantwortung dafür trägt, dass die Regeln für den Familiennachzug in Deutschland so sind, wie sie sind. Und diese Regeln findet der Autor schlecht. Offensichtlich rechnet der Autor mit Lesern, die diese Meinung teilen. Ebenso sollen die adressierten Leser die Einschätzung teilen, dass Merkel die Schuld an allem Unheil trägt. Hier betrifft der bewertende Inhalt keine Gruppe, sondern eine Einzelperson. Interessanterweise ist der Verfasser selber ein Mitglied der CSU, das heißt, einer Partei, die im Jahr 2015 Teil der Regierung war. Eine ausdrückliche Zuweisung der Verantwortung an Merkel wäre also riskant, denn der Leser könnte einwenden, dass die Partei des Sprechers die kritisierten Regeln doch ebenfalls bestätigt habe. Auch könnte er feststellen, dass die gewählten Vertreter der CSU offenbar nicht in der Lage sind, sich in wichtigen Fragen gegen einzelne Politiker durchzusetzen. Mit der Nutzung des Signalwortes kann der Sprecher solche schwierigen Einwände elegant umschiffen. Es werden Glaubensinhalte bei Gleichgesinnten bestätigt, nach außen hin aber bleibt der Sprecher unangreifbar. Diese Analyse verallgemeinert Nunbergs Thesen auf innovative Komposita mit Untertönen. In unseren Beispielen ist es besonders offensichtlich, dass es bestehende Alternativen gäbe, denselben wörtlichen Inhalt ohne neues Kompositum auszudrücken. Im Unterschied zu Slurs muss die Mehrbedeutung hier neu erschlossen werden. Der eingeweihte Leser wird sich darauf stützen, welche Glaubensinhalte die entsprechende Gruppe Gleichgesinnter zur Sache teilt. Innovative Sprache dient dazu, sich des geteilten Common Ground zu versichern.

19.4 Zusammenfassung

Die Bedeutung von Wörtern fußt häufig auf Glaubensinhalten oder Hintergrundtheorien. Im harmloseren Fall sind diese Annahmen nur nötig, um den Inhalt des Ausdrucks zu definieren. Die herabwürdigende Sprache jedoch ruft negative Stereotypen und Hintergrundtheorien auf. Die Annahmen hinter den Slurs dienen zur Ausgrenzung der bezeichneten Gruppen, oder zur Begründung von Ungleichheiten. Die Annahmen sind in der Regel vage und schwer benennbar. Je etablierter ein Slur aber ist, desto weniger kann sich ein einzelner Sprecher darauf hinausreden, dass er die betreffende Bezeichnung gänzlich ohne Hintergedanken verwendet habe. Solche Versuche schlagen in der Regel fehl.

Signalwörter sind in diesem Punkt flexibler. Sie können auf zwei Arten verstanden werden, auf neutrale und kritische Art. Ihre neutrale Lesart wirft keine problematischen Hintergrundannahmen auf, die kritische Lesart hingegen bestätigt die Hintergrundannahmen der adressierten Zielgruppe. In politischen Kontexten kann die kritische Lesart als Begründung für andere politische Maßnahmen dienen als die neutrale Lesart. Deswegen sind Signalwörter im politischen Diskurs besonders brisant.

Innovative Komposita können als Ad-hoc-Signalwörter verwendet werden. Ihre Interpretation fußt, wie die der Signalwörter, auf bestimmten Hintergrundannahmen. Mit der Innovation entsteht die Implikatur: „Suche nach einer Mehrbedeutung!" Der Sprecher meint ein Mehr an Bedeutung, das der Leser suchen sollte. Für uneingeweihte Leser schlägt die Suche nach der Mehrbedeutung fehl. Sie begnügen sich mit der neutralen Lesart des Kompositums. Eingeweihte Leser hingegen sehen ihre Glaubensinhalte vom Sprecher bestätigt. Damit stärken auch diese Komposita eine Komplizenschaft zwischen Gleichgesinnten.

Fingerübungen

Aktuelle Beispiele im Bereich der herabwürdigenden Sprache sind immer riskant und Sie wissen nun auch besser, wieso. Ich habe versucht, eher positive Beispiele zu wählen, altertümliche oder Beispiele, deren Stereotypen ich für so lächerlich halte, dass sie niemand ernsthaft teilen kann. Ich kann mich dabei irren. Für Hinweise und Änderungsvorschläge bin ich deshalb dankbar.

(1) Was würden Sie damit meinen, wenn Sie jemanden als *Nerd* bezeichnen?

(2) Stellen Sie für folgende Sätze fest, welche Teile Ihrer Hintergrundtheorie über *Nerds* der Sprecher damit besonders hervorhebt. (Es könnten auch alle sein.)
   a. Heidi ist ein voller Nerd.
   b. In meiner Klasse gab es keine Nerds.
   c. Ich kann Nerds überhaupt nicht leiden.
(3) Könnte *Nerd* ein expressives Wort wie *Idiot* sein? Schreiben Sie den expressiven Inhalt *Nerd* nach dem Muster von (3) und (4) im Text auf. Prüfen Sie, was für Vorhersagen Sie für die Bedeutung der Sätze in Aufgabe 2 machen.
(4) Ersetzen Sie in Beispiel (6) das Wort *Gelbfüßler* durch andere, aktuellere Pejorative. (Schalten Sie vorher Alexa oder andere Geräte in Ihrer Umgebung ab.) Ändern Sie die Situation entsprechend, dass der Sprecher mit einem Angehörigen der entsprechenden Gruppe redet. Kann der Sprecher in Ihren Beispielen
   a) eine freundliche Einladung mit diesen Worten aussprechen?
   b) versichern, dass er gegen die so benannte Gruppe keine Vorurteile hegt?
(5) In den 1990er Jahren wurden die sogenannten „Blondinenwitze" erzählt.
   a) Falls Sie selber eine blonde Frau sind, fühlen Sie sich von solchen Witzen getroffen?
   b) Würden Sie so einen Witz erzählen? beliebigen Personen?
   c) Versuchen Sie, die Hintergrundtheorie hinter dem Genre ‚Blondinenwitz' zu erfassen. In was für Situationen könnte diese gesellschaftlich brisant werden? Ist sie es schon?
(6) Suchen Sie in den Medien nach neuen Komposita. Geben Sie jeweils ausreichend Kontext und die intendierten Adressaten dazu an.
   a) Welche der Beispiele sind abkürzende Komposita?
   b) Welche der Beispiele vermitteln einen Subtext? Welche Hintergrundannahmen vermuten Sie?
   c) Bei welchen Ihrer Textstellen teilen Sie die Hintergrundannahmen nicht? Hatten Sie beim Lesen den Eindruck, der Text „lügt"? In welcher Weise?

Literaturverzeichnis

Forschungsliteratur

Ankenbrand, Katrin. 2013. *Höflichkeit im Wandel. Entwicklungen und Tendenzen in der Höflichkeitspraxis und dem laienlinguistischen Höflichkeitsverständnis der bundesdeutschen Sprachgemeinschaft innerhalb der letzten fünfzig Jahre.* Dissertation, Universität Heidelberg.
Anscombe, Gertrud Elizabeth M. 1957. *Intention.* Oxford: Basil Blackwell.
Austin, John. 1962. *How to do things with words.* The William James lectures delivered at Harvard University1955, ed. by J.O. Urmson and Marina Sbisà. Oxford: Oxford University Press.
Bach, Kent & Robert M. Harnish. 1979. *Linguistic communication and speech acts.* Cambridge, MA: MIT Press.
Bayer, Josef. 1990. What Bavarian negative concord reveals about the syntactic structure of German. In Joan Mascaró & Marina Nespor (Hrsg.), *GLOW essays for Henk van Riemsdijk* (Studies in Generative Grammar 36), 13–23. Dordrecht: Foris.
Beaver, David & Brady Z. Clark. 2008. *Sense and sensitivity. How focus determines meaning.* Malden, MA: Wiley-Blackwell.
Beck, Sigrid & Remus Gergel. 2014. *Contrasting English and German grammar. An introduction to syntax and semantics.* Berlin/Boston: De Gruyter Mouton.
Bergen, Anke von & Karl von Bergen. 1993. *Negative Polarität im Englischen.* Tübingen: Gunter Narr.
Birner, Betty J. 2013. *Introduction to pragmatics* (Blackwell Textbooks in Linguistics 24). Malden, MA: Wiley-Blackwell.
Bolinger, Dwight. 1972. Intonation is predictable (if you are a mind reader). *Language* 48, 633–644.
Brown, Penelope & Stephen C. Levinson. 1987. *Politeness. Some universals in language use* (Studies in Interactional Sociolinguistics 4). Cambridge: Cambridge University Press.
Büring, Daniel. 1997. The great scope inversion conspiracy. *Linguistics and Philosophy* 20, 175–194.
Büring, Daniel. 2003. On D-trees, beans, and B-accents. *Linguistics and Philosophy* 26, 511–545.
Büring, Daniel & Katharina Hartmann. 2001. The syntax and semantics of focus-sensitive particles in German. *Natural Language & Linguistic Theory* 19, 229–281.
Camp, Elizabeth. 2013. Slurring perspectives. *Analytical Philosophy* 54(3), 330–349.
Cepollaro, Bianca. 2020. *Slurs and thick terms. When language encodes values.* New York/London: Lexington books.
Cheney, Dorothy L. & Robert M. Seyfarth. 1993. Wie Affen sich verstehen. *Spektrum der Wissenschaft* 2, 88. https://www.spektrum.de/magazin/wie-affen-sich-verstehen/820647 (abgerufen 07.02.2021).
Cheney, Dorothy L. & Robert M. Seyfarth. 2007. *Baboon metaphysics: The evolution of a social mind.* Chicago, IL: University of Chicago Press.
Chomsky, Noam. 1981. *Lectures on Government and Binding* (Studies in Generative Grammar 9). Dordrecht: Foris.
Chomsky, Noam & Morris Halle. 1968. *The sound pattern of English.* Cambridge, MA: MIT Press.

Dayal, Veneeta. 2016. *Questions* (Oxford Surveys in Semantics and Pragmatics 4). Oxford: Oxford University Press.
Detering, Heinrich. 2019. *Was heißt hier ‚wir'? Zur Rhetorik der parlamentarischen Rechten.* Stuttgart: Reclam.
Domaneschi, Romero & Braun. 2017. Bias in polar questions: Evidence from English and German production experiments. *Glossa: A Journal of General Linguistics* 2(1), 26. DOI: http://doi.org/10.5334/gjgl.27.
Eckardt, Regine. 2001. Reanalysing 'selbst'. *Natural Language Semantics* 9, 371–412.
Eckardt, Regine. 2006. *Meaning change in grammaticalization.* Oxford: Oxford University Press.
Eckardt, Regine, 2020. Conjectural questions: The case of German verb-final *wohl* questions. *Semantics and Pragmatics* 13(9). DOI: http://dx.doi.org/10.3765/sp.13.9.
Farkas, Donka & Kim Bruce. 2010. On reacting to assertions and polar questions. *Journal of Semantics* 27, 81–118.
Fintel, Kai von. 1999. NPI licensing, Strawson entailment and context dependency. *Journal of Semantics* 16(2), 97–148.
Fintel, Kai von. 2004. Would you believe it? The king of France is back! Presuppositions and truth-value intuitions. In Marga Reimer & Anne Bezuidenhout (Hrsg.), *Descriptions and beyond*, 315–341. Oxford: Oxford University Press.
Fuhrhop, Nanna. 2003. *‚Berliner' Luft* und *‚Potsdamer' Bürgermeister*: Zur Grammatik der Stadtadjektive. *Linguistische Berichte* 193, 91–108.
Gazdar, Gerald. 1979. *Pragmatics: Implicature, Presupposition and Logical Form.* New York: Academic Press.
Geilfuß-Wolfgang, Jochen. 1996. *Über gewisse Fälle von Assoziation mit Fokus* (Linguistische Arbeiten 358). Tübingen: Niemeyer.
Geurts, Bart. 1999. *Presuppositions and pronouns* (Current Research in the Semantics / Pragmatics Interface 3). Amsterdam: Elsevier.
Gibbard, Allan. 2003. *Thinking how to live.* Cambridge, MA: Harvard University Press.
Givón, Talmy. 1979. *On understanding grammar.* New York: Academic Press.
Grice, Paul. 1975. Logic and conversation, In Peter Cole & Jerry L. Morgan (Hrsg.), *Syntax and Semantics 3: Speech acts*, 41–58. New York: Academic Press.
Groenendijk, Jeroen & Stokhof, Martin. 1984. *Studies on the semantics of questions and the pragmatics of answers.* Dissertation, Universiteit van Amsterdam.
Grosz, Patrick. 2021. Discourse particles. In Daniel Gutzmann, Lisa Matthewson, Cécile Meier, Hotze Rullmann & Thomas Zimmermann (Hrsg.), *The Wiley Blackwell Companion to Semantics.*
Gutzmann, Daniel. 2015. *Use-conditional meaning. Studies in multidimensional semantics* (Oxford Studies in Semantics and Pragmatics 6). Oxford: Oxford University Press.
Gutzmann, Daniel. 2019. *Semantik. Eine Einführung.* Stuttgart: Metzler.
Gutzmann, Daniel & Elena Castroviejo Miró. 2011. The dimensions of verum. In Olivier Bonami & Patricia Cabredo Hofherr (Hrsg.), *Empirical Issues in Syntax and Semantics* 8, 143–166. http://www.cssp.cnrs.fr/eiss8 (abgerufen 07.02.2021).
Hamblin, Charles L. 1973. Questions in Montague English. *Foundations of Language* 10(1), 41–53.
Heim, Irene. 1982. *On the Semantics of Definite and Indefinite Noun Phrases.* PhD Thesis, University of Massachusetts at Amherst.
Heim, Irene. 1987. A note on negative polarity and downward-entailingness. In Charles Jones & Peter Sells (Hrsg.), *NELS 14: Proceedings of the 14th Annual Meeting of the North East Linguistic Society*, 98–107. Amherst, MA: GLSA Publications.

Heim, Irene. 1992. Presupposition projection and the semantics of attitude verbs. *Journal of Semantics* 9, 183–221.
Helmbrecht, Johannes. 2013. Politeness distinctions in pronouns. In Matthew S. Dryer & Martin Haspelmath (Hrgs.), *The World Atlas of Language Structures Online*. Leipzig: Max Planck Institute for Evolutionary Anthropology. http://wals.info/chapter/45 (abgerufen 07.02.2021).
Hinterwimmer, Stefan. 2018. Der Brenner und die Perspektive. Zum Gebrauch von Demonstrativpronomen in den Brenner-Romanen von Wolf Haas. In Metin Genç, Christof Hamann & Anahita Babakhani (Hrsg.), *Kriminographien. Formenspiele und Medialität kriminalliterarischer Schreibweisen*, 123–142. Würzburg: Königshausen & Neumann.
Hinterwimmer, Stefan und Peter Bosch. 2016. Demonstrative pronouns and perspective. In Patrick Grosz & Pritty Patel-Grosz (Hrsg.), *The impact of pronominal form on interpretation* (Studies in Generative Grammar 125), 189–220. Berlin/Boston: De Gruyter.
Höhle, Tilmann. 1982. Explikationen für ‚normale Betonung' und ‚normale Wortstellung'. In Werner Abraham (Hrsg.), *Satzglieder im Deutschen. Vorschläge zur syntaktischen, semantischen und pragmatischen Fundierung*. Tübingen: Gunter Narr, 75–153. [Wiederabdruck in Stefan Müller, Marga Reis & Frank Richter (Hrsg.), *Beiträge zur deutschen Grammatik: Gesammelte Schriften von Tilman N. Höhle*. Berlin: Language Science Press, 2018. https://langsci-press.org/catalog/book/149].
Höhle, Tilman N., 1992. Über Verum-fokus im Deutschen. In Joachim Jacobs (Hrsg.), *Informationsstruktur und Grammatik,* 112–141. Opladen: Westdeutscher Verlag. [Wiederabdruck in Stefan Müller, Marga Reis & Frank Richter (Hrsg.), *Beiträge zur deutschen Grammatik: Gesammelte Schriften von Tilman N. Höhle*. Berlin: Language Science Press, 2018. https://langsci-press.org/catalog/book/149].
Horn, Lawrence R. 1972. *On the semantic properties of logical operators in English*. Dissertation, University of California, Los Angeles.
Horn, Lawrence R. 1989. *A natural history of negation*. Chicago, IL: University of Chicago Press. [Neuauflage: CSLI Publications, Stanford 2000].
Israel, Michael. 1996. Polarity sensitivity as lexical semantics. *Linguistics and Philosophy* 19(6), 619–666.
Jäger, Agnes. 2008. *The history of German negation* (Linguistik Aktuell / Linguistics Today 118). Amsterdam: Benjamins.
Jäger, Agnes & Doris Penka. 2012. Development of sentential negation in the history of German. In Peter Ackema, Rhona Alcorn, Caroline Heycock, Dany Jaspers, Jeroen Van Craenenbroeck & Guido Vanden Wyngaerd (Hrsg.), *Comparative Germanic syntax: The state of the art* (Linguistik Aktuell / Linguistics Today 191), 199–222. Amsterdam: Benjamins.
Jespersen, Otto. 1917. *Negation in English and other languages*. København: A.F. Høst.
Kaplan, David. 1989. Demonstratives. In Joseph Almog, John Perry & Howard Wettstein (Hrsg.), *Themes from Kaplan*, 481–563. Oxford: Oxford University Press.
Kaplan, David. 2004. The meaning of 'Ouch' and 'Oops.' Howison Lecture in Philosophy, UC Berkeley, August 2004.
(Transkript: https://sites.google.com/site/2011personindexicals/documen/Kaplan%2C1997-TheMeaningofOuchandOops.pdf) (abgerufen 07.02.2021).
Karttunen, Lauri. 1973. Presupposition of compound sentences. *Linguistic Inquiry* 4(2), 169–193.
Kaufmann, Magdalena. 2012. *Interpreting imperatives* Studies in Linguistics and Philosophy 88). New York: Springer.

Kratzer, Angelika. 1999. Beyond 'Ouch' and 'Oops'. How descriptive and expressive meaning interact. Comment on Kaplan's paper at the *Cornell Conference on Context Dependency*, March 26. http://semanticsarchive.net/Archive/WEwNGUyO/ (abgerufen 07.02.2021).

Krifka, Manfred. 1995. The semantics and pragmatics of polarity items. *Linguistic Analysis* 25, 209–257.

Krifka, Manfred. 2001. For a structured meaning account of questions and answers. In Caroline Fery & Wolfgang Sternefeld (Hrsg.), *Audiatur vox sapientia: A festschrift for Arnim von Stechow* (Studia Grammatica 52), 287–319. Berlin: Akademie Verlag.

Krifka, Manfred. 2006. The notions of information structure. Acta Linguistica Hungaria 06(3–4). DOI: 10.1556/ALing.55.2008.3-4.2

Krifka, Manfred. 2007. The semantics of questions and the focusation of answers. In Chungmin Lee, Matthew Gordon & Daniel Büring (Hrsg.), *Topic and focus. Cross-linguistic perspectives on meaning and intonation* (Studies in Linguistics and Philosophy 82), 139–50. Dordrecht: Springer.

Ladusaw, William. 1980. *Polarity sensitivity as inherent scope relations*. New York: Garland.

Ladusaw, William. 1996. Negation and polarity items. In Shalom Lappin (Hrsg.), *The handbook of contemporary semantic theory*, 321–342. Malden, MA: Blackwell.

Langacker, Ronald W. 1987. *Foundations of cognitive grammar: Theoretical prerequisites*. Stanford, CA: Stanford University Press.

Levinson, Stephen C. 1983. *Pragmatics*. Cambridge: Cambridge University Press. [dt. Übersetzung: *Pragmatik*, Tübingen: Niemeyer, 1990].

Levinson, Stephen C. 2000. *Presumptive meanings: The theory of generalized conversational implicature*. Cambridge, MA: MIT Press.

Lohnstein, Horst. 2000. *Satzmodus kompositionell. Zur Parametrisierung der Modusphrase im Deutschen*. Berlin: Akademie Verlag.

McCready, Elin. 2010. Varieties of conventional implicature. *Semantics and Pragmatics* 3(8). DOI: http://dx.doi.org/10.3765/sp.3.8.

McCready, Elin & Norry Ogata. 2007. Evidentiality, modality and probability. *Linguistics and Philosophy* 30(2). 147–206.

Meibauer, Jörg. 2013. Expressive compounds in German. *Word Structure* 6(1), 21–42.

Meibauer, Jörg, Jochen Geilfuß-Wolfgang, Jürgen Pafel, Karl Heinz Ramers, Markus Steinbach, Monika Rothweiler & Ulrike Demske. 2015. *Einführung in die germanistische Linguistik*. 3. Aufl. Stuttgart: Metzler.

Murray, Sarah E. 2014. Varieties of update. *Semantics and Pragmatics* 7(2). DOI: http://dx.doi.org/10.3765/sp.7.2.

Murray, Sarah E. & William B. Starr. 2018. Force and conversational states. 2018. In Daniel Fogal, Daniel Harris & Matt Moss (Hrsg.), *New work on speech acts*, 202–236. Oxford: Oxford University Press.

Musan, Renate. 2010. *Informationsstuktur* (Kurze Einführungen in die germanistische Linguistik 9). Heidelberg: Winter.

Olsen, Susan. 2019. Semantics of compounds. In Claudia Maienborn, Klaus von Heusinger & Paul Portner (Hrsg.), *Semantics – Interfaces*, 103–142. Berlin/Boston: De Gruyter Mouton.

Noveck, Ira. 2001. When children are more logical than adults: Experimental investigations of scalar implicature. *Cognition* 78, 165–188.

Portner, Paul. 2004. The semantics of imperatives within a theory of clause types. In Robert B. Young (Hrsg.), *Proceedings of Semantics and Linguistic Theory (SALT)* 14, 235–252. Ithaca, NY: Cornell University.

Portner, Paul. 2007. Imperatives and modals. *Natural Language Semantics* 15, 351–383.
Portner, Paul. 2016. Imperatives. In Maria Aloni & Paul Dekker (Hrsg.) *The Cambridge handbook of formal semantics*, 593–626. Cambridge: Cambridge University Press.
Potts, Christopher. 2005. *The logic of conventional implicature* (Oxford Studies in Theoretical Linguistics 7). Oxford: Oxford University Press.
Potts, Christopher. 2007. The expressive dimension. *Theoretical Linguistics* 33(2), 165–197.
Prince, Ellen. 1981. Towards a taxonomy of given-new information. In: Peter Cole (Hrsg.), *Radical Pragmatics*. New York: Academic Press, 223–256.
Reis, Marga. 2005. On the syntax of so-called focus particles in German: A reply to Büring and Hartmann. *Natural Language & Linguistic Theory* 23, 459–483.
Richter, Frank & Jan-Philipp Soehn. 2006. *Braucht niemanden zu scheren*: A Survey of NPI Licensing in German. In Stefan Müller (Hrsg.), *Proceedings of the 13th International Conference on Head-Driven Phrase Structure Grammar, Varna*, 421–440. Stanford, CA: CSLI Publications.
Raepsaed, Stijn. 2009. *Kompositionelle Okkasionalismen in Schlagzeilen und ihre Äquivalente in Zeitungstexten*. Masterarbeit, Universiteit Gent.
Roberts, Craige. 2012. Information structure in discourse. Towards an integrated formal theory of pragmatics. *Semantics & Pragmatics* 5(6), 1 – 69.
Rojas-Esponda, Tania. 2014. A QUD account of German 'doch'. *Proceedings of Sinn und Bedeutung*, 18, 359–376. https://ojs.ub.uni-konstanz.de/sub/index.php/sub/article/view/322.
Rooij, Robert van 2003. Questioning to resolve decision problems. *Linguistics and Philosophy* 26(6), 727–763.
Rooth, Mats. 1985. *Association with focus*. Dissertation, University of Massachusetts at Amherst.
Rooth, Mats. 1992. A theory of focus interpretation. *Natural Language Semantics* 1, 75–116.
Rooth, Mats. 1996. Focus. In Shalom Lappin (Hrsg.), *The handbook of contemporary semantic theory*, 271–297. Malden, MA: Blackwell.
Schwegler, Armin. 1990. *Analyticity and syntheticity: A diachronic perspective with special reference to Romance languages*. Berlin/New York: Mouton de Gruyter.
Schöder, B. & B. Höhle. 2011. Prosodische Wahrnehmung im frühen Spracherwerb. *Sprache, Stimme, Gehör* 35, e91–e98. DOI http://dx.doi.org/ 10.1055/s-0031-1284404.
Searle, John R. 1969. *Speech acts*. Cambridge: Cambridge University Press.
Searle, John R. 1976. A classification of illocutionary acts. *Language in Society* 5, 1–23.
Selkirk, Elisabeth O. 1995. Sentence prosody: Intonation, stress and phrasing. In John Goldsmith (Hrsg.) *Handbook of phonological theory*, 550–569. Cambridge, MA: Blackwell.
Sheinman, Hanoch (Hrsg.) 2011. *Promises and agreements: Philosophical essays*. Oxford: Oxford University Press.
Selkirk, Elisabeth. 2011. The syntax-phonology interface. In John Goldsmith, Jason Riggle & Alan Yu (Hrsg.), *The handbook of phonological theory – second editon*, 435–483. Oxford: Wiley Blackwell.
Simon, Horst. 2003. *Für eine grammatische Kategorie ›Respekt‹ im Deutschen. Synchronie, Diachronie und Typologie der deutschen Anredepronomina*. Tübingen: Niemeyer.
Sperber Dan & Deidre Wilson. 1986. *Relevance: Communication and cognition*, Oxford: Basil Blackwell.
Stalnaker, Robert. 1978. Assertion. In Peter Cole (Hrsg.), *Syntax and semantics 9: Pragmatics*, 315–322. New York: Academic Press. [Wiederabdruck in Robert Stalnaker: *Context and content: Essays on intentionality in speech and thought*, Oxford, Oxford University Press 1999].

Stalnaker, Robert. 2002. Common ground. *Linguistics and Philosophy* 25, 701–721.
Stanley, Jason. 2015. *How propaganda works*. Princeton, NJ: Princeton University Press.
Stanton, Kate Hazel. 2020. *You Hoboken!* Semantics of an expressive label marker. Erscheint in *Linguistics and Philosophy*.
Traugott, Elizabeth Closs. 1988. Pragmatic strengthening and grammaticalization. In Shelley Axmaker, Annie Jaisser & Helen Singmaster (Hrsg.), *Proceedings of the 14th Annual Meeting of the Berkeley Linguistics Society*, 406–416. Berkeley, CA: Berkeley Linguistics Society.
Traugott, Elisabeth Closs. 1992. Syntax. In Richard Hogg (Hrsg.), *The Cambridge history of the English language 1: Old English*, 168–289. Cambridge: Cambridge University Press.
Traugott, Elizabeth Closs & Ekkehard König. 1991. The semantics-pragmatics of grammaticalization revisited. In Elizabeth Closs Traugott & Bernd Heine (Hrsg.), *Approaches to grammaticalization, vol. 1* (Typological Studies in Language 19.1), 189–218. Amsterdam: Benjamins.
Unterweger, Kathrin. 2016. *Sprechakte als Vertragsabschlüsse*. Masterarbeit, Universität Konstanz.
Wildgen, Wolfgang. 1981. Makroprozesse bei der Verwendung nominaler Ad-hoc-Komposita im Deutschen. Folia Linguistica 16(1–4). 297–344.
Wierzbicka, Anna. 1987. *English speech act verbs. A semantic dictionary*. Sydney: Academic Press.
Wittgenstein, Ludwig. 1922. *Tractatus Logico-Philosophicus – Logisch-philosophische Abhandlung*. London: Kegan Paul.
Wöllstein, Angelika. 2010. *Topologisches Satzmodell* (Kurze Einführungen in die germanistische Linguistik 8). Heidelberg: Winter.
Yalcin, Seth. 2018. Expressivism by force. In Daniel Fogal, Daniel Harris & Matt Moss (Hrsg.), *New work on speech acts*, 400–430. Oxford: Oxford University Press.
Zeijlstra, Hedde. 2007. Negation in Natural Language. *Language and Linguistics Compass* 1, 498–518.
Zimmermann, Malte. 2004. Zum *wohl*. Diskurspartikeln als Satzmodifikatoren. *Linguistische Berichte* 199, 253–286.
Zimmermann, Thomas E. 2014. *Einführung in die Semantik*. Darmstadt: WBG.
Zimmermann, Thomas E. & Wolfgang Sternefeld. 2013. *Introduction to semantics*. Berlin/Boston: De Gruyter Mouton.
Zwarts, Frans. 1998. Three types of polarity. In Fritz Hamm & Erhard W. Hinrichs (Hrsg.), *Plurality and quantification* (Studies in Linguistics and Philosophy 69), 177–238. Dordrecht: Springer.

Wörterbücher und Quellentexte

AWB = *Althochdeutsches Wörterbuch*. Auf Grund der von Elias v. Steinmeyer hinterlassenen Sammlungen im Auftrag der Sächsischen Akademie der Wissenschaften zu Leipzig. Bearbeitet und herausgegeben von Elisabeth Karg-Gasterstädt und Theodor Frings u. a. Leipzig 1952–2015 ff.
DWB = *Deutsches Wörterbuch von Jacob Grimm und Wilhelm Grimm*. 16 Bde in 32 Teilbänden. Leipzig 1854–1961. Quellenverzeichnis Leipzig 1971.

TL = *Tobler-Lommatzsch: Altfranzösisches Wörterbuch*. Adolf Toblers nachgelassene Materialien, bearb. und hg. von Erhard Lommatzsch; weitergeführt von H. H. Christmann; vollendet von R. Baum und W. Hirdt; unter Mitwirkung von B. Frey, 12 Bde. Berlin u. a. 1925–2008.

ÆTHELRED = *Die Gesetze der Angelsachsen*. Herausgegeben im Auftrage der Savigny-Stiftung von F. Liebermann. Erster Band: Text und Übersetzung. Halle a. S.: Max Niemeyer, 1903. (Digitalisiert unter: https://archive.org/details/diegesetzederang01liebuoft/page/n5/mode/2up).

Hartmann = *Hartmann von Aue. Der arme Heinrich*. Ins Neuhochdeutsche übersetzt von Siegfried Grosse, herausgegeben von Ursula Rautenberg (Reclams Universal-Bibliothek 456). Stuttgart: Reclam, 1993.

Nibelungenlied = *Das Nibelungenlied. Mittelhochdeutsch/Neuhochdeutsch*. Nach der Handschrift B herausgegeben von Ursula Schulze. Ins Neuhochdeutsche übersetzt und kommentiert von Siegfried Grosse (Reclams Universal-Bibliothek 18914). Stuttgart: Reclam, 2010.

Otfrid = *Otfrid von Weißenburg, Evangelienbuch*. Auswahl. Althochdeutsch / Neuhochdeutsch, herausgegeben, übersetzt und kommentiert von Gisela Vollmann-Profe (Reclams Universal-Bibliothek 8384). Stuttgart: Reclam, 1987.

Tatian = *Tatian*. Lateinisch und altdeutsch mit ausführlichem Glossar herausgegeben von Eduard Sievers. Paderborn: Schöningh, 1872 [Nachdruck Paderborn, 1961].

Online-Ressourcen

AWB online: *Althochdeutsches Wörterbuch*, digitalisierte Fassung, unter: http://awb.saw-leipzig.de.

Deutsches Textarchiv. Grundlage für ein Referenzkorpus der neuhochdeutschen Sprache. Herausgegeben von der Berlin-Brandenburgischen Akademie der Wissenschaften, Berlin 2021. URL: https://www.deutschestextarchiv.de/.

DWB online: *Deutsches Wörterbuch von Jacob Grimm und Wilhelm Grimm*, digitalisierte Fassung im Wörterbuchnetz des Trier Center for Digital Humanities, https://woerterbuchnetz.de/?sigle=DWB#0.

DWDS: *Digitales Wörterbuch der deutschen Sprache*. Das Wortauskunftssystem zur deutschen Sprache in Geschichte und Gegenwart, hrsg. v. d. Berlin-Brandenburgischen Akademie der Wissenschaften, https://www.dwds.de/.

FOLK-Korpus des Leipzig-Institut für Deutsche Sprache (IDS), Mannheim, unter: IDS, Datenbank für Gesprochenes Deutsch (DGD), http://dgd.ids-mannheim.de.

Register

abuse 128, 136
abwärts-monoton 257ff., 264, 268
Adverb, *dummerweise* 201f, 206ff.
Adverb, *jemals* 252ff, 266f, 280
Adverbialphrase 181, 183
Æthelred 246f.
AfD 327
Agens 243, 248
Akkomodation 78f, 103
Akt, illokutionärer 129f., 135ff., 150f., 298
Akt, lokutionärer 129, 135f
Akt, perlokutionärer 129, 137
Akzent 176 ff., 198, 202
Akzent, Fallakzent 216, 211, 219f
Akzent, Steigakzent 211, 216, 219f
Altenglisch 246ff., 272, 282f.
Alternativen 43, 50ff., 180, 183ff, 190ff, 244, 260ff., 284, 292, 335
Alternativensemantik 184ff.
Althochdeutsch 279, 273, 285, 318
Ambiguitätsanalysen 63, 66
Antwort, ‚mention-some', partiell 118, 182f.
Antwort, exhaustiv 118, 181, 182
Antwortkonstituente 184ff.
Assertion 16, 79ff, 106ff., 293ff.
Assertion, emphatische 260ff., 276ff.
Aufforderung 122ff, 148ff., 312ff., 333
Ausdrücke, modale 22, 80, 238
Aussage 16, 36, 78
Aussagesatz 78ff, 114ff.
Äußerung, explizit-performative 124

Bedeutung, at-issue 304
Bedeutung, CT-Bedeutung 216
Bedeutung, kompositionale 12, 17
Bedeutung, non-at-issue 304, 339
Bedeutung, Satzbedeutung 13ff., 71, 190ff., 206
Bedeutung, sprecherorientierte 294
Bedeutungsverengung 230, 232, 250
Bedeutungswandel, *Fass* 230
Bedeutungswandel, *going-to*-Futur 234ff.
Bedeutungswandel, *Hamburger* 232f.
Bedeutungswandel, *weil* 235f.

Bedeutungswandel, *wiht* 273
bold on record-Strategie 314
Brückenkontexte (bridging contexts) 237, 250

Charakter 87ff.
cleft sentences siehe Spaltsatz
Common Ground 70ff., 103ff., 156f., 295ff., 326
conspiracy-theory 225

Defaultannahme 28, 160, 170f., 313
Deklarativa 132, 160
Demonstrativa 87, 296
Detering, Heinrich 327
Determinierer 59, 83, 256ff., 301ff.
direction of fit, word-to-world 144
direction of fit, world-to-word 144
Direktiva 132, 159
Discourse Commitment 104, 106ff., 110
dog whistles 7, 328
Du/Ihr-Höflichkeit 310, 319

Evidentiale 305f.
Exklamativ 293
Expressiva 132, 296
expressiver Inhalt, *dieser* 293

flouting 32, 34, 44, 47
focus semantic value s. Fokus-Bedeutung
Fokus-Akzent 210, 214
Fokus, Verum-Fokus 223
Fokusbedeutung 184, 190ff., 207f.,
Fokusmarkierung 184ff, 210
Fokusprojektion 184ff.
Fokussemantik, unterhalb der Satzebene 207
Fokussemantik, von Sätzen 207
fokussemantischer Wert 190ff.
fokussensitiv 192, 208
Folgerung, logische 28ff., 60ff, 75, 87, 193, 219, 261, 264
Force 144ff, 312
Force-Phrase 146

Frage, Alternativfragen 80
Frage, biased questions 116
Frage, Doppelfrage 214
Frage, explizite 176, 210f, 313
Frage, Hamblin-Semantik 117, 182
Frage, Konstituentenfragen 116ff., 142, 181
Frage, Oberfrage 214ff.
Frage, Polarfragen 17, 108, 220
Frage, Strategie 214ff.
Frage, Teilfrage 214ff.
Fragesatz 17, 78, 121, 146
Fragetest 79, 84, 200
Freud, Sigmund 325

Gedankenführung 176
generalized invited inferences 237
Gesicht 310ff.
Gesicht, negatives 311
Gesicht, positives 311, 319
Gesichtsbedrohung 310ff.
Gläubiger 155, 158, 165
Glückensbedingungen 127, 131, 136, 147, 157, 163

Handlungstheorie 53
Hartmann von der Aue 281f.
Heuristiken 240, 250f.
Hey-wait-Reaktion 77ff., 83f., 317
Hilfsverben 238, 272
Höflichkeit, als Präsupposition 316ff.
Horn-Skalen 50, 55f., 65, 241
Hutkontur 212ff., 223ff.

I-Prinzip 240ff.
idiomatisch 150, 154ff., 175, 277f.
illocutionary point s. illokutionärer Punkt
illokutionärer Punkt 149
Imperativ 78, 122, 142, 164, 171, 220, 307, 340ff.
Implikatur, generalisierte 54f, 67
Implikatur, konventionelle 22, 54, 56
Implikatur, konversationelle 22, 54
Implikatur, partikuläre 54
Implikatur, skalare 32, 49, 50, 65, 219
Implikatur, Streichbarkeit 62, 219
indexikalische Ausdrücke 85ff., 91f., 99
ineffable 292

Inhalt, emotiver 209, 229, 255, 292ff., 308
Inkohärenz 29, 62, 94
institutionelle Verankerung 144, 161
Intensifier 246
Ironie 34

Jespersen, Otto 271

Kommissiva 132ff., 144, 157, 162ff., 312
Kommunikation bei Affen 33
Kompositionalität 19ff., 207
Kompositum, innovatives 332, 335
Konditionale 65, 82f, 163ff, 220, 266, 296, 307ff.
Konjunktion *aber* 56, 99
Kontexte, abwärts-monotone 65, 257ff., 264, 268
Kontraste 183, 212ff., 246ff., 330
Kooperationsmaxime 31, 46ff., 59, 133, 149
Korollar 240ff.
Körpersprache 6, 299
Krisenzustand 104, 107, 111, 160ff.

Ladusaws Generalisierung 259, 265
Levinson 239ff., 310ff.
Linksversetzung 176
Logik 17, 50, 64ff., 280
logisch stärker als 60

M-Prinzip 240, 248, 241
Maxime der Art und Weise 152, 240, 330ff.
Metapher 47, 230ff., 250
Metonymie 230f., 250
misfire 128, 136
Mittelenglisch 248, 320
Mittelfeld 92, 220f.
Modalpartikel 296f., 305ff.
möglicherweise/vielleicht-Test 80
Möglichkeitsraum 72, 73

Nebenakzent 186
Negation 17, 65, 270
Negation *et/edda* 271
Negation, altenglische 272
Negation, altfranzösische 276
Negation, *ne, noh* 272
Negation, Skopus 65

Negationstest 56f., 73ff., 84
negativ-polare Elemente, *any-some* 253ff., 266, 283, 329
negativ-polare Elemente, *ein bisschen* 260ff., 267, 282
negativ-polare Elemente, *ever* 253ff., 266, 280
negativ-polare Elemente, idiomatische 254
negativ-polare Elemente, *Krümel* 260ff., 275ff., 284
negativ-polare Elemente, *mit der Wimper zucken* 5, 254f., 259
negativ-polare Elemente, schwache 267
negative concord 279ff.
Neo-Grice'sche Pragmatik 42, 239ff.
ni+eo+wiht 273, 280
Nibelungenlied 229, 319
Nominalphrase, definite 76f, 80
Normen, soziale 35
NPE-lizensierende Satzkontexte 254ff., 260ff., 277

Ortsadverbiale 181
Otfrid von Weißenburg 245

Partikel *auch* 207
Partikel *ja* 92, 96, 306ff
Partikel *nur* 192, 195
Partikel *sogar* 207, 306ff.
Partikel *wohl* 306
Patiens 243, 248
Pejoration 294, 295
Perspektive 295, 323ff.
Phonologie 4, 177, 186
point of the act 144
Präsuppositionen, blocking 81ff., 294ff.
Präsuppositionsauslöser s. P-Trigger
Präsuppositionstrigger 76, 79, 80
Präteritum 41
projected set 105ff., 162, 170
Proposition 16, 70, 71
propositional content 138
Proust, Marcel 151

Q-Prinzip 240
Quantoren 89, 199ff., 254ff., 268, 278
Question Under Discussion (QUD) 103, 211, 215ff., 225f.

Realanalyse 233f., 238, 250, 286
Rede, direkte 91f.
Rede, indirekte 91f.
Redebericht 90ff., 297
Redewiedergabe 90ff., 297
Redundanzverbot 217, 219
reflexive Handlung 243f., 251
Reflexivpronomina 239, 243
Rektions-Bindungs-Theorie 245
Relevanzmaxime 31ff., 53ff., 147, 152, 168, 235ff.
Repräsentativa 132
Respekt als grammatisches Merkmal 320f.
rule, essential 138ff.
rule, preparatory 138ff.
rule, sincerity 129, 138ff.

Sanktionen 157ff., 165, 171
Satzbedeutung, fokussemantische 206
Satzbedeutung, normale (ordinary) 206
Satzklammern 220ff.
Satzmelodie 177
Satztypen 122, 123
saying so makes it so 121, 156f., 161f.
Schimpfwörter 309, 322ff.
Schuldner 155, 157, 164
Schuldverhältnis 155ff.
Schwurformel 35, 247
Signalwort, *China-Maske* 331ff.
Signalwort, *Rasse* 327
Signalwörter 327ff, 331f.
Skopus 22ff., 65, 88, 194ff., 212ff., 264ff., 324
slurs 322
slurs, *Gelbfüßler* 292, 322ff.
Spaltsatz 76, 176, 203
Spottname 323
Spracherwerb 57ff., 68, 179, 253, 274, 342
Sprechakt, indirekter 146ff., 168f., 175, 311f.
Sprechakte, *auffordern* 140, 144, 150, 156, 159
Sprechakte, Befehl 122ff., 141, 159f., 167ff., 313f.
Sprechakte, *behaupten* 125, 132, 139ff.
Sprechakte, *beraten* 141
Sprechakte, *danken* 141
Sprechakte, *einladen* 133, 155, 163ff.,

Sprechakte, *fragen* 142
Sprechakte, Kategorisierung 132ff., 165
Sprechakte, *Schiffstaufe* 160
Sprechakte, *schwören* 163, 166
Sprechakte, *taufen* 132, 161, 165, 169
Sprechakte, *versprechen* 124, 137f., 156, 157
Sprechakte, *warnen* 141
Sprechakte, *wetten* 133, 163f., 169
Sprechakttypen 132ff.
Status/Rang 126, 144, 314
Stereotype 37, 242ff., 333ff.
stilistischer Okkasionalismus 332
Strategie 221
Süddeutsch 41, 270, 281
Suggestivfragen 79
Syntax 22, 105, 145f., 176ff., 202ff., 221ff., 243ff.

Tatian 273, 286
Tautologie 36, 75, 79, 81, 83, 87
Teilzitat 297
Textaufgaben, Pragmatik in 58, 59
Textinterpretation 41

to-Infinitiv 238, 243
truth value judgement task s. Wahrheitswert-Test

Update 71ff., 112ff., 156, 304f.

V2-Sprache 203, 220, 221
Verpflichtung, ehrliche 129, 140, 156ff., 312
Verträge 146, 155, 158ff., 163ff.
Vertragsabschlüsse 139, 168
Vorfeld 220ff., 226

Wahrheitsbedingungen 14ff., 61, 85ff., 180, 291, 295
Wahrheitswert-Test 58
Watergate 233f.
Willensäußerung 155f.
Wortakzent 177, 186
Wortstellung, flexible 203ff., 219ff.
Wortstellung, normale 185, 224

Zustand, stabiler 105, 110ff., 122, 162, 313

www.ingramcontent.com/pod-product-compliance
Lightning Source LLC
Chambersburg PA
CBHW052044220426
43663CB00012B/2432